Gesundheitsförderung systematisch planen
und effektiv intervenieren

Wolfgang Schlicht
Marcus Zinsmeister

Gesundheitsförderung systematisch planen und effektiv intervenieren

 Springer

Wolfgang Schlicht
Sport- und Gesundheitswissenschaften
Universität Stuttgart
Stuttgart, Deutschland

Marcus Zinsmeister
Fakultät für Gesundheit & Soziales
Hochschule für Angewandte Wissenschaften Kempten
Kempten, Deutschland

ISBN 978-3-662-46988-0   ISBN 978-3-662-46989-7 (eBook)
DOI 10.1007/978-3-662-46989-7

Die Deutsche Nationalbibliothek verzeichnet diese Publikation in der Deutschen Nationalbibliografie;
detaillierte bibliografische Daten sind im Internet über http://dnb.d-nb.de abrufbar.

Planung: Marion Krämer

Gedruckt auf säurefreiem und chlorfrei gebleichtem Papier.

Springer-Verlag GmbH Berlin Heidelberg ist Teil der Fachverlagsgruppe Springer Science+Business Media
(www.springer.com)

Vorwort

„Every generation got its own disease", so besingt „Fury in the Slaughterhouse" die Suche nach dem Sinn des Lebens der Generation X während der 1990er-Jahre. Jeder historische Zeitabschnitt kennt also seine „passenden" Erkrankungen, und zu jeder Zeit suchten Menschen nach geeigneten Mitteln und Maßnahmen, sich drohender Erkrankungen zuvorkommend zu erwehren. Einige Präventionsempfehlungen, wenn nicht viele davon, transportierten sozial geteiltes Erfahrungswissen, andere den Glauben an übersinnliche Mächte und Riten, mit denen man sich die Mächte gewogen machen wollte. Bakterielle Infektionen verliefen noch in den 1920er-Jahre – bis zur Entdeckung des Penicillins durch den schottischen Bakteriologen Alexander Fleming – nicht selten tödlich. Im Mann'schen Roman Buddenbrooks, der allerdings Mitte des 19. Jahrhunderts spielt, stirbt Senator Thomas Buddenbrook an einem vereiterten Backenzahn. Die Katastrophe eskaliert nach einem missglückten zahnärztlichen Eingriff.

Mit der zunehmenden Technisierung und Mechanisierung der Arbeits- und Lebenswelt bedrohen Herz-Kreislauf- (zum Beispiel koronare Herzerkrankungen) und Stoffwechselerkrankungen (zum Beispiel Diabetes Typ 2) die Bevölkerung. Um diese nicht ansteckenden Erkrankungen zu verhindern, bedarf es der Änderung einer riskanten Lebensweise – mit fettreicher und zuckerhaltiger Ernährung, wenig Bewegung und dauerhaftem Stillsitzen – und einer sie stützenden Umwelt. Aktuell scheinen seelische Störungen auf dem Vormarsch, sie bedingen Arbeitsausfall und Leiden der Betroffenen. Termindruck, stetige Verfügbarkeit und prekäre Arbeitsverhältnisse (zum Beispiel Zeitverträge) werden unter anderem als Ursachen benannt. Eine ausgewogene Balance von stressender Beanspruchung und achtsamer Entspannung scheinen hier die präventiven Mittel der Wahl.

Und in Zukunft? Man braucht keine prophetischen Fähigkeiten, um vorherzusagen, dass – trotz aller säkularer positiver Trends – altersassoziierte Erkrankungen (zum Beispiel Demenzen, einige Krebsarten) die kommenden Jahrzehnte bestimmen werden. Die Menschen in den hochentwickelten Ländern leben länger. Der Anteil der Älteren an der Gesamtbevölkerung wächst. Ein kognitiv und körperlich aktives Leben könnte das Erstauftreten altersassoziierter Erkrankungen nach hinten, auf wenige Jahre vor dem Tod verschieben.

Der Ausbau der kurativen und pflegerischen Versorgung ist vor dem Hintergrund zukünftiger Entwicklungen sicher wichtig. Beides alleine wird aber weder reichen, noch wird es bezahlbar sein, um auf das zukünftig veränderte Krankheitsgeschehen zu reagieren. In Deutschland gehen bereits heute mehr als 11 % des Bruttoinlandsprodukts zulasten von indirekten und direkten Gesundheitskosten. Mit 96 % verschlingt die kurative und rehabilitative Versorgung den Großteil der zur Verfügung stehenden finanziellen Mittel. Prävention und Gesundheitsförderung sind zwingend geboten, und sollen sie nicht nur Geld kosten, dann müssen sie wirksam gestaltet sein.

Aber wie arbeitet Prävention, wie funktioniert Gesundheitsförderung so, dass mit ihr die gewollten Zwecke erreicht werden? Sind Plakataktionen, die auf Bluthochdruck und andere Gefahren aufmerksam machen oder für Safer Sex und Nichtrauchen werben, das Vorgehen der Wahl? Ist Wissensvermittlung entscheidend? Was bewirken Furchtappelle auf Zigarettenpackungen? Sind Änderungen der Ernährungs- und Aktivitätsgewohnheiten die Lösung?

Wenn sie es sind, wie gelingen sie? Muss doch eher die Umwelt geändert werden (zum Beispiel Ampelsymbole für Lebensmittel, bauliche Maßnahmen, um Radfahren und Zufußgehen zu erleichtern und interessant zu machen), statt dass Personen sich mühen, ihre riskanten Gewohnheiten abzulegen, und dabei häufig kläglich scheitern? Vermutlich muss alles zugleich geschehen, weil Störungen und Erkrankungen das Ergebnis eines komplexen Wirkungsgefüges von Umweltbedingungen und personalen Faktoren sind.

Als Gesundheitswissenschaftler und wissenschaftliche Berater von präventiven Kampagnen und gesundheitsfördernden Initiativen konnten wir ein ums andere Mal erleben, dass die angedeutete Komplexität nicht nur herausfordert, sondern die Akteure regelrecht bedroht: Wie anfangen, was tun, wie weiter, wen einbeziehen, warum dies und nicht das, wie rechtfertigen, wer kann das – diese und noch viele weitere Fragen plagen die Akteure. Sie suchen Antworten bei einschlägigen wissenschaftlichen Disziplinen. Ohne sich in Details zu verlieren, die der jeweiligen Situation angemessene Antworten liefern, gilt nach unserem Dafürhalten und allgemein: Systematisches Vorgehen ist eine notwendige Bedingung, wenn nicht sogar die Conditio sine qua non für ein erfolgreiches präventives Handeln.

Aus unserer – im einen Fall langjährigen – Tätigkeit als Hochschullehrer, als Forscher und wissenschaftliche Berater von Präventionskampagnen und gesundheitsfördernden Initiativen in der Bevölkerung, in Betrieben und in Kommunen konnten wir erfahren, wie weit sich der Bogen der erforderlichen Kenntnisse und Techniken spannt, um dem Anspruch eines systematischen Vorgehens gerecht zu werden.

Ohne Navigation können sich Studierende und Akteure der Prävention und Gesundheitsförderung dort leicht verirren. Sie können die Motivation verlieren, sich noch weiterhin Gedanken zu machen, wie sie aus dem unübersichtlichen Gelände wieder herausfinden. Sie lassen sich dann dort nieder, wo es ihnen angenehm erscheint, oder tappen plan- und ziellos durch das Gelände und machen es halt so, wie man es schon immer gemacht hat. Ein „Durchwursch-teln" und „One-size-fits-all-Denken" ist nicht gerade selten in Präventions- und Gesundheitsförderungskampagnen. Navigation hilft, sich in einer Topographie zu orientieren und den gewünschten Ort zu erreichen. Navigieren braucht Werkzeuge und basiert auf Methoden. Da beginnt die nächste Herausforderung für Gesundheitswissenschaftler/innen und -förderer/innen. Das World Wide Web und die Literatur sind voll von Empfehlungen und Erfahrungsberichten. Aber es fällt schwer, deren Güte zu beurteilen. „Selbstgestricktes" dominiert die Empfehlungen.

Ein Lehrbuch, das die wesentlichen Fakten zusammenfasst, kann im doppelten Sinne navigieren helfen. Einmal, weil die Fakten gebündelt in nur einem Werk angesprochen und erläutert werden. Zum anderen, weil auf die Komplexität der Herausforderungen von Prävention und Gesundheitsförderung mit jenen Elementen geantwortet wird, die ein systematisches Vorgehen ausmachen. Das sind jene Elemente, die wissenschaftlich fundiert und ethisch legitimiert sind.

Lesen hilft, und Bücher sind dazu immer noch ein geeignetes Medium. Das gilt trotz der technischen Medien, die auch die Hochschulen inzwischen erobert haben und die – etwa wie die Massive Open Online Courses – als methodisches und didaktisches Heilsversprechen angepriesen werden. Bücher, davon sind wir nach Jahrzehnten der Lehre an Hochschulen noch immer überzeugt, tragen zur Mehrung des Wissens bei.

Was liegt bei einer solchen Haltung näher, als ein eigenes Buch zu schreiben und das aufzuschreiben, was uns all die Jahre in Forschung und Lehre bewegt hat und von dem wir überzeugt sind, dass Prävention und Gesundheitsförderung davon profitieren.

Am Ende eines Schreibprozesses sagen wir danke: den Studierenden, die mit ihren Nachfragen einem immer mal wieder die blinden Flecken der eigenen Argumentation aufgezeigt haben, unseren Mitarbeiter/innen, die unseren Arbeitsalltag kritisch begleiten und ohne die wir zur empirischen Feldforschung nicht in der Lage wären, und nicht zuletzt den beiden Ansprechpartnerinnen im Lektorat des Springer Verlags, Frau Alton (Projektmanagement) und Frau Krämer (Programmplanung), die uns mit Anregungen und Rat zur Seite standen.

Schreiben ist ein Handwerk, manches Mal ist es mühsam. Aber es hat immer auch Spaß gemacht!

Wolfgang Schlicht und Marcus Zinsmeister
Stuttgart und Kempten im April 2015

Inhaltsverzeichnis

Mach einen Plan!

Wolfgang Schlicht, Marcus Zinsmeister

W. Schlicht, M. Zinsmeister, *Gesundheitsförderung systematisch planen und effektiv intervenieren*,
DOI 10.1007/978-3-662-46989-7_1, © Springer-Verlag Berlin Heidelberg 2015

In diesem Kapitel befassen wir uns mit der Frage, wozu Pläne taugen und ob es überhaupt nützlich ist zu planen – drohen doch die meisten Pläne zu scheitern, sobald man sie umsetzen möchte. Dass man dennoch planen sollte, hat mit der Tatsache zu tun, dass Gesundheitsförderung, die in diesem Buch im Zentrum steht, als komplexe Intervention in komplexen Umwelten stattfindet. Was komplexe Umwelten und Interventionen ausmacht und dass Entscheidungen dort immer unsicher sind, wird in diesem Kapitel erläutert. Ebenso erklären wir, was Unsicherheit bedeutet. Wir plädieren in diesem Kapitel für ein systematisches Vorgehen, für das analysieren und planen wesentliche, ja unerlässliche Aufgaben sind.

1.1   Wann planen passend ist

„Ja, mach du nur einen Plan" – in dieser ironischen und manchmal auch mit verächtlicher Intonation vorgebrachten Aufforderung spiegelt sich die Erwartung, dass Pläne, kaum einmal geschmiedet, schon bald wieder makuliert werden müssen. Der Plan passt doch meist nicht zur Realität, die im Plan vorweggedacht wurde. Sind Pläne also unnütz? Sind sie nichts anderes als das Bemühen, ein Gefühl der Kontrolle über eine Situation zu erlangen? Gaukeln sie Kontrolle aber tatsächlich nur vor? „Ja, mach nur einen Plan, sei nur ein großes Licht, und mach dann noch'nen zweiten Plan, gehen tun sie beide nicht", so verwies Bert Brecht auf die Unzulänglichkeit des menschlichen Planens. „Mach also lieber keinen Plan" – entscheide stattdessen im Moment eines Ereignisses spontan. Entscheide „aus dem Bauch heraus", wie anstehende Probleme zu meistern sind. Ist das die zielführende Vorgehensweise? Wir meinen ganz entschieden: nein.

Wir plädieren in diesem Buch für ein systematisches, plangestütztes Vorgehen in Situationen, in denen der Ausgang der Situation und der Zeitpunkt, zu dem ein Ereignis eintreffen wird, nur vage oder gar nicht vorhersehbar sind. Das trifft für die allermeisten Situationen zu, in denen die Gesundheit bedroht ist und präventive und gesundheitsfördernde Interventionen gefordert sind. So lässt sich beispielsweise nicht mit Bestimmtheit voraussagen, ob eine übergewichtige Person einen Diabetes mellitus vom Typ 2 entwickelt und also eher durch eine diätetische Maßnahme abnehmen soll oder eher durch eine Maßnahme, die sie zu einer gesteigerten körperlichen Aktivität veranlasst. Auch lässt sich nicht eindeutig vorhersagen, in welchem Maße eine Kampagne zur Erhöhung der körperlichen Aktivität bei alten Menschen motivierend wirkt und wie viele oder ob dadurch überhaupt Stürze verhindert werden können. Schließlich, um ein drittes Beispiel zu nennen, ist nicht zweifelsfrei vorherzusagen, ob ein Bewegungsprogramm im Kontext der betrieblichen Gesundheitsförderung jene Fehlzeiten nachhaltig reduzieren wird, die durch psychische Überbeanspruchungen mitbedingt sind. In allen hier beispielhaft genannten Fällen ist unsicher, was passiert, wenn interveniert wird.

Soll der erwünschte zukünftige Zustand (weniger Körpergewicht, keine Stürze, reduzierte Fehlzeiten etc.) erreicht werden, indem die Umstände oder das Verhalten geändert oder beides adressiert wird, dann wird subjektive Unsicherheit nur durch ein systematisches, geplantes Vorgehen reduziert. Letztlich ist auch gar nichts anderes zu tun. Objektive Unsicherheit wohnt Programmen inne, die im realen Leben in gesundheitsrelevante Umstände oder in das nämliche Verhalten intervenieren. Die objektive Unsicherheit lässt sich dort auch durch systematisches Vorgehen nicht beseitigen, aber die subjektive lässt sich minimieren. In der Gesundheitsförderung wird man bei Kenntnis der Ausgangssituation niemals absolute Sicherheit in der Vorhersage des Zukünftigen gewinnen.

Bevor wir die Einzelheiten des systematischen Vorgehens erläutern, sollen einige willkürlich gewählte Beispiele näher an das Thema heranführen. Woher rührt die Skepsis gegenüber Plänen, was nährt die vermeintlichen „Weisheiten", nach denen planen vergebliches Mühen ist?

1.1.1   Pläne ohne Richtung, Märsche ohne Plan

Staatlich regulierte Ökonomien, aber auch Organisationen wie etwa Universitäten oder Leistungssportteams, die sich in einem Wettbewerb um Marktanteile oder um die klügsten Köpfe befinden oder sich auf weltweite Großereignisse wie Olympische Spiele oder Weltmeisterschaften vorbereiten, arbeiten von jeher mit Mehrjahresplänen. Staatliche Stellen oder Vorstände in den Organisationen formulieren Ziele, die sie in einer vor ihnen liegenden Periode (zum Beispiel eines Olympiazyklus) erreichen wollen. In einer Planwirtschaft sollen die Produktivitätsziele das Wachstum der nationalen Wirtschaft sichern, im Spitzensport sollen Medaillen gewonnen werden. An Universitäten sollen Lehrstühle und Abteilungen Forschungsgelder einwerben, und es sollen studentische Abschlüsse generiert werden, um die Rangposition der Universität im Vergleich zu anderen Universitäten zu sichern und Wirtschaft und Gesellschaft mit gut ausgebildetem Nachwuchs zu versorgen. Die Ziele scheinen soweit klar. Die Pläne waren und sind aber offensichtlich von unterschiedlicher Güte.

In der ehemaligen Sowjetunion und den zwangskontrahierten Satellitenstaaten hatten Produktionspläne offenbar nur eine begrenzte „Lebensdauer". Meist war sie kürzer als der typische Fünfjahreszeitraum, für den der Plan gelten sollte. Diese kurze Verfallszeit der „Fünfjahrespläne" löste bei den Betroffenen Unmut aus. Josef Stalin, Generalsekretär des Zentralkomitees (ZK) der Kommunistischen Partei der Sowjetunion und 30 lange Jahre sowjetischer Diktator (1922–1952), hat das Abweichen vom ursprünglichen Plan 1937 in einer Rede vor dem Sowjetkongress in Reaktion auf den Unmut (sinngemäß) mit dem Satz begründet: Nur Bürokraten könnten glauben, dass die Planung mit der Vorlage eines Plans endete. Die wahre Richtung des Plans bilde sich erst heraus, wenn er zusammengestellt worden sei.

Da plante das ZK also eine „Reise", während der sich die Reisenden erst unterwegs darüber im Klaren wurden, auf welchem Weg sie denn zu welchem Ziel gelangen wollten? Sie verhielten sich wie die frühen Expeditionen der Nordwestpassage, die ohne die heute verfügbare Satellitennavigation in für sie völlig unbekanntes und auch lebensfeindliches Terrain aufbrachen und von denen viele ihr Leben im ewigen Eis ließen. Letztere waren mutige Entdecker – Erstgenannte dilettantische Planer.

Stalin erstickte mit seinen Ausführungen im Sowjetkongress die Kritik am chaotischen Vorgehen des Politbüros, das eine einmal gefasste Absicht und den Weg dorthin unkalkulierbar in Zeit und Inhalt änderte. Die einmal erlassenen Vorgaben wurden nicht selten sogar in ihr Gegenteil verkehrt. Auch die auf Stalin folgenden Politbüros taten es dem von ihm geführten ZK gleich. Letztlich hat es – wie wir aus der Geschichte wissen – einige Jahrzehnte gedauert, bis sich (auch) dieses Vorgehen als zerstörerisch erwiesen hat und die Sowjetunion wirtschaftlich und institutionell zusammengebrochen ist. Man kann sich also – wenn man nicht gerade in lebensfeindliches Gebiet aufbricht – eine ganze Weile planlos durchwursteln, ohne gleich Schaden zu nehmen.

Ein weiteres Beispiel sei angeführt: Auch in demokratisch verfassten Staaten kann einiges schiefgehen: Die „Koalition der Willigen" marschierte 2001, angeführt von der US-amerikanischen Militärmacht, in einen Krieg mit den (afghanischen) Taliban. Die Koalition hatte – nach allem, was man heute weiß – keinen Plan, wie sie aus diesem kriegszerstörten Land wieder herauskommen sollte, ohne dabei einen Staat zu hinterlassen, der sich durch Stammesfehden und religiösen Fanatismus um jegliche Ordnung bringen könnte. Im Verlauf der Jahre 2015/16 werden die Koalitionäre Afghanistan sich selbst überlassen haben. Keiner hellseherischen Fähigkeiten bedarf es, um zu antizipieren, was geschehen wird. Zwar hat sich vieles für die Menschen vor Ort gebessert. Es gibt Schulen, die auch Mädchen besuchen, es gibt funktionierende Wasserversorgungen und vieles mehr steht auf der Positivliste. Die grundlegende Bedrohung aber besteht fort: Afghanistan ist nach wie vor ein Staat, dem es an gefestigten rechtsstaatlich-funktionierenden Strukturen fehlt. Auch die Taliban sind keineswegs verschwunden. Sie treiben nach wie vor in menschenverachtender Weise ihr terroristisches Unwesen, wie sie es etwa mit einem Überfall auf eine pakistanische Schule im Dezember 2014 demonstriert haben.

Die Invasion der US-amerikanischen Streitkräfte und ihrer Verbündeten in den Irak ist ein weiteres Beispiel für eine missglückte Intervention, die den Ausgang nur unzureichend oder gar nicht geplant hat. Wie man heute weiß, wird der Irak nach dem Abzug der Alliierten und der Übergabe der Verantwortung an eine Regierung, die eine der beiden verfeindeten muslimischen Religionsgemeinschaften (Schiiten) einseitig bevorzugte, durch eine terroristische Bande (Islamischer Staat) bedroht. Die staatlichen Strukturen sind in Auflösung begriffen.

Wir wollen ein weiteres Beispiel aus der jüngeren politischen Vergangenheit auflisten, bei dem nicht alle Alternativen und möglichen Konsequenzen abgewogen worden sind – wenn denn ein Plan überhaupt bestanden hat. Im Jahr 2013 bot die Europäische Union der Ukraine ein Assoziierungsabkommen an, um sie enger an den Westen zu binden. Die EU-Führung scheint dabei die Empfindlichkeiten der russischen Führung übersehen oder sogar bewusst ignoriert zu haben. Im Streben nach alter imperialer Stärke und Sowjetherrlichkeit konnte die russische Führung offenbar nicht dulden, dass westlicher Einfluss ihren Grenzen näher rückte. Das Resultat ist die heftigste politische Krise auf dem europäischen Kontinent seit dem Ende des Kalten Krieges. Sie führt gegebenenfalls wieder in den Kalten Krieg zurück und tobt sich im Osten der Ukraine zu Beginn des Jahres 2015 als „Heißer Krieg" aus.

Will man mildernde Umstände gelten lassen, dann die: In den erwähnten Fällen agierten die Personen, die Entscheidungen zu verantworten hatten, in einem Umfeld, in dem es prinzipiell unmöglich ist, den Ausgang und den Zeitpunkt des Ausgangs, der durch eine Entscheidung provoziert wird, sicher und vollständig vorherzusagen. Die Protagonisten entschieden unter **Unsicherheit**. Gerade in unsicheren Situationen empfiehlt sich aber ein systematisches, planvolles Vorgehen. Nur durch ein systematisches Vorgehen lassen sich möglichst viele der den Ausgang beeinflussenden Faktoren erfassen, beurteilen und – wo immer möglich – durch passende Maßnahmen gezielt adressieren.

Unsicher kann der Ausgang eines Ereignisses sein, der Zeitpunkt des Ereignisses oder sogar beides. Wir kommen darauf zurück, wenn wir Unsicherheit näher qualifizieren. Zuvor zeigen wir an einem Beispiel, dass Pläne aufgehen können.

1.1.2 Pläne, die zum Erfolg führten

Der Kroate Ante Kostelic war in den 1970er-Jahren ein weltweit bekannter Handballspieler. Er verdingte sich als Professional in Cannes, Frankreich. Nach seiner aktiven Laufbahn arbeitete Kostelic als Trainer der jugoslawischen Frauenhandballnationalmannschaft und gewann mit ihr 1980 die Silbermedaille bei den Olympischen Spielen in Moskau.

Im Jahr 1989 fasste Ante Kostelic einen (scheinbar) „verrückten" Plan. Er beschloss, dass seine damals sieben und neun Jahre alten Kinder Ivica und Janica olympische Goldmedaillen im Skifahren gewinnen sollten. Ausgerechnet im Skifahren wollte er sein aberwitzig anmutendes Vorhaben realisieren. Aberwitzig, weil sich kaum die passenden Voraussetzungen für eine erfolgreiche Karriere im Skisport boten: Die finanziellen Verhältnisse der Familie Kostelic waren prekär und die Geographie Kroatiens mit dem Bärenhügel (1032 m über N. N.) als höchster Erhebung weist weder ein typisches Wintersportgebiet noch einen ernstzunehmenden „Skiberg" auf.

Der Biographie von *Tomislav Birtic* „When A Father Loves Gold" (Birtic 2010) folgend, soll Kostelic die Mitglieder des Skiclubs Zagreb frühzeitig mit folgenden Sätzen über seine Absichten informiert haben: „Wisst ihr was? Ich werde aus meinen Kindern Weltmeister und Olympiasieger machen. Durchschnitt interessiert mich nicht."

Fünf Jahre später hat Kostelic einen Zwölfjahresplan erstellt und sich dabei auf die Abhandlungen des sowjetischen Sportwissenschaftlers und Weltmeisters im Gewichtheben *Alexej Sidorowitsch Medvedev* gestützt. Er begann, seine Kinder systematisch nach diesem Plan zu trainieren. Nach einem achten Platz seiner Tochter Janica in der Kombination bei den Olympischen Spielen von Nagano 1998 war Ante Kostelic im Herbst 2001, ein paar Monate vor den Olympischen Spielen in Salt Lake City, USA, überzeugt: „Nach der Lehre von Professor Medvedev explodieren Jungs mit 22 und Mädchen mit 20 Jahren. Erst in diesem Alter kommen die wirklichen Resultate". Zwei Monate später und tatsächlich zwei Tage nach seinem 22. Geburtstag gewinnt Antes Sohn Ivica am 25. Oktober 2001 mit der Startnummer 64 völlig überraschend seinen ersten Weltcupslalom in Aspen, USA. Bei den Olympischen Spielen in Salt Lake City gewinnt seine Schwester Janica 34 Tage nach ihrem 20. Geburtstag gleich vier Medaillen (dreimal Gold: im Slalom, im Riesenslalom und in der Kombination sowie einmal Silber im Super G).

Ante Kostelics Plan ist aufgegangen. Sicher, die notwendige Begabung seiner beiden Kinder und das Talent für sportliche Spitzenleistungen waren dazu Voraussetzung. Begabung und Talent alleine reichen aber nicht. Um siegreich zu sein, müssen die für eine Sportart notwendigen Fähigkeiten, Fertigkeiten, Techniken und Willenseigenschaften systematisch ausgeformt werden. Im Plan von Kostelic war das unabdingbare, das systematische Üben und Trainieren niedergeschrieben.

1.2 Unsicherheit

1.2.1 Probabilistische Vorhersagen

Viele Probleme unseres täglichen Lebens können wir weder in ihrer Entwicklung, noch in ihrem Ausgang verlässlich vorhersagen. Niemand vermag beispielsweise abschließend vorherzusehen, wie sich Konflikte entwickeln, welche Viren uns bedrohen, welche Stürme mit welcher Gewalt über eine Region hereinbrechen und dabei welches Ausmaß an Verwüstungen anrichten werden. Keiner weiß, ob es jemals gelingen wird, nichtansteckende Erkrankungen zu vermeiden – vermutlich aber wird es niemals vollständig gelingen. Alle Prognosen sind letztlich Wetten auf eine ungewisse und unsichere Zukunft.

So sicher, wie morgens die Sonne im Osten am Horizont aufsteigt und im Westen am Abend wieder versinkt, so sicher wie in unseren geographischen Breiten auf sonniges Wetter irgendwann Regenwetter folgt, so sicher ist die Menschheit ständig von Viren und Naturkatastrophen bedroht. Objektiv sicher ist die Wahrscheinlichkeit, dass sich viral bedingte Epidemien und klimabedingte Katastrophen auch in den kommenden fünf Jahren irgendwo auf der Welt ereignen werden. Man kann darauf getrost wetten, wird aber dabei – gäbe es eine solche Wette – keine großen Gewinne erzielen können, da die Wahrscheinlichkeit, dass sich eines der Phänomene irgendwann und irgendwo ereignen wird, 100 % (p = 1,0) beträgt. Letztlich werden also alle Wettspieler, sind sie bei klarem Verstand, auf diesen Ausgang setzen.

Was allerdings nicht vorhergesagt werden kann, ist, wo und wann sich die Phänomene ereignen. Wer wird von einem Virus betroffen sein, das ihn dahinrafft, wo wird sich das ereignen? Im Gegensatz zum Sonnenaufgang und -untergang folgt das Auftreten von unsicheren Ereignissen keinem physikalischen Gesetz, das eine deterministische Zuschreibung er-

laubte. Der Ausgang der allermeisten Ereignisse in der sozialen Welt ist vielmehr nicht deterministisch. Vorhersagen der Zukunft aus der Beobachtung der Gegenwart sind Wahrscheinlichkeitsaussagen (**probabilistische Aussagen**).

Probabilistische Aussagen

Probabilistische Aussagen treffen über den Ausgang eines Ereignisses Annahmen über Wahrscheinlichkeiten. Sie sagen vorher, dass etwas zu einer bestimmten Zeit wahrscheinlich eintreffen wird. Für Alltagsereignisse in der sozialen Welt existiert keine sachliche Grundlage, den Ausgang mit Sicherheit vorherzusagen. Vielmehr sind nur Wahrscheinlichkeitsaussagen möglich, die im besten Fall auf statistischen Beobachtungen über regelmäßig stattfindende Ereignisse basieren. Probabilistische Aussagen sind unsichere Aussagen.

1.2.2 Varianten von Unsicherheit in der sozialen Welt

Unsicherheit kommt in verschiedenen Varianten vor, die sich aus der jeweiligen Lücke ergeben, mit der Vorhersagen getroffen werden können. Ereignisse, wie etwa das Auftreten einer Erkrankung oder die Ziehung von sechs Richtigen im Lotto, sind mit einem unterschiedlichen Grad an Zuverlässigkeit prognostizierbar. Man kann die **Auftretenswahrscheinlichkeit** für eine Erkrankung für Personen berechnen, die sich mit ihrem Verhalten selbst gefährden (zum Beispiel Raucher). Man kann die **Eintrittswahrscheinlichkeit**, aber nicht den Zeitpunkt vorhersagen. Manchmal weiß man aber auch weder was sich ereignen wird, noch wann das geschieht.

Die Entscheidungstheorien haben den jeweiligen Gegebenheiten Unsicherheitsvarianten zugeordnet. Für das Lotto „6 aus 49" kann man die Wahrscheinlichkeit berechnen, dass eine bestimmte Kombination, die den Lottospieler reich macht, bei einer Samstagsziehung gezogen wird. Der Spieler geht ein **Risiko** ein, dass er sein Schein verliert und er sein Geld letztlich verschenkt hat (siehe dazu ▶ Kap. 2). Ein Therapeut entscheidet unter **Unge-**

wissheit, wenn er sich angesichts einer schweren Erkrankung eines Patienten fragt, welche Behandlung – von der man die potenziellen Wirkungen und Nebenwirkungen kennt – er anwenden soll, von der er aber nicht vorhersagen kann, ob und wie sie bei diesem Patienten in dessen Verfassung wirken wird und welche potenziell bekannten Nebenwirkungen auftreten werden. Dann gibt es noch den Fall, dass man über das Auftreten und das Eintreten gar nichts weiß. Man entscheidet dann **unwissend** (und sollte den Fall möglichst vermeiden).

Unsicherheit

Dabei handelt es sich um zukünftige Zustände, deren Auftretenswahrscheinlichkeit und/oder Eintrittswahrscheinlichkeit nicht bekannt sind. Risiko ist gegeben, wenn Konsequenzen und Wahrscheinlichkeiten zuverlässig vorhergesagt werden können (Lotterie). Sind nicht alle Konsequenzen oder Wahrscheinlichkeiten bekannt, herrscht Ungewissheit (zum Beispiel Behandlung einer Erkrankung oder Investition in eine betriebliche Maßnahme der Gesundheitsförderung). Weiß man weder was, noch wann es passieren wird, herrscht Unwissenheit.

Subjektiv kann sich eine Person sicher fühlen, dass sie trotz eines riskanten Verhaltens wie rauchen oder Fettes und Zuckerhaltiges essen von gesundheitlichen Problemen verschont bleibt. Die subjektive Unsicherheit ist bei dieser Person also gering. Eine Person, die so handelt, unterliegt allerdings einem **optimistischen Fehlschluss** (Weinstein 1980), wenn sie annimmt, dass es sie nicht treffen wird: Erkrankungen erleiden nicht nur die anderen. Objektiv ist die Wahrscheinlichkeit beträchtlich, dass das riskante Verhalten auch die sich sicher wähnende Person schädigen wird. Raucher haben ein um 50 % höheres Risiko vorzeitig zu versterben als Nichtraucher. Todesursache sind meist kardiovaskuläre Erkrankungen und assoziierte fatale Ereignisse (Schlaganfälle, Herzinfarkte).

Ein weiteres Beispiel mag den Unterschied zwischen subjektiver und objektiver Unsicherheit deutlich machen. Subjektiv mag die Unsicherheit für einige Menschen beträchtlich sein, ob ein Flugzeug sie sicher zum Ziel bringen wird. Sie erwägen daher erst gar nicht, das Flugzeug zu nutzen, oder leiden Höllenqualen, wenn sie es benutzen müssen. Gering mag dagegen die subjektive Unsicherheit sein, ob man mit dem eigenen Wagen an ein entferntes Ziel gelangt. Objektiv sind Flugzeugabstürze aber sehr seltene Ereignisse. Flüge sind also objektiv wenig riskant, legt man die Passagierzahlen und Flugkilometer zugrunde. Autounfälle kommen aber relativ häufig vor und sind also objektiv ziemlich riskant.

Renn (2014) hat mit Bezug auf subjektive und objektive Risiken eine Reihe von ähnlichen Differenzen zwischen subjektiver und objektiver Unsicherheit (dort: Risiken) zusammengetragen und die Ursachen für die unterschiedliche Beurteilung beschrieben. Subjektive und objektive Unsicherheit variieren unabhängig voneinander. Mal ist die eine hoch und die andere niedrig, mal sind beide hoch oder beide sind niedrig.

Angelehnt an Hammond (1996) können wir die Differenz zwischen den beiden Varianten der Unsicherheit und die wechselseitige Unabhängigkeit noch an einem weiteren Beispiel verdeutlichen. Bei Sportwetten kann man auf den Ausgang von Spielen der oberen Ligen wetten. Angenommen, ein Wettspieler wettet auf den Ausgang eines Spiels zweier in der Rangfolge benachbarter Teams in einer Sportart, die kein Unentschieden kennt (zum Beispiel Basketball, Volleyball). Die Wahrscheinlichkeit, dass eine der beiden Mannschaften gewinnt, beträgt 50 % ($p = 0,5$). Dieses objektive Risiko des Spiels gilt aber nur unter der Bedingung, dass alles „mit rechten Dingen" zugeht. Die Wahrscheinlichkeit des Ausgangs gleicht dann dem zufälligen Ausgang eines Münzwurfs mit „Kopf" oder „Zahl". Ist der Wetter kein Die-Hard-Fan der einen Mannschaft, der per se davon ausgeht, dass „wir" gewinnen, dann ist die subjektive Unsicherheit eines Wettspielers hoch und korrespondiert mit der objektiven Unsicherheit. Um das Risiko zu minimieren, investiert ein „neutraler" Wetter in die Wette daraufhin nur einen kleinen Geldbetrag. Wenn der Spielausgang aber nun manipuliert ist und damit also von vornherein feststeht, wer gewinnt – wenn auch illegal determiniert – dann ist die objektive Unsicherheit in diesem Fall aber sehr klein. Nur wüsste der Wetter vom Betrug nichts und hielte an seiner Einschätzung einer hohen subjektiven Unsicherheit (Spielausgang 50 zu 50) fest. Beide Unsicherheiten, objektive wie subjektive, divergierten dann.

Ein anderes, in die Zukunft weisendes Beispiel: Der Internetgigant Google arbeitet seit einigen Jahren an der Entwicklung autonom gesteuerter Personenkraftwagen; erfolgreich offenbar, denn in Kalifornien wurden kürzlich erste Fahrzeuge zugelassen, die zwar aussehen wie Iglus mit einem Topf an der Spitze (Radareinrichtung), die aber fahrerlos am Straßenverkehr teilnehmen. Autonomes Fahren wird Unfallereignisse drastisch reduzieren, denn diese werden zu einem weit überragenden Teil durch menschliches Versagen (überhöhte Geschwindigkeit, Alkoholeinfluss etc.) verursacht. Roboter fahren nicht besoffen, stimmen sich über Sensoren mit ihrer Umgebung und anderen Fahrzeugen ab und passen sich den Gegebenheiten selbstständig an. Mit anderen Worten, die objektive Unsicherheit, einen Verkehrsunfall zu erleiden, wird durch autonomes Fahren abnehmen, auch wenn es durch ein Systemversagen möglicherweise hier und da zu einem Supercrash kommen könnte, bei dem pro Unfallereignis mehr Menschen zu Schaden kommen, als das derzeit bei Verkehrsunfällen typischerweise der Fall ist. Die Gesamtzahl der Unfälle und Geschädigten auf den Straßen aber wird zurückgehen. Und wie ist es mit der subjektiven Unsicherheit, wenn Sie sich vorstellen, Sie steigen als „erfahrener" Autofahrer in einen solchen „Iglu" ein, der – ohne, dass Sie eingreifen können – mit 130 km/h über die Autobahn fährt? Vermutlich wird Ihre subjektive Unsicherheit hoch sein, es sei denn, Sie sind ein Entwickler von „intelligenten" Maschinen oder Sie sind es gewohnt, chauffiert zu werden.

Die Unterscheidung von objektiver und subjektiver Unsicherheit wirft die Frage auf, was wir denn überhaupt über die Welt wissen können. Das sind Fragen, um deren Antworten in der Wissenschaftslehre gestritten wird. Wir deuten das hier nur an, weil es für den weiteren Fortgang des Buches nur eingeschränkt bedeutsam ist.

Für die Vertreter der einen Richtung ist klar, dass eine Wirklichkeit existiert, die – vor allem wenn es um naturwissenschaftliche Vorgänge geht – vollständig determiniert ist. Wenn man also ihren Ausgangszustand kennt, könnte ein „Weltgeist", wie der Physiker und Astronom **Pierre Simon de La-** place (1749–1827) angenommen hat, die Zukunft der Naturphänomene vorhersagen. Ungewissheit in Wettervorhersagen existiert nur, weil die notwendigen Methoden fehlen, um den Jetztzustand exakt zu beschreiben und damit vorhersagen zu können, wann was wie und wo auftreten wird. Laplace selbst bestritt, dass menschliche Intelligenz jemals in der Lage sein würde, das wahre Weltgeschehen zu erkennen. Der Weltgeist wird denn auch in der Debatte als der **Laplace'sche Dämon** bezeichnet.

Positivisten sind der Auffassung, dass wir nur das als „wahr" erkennen können, was wir über unsere Sinne erfahren. Was wir also nicht beobachten oder erfahren können, das mag es geben. Es ist aber transzendent oder metaphysisch und hat in der wissenschaftlichen Welt nichts verloren. Für diese Position stehen Sozialwissenschaftler und Philosophen wie **Auguste Comte** (1798–1857).

Radikale Konstruktivisten dagegen sind überzeugt, dass die Welt nur subjektiv interpretiert wird und damit im Geiste konstruiert ist. Man kann niemals wissen, wie die Welt wirklich ist. Das, was wir wahrnehmen, spiegelt demnach keine bewusstseinsunabhängige Wirklichkeit. Realität ist für jedes Individuum konstruierte Wirklichkeit, die sich aus den Sinneswahrnehmungen und den Gedächtnisinhalten des Wahrnehmenden ergibt. Objektivität im Sinne einer Übereinstimmung von konstruiertem Bild und Realität ist unmöglich.

Im **Realismus** wird entweder eine von unserem Denken unabhängige Wirklichkeit akzeptiert (metaphysischer oder ontologischer Realismus) oder es wird angenommen, dass die Welt „wirklich erkennbar" ist (erkenntnistheoretischer Realismus). Von Interesse für den Inhalt unseres Buches ist die letztgenannte Position. Wir können also Vorannahmen, Hypothesen oder Meinungen über beobachtungsunabhängig existente Objekte einer für alle Beobachter identischen Welt treffen. Gelingt uns der Nachweis, dass die Vorannahmen zutreffen, dann wissen wir, dass die Welt wirklich so ist. In einer **Realist Synthesis** treffen Realisten über die in der objektiven Welt herrschenden Ursache-Wirkungs-Zusammenhänge Vorannahmen. Sie formulieren Hypothesen, fertigen einen (theoretischen) Entwurf, wie „die Welt sein könnte" und wie ein definierter Ausgangszustand in einen wahrscheinlichen Endzustand mündet. Der theoretische Entwurf lässt sich beispielsweise auch dazu nutzen, um in einer komplexen Intervention die behaupteten funktionalen Zusammenhänge von Variablen über mehrere Prozessschritte zu beeinflussen, um so die Interventionsabsicht zu realisieren. Wir zeigen in ▶ Kap. 4, wie eine Realist Synthesis gefertigt wird.

Die Konfrontation der Vorannahmen, Hypothesen und Meinungen mit der Wirklichkeit sollte von einer kritischen Haltung begleitet sein. Das ist die Kernbotschaft des **Kritischen Rationalismus**, mit dem der Philosoph Karl Popper (1902–1994) die Debatte um das Vorhandensein und das Erkennen von Wirklichkeit bereichert hat. Man kann sich irren, konstatiert Popper und trägt Wissenschaftlern – aber nicht nur ihnen – damit auf, die eigenen Positionen immer wieder zu hinterfragen. In der Fähigkeit, die gedankenunabhängige Wirklichkeit zu erfassen, sind Menschen begrenzt. Also kann es ihnen nicht gelingen, endgültige Gewissheit über die wahre Welt zu erlangen. Diese Auffassung führt zu einem methodischen und rationalen Vorgehen, das nicht fragt, ob man seine Vorannahmen und Meinungen beweisen (verifizieren) kann. Die vornehmliche Aufgabe der Wissenschaft ist vielmehr, herauszufinden, ob und wo man irrt (falsifizieren).

Wir sind davon überzeugt, dass es eine gedankenunabhängige Wirklichkeit gibt und dass ihren Phänomenen objektive Unsicherheit innewohnt. Wissenschaftliches Wissen ist mit wenigen Ausnahmen probabilistisches Wissen. Die Dynamik, der Zeitpunkt und der Ausgang der Phänomene, mit denen wir in der Gesundheitsförderung konfrontiert sind, sind unsicher. Wir können – bis auf wenige Naturphänomene wie dem Sonnen- oder Mondaufgang und -untergang – nur unsicher vorhersagen, was sich wann und wie ereignen wird. Die den Phänomenen inhärente objektive Unsicherheit bedingt zugleich Unsicherheit in sämtlichen Entscheidungen, die im naturalistischen Setting mit gesundheitsförderlicher Absicht getroffen werden. Systematisch vorbereitete Entscheidungen beseitigen diese objektive Unsicherheit nicht. Sie geben allenfalls das Gefühl einer reduzierten subjektiven Unsicherheit. Das mag ernüchternd sein, entspricht aber den Fakten. Das zu wissen ist bereits ein Gewinn.

Die Antwort auf die beschriebene Ausgangslage ist die systematische Analyse der Situation, auf die

ein Plan folgt, wie die Situation geeignet zu lösen sein wird. Analysieren und planen bereiten einen auf die unsichere Zukunft optimal vor. Was sollte man, unter den gegebenen Bedingungen, denn auch sonst anderes tun? Die, sozialen Situationen, inhärente Unsicherheit verlangt, sich Klarheit über das Ausmaß an Unsicherheit zu verschaffen, bevor man entscheidet und interveniert. Die Güte der Vorhersage über den geeigneten Weg und die Wahrscheinlichkeit, damit ein angestrebtes Ziel zu erreichen, ist vom Einsatz der Analysemethoden abhängig. Ein experimentelles Vorgehen führt zu einer höheren Vorhersagegüte als ein Meinungsbild, das unter Experten/innen erfragt wurde, und das wiederum führt zu einer höheren Güte als der bloße Versuch, der dann im Irrtum endet.

In einer umfassenden und häufig zitierten Analyse hat Hammond (1996) Beispiele aus verschiedenen Lebensbereichen (Politik, Justiz, Gesundheitswesen) gesammelt und analysiert. In sämtlichen Fällen ging es um Entscheidungen von großer Tragweite. Allesamt waren es „Projekte" im Alltag der sozialen Welt. Die Projekte wurden verfolgt, indem zunächst „unter Unsicherheit" entschieden wurde, wie am besten vorzugehen ist. Weder vermochte man in der Ausgangssituation alle Einflussfaktoren zu benennen, noch konnte man deren wechselseitige Abhängigkeiten und die Eintrittswahrscheinlichkeiten zukünftiger Ereignisse objektiv zuverlässig vorhersagen. Hammond beschreibt in seinem Werk komplexe Interventionen in komplexen Situationen.

Hammond (1996) verdeutlicht, dass Unsicherheit prinzipiell nicht reduziert werden kann, dass die dadurch provozierten Fehler letztlich unvermeidlich sind und dass daraufhin auch ungerecht geurteilt wird. Sein Buch trägt denn auch den Untertitel: „Irreducible uncertainty, inevitable error, unavoidable injustice".

1.3 Komplexe Probleme – komplexe Interventionen

Um komplexe von einfachen Problemen zu unterscheiden, sei folgendes fiktionales – und nicht ganz ernst gemeintes, aber doch illustratives – Szenario beschrieben. In der Presse liest man hin und wieder in den Sommermonaten, dass sich Reisende nach einer Rast auf einer Autobahnraststätte in dem Glauben wähnen, alle Mitreisenden seien nach der Pause wieder im Fahrzeug. Da vergisst dann der Ehepartner schon mal seine Partnerin und setzt seine Reise ohne sie fort. Stellen Sie sich vor, er vergisst nicht nur die Partnerin, sondern auch noch den Hund der Familie. Einmal bemerkt, ist der Ausgang dieser Situation exakt vorhersehbar: Stellen Sie sich einen Moment lang vor, Sie hätten so gehandelt, wie angedeutet. Sie hätten Ihren Fehler nach einigen Kilometern der Weiterfahrt bemerkt. Sie seien daraufhin zunächst in heftige Unruhe geraten, hätten dann an der nächsten Ausfahrt die Autobahn verlassen und seien auf der anderen Seite der Autobahn wieder an die Raststätte zurückkehrt. In diesem Szenario ist eindeutig vorherzusagen, wer sich aufrichtig und vorbehaltlos freut, wenn Sie dort wieder ankommen. Die Situation ist unterkomplex.

Im Film „Brot und Tulpen" – mit Bruno Ganz als Fernando Girasole und Licia Maglietta als Rosalba Barletta in den Hauptrollen – ist die Geschichte anders konstruiert. Dort gibt es keinen Hund, der sich auf die Rückkehr der Voraneilenden freut. Rosalba Barletta nimmt stattdessen die Einladung Fernando Girasoles an und macht sich mit ihm – ohne die Rückkehr ihrer eigenen Reisegruppe abzuwarten – auf den Weg nach Venedig. Sie begibt sich damit in ein Abenteuer mit unsicherem Ausgang. Beide entscheiden letztlich unter Ungewissheit. Sie wissen zu Beginn, dass sie wahrscheinlich in Venedig ankommen werden. Was dort aber wann passieren wird, das wissen sie nicht. Beide hegen Erwartungen; das reduziert ihre subjektive Unsicherheit, und auch der Kinobesucher hegt Erwartungen. Der Regisseur aber konstruiert seinen eigenen Ausgang. Die Situation ist komplex.

Reisen ist in der heutigen Zeit meist wenig komplex. Objektive Unsicherheit ist also drastisch minimiert. Eine Reise wird in der Regel unternommen, um sich zu erholen oder berufliche Angelegenheiten zu erledigen. Ein Reisebüro wird beauftragt oder ein Mitglied der Reisegruppe wird initiativ, um die der „Reise" anhaftende (bescheidene) Unsicherheit zu minimieren. Bei beiden Reiseanlässen, beruflich oder privat, ist das Allermeiste von den Allermeisten also im Vorhinein geplant und voraussehbar. Das Transportmittel (Auto, Bahn, Flugzeug, Schiff) und auch die Unterkunft (Hotel, Pension, Ferienhaus etc.) sind vorab gebucht, die notwendigen Fremdwährungen sind getauscht, Termine mit den Geschäftspartnern sind vereinbart und ein Besichtigungsprogramm vor Ort ist wenigstens in groben Zügen ausgearbeitet. Manchmal sind der Flieger oder das Hotel überbucht, ein Anschlusszug oder die Fähre werden verpasst, die Unterkunft erweist sich als enttäuschend oder das Meeting als wenig ergiebig. Letztlich aber wird der Ort, an den man gelangen wollte, erreicht. Reisen enden eher selten an einem unvorhergesehenen Ziel oder gar in einer Katastrophe.

Reisen sind also – wenn es sich nicht um Expeditionen auf gänzlich unbekanntem Terrain handelt – keine unsicheren Ereignisse. Selbst die überwiegende Zahl an unerfahrenen Bergwanderern schafft es dank Sicherungen und Hilfestellungen heute unbeschadet auf den Mount Everest, obgleich viele von ihnen ohne personelle und materielle Unterstützung kaum in der Lage wären, die Strapazen einer mehrtägigen Bergtour auf heimische Dreitausender zu bewältigen. Unsicherheiten bestehen dank eines planerischen Bemühens in Ereignissen, die sich in einer Welt der Sicherungen und Versicherungen auf Krankheiten, Unfälle oder Naturkatastrophen begrenzen lassen. Die sind – ereignen sie sich – schlimm genug. Die Wahrscheinlichkeit aber, dass sich derartige Unbill ereignet, ist gering.

Das Thema des Buches ist nicht das Reisen, sondern die Gesundheitsförderung, die sich ob ihrer Unsicherheiten als ein komplexes Problem darstellt. Will man komplexe Probleme zufriedenstellend lösen, muss man systematisch vorgehen. Wir konzentrieren uns in diesem Buch auf ein Vorgehen, das mathematisch begründete Entscheidungsstrategien und -algorithmen außen vor lässt, um den Gesundheitsförderern in der Praxis Werkzeuge an die Hand zu geben, die auch ohne ein Studium der **Operations Research** oder der **Gesundheitsökonomie** zu handhaben sind.

1.3.1   Komplexe Probleme

> **Komplexes Problem**
>
> Ein komplexes Problem ist ein Problem, das sich durch Vernetztheit der Variablen, Eigendynamik, Intransparenz und Mehrdeutigkeit auszeichnet. Das Problem lässt sich in seinem Ausgang selbst dann nicht eindeutig vorhersagen, wenn man vollständig über seine Komponenten und deren Wechselwirkungen informiert ist.

In der wissenschaftlichen Psychologie sind unsichere Konstellationen typisch für **komplexe Probleme.** Die wiederum sind typisch für die reale (naturalistische) Welt. Menschen machen unter derartigen Bedingungen gravierende Fehler, die in einer Katastrophe enden können. In Computersimulationen, in denen die Wirklichkeit nachgebildet wird, vernichten Probanden (virtuelle) Dörfer oder sie führen (virtuelle) Firmen in den Ruin. In der Tradition von Dietrich Dörner (1976), Kenneth R. Hammond (1996) und Joachim Funke (2004) sind komplexe Probleme durch fünf Komponenten charakterisiert:

- Die Probleme weisen mehrere Variablen auf.
- Die Variablen sind in mehrfacher Weise miteinander verknüpft.
- Die Verknüpfungen variieren. Sie sind dynamisch, verändern sich im Zeitverlauf und ohne Zutun derjenigen Akteure, die das Problem lösen wollen.
- Komplexe Probleme sind schließlich intransparent; der Zustand der Variablen, deren Ausprägungen und deren Assoziationen zu anderen Variablen sind nicht leicht erkennbar. Ohne ein analytisches Vorgehen bleiben Informationen, die für Entscheidungen relevant wären, sogar vollständig verborgen.
- Schließlich sind die Ziele, die durch die Lösung des Problems angestrebt werden, nicht ein-, sondern stets mehrdeutig („polytelisch").

Gary Klein (2008) hat den genannten fünf Komponenten in einem Aufsatz zur **naturalistischen Entscheidungsfindung** eine sechste Komponente hinzugefügt: Ein komplexes Problem ist oft für jene, die es lösen möchten (die Betroffenen und die Experten), emotional bedeutsam. Die erwartete Lösung ist meist dringlich, dementsprechend wird unter Zeitdruck nach ihr gesucht. Das trübt den notwendigen analytischen Blick, um zielführend zu entscheiden und zu agieren.

Mit Bezug auf einen Aufsatz von Orasanu und Connolly (1993) wollen wir noch ein wenig ausleuchten, was Entscheiden im naturalistischen Umfeld und damit unter komplexen Bedingungen ausmacht. Die Autoren nennen folgende Faktoren:

- diffuse Ziele und vernebelte Zugänge
- unvorhersehbare Dynamiken
- reaktive Momente
- Zeitstress
- emotionale Involviertheit
- widerstrebende Interessen
- implizite und emergente Normen

■ Diffuse Ziele und vernebelte Zugänge

Für eine Entscheidung, die ein Problem lösen soll, wäre es hilfreich, man kennte das Ziel und wüsste die Wege, die dorthin führten. Sowohl das Ziel als auch die Wege, die zum Ziel führen, sind in naturalistischen Umwelten aber meistens nur ungenau auszumachen. Nehmen wir als Beispiel die zunehmenden Fälle der ernsthaften Stoffwechselerkrankung Diabetes Typ 2. Der Diabetes ist eine unheilbare Erkrankung, die mit weiteren schwerwiegenden Erkrankungen und Schädigungen assoziiert sein kann (zum Beispiel diabetischer Fuß, Schlaganfall, Blindheit). Unmittelbare Ursache für den Diabetes ist das Versagen jener Mechanismen, die am Zuckerstoffwechsel beteiligt sind. Diesem Versagen geht eine Verkettung von Ursachen voraus, unter denen das Übergewicht im wahrsten Sinne des Wortes eine schwerwiegende Bedeutung hat.

Sollen Maßnahmen das Übergewicht reduzieren oder es präventiv vermeiden, dann sollte man wissen, woher das Übergewicht rührt: Ist es die genetische Prädisposition der übergewichtigen Person, ist es die Umwelt, in der sie lebt und in der sie die ständig verfügbaren zucker- und fetthaltigen Produkte dazu verführen, zu viel und in falscher Zusammensetzung zu essen? Ist es das Verhalten in ihrem Alltag, den die übergewichtige Person meist sitzend verbringt? Oder ist es alles zusammen und wenn ja, in welcher Kombination und in welcher zeitlichen Aufeinanderfolge beeinflussen die genannten Komponenten in ihrer Wechselwirkung das fatale Ereignis? Ist es überhaupt ein geeignetes Ziel, Übergewichtigen beim Abnehmen zu helfen, oder ist es gegebenenfalls wirkungsvoller, sie darin zu unterstützen, ihre körperliche Fitness zu erhöhen? Wenn die Übergewichtsreduktion das Ziel ist, wie viel an Gewichtsverlust ist genug und wie viel ist möglicherweise zu viel? Was ist mit älteren Personen (jenseits des 60. Lebensjahres), bei denen ein leicht erhöhtes Körpergewicht lebensverlängernd wirkt? Sollten die auch abnehmen, um das Diabetesrisiko zu mindern? Fragen über Fragen, ohne eindeutige Antworten – unsichere Ziele, riskante und ungewisse Zugänge. Vor einer Entscheidung für eine Intervention ist in jedem Fall eine umfassende und systematische Analyse der Ausgangslage gefragt.

- **Unvorhersehbare Dynamiken**

Die Situation, in der zu entscheiden ist, wandelt sich oft unvorhersehbar. Bleiben wir bei unserem Beispiel. Dem Diabetes Typ 2 geht meist ein Prädiabetes voraus. Der Prädiabetes zeigt sich in ersten Stoffwechselstörungen (unter anderem in der Insulininsensitivität der Muskelzellen), die aber noch keinen Ausbruch der Erkrankung bedeuten. Verglichen mit einer übergewichtigen Person, die noch keine auffälligen Stoffwechselstörungen zeigt, ist die „Lage" beim Prädiabetiker eine gänzlich andere. Während für die übergewichtige Person ein moderat intensives Ausdauertraining die Methode der Wahl sein könnte, könnte es sein (und man weiß das bislang nicht), dass der Prädiabetiker sich deutlich intensiver beanspruchen muss, um das eskalierende Stoffwechselgeschehen in seiner Dynamik aufzuhalten. Die Feststellung also, dass eine Person heute übergewichtig ist, kann zwar morgen auch noch stimmen, hat morgen aber bereits eine zusätzliche Dringlichkeit erfahren, weil weitere gesundheitliche Risiken, im Beispiel erste Stoffwechselstörungen (Insulininsensitivität), aufgetreten sind.

- **Reaktive Momente**

Mit jedem Eingreifen in das Problem verändert sich die Ausgangslage für eine Intervention zusätzlich. Der Organismus, das System, reagiert auf jeden Eingriff. Wir bleiben bei unserem Beispiel: Übergewichtige leiden nicht selten an einem Bluthochdruck. Medikamente, um den Hochdruck zu regulieren, haben neben Wirkungen auch Nebenwirkungen auf die Herz-Kreislauf-Regulation. Beta-Blocker, die beim Bluthochdruck eine passende medikamentöse Therapie sind, verlangsamen den Herzschlag in Ruhe, manche Beta-Blocker führen zusätzlich zu einer gefäßerweiternden Reaktion. Wurde entschieden, die Fitness eines medikamentös eingestellten übergewichtigen Hochdruckpatienten zu erhöhen, dann erschweren die Nebenwirkungen der medikamentösen Therapie die Steuerung der körperlichen Belastung. Ein medikamentös eingestellter Organismus reagiert anders auf eine Belastung als ein medikamentös unbeeinflusster Organismus. Ein ambulatorisches oder wenigstens mehrfach wiederkehrendes Bewerten des organismischen Zustands müsste unter diesen Bedingungen dazu führen, eine einmal getroffene Entscheidung über die aktive Belastung der Person zu revidieren. Man müsste sich fortlaufend auf neue Ausgangsbedingungen einstellen, ohne aber das eigentliche Ziel aus dem Auge zu verlieren.

- **Zeitstress**

Typisch für komplexe Situationen ist das Gefühl, dass „die Uhr unaufhörlich tickt" und die Zeit unaufhaltsam verrinnt. Zuwarten überlässt die Situation ihrer eigenen Dynamik. Das kann Geld und im schlimmsten Fall (bei sich progredient entwickelnden Erkrankungen) das Leben kosten. Der Zeitstress verändert die Gefühle und Gedanken derjenigen, die entscheiden müssen, und selbstverständlich auch die der betroffenen Personen. Beide Seiten stehen unter einer enormen psychischen Anspannung. Sie greifen in ihren Entscheidungen zu gewohnten Antworten, weil ein sorgfältiges Abwägen von möglichen Alternativen als zu langsam erachtet wird, und laufen dabei Gefahr, die passende Strategie und geeignete und nachhaltig wirkende operative Maßnahmen zu übersehen.

Auch hier ein Beispiel: In Unternehmen, die sich aufgrund gehäufter Fehlzeiten – die einen betriebswirtschaftlich bedeutenden finanziellen Verlust bedingen – zu einer betrieblichen Gesundheitsmaßnahme entschließen, lassen sich allenthalben vorschnelle Entscheidungen beobachten. So wird auf die psychischen Beanspruchungen der Belegschaft, die für die Fehlzeiten als ursächlich benannt wurden, häufig mit dem Angebot eines Stressregulations- oder Entspannungskurses geantwortet, das kurzfristig hilft. Dabei wird nicht selten aber übersehen, dass es in vielen Fällen zielführender wäre, das Führungsverhalten der Vorgesetzten mittelfristig und dauerhaft zu verbessern.

- **Emotionale Involviertheit**

Die körperliche oder seelische Gesundheit, gar das Leben oder auch nur finanzielle Opfer, das sind hohe Einsätze, die Entscheidungen dringlich machen und die den psychischen Druck auf jene erhöhen, die sie zu treffen haben. Gelingt es nicht, die Aufmerksamkeit von den Gefühlen und deren Bewältigung ab- und der Sache zuzuwenden, dann fehlen analytische Ressourcen, die in komplexen Situationen aber dringend benötigt werden, um Unsicherheit zu reduzieren. Ein Beispiel, das viele kennen, ist eine Prüfungssituation, die für den „Prüfling" immer auch mit Versagensangst verbunden ist. Statt auf die Frage der Prüfer zu reagieren und Antwortalternativen abzuwägen, befassen sich hochängstliche Personen mit ihren Angstgefühlen. Sie denken über ihr Scheitern und die anschließenden Konsequenzen nach und werden von ihren momentanen Gefühlen überwältigt. Im Gegensatz zu einer gescheiterten Prüfung, nach der in der Regel eine weitere Chance geboten wird, ist die Situation in der Notaufnahme einer Klinik oder bei einem Einsatz der Feuerwehr zugespitzt. Die Konsequenzen fehlerhafter Entscheidungen aufgrund einer emotionalen Überforderung der Akteure sind für die Betroffenen unter Umständen fatal. Sie bezahlen gegebenenfalls mit ihrer körperlichen Unversehrtheit oder gar mit dem Leben.

- **Widerstrebende Interessen**

In komplexen Situationen ist häufig das Zusammenwirken mehrerer Beteiligter gefragt, um das Problem lösen zu können. Aber die Beteiligten agieren nicht per se mit einem identischen Interesse und schon gar nicht mit vergleichbarer Motivation. Bei Änderungsmaßnahmen beispielsweise, die in Organisationen initiiert werden, gibt es neben den Akteuren, die eine Änderung vorantreiben, immer auch Gegenspieler, die den bestehenden Zustand konservieren wollen. Im Promotorenmodell von Witte (1973), das in der Betriebswirtschaftslehre Einfluss hat, werden vier **Promotoren** unterschieden: Macht- (jene, die über den Einsatz von Ressourcen entscheiden können), Fach- (jene, die das Sachwissen haben), Prozess- (jene, die Projekte steuern können) und Beziehungspromotoren (jene, die zwischen den Beteiligten Verbindungen schaffen können). Die Promotoren treiben die Sache voran. Opponenten, einer weiteren Gruppe, ist stattdessen daran gelegen, beabsichtigte Veränderungen aktiv oder passiv zu vermeiden oder sie wenigstens zu behindern.

- **Implizite und emergente Normen**

Die meisten Prozesse, Vorhaben oder Maßnahmen, die in komplexen Situationen auszuwählen sind, ereignen sich in einer dafür typischen Umwelt. Diese Umwelt kann eine Organisation der Wirtschaft sein. Sie kann eine Kommune, eine Familie oder eine andere Organisation sein. In jedem dieser Fälle werden Entscheidungen nicht von einzelnen Personen, sondern von mehreren in unterschiedlichen Rollen und mit differentem Status getroffen. In jeder Organisation herrscht eine eigene Auffassung darüber, was als richtig oder falsch zu gelten hat. Normen, Werte, Doktrinen etablieren ein typisches **Setting**, das individuelles Verhalten erleichtert oder erschwert. Sich als Mitglied einer Gruppe von Hooligans verständnisvoll und friedfertig gegenüber den fremden Fans zu verhalten wird im besten Fall den Spot der anderen Mitglieder bedingen. Die Normen des Settings sind im Fall der Hooligans offensichtlich auf Prügelei und Provokation ausgerichtet. In der Regel sind Normen **emergent** und **implizit**. Sie werden aus dem Verhalten der Gruppe erschlossen und weder steht geschrieben, noch sagt jemand, was erwartet wird. Für effektive und effiziente Problemlösungen ist wesentlich, implizite Werte und emergente Normen zu entdecken.

Naturalistische Entscheidungen

Naturalistische Entscheidungen werden unter den Bedingungen der realen Welt getroffen. Diese Bedingungen sind komplex. Entschieden werden muss unter Zeitdruck, unter Unsicherheit, mit hohem Einsatz, im Team, unter organisationalen Zwängen, unter instabilen Zuständen und unter dem Einfluss variierender Erfahrung mit ähnlichen Situationen. Typische Beispiele sind Entscheidungen im Feuerwehreinsatz oder in der Notfallaufnahme einer Klinik.

In der Gemengelage dieser sieben beschriebenen Charakteristika einer komplexen Situation werden **naturalistische Entscheidungen** getroffen.

1.3.2 Komplexe Interventionen

Eine Vielzahl von Projekten der Gesundheitsförderung – etwa in Kommunen, im betrieblichen Kontext oder in einer anderen Lebenswelt – lehrt, dass sie weniger lange für das Scheitern brauchen als die Sowjetunion, wenn sie in ihrem Vorgehen unsystematisch angelegt sind. Die Verantwortlichen brauchen auch weniger lange als die Politstrategen des Zentralkomitees, um zu erkennen, dass ihre Bemühungen sie nicht zum gewünschten Ziel führen werden. In ihrem operativen Vorgehen agieren die verantwortlichen „Stäbe" dem des sowjetischen Politbüros aber ähnlich. Sie sind zunächst guten Willens, verfolgen wichtige, für sie und die betroffenen Personen bedeutsame Ziele. Gleichwohl fehlt es ihnen an analytischer Kenntnis oder manchmal (zusätzlich) an der Bereitschaft, vorhandene Kenntnisse zu nutzen oder die gewonnenen Erkenntnisse zu verwenden. Ihre Entscheidungen treffen sie spontan und sind dabei in ihren Entschlüssen oft schwankend. Nicht selten folgt einem entschiedenen „Hü" ein ebensolch entschiedenes „Hott".

Projekte, Programme, Kampagnen oder Interventionen in der Gesundheitsförderung – seien sie auf das Verhalten von Personen bezogen oder auf die Entwicklung von Organisationen – sind **kom**-

plexe Interventionen und verlangen ein systematisches Vorgehen.

Interventionen

Interventionen sind ein Vorgang, mit dem beabsichtigt ist, einen unerwünschten Zustand in einen wünschenswerten zu überführen. „Zustand" kann der Ausbruch einer Erkrankung oder deren Verschlimmerung sein, der oder die verhindert werden sollen. „Zustand" kann auch die Lebenszufriedenheit sein, die erhalten oder verbessert werden soll. Interventionen verfolgen eine Absicht, streben Ziele an und bestehen aus Maßnahmen, die dem Erreichen des erwünschten Zustands dienen.

Komplexe Interventionen

Komplexe Interventionen bestehen aus mehreren Einzelkomponenten (Maßnahmen), die sich wechselseitig bedingen. Bei der Beurteilung ihrer beabsichtigten Wirksamkeit, des dadurch bedingten Nutzens und des nicht gewollten Schadens bleibt unklar, in welchem Umfang und warum jede Einzelmaßnahme und die Interaktion mit anderen Maßnahmen zur Wirkung beiträgt.

Komplex sind Interventionen, in denen nicht nur ein bestimmter Weg zu einer dazu passenden Absicht führt. Auch gibt es nicht immer nur ein Ziel, das verfolgt wird, um die Absicht zu realisieren. Meistens wird gleich ein ganzes Bündel von Zielen adressiert. Ist beispielsweise beabsichtigt, um das Beispiel mit dem Diabetes Typ 2 noch einmal aufzugreifen, den Ausbruch der Erkrankung bei einer übergewichtigen Person zu verhindern, dann zielen die Maßnahmen auf die Essgewohnheiten und das Ausmaß der körperlichen Aktivität.

Wer sich aus einer wissenschaftlichen Perspektive mit der beabsichtigten Wirksamkeitsprüfung einer komplexen Intervention befassen möchte, der sei auf die Handreichung des britischen **Medical Research Council** verwiesen (▶ www.mrc.

ac.uk/complexinterventionsguidance), in der ebenfalls ein systematisches Vorgehen gefordert wird. Die Entwicklung einer Wirksamkeitsprüfung über verschiedene methodische Zugänge (zum Beispiel echte Experimente, Fallstudien) wird dort geschildert. Begründet wird, wann welche Vorgehensweise passend und einer Fragestellung angemessen ist.

Anwendungsfelder für komplexe Interventionen gibt es viele. Wissenschaftler/innen um den dänischen Politikwissenschaftler Bjørn Lomborg (2009) listen im „Kopenhagener Konsens" komplexe Probleme auf, die im Interesse des Überlebens der Menschheit vordringlich gelöst werden sollten. Aus dieser Liste adressieren wir im vorliegenden Buch (im engeren Sinne) die Herausforderung, die im dritten Spiegelstrich genannt wird:

- Verhinderung kriegerischer Auseinandersetzungen wegen ethnischer Konflikte oder wegen des bewaffneten Konflikts um Ressourcen (zum Beispiel Kampf um Wasser, Bodenschätze, Nahrung)
- Sicherung der Biodiversität
- Bekämpfung chronischer, nichtansteckender Krankheiten (zum Beispiel Herz-Kreislauf-Erkrankungen, Diabetes mellitus Typ 2)
- Folgen des Klimawandels
- Bildung breiter Bevölkerungsschichten
- Bekämpfung von Hunger und Unterernährung
- Eindämmen von Infektionskrankheiten
- Verhindern oder Mildern der Folgen von Naturkatastrophen (wie Überschwemmungen, Erdbeben, schwere Stürme)
- Bremsen des Bevölkerungswachstums
- Sicherung des Zugangs zu sauberem Trinkwasser und zu sanitären Einrichtungen (vor allem in der dritten Welt)

Niemand hat ein verbindliches, ultimativ geltendes Rezept, wie solche und andere Probleme zu lösen wären. Sachgerechte Lösungen verlangen in jedem Fall ein systematisches Vorgehen. Am Beispiel der Vorbeugung chronischer nichtansteckender Krankheiten und der Förderung von Gesundheit zeigen die folgenden Kapitel des Buches, mit welcher Systematik Risikominderung und Gesundheitsförderung wahrscheinlicher wird.

Komplexe Interventionen in komplexe Probleme bedürfen der systematischen Vorgehensweise. Nur so ist ihr Erfolg wahrscheinlich(er) zu machen. Das ist das „Credo" des MRC und auch dieses Buches.

1.3.3 Systematisches Vorgehen

Systematisches Vorgehen bedeutet mehr als das Erstellen eines Plans. Der Plan verknüpft eine unerwünschte Ausgangssituation mit einem erwünschten Ergebnis. In ihm wird festgelegt, auf welchen Wegen (Prozessen) man zu diesem Ergebnis (Produkt) gelangen will. Systematische Interventionsplanung beginnt früher. Sie startet mit einer Analyse der Ausgangslage. Sie definiert Absichten, verknüpft sie logisch mit Zielen und Teilzielen und benennt passende Maßnahmen. Sie beinhaltet die systematische Überwachung der Umsetzungsprozesse und endet damit, das Resultat methodisch fundiert zu bewerten.

Das typische Vorgehen folgt einem Zyklus. In der einschlägigen Literatur finden sich Planungszyklen unter anderem als **Plan-Do-Ceck-Act** (PDCA-Zyklus) oder als **Deming-Rad** (Deming 1982), als **Public Health Action Cycle** (Ruckstuhl et al. 1997) oder als **O**bserve-**O**rient-**D**ecide-**A**ct **(OODA)-Loop** (Osinga 2007). Den genannten Zyklen ist gemein, dass sie mehrere Iterationsschritte eines Prozesses formulieren, der bei der Analyse der Situation beginnt und mit der Bewertung der Problemlösung als Ausgangspunkt des Folgeprozesses endet. Danach beginnt der Zyklus so lange von vorne, bis das erwünschte Resultat erreicht wurde. In ◙ Abb. 1.1 ist ein typischer Planungszyklus, angelehnt an den OODA-Loop, illustriert.

Wenn beispielsweise eine Gemeinde eine Strategie entwickeln will, um dem Anspruch an eine gesunde oder generationengerechte Stadt jene Wirkungen folgen zu lassen, die den gewählten Anspruch einlösen, dann ist das ein komplexes Vorhaben. Zur Verwirklichung der angestrebten Ziele existieren keine fertigen Pläne, die sich von einer Kommune A auf eine Kommune B unverändert übertragen ließen. Eine Blaupause existiert nicht. In der einen Gemeinde ist die Sozialstruktur der Bevölkerung anders als in der anderen; in der nächsten

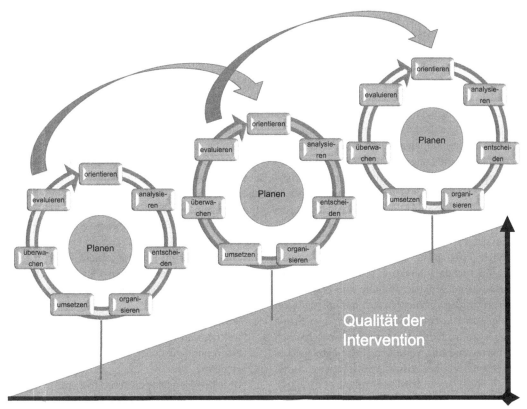

◘ Abb. 1.1 Planungszyklus

Kommune sind Bebauung und Flächennutzung anders, in der dritten ist der öffentliche Personennahverkehr in einem beklagenswerten Zustand und in einer weiteren sind bereits deutliche Anzeichen von demographisch bedingten Schrumpfungsprozessen erkennbar. Noch nicht einmal das Konstrukt der „gesunden Stadt" ist eindeutig definiert (▶ Kap. 7). Viele Vorstellungen von dem, was sein soll, und potenziell differente Einflussfaktoren und Mitspieler (Stakeholder) mit ihren je eigenen Interessen sind zu bedenken. An jedem spezifischen Ort herrscht eine eigene Dynamik der Faktoren und Interessen. Sie sind miteinander verwoben und verhalten sich im Zeitverlauf nicht linear. Entlang des in ◘ Abb. 1.1 gezeigten Zyklus lassen sich die erforderlichen Schritte ohne Straucheln gehen.

Um ein weiteres Beispiel anzuführen: Wenn in einem Kreisgesundheitsamt auf der Grundlage von Gesundheitsberichten festgestellt wird, dass im eigenen Landkreis überproportional viele fettleibige Menschen wohnen, und die Verantwortlichen darauf reagieren wollen, entscheiden und intervenieren sie komplex in einer komplexen Situation. Fettleibige Menschen sind – das zeigt die epidemiologische Literatur – gefährdet, an einem ganzen Bündel von ernsthaften Leiden zu erkranken: Diabetes Typ 2, Herzinfarkt, Schlaganfall, einige Krebsarten. Das Gewicht zu reduzieren, um das Risiko zu mindern, ist als Absicht zwar eindeutig, und die Gewichtsreduktion hat sich in der Prävention der Erkrankungen auch bewährt. Welches aber ist der geeignete Weg dorthin, welches sind die Ziele, die zur Verwirklichung der Absicht führen? Man kann versuchen, die betroffenen Personen in medial gestützten Kampagnen davon zu überzeugen, dass sie gesundheitlich gefährdet sind. Man kann ihnen nahelegen, dass sie ihr Verhalten (ihre Art sich zu ernähren und ihre zumeist geringe körperliche Aktivität) ändern müssen. Das ist tatsächlich meistens auch ein Teil eines passenden Programms.

Nun beschert das riskante Verhalten aber gerade übergewichtigen Personen Wohlbefinden. Jede Änderung bedingt Kosten (Opportunitätskosten) und ist zudem körperlich beschwerlich. Noch dazu leben viele der Betroffenen in einem sozialen Umfeld, das der Sache nicht unbedingt förderlich ist. Für das Erreichen der gesundheitsschützenden Absicht fehlt der erforderliche Langmut (in der Psychologie als **Belohnungsaufschub** bezeichnet), und die Überzeugung, eigene Wirksamkeit (**Selbstwirksamkeit**) zu besitzen, ist eher schwach ausgebildet. Hier ist systematisches Vorgehen entlang eines Planungszyklus gefordert.

Viele Programme und Maßnahmen, um die Dynamik und die Interaktion von Variablen zu adressieren, sind denkbar. Manche sind bereits ausprobiert worden, die meisten aber nur mit mäßigem Erfolg. Patentrezepte existieren keine. Der Erfolg ist aber wahrscheinlicher, wenn wissenschaftlich fundiertes und hier vor allem sozial-ökologisches und psychologisches Wissen genutzt und wenn analytisch vorgegangen wird (Grimshaw et al. 2004). Das zeigen Metaanalysen: Wo immer komplexe Probleme durch komplexe Interventionen gelöst werden sollen, da sind wissenschaftlich fundierte Planungs- und Evaluationsmethoden zielführender als ein Hineintappen und Durchwursteln. Systematisches Vorgehen reduziert subjektive Unsicherheit in Entscheidungen und macht den Erfolg von gesundheitsfördernden Programmen, Interventionen, Kampagnen und Maßnahmen wahrscheinlicher. Eine Erfolgsgarantie gibt es aber auch auf diese Weise nicht, weil objektive Unsicherheit komplexen Interventionen in komplexen Situationen innewohnt.

Fazit

Komplexität ist typisch für soziale Situationen in der realen Welt. Dort herrschen keine deterministischen Beziehungen. Vielmehr sind Beziehungen zwischen Variablen probabilistisch und meist nicht linear.

Probleme in der realen Welt sind komplexe Probleme. Zu ihrer Lösung verlangen sie Entscheidungen, die unter Unsicherheit (Risiko, Ungewissheit) getroffen werden. Die Wahrscheinlichkeit, eine richtige oder manchmal auch nur die beste aller schlechteren Ent-

scheidungen zu treffen, steigt, wenn dies in systematischer Weise geschieht und wenn das darauf folgende Handeln systematisch geplant wird.

Systematisches Vorgehen reduziert subjektive Unsicherheit, kann aber die objektive Unsicherheit nicht beseitigen. Diese ist komplexen Problemen, auf die komplex interveniert werden soll, inhärent.

Merke

Komplexe Probleme zeichnet Variablenvielfalt, Interaktion, Dynamik, Intransparenz und Polytelie aus. Entscheidungen sind dort objektiv wie subjektiv unsicher. Objektive Unsicherheit lässt sich nicht beseitigen. Durch systematisches, geplantes Vorgehen lässt sich subjektive Unsicherheit reduzieren.

Fragen

- Wenn Sie bereits Projekte geplant haben, die erfolgreich zu Ende geführt wurden, welches waren die Gründe für die erfolgreiche Verwirklichung des Plans?
- Was zeichnet ein „naturalistisches Setting" aus, welches sind Merkmale naturalistischer Settings?
- Wann sind Situationen und wann Interventionen komplex?
- Unsicherheit gibt es als subjektive und als objektive Variante – mit welchem Alltagsbeispiel könnten Sie einer anderen Person den Unterschied der beiden Varianten erläutern?
- Warum führen Entscheidungen in komplexen Situationen nach Auffassung von Hammond unausweichlich zu Fehlern („inevitable errors") und unvermeidbar zu Ungerechtigkeit („unavoidable injustice")?
- Was ist der Unterschied zwischen einer deterministischen und einer probabilistischen Vorhersage der Zukunft aus der Gegenwart?

Literatur

Birtic, T. (2010). *When a father loves Gold.* CreateSpace. Independent Publishing Plattform.

Deming, W. E. (1982). *Out of the crisis.* Cambridge: Massachusetts Institute of Technology.

Dörner, D. (1976). *Problemlösen als Informationsverarbeitung.* Stuttgart: Kohlhammer.

Funke, J. (2004). *Problemlösendes Denken.* Stuttgart: Kohlhammer.

Grimshaw, J., Thomsin, R., MacLennan, G., Fraser, C., Ramsay, C., Vale, L., et al. (2004). Effectivness and efficiency of guideline dissemination and implementation strategies. *Health Technology Assessment, 8*, 6.

Hammond, K. R. (1996). *Human judgment and social policy. Irreducible uncertainty, inevitable error, unavoidable injustice*. Oxford: Oxford University Press.

Kahneman, D. (2011). *Schnelles Denken, langsames Denken*. München: Siedler.

Klein, G. (2008). Naturalistic decision making. *Human Factors, 50*, 456–460.

Lomborg, B. (Hrsg.). (2009). *Global crisis, global solutions*. Cambridge: University Press.

Orasanu, J., & Connolly, T. (1993). The reinvention of decision making. In G. Klein, J. Orasanu, R. Calderwood, & C. E. Zsambok (Hrsg.), *Decision making in action: Models and methods* (S. 3–20). Norwood, NJ: Ablex Publishing.

Osinga, F. (2007). *Science strategy and war. The strategic theory of John Boyd*. London: Routledge.

Renn, O. (2014). *Das Risikoparadox. Warum wir uns vor dem Falschen fürchten*. Frankfurt/M.: Fischer.

Ruckstuhl, B., Somaini, B., & Twisselmann, W. (1997). *Förderung der Qualität in Gesundheitsprojekten: Der Public Health Action Cycle als Arbeitsinstrument*. Zürich: Institut für Sozial- und Präventivmedizin.

Tversky, A., & Kahneman, D. (1992). Advances in prospect theory: Cumulative representation of uncertainty. *Journal of Rsik and Uncertainty, 5*, 297–323.

Weinstein, N. D. (1980). Unrealistic optimism about future life events. *Journal of Personality and Social Psychology, 39*, 806–820.

Witte, E. (1973). *Organisation für Innovationsentscheidungen – Das Promotoren-Modell*. Göttingen: Schwartz.

Entscheiden

Wolfgang Schlicht, Marcus Zinsmeister

W. Schlicht, M. Zinsmeister, *Gesundheitsförderung systematisch planen und effektiv intervenieren,*
DOI 10.1007/978-3-662-46989-7_2, © Springer-Verlag Berlin Heidelberg 2015

Wir wollen mit dem zweiten, teilweise technisch ge-
haltenen, Kapitel die Angst vor Entscheidungen zer-
streuen, die einen befallen könnte angesichts komplexer Herausforderungen und der Tatsache, das sich
eine Entscheidung als falsch erweisen könnte. Wir
befassen uns mit dem heuristischen und dem rationalen Entscheiden. Wir zeigen, dass beide Arten von
systematischem Vorgehen profitieren. Wir gehen auf
Entscheidungsmodelle wie die Erwartungsnutzen-,
Prospect- und Regret-Theorie und auf die Konzepte
der Bounded und Unbounded Rationality ein, an
denen sich wiederum Ansätze wie die Korrespon-
denz- und Kohärenzmetatheorie festmachen. Wir erläutern ausgewählte heuristische und rationale Entscheidungstechniken. Demonstriert werden schnelle
Entscheidungen, wie sie etwa in Notfallsituationen
(Feuerwehreinsatz) typisch sind (Recognition Primed
Decisions; Fast and Frugal Tree) und Entscheidungen,
die aus der Tradition des Operations Research nach
einer kalkulatorischen Lösung suchen (Pugh-Matrix;
strategische Handlungsplanung).

2.1   Das „Bauchhirn": Was ist dran?

Bevor interveniert wird, muss entschieden werden, dass interveniert werden soll. Wenn vor lauter
Angst, die Komplexität einer Situation veranlasse
einen zu falschen oder fehlerhaften Entscheidungen, nicht entschieden wird, dann wurde letztlich
entschieden, die „Dinge sich selbst zu überlassen".

Die Ratgeberliteratur ist seit einigen Jahren voll
von vermeintlichen Weisheiten, dass Menschen neben ihrem eigentlichen Gehirn noch ein Bauchhirn
besitzen. Mit dem soll intuitiv und (lebens-)weise
entschieden werden. Viele der Ratgeber scheinen
sogar der Auffassung zu sein, dass die eigentlich
passenden und treffsicheren Lebensentscheidun-
gen intuitiv getroffen werden sollten – mit dem
Bauchhirn eben. Die Annahme, dass ein Bauchhirn existiert, geht auf ein Konstrukt zurück, das
der Neurowissenschaftler Antonio Damasio als **so-
matischer Marker** bezeichnet hat. Das Konstrukt
wurde von ihm allerdings nie als zweites Gehirn
gedeutet, das im Bauchraum angesiedelt ist. Die
somatischen Marker sind vielmehr der grundlegende Reaktionsmodus aller unserer Gefühlsreak-
tionen (affektive Reaktionen). Die wiederum sind

die Grundlage unserer Stimmungen, Gefühle und
Emotionen.

Damasio nimmt an, dass die im Verlauf des
Lebens gesammelten Erfahrungen im Gedächtnis
nicht nur als sachliche Entitäten verankert werden,
sondern dass sie – wenn sie tiefer ins Gedächtnis
eindringen – auch noch affektiv aufgeladen sind. Af-
fekte sind immer mit mehreren Reaktionsmodi verbunden: Wir spüren sie körperlich, sie beeinflussen
unsere Mimik und Gestik, sie beherrschen unsere
Gedanken und sie regen unsere autonomen Reaktionen an oder hemmen sie. Positive somatische Marker signalisieren uns Zutrauen und Zuversicht. Da
somatische Reaktionen vor allem auch in der Kör-
permitte spürbar werden (denken Sie an eine bevorstehende Prüfung oder einen operativen Eingriff),
haben einige Autoren/innen der Ratgeberliteratur
dem Nervengeflecht der Bauchmitte Denkfähigkeit
zugeschrieben. „Bauchentscheidungen" stehen in
der Trivial-, Esoterik- und Ratgeberliteratur hoch
im Kurs.

2.1.1   Was Rosamunde Pilcher dazu sagt

„Vertraue deinem Herzen und du wirst richtig entscheiden!" Das ist einer der zentralen Ratschläge
des romantischen Filmgenres auf der Grundlage
der Bücher von Rosamunde Pilcher, Inga Lind-
ström oder anderen Autoren und Autorinnen.
Meistens geht es in den Büchern und Filmen in
der Mitte der Handlung um eine Protagonistin, die
sich zwischen zwei potenziellen Lebenspartnern
entscheiden will (und Intuition ist angeblich weib-
lich). Mit einem von beiden will sie ihre Zukunft
verbringen. Soll sie den einen Mann verlassen und
sich dem anderen zuwenden? Sie zögert, ist hin-
und hergerissen und vertraut sich einer nahestehenden Person an. Diese rät schließlich: „Lass dein
Herz entscheiden!"

In Kriminalfilmen findet man die angebliche
Genialität der Intuition bei einer anderen Kunstfi-
gur. Dort ist ein Typus des Verbrechensermittlers
en vogue, der relativ gegen Ende der Filmhand-
lung äußert, er sei sich nun gewiss, dass die zuvor
vom Ermittlerteam als Täter identifizierte Person
unschuldig sei. Er urteilt entgegen allen vermeintli-

chen Fakten und auf Indizien basierenden Verursachungsketten. Dass eine andere Person der eigentliche Täter sei, verrate ihm sein Bauchgefühl. Zum Ende des Films erweist sich das Urteil als intuitiv zutreffend. Hat der Mann den „sechsten Sinn"? Besitzt er einen untrüglichen Instinkt? Meistens ist dieser Kommissar der Ältere oder mindestens der an Berufsjahren erfahrenere des Ermittlerteams. Das hat seinen guten Grund.

Man könnte im Kontext unserer bisherigen Darstellung etwas ketzerisch anmerken, die Filme nach den Büchern von Rosamunde Pilcher und auch die allermeisten Kriminalfilme seien in ihrer Handlung „unterkomplex". Der Handlungsausgang sei vorhersagbar. So wüssten erfahrene Zuschauer/innen spätestens nach der dritten Begegnung der Protagonisten: Sie kriegt ihn, er kriegt sie; sie war es, er war es.

Intuition ist keine Erfindung des Filmgenres oder der Ratgeberliteratur. Bereits zu Beginn des 20. Jahrhunderts hat Carl Gustav Jung einen extra- und introvertierten intuitiven Personentypus beschrieben. Beide entscheiden (blitz-)schnell auf der Basis unbewusster Mechanismen (Jung 1921). Der **extravertierte intuitive Typ** soll sich als Unternehmergeist, Spekulant, Erfinder, Kulturrevolutionär erweisen. Er orientiert sich an ungeprüften, aber zukunftsweisenden Möglichkeiten und erfährt – wenn er erfolgreich ist – gesellschaftliche Anerkennung. Der **introvertierte intuitive Typ** dagegen erschließt die Welt aus ihrer vermeintlichen Bedeutung, aus dem verborgenen Sinn, der sich ihm – und oft nur ihm allein – offenbart. Er entscheidet aufgrund seiner Einsicht in die verborgenen Dinge. Oft findet sich dieser Typ als Prophet, als Mystiker oder Spinner, letztlich aber verkannt und verlacht von der Öffentlichkeit, wieder.

Intuition – auch wenn wir sie hier ein wenig ironisch behandelt haben – ist keine Erfindung des populärwissenschaftlichen Psychologisierens. Sie hat auch keine esoterische Basis im Sinne unbekannter Energien, die dem einen gegeben sind und die dem anderen fehlen. Sie ist weder „Hokuspokus", noch ist sie „Hexerei". Sie wird auch nicht in einem Bauchhirn produziert. Intuition ist vielmehr einer von zwei Denkmodi, mit denen wir den Alltag erschließen und entscheiden, welche Alternative wir wählen.

> ┌─ **Intuition** ─────────────────
>
> Intuition ist die Fertigkeit, Sachverhalte ohne abwägende Schlussfolgerungen zu beurteilen und Entscheidungen schnell zu treffen. Als heuristische Entscheidung basiert sie auf der Mustererkennung, die an vergangene, ähnliche Situationen erinnert. Die Güte der intuitiven Entscheidung wächst mit der Erfahrung der Person, die entscheidet.

2.2   Zwei Denkmodi

Wir leben in einer komplexen Welt. Diesem Allgemeinplatz wird niemand ernsthaft widersprechen wollen. Folgt daraus, dass wir die Welt stets analytisch, rational, alle Varianten eines möglichen Ausgangs abwägend, analysieren müssen? Kommen wir nur so dazu, zielführend zu entscheiden? Sicher nicht, denn das würde uns im Alltag völlig überfordern.

Menschen gestalten den Großteil ihres Alltags meistens im **intuitiven Denkmodus,** den Kahneman (2011; siehe auch Tversky und Kahneman 1992) auch „System-1-Denken" genannt hat. In diesem Modus reduzieren Menschen den kognitiven Aufwand, der ihnen in komplexen Situationen abverlangt wird. Sie stützen sich auf Erfahrungen im Umgang mit vergangenen und ähnlichen Situationen. Sie entscheiden **heuristisch.** Sie fahren in der Regel gut damit, auch wenn ihnen dabei typische Fehler unterlaufen und sie die Realität systematisch verzerren. Da die Fehler systematisch sind, kennt man sie. Also lassen sich intuitiv getroffene Entscheidungen hinterfragen und so Fehler reduzieren und die Güte der intuitiven Entscheidung steigern.

> ┌─ **Heuristiken** ─────────────────
>
> Heuristiken sind Denkstrategien, die Mutmaßungen nutzen, um zu entscheiden. Die Güte heuristischer Entscheidungen profitiert von Erfahrungen. Die sozialpsychologische Forschung hat gezeigt, dass heuristische Entscheidungen nicht zwingend von minderer Güte, aber anfällig gegenüber systematischen Verzerrungen sind.

2.2.1   Intuitiv entscheiden: Fehler und Fallen

Intuitives Entscheiden *nutzt* **Heuristiken.** *Sie* ermöglichen schnelle Urteile, ohne dass zuvor Informationen erschöpfend gesammelt und dann systematisch, auf Regeln („Wenn ..., dann ...") gründend, verarbeitet werden. Heuristiken sind effektive Alltagswerkzeuge. Sie helfen zu vermeiden, sich gedanklich zu überfordern. Nutzte man keine Heuristiken, dann investierte man stattdessen in jeder noch so banalen Situation Zeit und kognitive Anstrengung, bevor man entschiede.

Nutzt man Heuristiken, dann entscheidet man bei auffälligen (salienten) Ereignissen schneller als angesichts unbekannter Ereignisse. Salient sind Ereignisse, die man bereits aus der Vergangenheit so oder so ähnlich kennt (**Verfügbarkeitsheuristik**). Man tappt in Fallen: Vom einzelnen Fall wird auf eine ganze Kategorie geschlossen, wenn der Fall die Merkmale der Kategorie in wenigstens einem Sachverhalt erfüllt (**Repräsentativitätsheuristik**). Ankerwerte verleiten dazu, einen Sachverhalt in seiner Häufigkeit oder Intensität zu über- oder zu unterschätzen. Beispielsweise wird ein Produkt als billig oder teuer (**Ankerheuristik**) bewertet, wenn zuvor ein Produkt mit einem hohen oder niedrigen Preis angeboten wurde. Deshalb bietet einem ein Verkäufer in Modeläden immer zunächst das teuerste Produkt an, beispielsweise einen Anzug. Einmal gekauft, folgt darauf noch das Angebot, bei der Gelegenheit gleich noch das passende Hemd und die passende Krawatte zu kaufen. Beide erscheinen einem dann gegenüber dem Preis des Anzugs preiswert. Und noch weitere Fehler und Fallen: In heuristischen Entscheidungen verknüpfen Menschen beobachtete Merkmale mit damit assoziierten (nicht aber beobachteten) Merkmalen (**Hofeffekt**). Erscheint eine Person äußerlich attraktiv, dann werden ihr scheinbar passende (innere) positive Eigenschaften zugeschrieben: ehrlich, zuverlässig oder intelligent.

Verbreitet sitzt man bei heuristischen Entscheidungen Irrtümern auf. Im **logischen Irrtum** werden scheinbare Korrelationen zweier oder mehrerer Merkmale unterstellt. Wenn zum Beispiel eine Bewegung als behäbig eingeordnet wird, liegt es scheinbar nahe, der betreffenden Person zu unterstellen, dass sie sich nicht nur langsam bewegt, sondern dass sie auch träge denkt. Ein Irrtum ist auch, Milde walten zu lassen, wenn positive Aspekte hoch und negative niedrig bewertet werden (**Mildeeffekt**). Ähnlichkeit wird projiziert, indem von den eigenen Eigenschaften und Einstellungen darauf geschlossen wird, dass auch andere Personen so oder mindestens so ähnlich denken müssten (**projektive Ähnlichkeit**). Schließlich werden Überzeugungen über die Eigenschaften von Mitgliedern einer sozialen Gruppe transportiert, ohne die Gruppenmitglieder und deren Eigenschaften näher zu kennen (zum Beispiel die Dicken, die Alten). Diese **Stereotypisierung** und Stigmatisierung erfahren derzeit Anhänger des Islam, denen eine aggressive Handlungsweise unterstellt wird. Auch alte Menschen erfahren Zuschreibungen, die mit der Realität nicht korrespondieren.

Intuition ist also eine assoziative Art zu denken. Sie ist mit Gefühlen verbunden („hot cognitions"), wird durch situative Reize ausgelöst und führt zu schnellen Entscheidungen (Kahneman 2011). „Schnelles Denken" ist eine auf Erfahrung basierende Fertigkeit und weniger eine Fähigkeit oder gar eine Sonderbegabung, mit denen bestimmte Personen ausgestattet sind. Man kann lernen, heuristisch treffend zu entscheiden. Das hat nichts Geheimnisvolles. Intuitives – wir bevorzugen den Begriff heuristisches – Entscheiden ist bei Frauen weder weiter verbreitet, noch funktioniert es zuverlässiger als bei Männern. Die entscheidende Variable für die Güte der Entscheidung ist nicht die Geschlechtszugehörigkeit, sondern die Erfahrung der Person, die entscheidet.

Bei den allermeisten Alltagsentscheidungen wirken sich die systematischen Verzerrungen der Heuristiken nicht gravierend aus. Das tun sie aber, wenn durch die Entscheidungen beträchtliche finanzielle Mittel und personale Ressourcen gebunden werden oder wenn das psychophysische Wohl und Wehe betroffener Personen von der zutreffenden Entscheidung abhängt. Das ist bei medizinischen Eingriffen, bei juristischen Entscheidungen oder bei politischen Beschlüssen und Strategien der Fall. Auch bei Interventionen zur Prävention von Erkrankungen ist das so. Im besten Fall sind die Interventionen nur unwirksam und verschwenden Geld. Im schlimmsten Fall aber haben sie gravierende Nebenwirkungen für die Betroffenen, wenn etwa den falschen Personen ein bestimmtes Verhalten empfohlen wird oder eine Organisation gedrängt wird, Strukturen und Prozesse zu verändern, die sie besser nicht geändert hätte.

Entscheidungen im Denkmodus des Systems 2 nach Kahneman (2011) sind weniger fehleranfällig. Für die datengestützte Grundlage des **rationalen Entscheidens** müssen aber zunächst umfänglich Informationen beschafft und gegen das bereits vorhandene Wissen abgewogen werden. Das ist kognitiv aufwendig und benötigt Zeit. Gerade die ist in Alltagssituationen (naturalistischen Situationen) nicht immer in ausreichendem Maße verfügbar, etwa in der Notaufnahme einer Klinik, im Einsatz der Feuerwehr oder der Polizei, im Straßenverkehr bei unübersichtlicher Lage und in vielen anderen Situationen.

2.2.2 Erfahrung und Zuverlässigkeit

Die Zuverlässigkeit heuristischer Entscheidungen wächst mit der Erfahrung des Entscheiders. Klein (2003) hat mit der Technik der Recognition Primed Decisions gezeigt, dass intuitives, **heuristisches Entscheiden** von systematischem Vorgehen profitiert. Erfahrene Entscheider erkennen in Situationen explizit und implizit Muster wieder, die sie an ähnliche Situationen und an deren Verlauf oder Ausgang in der Vergangenheit erinnern. Aufgrund der wiedererkannten Muster können sie schnell und oft passend entscheiden. In ihren Arbeiten hat die Gruppe um Garry Klein gezeigt, dass Offiziere des Militärs oder Ingenieure auf Ölplattformen, die in Realsituationen sehr schnell entscheiden müssen, zu mehr als 90 % heuristische Entscheidungen trafen, mit denen sie meistens richtig lagen.

Die Technik der **Recognition Primed Decision** (RPD) folgt einem systematischen, iterativ gestalteten Vorgehen. RPD beginnt mit der (intuitiven) Einschätzung einer komplexen Situation. Die Person, die entscheiden muss, sucht nach Hinweisreizen, um Muster zu detektieren, die sie bereits aus früheren Situationen so oder so ähnlich kennt. Auf diese Muster reagiert sie gedanklich mit einem Handlungsvorschlag (**Action Script**), der ihr (intuitiv) geeignet erscheint, die Situation in der

gewünschten Weise zu verändern. Statt diesen Handlungsvorschlag gegen alternative Vorschläge abzuwägen – wie es bei rationalen Entscheidungen der Fall wäre – stellt sich die Person im folgenden Schritt des RPD Barrieren oder Zwänge vor, die eine Umsetzung des ersten, intuitiven Vorschlags behindern oder gar unmöglich machen würden. Im Ergebnis wird in der gedanklichen Konfrontation beurteilt, ob das Handlungsskript gelingen wird: „Gut, das kann funktionieren" oder „Nein, das wird nicht funktionieren". Führt die mentale Simulation zum (vorgestellten) Erfolg, dann ist die Entscheidung gefallen.

Ein alternatives Handlungsskript wird nur erwogen, wenn der in Gedanken vorgestellte Situationsausgang scheitert. Dann wird das Prozedere, einen Handlungsvorschlag zu denken und mögliche Barrieren zu antizipieren, so lange erneut „im Kopf durchgespielt" (nicht im Bauch), bis der Erfolg versprechende Verhaltensvorschlag gefunden ist. Weitere alternative Handlungsskripte, um eine noch besser passende Alternative zu finden, werden nicht erwogen.

Studien zum RPD zeigen auch, dass erfahrene Entscheider in komplexen Situationen zielführendere Entscheidungen treffen als Novizen. Warum das so ist, wird klar, wenn man sich mögliche Erfahrungslücken vor Augen hält, die den Prozess einer schnellen Entscheidung beeinflussen können. Eine Person kann eine (ähnliche) Situation und deren Ausgang aus der Vergangenheit kennen. Dann lautet die Regel, um zu entscheiden: „Ich kenne die Situation, dann ist die Handlung H auch hier wahrscheinlich die passende." Ist einer Person aber eine Situation unbekannt, dann kann sie intuitiv keine Muster erkennen. Sie muss analysieren: „Wie ist die Situation beschaffen, welcher Situation könnte sie ähnlich sein, welche Handlung könnte hier passen?" Diese Fragen zu beantworten, kostet nicht nur mehr Zeit, die möglichen Antworten sind auch mit einer höheren subjektiven Unsicherheit gepaart.

Heuristisches (System 1) und rationales Denken (System 2) sind keine Gegensätze. Sie sind keine rivalisierenden Modi des Denkens. Vielmehr haben beide ihre eigene zu den Merkmalen einer Situation passende und auch berechtigte Bedeutung im Prozess des Entscheidens. Die Frage ist also nicht, ob heuristisch *oder* rational entschieden werden soll, sondern in welcher Situation die eine und in welcher Situation die andere Art des Entscheidens ihre jeweiligen Vorzüge hat. In komplexen Situationen resultieren „Fehler" aus beiden Entscheidungsvarianten. Objektive Unsicherheit lässt sich weder im einen noch im anderen Modus vollständig beseitigen. Nur subjektive Unsicherheit lässt sich reduzieren – aber das hatten wir bereits im ersten Kapitel festgestellt.

Entdeckungs- und Analysezusammenhang

Der Physiker und Wissenschaftstheoretiker Hans Reichenbach (1938) hat eine bis heute gültige Unterscheidung im Prozess der Wissensbeschaffung eingeführt, die von nachfolgenden Wissenschaftstheoretikern aufgegriffen wurde. Reichenbach unterschied einen **Entdeckungs-** (Context of Discovery) von einem **Rechtfertigungszusammenhang** (Context of Justification). Letzteren bezeichnet heute der Philosoph Karl Popper (2005), der Begründer des **Kritischen Rationalismus**, der die Notwendigkeit von Rechtfertigungen für wissenschaftliches Tun verneint, passender als **Analysezusammenhang**.

Im Entdeckungszusammenhang werden (Vor-)Annahmen über einen Gegenstand formuliert, die dann in der Forschung aber wegen ihres subjektiven Gehalts letztlich bedeutungslos sind. Im Analysezusammenhang geht es dann darum, die (Vor-)Annahmen, die Befunde und das Vorgehen, das zu den Befunden geführt hat (Methoden), rational zu erklären. Die Behauptungen, Hypothesen, Theorien müssen sich im Lichte von Realitätsbeobachtungen (Empirie) bewähren. Reichenbach forderte mathematisch logische Erklärungen im Analysezusammenhang. Nimmt man diese Unterscheidung von Entdeckungs- und Analysezusammenhang, könnte man die Intuition als bevorzugten Denkmodus des Entdeckungs- und das rationale Denken als bevorzugten Modus des Analysezusammenhangs bezeichnen. Eine solche Zuordnung geschähe im Übrigen ohne Wertung, ohne Zuschreibung, das eine sei besser oder angemessener und das andere schlechter oder fehlerbehaftet.

Am Beispiel von Entscheidungen in der Notfallambulanz einer Klinik demonstrierten Marewski und Gigerenzer (2012) die Treffsicherheit heuristischer Entscheidungen und illustrieren an einem fiktionalen Beispiel die Technik der **Fast and Frugal Trees** (Marewski et al. 2010). Sie zeigen, dass eine heuristische Entscheidung zu einem schnellen und passenden Ergebnis führt, wenn die Sachlage ein schnelles Entscheiden gebietet. Wann ist das der Fall?

Garry Klein sieht heuristisches Entscheiden, etwa in Form des **Recognition Primed Decision**, als passend und auch notwendig, wenn:

- die Zeit drängt (zum Beispiel in Notfallsituationen),
- die Ziele eindeutig definiert sind (zum Beispiel, wenn Menschenleben zu retten sind),
- die Bedingungen, unter denen gehandelt wird, wenig stabil sind (zum Beispiel, wenn längeres Zuwarten die Ausgangsbedingungen für die Zielerreichung verschlechtert),
- die Entscheider im Umgang mit ähnlichen Situationen erfahren sind.

Rationales Entscheiden, bei dem Handlungsalternativen gegeneinander abgewogen werden, statt nur ein Handlungsskript mental durchzuspielen, ist demgegenüber dann der Entscheidungsmodus der Wahl, wenn:

- die Situation nur über abstrakte Informationen beschrieben werden kann,
- genügend Zeit vorhanden ist, um nachzudenken,
- die Probleme in kombinatorischer Beziehung zueinander stehen (wenn x, dann y),
- mehrerer Handelnde sich über die geeignete Strategie uneinig sind,
- gefordert ist, die Entscheidung im Nachhinein zu erklären oder zu begründen.

Immer wenn ausreichend Zeit vorhanden ist, ist der rationale dem heuristischen Denkmodus überlegen. Die Investition in Zeit und Anstrengung kommt der Güte des Ergebnisses zugute. Wir behaupten, dass in den allermeisten Situationen, in denen gesundheitsfördernde Interventionen geplant werden, Entscheidungen rational getroffen werden sollten. **Analytisches** oder **rationales**

Entscheiden ist der bewusste und absichtliche Vorgang, bei dem alternative Handlungen in Gedanken durchgespielt und in ihrer denkbaren Konsequenz gewogen werden.

2.3 Unbegrenzte oder doch nur begrenzte Rationalität

Die Art, wie Menschen entscheiden, welcher Logik sie dabei folgen, wird in verschiedenen Wissenschaftsdisziplinen behandelt: In der Stochastik (einem Gebiet der mathematischen Wahrscheinlichkeitstheorie), der Ökonomie, der Informatik und der Psychologie. Im Verlauf der vergangenen drei Jahrhunderte haben sich aus dieser Beschäftigung unterschiedliche Sichtweisen entwickelt.

Die eine Sichtweise bevorzugt eine **unbegrenzte Rationalität** (Unbounded Rationality). Sie geht (sehr optimistisch) davon aus, dass Menschen mit ihrem Wissen prinzipiell in der Lage sind, die Zukunft exakt vorherzusagen. Unter der Annahme einer solchen Allwissenheit stellt sich die Frage, unter welchen Bedingungen die ultimativ beste Entscheidung getroffen wird und welche Werkzeuge dabei helfen. Auf der Grundlage dieser – in der Ökonomie oder der Informatik referierten – Sichtweise gilt es, alle verfügbaren Informationen zu sammeln. Nach vorher festgelegten Kriterien werden die Informationen gewichtet und die Entscheidung für die Kombination von Informationen und gewichteten Kriterien getroffen, die den höchsten (Erwartungs-)Wert hat. In der Science-Fiction-Serie Star Trek spiegelt die Figur des Vulkaniers Commander Spock das vollständig rationale Verhalten in idealer Weise. Gefühle sind Spock fremd. Er entscheidet daher stets aufgrund rein logischer Kriterien. Das Wirtschaftsmagazin The Economist beschreibt Commander Spock als den Idealtypus des **Homo oeconomicus**.

In vielen Studien hat sich gezeigt, dass Menschen in der Regel nicht vollständig rational entscheiden. Täten sie es, dann orientierten sie sich am **Erwartungswert** der Wahlalternativen. Die Arbeiten von Kahneman und Mitarbeitern (zum Beispiel Kahneman et al. 1982) erklären die Tatsache, dass Menschen nicht vollständig rational entscheiden, aus der begrenzten kognitiven Kapazität. Die macht es ihnen unmöglich, alle nur denkbaren Konstellationen einer komplexen Situation zu erfassen und zu beurteilen. Zudem sitzen Menschen der **Illusion der kognitiven Kontrolle** auf. Sie sind überzeugt, Kontrolle selbst dort zu besitzen, wo sie sich eines Besseren belehren lassen müssen. Die Kontrollillusion stellt sie zufrieden, lange bevor sie sich alle Alternativen und Konsequenzen überlegt haben. Die Kontrollillusion ist ein Gefühl. In der unbegrenzten Rationalität haben Gefühle jedoch nichts zu suchen. Tatsächlich aber beeinflussen sie Entscheidungen und stehen der unbegrenzten Rationalität damit im Weg. Erfahrene Raumschiff-Enterprise-Enthusiasten wissen, dass sogar Commander Spock – da er ein Spross einer irdischen Mutter und eines Vulkaniervaters, also Halbvulkanier ist – immer ein wenig versucht ist, Gefühle zuzulassen.

Die Tatsache, dass Entscheider nicht nach der ultimativ besten Alternative suchen, deckt sich mit der Position des Nobelpreisträgers Herbert A. Simon (Simon 1956; siehe auch Kahneman et al. 1982). Simon ist bescheidener in den Erwartungen an rationale Entscheidungen. Er postuliert eine **begrenzte Rationalität** (Bounded Rationality). Die ultimativ optimale Entscheidung ist in der Wirklichkeit selten anzutreffen. Menschen streben von vornherein danach, die im gegebenen Fall für ihre Ziele akzeptable Entscheidung zu treffen, statt nach der rational besten Alternative zu suchen. Zum einen sind die kognitiven Fähigkeiten von Menschen begrenzt. Zum anderen herrscht in komplexen Situationen Zeitdruck. Es fehlen Informationen und es herrscht Unsicherheit. Also trifft man jene Entscheidung, die einen in einer gegebenen Situation zufriedenstellt.

Entscheidungsverhalten ist das Resultat des Zusammenwirkens von überdauernden personalen Eigenschaften (Einstellungen, Motive, Charaktereigenschaften), aktuellen Zuständen (Gefühle, Gedanken, Erwartungen) und dem Kontext (Umwelt), in dem entschieden wird. Entscheidungen sind so gesehen niemals **absolut**, sondern (lediglich) **ökologisch rational**, wie Simon anmerkt. Sie spiegeln den Kontext in seinem aktuell beschreibbaren Zustand ebenso wie die Person mit ihrer aktuellen Verfassung wider.

> **Rationalität**
>
> Rationalität führt als eingeschränkte zu Ent-
> scheidungen, die zufriedenstellen. Neben Kos-
> ten-Nutzen-Abwägungen beeinflussen auch
> situative Merkmale und Gefühle die Entschei-
> dung. Unbegrenzt rational wägen Menschen
> Alternativen sachlich ab und orientieren sich
> am Erwartungswert.

Hammond (1996) nennt die eingeschränkte Rationalität – und die unbegrenzte die Kohärenzmetatheorie
der Entscheidung. Die **Kohärenzmetatheorie** nimmt
die exakte mathematische Vorhersage als Kriterium
der Vorhersagegüte (zum Beispiel unter Verwendung
von Erwartungswerten). Die **Korrespondenzmetathe-
orie** nimmt dagegen die Angemessenheit der Entscheidung unter den gegebenen Umständen zum Kriterium.

Der Unterschied in den grundlegenden Positionen einer unbegrenzten und einer eingeschränkten
Rationalität spiegelt sich auch in der Genese von Modellen, die vor allem in der mathematisch fundierten
Ökonomie die Logik des Entscheidens erklären. Das
ursprüngliche Modell des Entscheidens geht davon
aus, dass Menschen – haben sie die Wahl – sich für
die Alternative mit dem höchsten **Erwartungswert**
und also unbegrenzt rational entscheiden.

Dieser Annahme tritt die **Erwartungsnutzentheorie** entgegen. Sie ist mit Überlegungen des
Mathematikers Daniel Bernoulli (1700–1782) verbunden, der bereits Anfang des 18. Jahrhunderts die
Auffassung vertrat, dass Menschen sich bei ihren
Entscheidungen für Alternativen in einem gehö-
rigen Maß von psychischen Empfindungen leiten
lassen. Die Theorie unterstellt, dass Menschen jene
Entscheidungsalternative wählen, mit der sie den
subjektiven Nutzen maximieren. Sie entscheiden
damit eingeschränkt rational.

> **Erwartungswert**
>
> Erwartungswert ist ein Begriff der Statistik und
> Wahrscheinlichkeitstheorie. Der Erwartungs-
> wert einer Zufallsvariablen ist jene Zahl, die
> eine Zufallsvariable im Mittel annimmt. Wür-
> felt man etwa fünfmal und erhält die Zahlen: 1,
> 5, 3, 2, 6 dann beträgt der Erwartungswert $(1 +
> 5 + 3 + 2 + 6) \times 1/5 = 3{,}4)$.

Im sogenannten **St. Petersburger Paradox** zeigt sich
die eingeschränkte Rationalität von Lotteriespielern.
Vor die Wahl gestellt, Geldbeträge auf das Auftreten
eines Ereignisses zu setzen, investieren sie vorsichtig,
statt sich am Erwartungswert zu orientieren. Nehmen wir als Beispiel das folgende Angebot. Für jeden
Münzwurf, der die „Zahl" zeigt, kann man in einem
Spiel Geldbeträge gewinnen. Wer mitspielt und auf
„Zahl" Geld setzt, der gewinnt, wenn die „Zahl" fällt:

- 1 Euro bei „Zahl" bereits im ersten Wurf,
- 2 Euro bei „Zahl" erst im zweiten Wurf,
- 4 Euro bei „Zahl" erst im dritten Wurf,
- 8 Euro bei „Zahl" erst im vierten Wurf und so
  weiter.

Der Erwartungswert des Spiels ist unendlich:
$E = \frac{1}{2} \times 1 + \frac{1}{4} \times 2 + \frac{1}{8} \times 4 + \ldots$ Das heißt dann auch,
dass ein Spieler einen unendlich hohen Gewinn
erwarten darf. Den in Aussicht gestellt, müsste er
auch bereit sein, einen riesigen Betrag zu setzen.
Stimmt aber nicht, tut er nicht – er setzt eher geringe Beträge. Er verhält sich damit nicht so, wie es
mathematisch zu erwarten wäre. Er „verletzt" die
Annahmen der unbegrenzten Rationalität. Bernoul-
lis Auflösung: Spieler entscheiden nicht nach dem
statistischen Erwartungswert, sondern nach dem
subjektiv erwarteten Nutzen, den er **Erwartungs-
nutzen** genannt hat.

Um das Phänomen noch ein wenig zu illustrieren: Ein Geldbetrag von 50 Euro ist für eine Person, die 100 Euro besitzt, identisch mit 500 Euro für
eine andere Person, die bereits 1000 Euro besitzt.
50 Euro sind für die erste Person und 500 Euro für
die zweite Person jeweils ein relativer Zugewinn von
50 %. Tatsächlich aber lösen die Beträge eine unterschiedliche psychologische Reaktion bei den beiden
Personen aus. Die Reaktion ist umgekehrt propor-
tional zum anfänglichen Ausgangswert: Mit jedem
höheren Ausgangswert wird der erlebte Nutzen eines weiteren Zuwachses geringer. Wenn eine Person
bereits eine Million Euro besitzt, dann erlebt sie den
Zuwachs um eine weitere Million als weniger nützlich als die Person, die nichts besitzt und im Lotto
eine Million gewinnt. Der Wert des Gelbetrags und
der empfundene Nutzen sind nicht linear, sondern
folgen einer logarithmischen **Nutzenfunktion**.

Die **Erwartungsnutzentheorie** (Expected Uti-
lity Theory), die von Neumann und Morgenstern

(1947) vorgestellt und die andere Autoren variiert haben, trägt diesem Sachverhalt Rechnung. Sie ist eine mathematisch formalisierte Theorie, die davon ausgeht, dass eine Person, vor die Wahl gestellt, sich zwischen Alternativen entscheiden zu müssen, jene Alternative wählt, die den höchsten **Nutzenwert** verspricht. Hat sie beispielsweise die Wahl zwischen einem Glücksspiel (mit einem hohen Gewinn) mit einem hohen Erwartungswert und der Möglichkeit, den gleichen oder sogar einen niedrigeren Betrag sicher (also ohne Glücksspiel) zu erhalten, wird sie sich risikoscheu verhalten. Sie wird in der Regel den „Spatz" nehmen, statt Gefahr zu laufen, dass ihr die „Taube" (der hohe Lotteriegewinn) entweicht und der Spatz (der sichere Betrag) dann auch weg ist. Sie wird sich also gegen den Erwartungswert entscheiden. Nur Zocker verhalten sich anders.

Vor allem die beiden Nobelpreisträger Daniel Kahneman und Amon Tversky haben demonstriert, dass Menschen sich in Entscheidungen von Gefühlen leiten lassen. Sie neigen zu Urteilsverzerrungen und entscheiden keineswegs nur logisch vernünftig (Kahneman und Tversky 1979). Die **Prospect-Theorie** oder **Neue Erwartungstheorie** basiert unter anderem auf der experimentellen Beobachtung, dass Menschen eher motiviert sind, Verluste zu vermeiden statt Gewinne zu erzielen. Dieser Sachverhalt erklärt möglicherweise auch, warum es den allermeisten Menschen schwerfällt, auf ein gesundheitlich riskantes Verhalten (zum Beispiel das Rauchen) zu verzichten, um ihre Gesundheit in ferner, unbestimmter Zukunft zu sichern und damit einen abstrakten, weit entfernten Gewinn zu erzielen.

Auch die Prospect-Theorie wurde mathematisch formalisiert. In ihr ist unter anderem die plausible und oben bereits genannte Vorannahme formuliert, dass ein Zuwachs an Gewinn abhängig vom Bezugspunkt wertgeschätzt wird: 1.000 Euro bei einem Vermögen von 10.000 Euro erscheinen weniger wert als 100 Euro bei 1.000 Euro, obgleich beide 10 % der Basissumme ausmachen. Weiterhin nahmen Kahneman und Tversky an, dass die Trauer über einen Verlust psychologisch schwerer wiegt, als die Freude über einen Gewinn. Also geht die Verlustvermeidung dem Gewinnstreben vor.

Nach Auffassung der beiden Autoren tappen Menschen bei Entscheidungen zusätzlich in eine ganze Reihe von „Fallen", die ihre Entscheidungen unbewusst beeinflussen. Einige Fallen haben wir bereits genannt. Weitere sind:

- Menschen überschätzen ihre eigenen Fähigkeiten und unterschätzen die der Konkurrenten.
- Sie halten an einer einmal gefassten Entscheidung auch dann noch fest, wenn Indizien bereits in eine andere Richtung deuten.
- Sie neigen dazu, ihnen Bekanntes stärker zu gewichten als Neuartiges.
- Sie gehen größere Risiken ein, wenn sie dadurch den Status quo bewahren können.
- Sie fürchten den Verlust mehr, als sie den Gewinn begrüßen.
- Sie setzen falsche Prioritäten, indem sie viel Zeit investieren, um unwichtige Entscheidungen zu treffen, und wenig Zeit, wenn es um wichtige Entscheidungen geht.
- Sie trauern einem Verlust lange nach, obwohl sie ihn dadurch nicht wieder wettmachen können.
- Sie reden sich falsche Entscheidungen schön.
- Sie lassen sich von einmal getroffenen Entscheidungen beeinflussen.
- Sie wähnen sich in der Lage, den Ausgang einer Situation vorhersagen zu können; sie vermuten, sie verfügten über einen „sechsten Sinn".

Ein drittes Entscheidungsmodell, die **Regret-Theorie**, rückt die von Commander Spock ignorierten Gefühle, die schon in der Prospect-Theorie eine Rolle spielten, noch stärker in den Vordergrund (Jungermann et al. 2010). Wenn Menschen sich für eine Alternative entschieden haben, dann bewerten sie nicht nur den Nutzen dieser Alternative. Vielmehr bedauern sie auch, dass sie eine andere Alternative verwerfen mussten. Die Gefühle für die eine und die andere Variante werden miteinander verglichen und gegeneinander abgewogen. Der Gesamtnutzen einer Alternative hängt damit immer auch von den gefühlten Konsequenzen der verworfenen Alternative ab. Menschen verwerfen die einmal gefasste Entscheidung unter Umständen wieder, weil das Bedauern, die andere Alternative zuvor nicht gewählt zu haben, mächtiger sein kann, als die Zufriedenheit mit der ursprünglich getroffenen Entscheidung. Auch diese Theorie, wen wundert es, wurde mathematisch modelliert.

Fassen wir kurz zusammen: a) Für unbegrenzt rationale Entscheidungen sind nur begrenzt Informationen und meist auch nur eingeschränkt Handlungsoptionen verfügbar, b) die kognitive Kapazität ist begrenzt, c) die Zeit, um eine Entscheidung zu fällen, drängt oft, d) Gefühle sind mit im Spiel, wenn entschieden wird und e) systematische Verzerrungen trüben die Urteilsfähigkeit.

Einige der limitierenden Aspekte (vor allem die vorgenannten a bis c) einer vollständig rationalen Entscheidung erzwingen heuristische Entscheidungen. Hierbei wird von Anfang an nur nach einer begrenzten Anzahl von Informationen gesucht. Aber es werden auch Verfahrensregeln genutzt, um gravierende Urteilsverzerrungen, für die heuristische Entscheidungen nun mal anfällig sind, zu vermeiden oder wenigstens doch in ihren Auswirkungen zu minimieren.

2.4 Entscheidungsvarianten und -techniken

Bevor wir zusammentragen, wie sich Entscheidungen optimieren lassen und welche Techniken geeignet sind, um Entscheidungen treffsicherer zu machen, noch ein kurzer Blick auf die Situationen und deren Charakteristika, in denen entschieden wird oder werden soll.

Im **normativen Modell**, das wir gerade als Erwartungsnutzentheorie kurz vorgestellt haben, wird ein „Entscheidungsfeld" über drei Aspekte beschrieben, über den **Handlungs-** oder **Aktionsraum** (das ist die Menge möglicher Entscheidungsalternativen), den **Zustandsraum** (das ist die Menge möglicher Zustände, die eine Situation annehmen kann) und die **Ergebnisfunktion** (das ist ein Wert, der die Handlungen und die Zustände kombiniert). Anhand der potenziellen Beschaffenheit der drei Aspekte lassen sich wiederum drei Entscheidungssituationen klassifizieren, die mit den bereits im ersten Kapitel genannten Unsicherheitsvarianten korrespondieren. Für ein vertieftes Studium der verschiedenen Varianten sei auf Jungermann et al. (2010) verwiesen. Im ersten Kapitel haben wir die Varianten bereits als Varianten von Unsicherheit behandelt. Hier noch einmal zur Erinnerung und dieses Mal verknüpft mit Entscheidungen: Entschei-

dungen in Situationen wie etwa dem Bemühen, das Auftreten einer Erkrankung zu verhindern, oder im Lotto zu spielen, um sechs Richtige zu treffen und reich zu werden, sind in ihrem Ausgang mit einem unterschiedlichen Grad an Zuverlässigkeit prognostizierbar. Sie sind riskant. Die **Auftretenswahrscheinlichkeit** für eine Erkrankung bei Personen, die sich mit ihrem Verhalten selbst gefährden (zum Beispiel Raucher), lässt sich auf der Grundlage statistischer Modelle berechnen. Die **Eintrittswahrscheinlichkeit**, den Zeitpunkt also, wann es eine Person treffen wird und ob die gewählte Maßnahme wirkt, kann man aber nicht immer vorhersagen; man entscheidet also mit ungewissem Ausgang.

Man kann zu Recht fragen, ob gesundheitsförderliche Interventionen legitim sind, wenn für sie ungewisse Entscheidungen getroffen werden. Wenn man nicht weiß, was man Menschen antut, dann sollte man den Fall als ein Problem definieren und ihn als solches an die Implementierungsforschung überweisen. Dort wird der Fall dann unter Wahrung aller ethischen Abwägungen mit den aktuell verfügbaren wissenschaftlichen Methoden auf seine Wirksamkeit geprüft. Beispiele sind die groß angelegten Diabetesinterventionsstudien, in denen geprüft wurde, ob Lebensstiländerungen die Erkrankung verhindern oder den Verlauf beeinflussen.

6 aus 49

In der wöchentlichen Lottoziehung liegen 49 Kugeln in der Trommel, die 49 Lottozahlen repräsentieren. Davon werden in jeder Wochenziehung 6 Kugeln ausgelost. Bei der ersten Ziehung des Abends kann es also die Zahlen 1 bis 49 treffen. Wenn auf dem Spielschein 6 Zahlen angekreuzt wurden, liegt die Wahrscheinlichkeit, dass eine dieser Zahlen ausgelost wird, bei 6 zu 49 oder 1 zu 8,1666 (49 geteilt durch 6). Bei der zweiten Ziehung des Abends fehlt eine Kugel. Sie wurde der Trommel ja bereits entnommen. Die zweite gezogene Zahl wird also aus 48 Kugeln gezogen. Die Wahrscheinlichkeit ist jetzt 6 zu 48 oder 1 zu 9,6 (48 geteilt durch 5). Wenn auch die restlichen 4 Zahlen in dieser Weise gezogen wurden, dann ergibt sich die Wahrscheinlichkeit für „6 Richtige" aus dem

Produkt der Wahrscheinlichkeiten der einzelnen Ziehungen und die lautet: 1 zu 13.983.816. Wollen Sie jetzt immer noch Lotto spielen?

Statt über einzelne Schritte lässt sich die Wahrscheinlichkeit auch nach einer Formel berechnen:

$$x = \frac{[n!/s!(n-s)!] \times [c!/d!(c-d)!]}{k!/n!(k-n)!}$$

Dabei sind:

n = Anzahl der insgesamt gezogenen Lottozahlen (6)

k = Anzahl der Zahlen, die sich in der Trommel befinden (49)

c = Zahlen, die nach der Ziehung in der Trommel verbleiben (49−6=43)

s = Kombination (6 aus 49 oder 6 Richtige)

d = übrig gebliebene Zahlen (bei 6 Richtigen=0).

Das Ausrufezeichen in der Formel wird als „Fakultät" gelesen und bedeutet, dass die einzelnen Elemente miteinander multipliziert werden. Also bedeutet n! im Lottobeispiel: $1 \times 2 \times 3 \times 4 \times 5 \times 6 = 720$.

Entscheiden kann man aufgrund von Ähnlichkeiten zu früheren Situationen (heuristisch) oder nach reiflicher Analyse und Abwägung möglicher Verluste und erhoffter Gewinne (rational). Man kann auch entscheiden, indem man den Zufall „bemüht", würfelt oder Feng-Shui-Berater/innen bittet, die Wünschelrute oder das Pendel für sich entscheiden zu lassen. Diese letztgenannte Art zu entscheiden basiert auf Glaubensbekenntnissen, mag sogar manchmal zutreffend und hilfreich sein. Sie gehört aber nicht in die Welt der Wissenschaft. Wir wollen sie daher auch nicht weiter behandeln.

Im Folgenden sollen stattdessen einige ausgewählte, gebräuchliche und unterstützende Techniken des Entscheidens erläutert werden. Darunter sind auch solche, die im **Operations Research** genutzt werden, um ein gewünschtes Ergebnis mit geringstem Aufwand (Kosten) zu erreichen oder um mit den vorhandenen Mitteln ein ökonomisch wünschenswertes Ergebnis zu erzielen. Für eine vertiefte Lektüre von Ansätzen des Operations Research verweisen wir auf Domschke und Drexel (2007).

2.4.1 Techniken des heuristischen Entscheidens

Heuristische Entscheidungen sind je nach Erfahrung der Entscheider mit den Situationen, in denen entschieden wird, „treffsicher". Sie sind dort von Vorteil, wo unter hohem Zeitdruck zu entscheiden ist. Sie gewinnen an Treffsicherheit, wenn sie wie in der von Garry Klein eingeführten Technik des Recognition Primed Decision (RPD) mit einem systematischen Vorgehen, der mentalen Simulation möglicher Barrieren, die eine Handlungsoption behindern oder gar verhindern könnten, kombiniert werden.

Eine einfache Grundlage einer heuristischen Entscheidung kann neben der RPD-Technik auch der **Entscheidungsbaum** sein (zum Beispiel der **Fast and Frugal Tree**), der einer Entscheidung einfache „Ja-" und „Nein-Antworten" zugrunde legt. Einen Entscheidungsbaum haben Marewski und Gigerenzer im oben zitierten Artikel beispielhaft illustriert. Die Autoren demonstrieren damit, wie in einer Notfallaufnahme einer Klinik schnell und treffend entschieden werden kann. Die fiktive Ausgangslage des Falls ist ein Patient, der sich den Ärzten in der Notaufnahme vorstellt, weil er über heftige Brustschmerzen klagt, die auf ein akutes und schwerwiegendes kardiales Ereignis hindeuten könnten. Das Personal der Notaufnahme steht vor der Entscheidung: Soll der Patient sofort in die intensivmedizinische kardiologische Notversorgung überwiesen werden oder reicht es, ihn über Nacht aufzunehmen, um seinen Zustand zu überwachen?

Beide Entscheidungen sind riskant. Ist der Zustand des Patienten bedrohlich und wird versäumt, ihn intensivmedizinisch zu behandeln, dann droht ihm der Tod durch einen Infarkt. Wird der Patient dagegen ohne Notwendigkeit zur intensivmedizinischen Behandlung überwiesen, dort den Regeln der Kunst entsprechend behandelt (zum Beispiel mittels einer Herzkatheteruntersuchung), dann verursacht das Kosten und setzt den Patienten in unnötiger Weise dem Risiko aus, sich mit Krankenhauskeimen zu infizieren. Es muss also schnell und den Umständen angemessen entschieden werden.

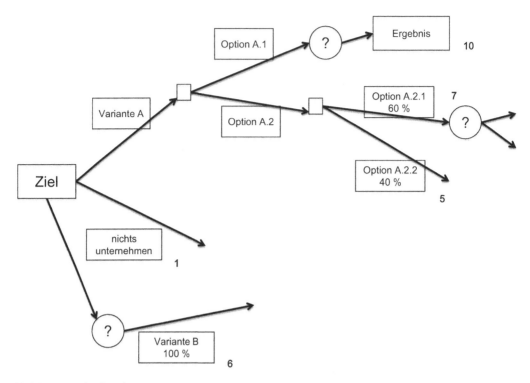

Abb. 2.1 Entscheidungsbaum

▪ Decision Trees

Entscheidungsbäume Decision Trees bereiten die möglichen Optionen grafisch auf. Sie erlauben eine Bewertung der Konsequenzen, wenn sie mit Wahrscheinlichkeiten oder anderen mathematischen Operatoren verbunden werden, und nähern sich damit den rationalen Entscheidungstechniken. Es gibt sie auch als Software mit einem unterschiedlichen Maß an Komplexität der zugrunde liegenden Algorithmen und damit auch zu einem unterschiedlichen Preis. Das Vorgehen eines Entscheidungsbaums ohne Software ist in ▪ Abb. 2.1 illustriert.

Ausgangspunkt des dargestellten Entscheidungsbaums ist eine Absicht, für die Handlungsalternativen erwogen werden. Diese Absicht steht auf der linken Seite oder oben auf dem Blatt in einem Kasten. Von dort ausgehend verweisen Pfeile nach rechts respektive nach unten, wenn eine vertikale Anordnung des Entscheidungsbaums gewählt wurde. An den Pfeilen stehen Handlungsoptionen, die wiederum entweder in ein wahrscheinliches Ergebnis münden, dessen Ausgang unsicher ist (hier markiert durch die Kreise) oder zu weiteren,

alternativen Handlungsoptionen führen (hier markiert durch die Quadrate). Wenn die Darstellung zu einer kompletten Übersicht über Handlungsoptionen und Konsequenzen geführt hat, dann kann der Entscheidungsbaum bewertet werden (siehe die fett hervorgehobenen Ziffern im Diagramm). Als Erstes wird bewertet, wie subjektiv bedeutsam die einzelnen Optionen sind. Das kann über die Nennung von Geldbeträgen geschehen oder auch über Fallzahlen, die durch die Option erreicht werden (zum Beispiel: mit dieser Option erzielen wir vermutlich eine Anzahl X an reduzierten Herzinfarkten in einer Population) oder, wie im Diagramm dargestellt, anhand einfacher Ratingskalen (die Maßnahme ist in ihrer Konsequenz von 1 = minder bedeutsam bis 10 = außerordentlich bedeutsam).

Anschließend werden die Unsicherheiten, mit denen eine Option verbunden ist, als subjektive Risikowahrscheinlichkeiten eingeschätzt (im Diagramm als Prozent oder auch als Dezimalzahl kleiner 1,0). Die Alternativen, von denen man den Ausgang sicher kennt, werden mit 100 % oder mit p = 1,0 gekennzeichnet. Zum Schluss werden die

Wahrscheinlichkeiten mit den subjektiven Gewichten (Geldbeträgen oder Skalenwerten) multipliziert. Auf diese Weise weist das Diagramm aus, wie bedeutsam einzelne Handlungsoptionen sind, um die Absicht zu realisieren.

- **Decision Aiding**

Für die typische Diagnostik eines ärztlichen oder psychotherapeutischen Handelns hat sich unter dem Stichwort der **entscheidungsorientierten Diagnostik** ein Vorgehen als hilfreich erwiesen, das Diagnostiker in ihren meist schnell zu treffenden Entscheidungen unterstützt (Decision Aiding) und das auch in der Interventionsplanung nützlich ist.

Mit Bezug auf Westhoff (2008) sollten sich Programmplaner der Gesundheitsförderung zunächst darüber im Klaren sein, dass der Gesundheitsstatus (G) einer Gruppe von Personen, für die eine Maßnahme empfohlen werden soll (zum Beispiel Kinder in einer Grundschule oder Mitarbeiter/innen eines Unternehmens), aus dem Zusammenwirken (Z) einer Vielzahl von Variablen resultiert, die sich in der Umwelt (U), die als physikalische (p), technische (t), soziale (s) definiert ist, und in der Person (P) mit ihren Kognitionen (k), Gefühlen (e) und ihren Motiven (m) befinden. Als eine Funktion mit einer unbekannten mathematischen Beziehung der Variablen resultiert daraus:

$$G = f_Z(U_p, U_t, U_s, P_k, P_e, P_m)$$

Der Status, den ein Entscheider aktuell vorfindet, ist immer nur eine Momentaufnahme, da die Situation bis zur Umsetzung einzelner gesundheitsförderlicher Maßnahmen bereits einen veränderten Status angenommen haben könnte. Diese Dynamik ist – wie wir schon beschrieben haben – das Wesen einer komplexen Situation. Um die Ausgangslage vor einer Entscheidung für ein bestimmtes Vorgehen angemessen zu berücksichtigen, eignen sich Fragen:

- Was liegt vor? (Welcher Zustand?)
- Was hat den Zustand verursacht? (Welche Interaktion der Zustandsgleichung dominiert?)
- Was könnte den Zustand korrigieren oder ändern?
- Woher wissen wir das? (Gibt es evidenzbasierte Aussagen?)
- Was ist gewollt? (Welches Ziel wird angestrebt?)

- Wer will das? (Wollen das alle, auch die Betroffenen?)
- Wer kann das? (Welche Expertise wird benötigt, um das Ziel zu erreichen?)
- Mit welchen Mitteln und in welcher Zeit wird das „gekonnt"? (Was an finanziellen und personellen Ressourcen wird benötigt, um das Ziel zu erreichen? Wie lange sind die Mittel gebunden, um das Ziel zu erreichen?)
- Wie wahrscheinlich ist es, dass der Zustand sich ändert? (Existieren belastbare Daten, Fakten zur praktischen Wirksamkeit vergleichbarer Maßnahmen?)

Wenn diese Fragen ausreichend und plausibel beantwortet wurden, dann sind heuristische Entscheidungen systematische Entscheidungen.

2.4.2 Techniken des rationalen Entscheidens

Rationale Entscheidungen basieren auf Informationen, die zunächst beschafft, dann kritisch analysiert und schließlich mit Alternativen konfrontiert werden, um einen vorhandenen Ausgangs- in einen erwünschten Zielzustand zu überführen. Das kostet notwendigerweise Zeit, ist kognitiv anstrengend und damit auch ermüdend. Rationale Entscheidungen lassen sich aber im Nachhinein rekapitulieren und begründen. Bei wirksamen Entscheidungen hat das den Vorteil der Wiederholbarkeit, reduziert Unsicherheit in ähnlichen Situationen und macht das Risiko kalkulierbar. Bei unwirksamen Entscheidungen hat es den Vorteil, den einmal begangenen Fehler nicht erneut zu begehen.

- **T-Chart**

Eine einfache rationale Entscheidungstechnik ist ein T-Chart, das auf der einen Seite die Argumente für und auf der anderen Seite jene gegen die Handlungsalternative listet und diese jeweils mit einem Zahlenwert verbindet. In den Spalten ergibt sich dann ein Summenwert, der für und gegen die Entscheidungsalternative spricht. In einer leicht abgewandelten Form des T-Chart gibt es eine dritte Spalte für all jene Argumente, die sich nicht eindeutig dem Für oder Wider zuordnen lassen.

■ Pugh-Matrix

Komplexer angelegt als T-Charts sind Entscheidungsmatrizen wie die Pugh-Matrix (benannt nach Stuart Pugh von der Universität Glasgow), in der verschiedene Handlungsalternativen gegen zuvor festgelegte wichtige Entscheidungskriterien abgewogen werden. Die Pugh-Matrix ist leicht zu handhaben. Sie besitzt eine intuitive Plausibilität und kommt ohne mathematisch aufwendige Verfahren aus. Die Schritte, um eine PUGH-Matrix zu erstellen, sind:

1. eine Matrix gestalten (hierzu finden sich im Internet Templates auf Excel-Basis),
2. Bewertungskriterien benennen, an denen die Entscheidungen sich in ihrer Güte messen lassen,
3. für jedes einzelne Kriterium dessen relative Wichtigkeit festlegen (etwa von 1 bis 5),
4. alternative Entscheidungen in die zugehörige Spalte der Matrix eintragen,
5. bewerten, wie die Entscheidungen die Kriterien erfüllen, oder die Kriterien relativ zu einer Bezugsgröße (Benchmark) bewerten, zum Beispiel mit schlechter (−1), gleich gut (±0) oder besser (+1),
6. die Werte jedes einzelnen Kriteriums mit der Wichtigkeit des Kriteriums multiplizieren,
7. die Summe der Produkte für jede Alternative bilden,
8. die Alternative mit der besten Gesamtpunktzahl auswählen oder aus den besten Alternativen eine neue, hybride Alternative bilden.

Nehmen wir beispielhaft an, ein Unternehmen hat vier alternative Konzepte für ein zukünftiges betriebliches Gesundheitsmanagement zur Auswahl und die Unternehmensvorstände wollen – bevor sie investieren – wissen, ob eine dieser Alternativen besser sein wird, als der Status quo. Das Unternehmen benennt daraufhin einen Gesundheitsarbeitskreis, dem Experten (zum Beispiel Betriebsarzt, Personalvorstand) und Mitarbeitervertreter angehören.

Im ersten Schritt einigen sich die Personen dieses Arbeitskreises auf Kriterien, anhand derer sie die Güte möglicher Alternativen bewerten wollen. Das geschieht in einer Diskussionsrunde, die von vornherein darauf ausgelegt ist, einen Konsens zu erzielen. Dadurch soll gewährleistet werden, dass alle Beteiligten die genannten Kriterien anschließend akzeptieren. Werden sehr viele Kriterien genannt, einigt sich die Gruppe auf die wichtigsten (empfehlenswert sind maximal zehn) Kriterien.

In eine Tabelle (Beispiel siehe ◘ Tab. 2.1) werden die Kriterien mit kurzen Etiketten so eingetragen, dass die Etiketten allen Beteiligten eine Identifikation des Kriteriums ermöglichen (zum Beispiel steht in ◘ Tab. 2.1 „Fehlzeiten" für das erwünschte Kriterium „Rückgang der Fehlzeiten"). Für den Status quo, der im Beispiel als Bezugsgröße gilt, wird zu jedem Kriterium 0 als Bewertung eingetragen.

Im nächsten Schritt werden die vom Status quo abweichenden Alternativen bewertet. Hier ist jede x-beliebige Skala denkbar, die den Unterschied zum Status quo als schlechter oder besser markiert. Kahneman (2011) weist in seinem lesenswerten Buch zum langsamen und schnellen Denken darauf hin, dass ein statistischer Algorithmus dem intuitiven Urteilen stets überlegen ist. Der Algorithmus muss aber keine komplizierte mathematische Begründung haben. Eine einfache Skala, mit nur wenigen Stufen (meist sind drei oder sechs Stufen ausreichend), anhand derer sich wenige Kriterien beurteilen lassen, führt in der Praxis in den allermeisten Fällen zu zuverlässigen Entscheidungen.

Wir haben im Beispiel in ◘ Tab. 2.1 eine Skala mit fünf Programmalternativen dargestellt. Wir nehmen an, dass die Mitglieder des Gesundheitsarbeitskreises anhand von zehn Kriterien bewerten, wie die Alternativen im Vergleich zum derzeitigen Status quo sind: wesentlich schlechter als der Status quo (−2), schlechter als der Status quo (−1), keine Veränderung zum Status quo (0), besser als der Status quo (+1) oder sogar wesentlich besser als der Status quo (+2). Wichtig ist, dass die Kriterien unabhängig voneinander sind und sich durch Fragen beantworten lassen, zum Beispiel: Wie wird sich die Fehlzeitenrate darstellen, wenn wir diese Alternative eingeführt haben? Ist sie dann besser oder schlechter als das, was wir derzeit tun?

Dieses bewertende Vorgehen reduziert die Verzerrungen, denen man in heuristischen Urteilen ansonsten aufsitzt (zum Beispiel den Haloeffekt). Im nächsten Schritt wird für jede einzelne Handlungsalternative bewertet, ob sie die jeweiligen Kriterien besser oder schlechter erfüllt als der Status quo.

In der vorliegenden Version könnte man nun die Anzahl der Bewertungen mit +, − und 0 auszählen. Das ergäbe dann für die Alternative A vier-

Tab. 2.1 Beispielhafte Pugh-Matrix

Kriterium	Gewicht	Status quo	Alternative A		Alternative B		Alternative C		Alternative D	
			ungewichtet	gewichtet	ungewichtet	gewichtet	ungewichtet	gewichtet	ungewichtet	gewichtet
Fehlzeiten		0	+1	0	+2	0	0	0	−1	0
Motivation		0	+2	0	0	0	+1	0	+1	0
3		0	0	0	+1	0	−1	0	−2	0
4		0	−2	0	0	0	+1	0	+2	0
5		0	+1	0	0	0	+2	0	+1	0
6		0	+2	0	+1	0	−1	0	0	0
7		0	0	0	−1	0	+1	0	+2	0
8		0	0	0	0	0	+2	0	−1	0
9		0	−2	0	−1	0	+1	0	+2	0
10		0	−1	0	0	0	0	0	+1	0
		Σ		0		0		0		0

−2: wesentlich schlechter, −1: schlechter, 0: keine Veränderung, +1: besser, +2: wesentlich besser

mal +, zweimal − und zweimal 0, für B dreimal +, zweimal − und viermal 0, für C sechsmal +, zweimal − und zweimal 0 und für D schließlich sechsmal +, dreimal − und einmal 0. In dieser einfachen Zugangsweise wäre also die Alternative C im Vorteil, gefolgt von D. Man könnte die Werte in den Spalten auch aufsummieren. Dann erhielte man für C die Summe 6 und für D 5. Die Rangfolge der Alternativen bliebe damit gleich, ob an den Vorzeichen oder an den Ziffern orientiert.

Meistens sind die zuvor festgelegten Kriterien nicht gleichgewichtig. Also werden die Mitglieder des Gesundheitsarbeitskreises im nächsten Schritt festlegen, welches Kriterium relativ zu den anderen gewichtiger erscheint. Nehmen wir an, das erste Kriterium ist wichtig, dann geben sie dem in der Tabelle in der Spalte „Gewicht" eine 1, wenn das zweite Kriterium zweifach so wichtig wäre, dann erhielte das zweite Kriterium eine 2 und so weiter. Auch hier bringt „Übertreibung" keinen Vorteil. Belassen sollte man es bei der drei- bis vierfachen Wichtigkeit

eines Kriteriums relativ zum ersten Kriterium. Das fiktive Resultat enthält **Tab. 2.2.**

Die Rangfolge der einfachen Zählweise (**Tab. 2.1**) und die der gewichteten Addition der Werte (**Tab. 2.2**) der beiden Entscheidungsalternativen C und D ergibt hier keinen Unterschied. Nur die Differenz in der Punktzahl zeigt mit fünf Punkten einen deutlicheren Vorteil von C gegenüber D. Je nach Anzahl der Kriterien kann die Gewichtung der Kriterien aber auch zu völlig anderen Rangfolgen der Alternativen führen.

Die Alternative C erweist sich im Beispiel als die nach Abwägung aller Vor- und Nachteile geeignete und wird gewählt. Man kann auch versuchen, sie in einem folgenden Schritt noch zu verbessern, indem man die beiden Konzepte C und D zu einem neuen, hybriden Konzept E verknüpft.

• 6-Schritte-Entscheidungsfindungsprozess
Die Pugh-Matrix illustriert das Bemühen, sich zufriedenstellenden Entscheidungen über mehrere

◘ **Tab. 2.2** Fiktive Pugh-Matrix mit Gewichtung der Kriterien und Resultat der arithmetischen Kalkulation

Kriterium	Gewicht	Status quo	Alternative A		Alternative B		Alternative C		Alternative D	
			unge-wichtet	ge-wichtet	unge-wichtet	ge-wichtet	unge-wichtet	ge-wichtet	unge-wichtet	ge-wichtet
Fehl-zeiten	1	0	+1	+1	+2	+2	0	0	−1	−1
Moti-vation	2	0	+2	+4	0	0	+1	+2	+1	+2
3	1	0	0	0	+1	+1	−1	−1	−2	−2
4	1	0	−2	−2	0	0	+1	+1	+2	+2
5	3	0	+1	+3	0	0	+2	+6	+1	+3
6	2	0	+2	+4	+1	+2	−1	−2	0	0
7	1	0	0	0	−1	−1	+1	+1	+2	+2
8	3	0	0	0	0	0	+2	+6	−1	−3
9	4	0	−2	−8	−1	−4	+1	+4	+2	+8
10	1	0	−1	−1	0	0	0	0	+1	+1
		Σ		+1		0		+17		+12

Stufen zu nähern. Ein weiteres Beispiel einer stufenweisen Vorgehensweise ist der 6-Schritte-Entscheidungsfindungsprozess (den es im Übrigen auch als Variante mit sieben und mehr Schritten gibt). Wie in Stufenprozessen typisch, beginnt der folgende Schritt immer erst dann, wenn der vorangegangene Schritt vollständig abgeschlossen wurde. Manchmal ähnelt das Vorgehen aber weniger einem linearen Voran-, sondern eher einem Vorwärts-Rückwärts-Schreiten, bei dem man immer mal wieder auf die vorangegangene Stufe zurückkehrt. Die Stufen des 6-Schritte-Entscheidungsfindungsprozesses sind:

1. Definiere die Situation und das Ziel.
2. Suche nach Optionen und identifiziere diese.
3. Vergleiche die Optionen und antizipiere ihre Konsequenzen.
4. Fälle eine Entscheidung und wähle eine Alternative.
5. Entwerfe einen Handlungsplan, der zu den Alternativen passt.
6. Wäge die Entscheidungsalternativen und Handlungspläne gegeneinander ab.

▪ **SWOT-Analyse und SOR-Mapping**

Rationale Entscheidungen unterstützen auch die Stärken-Schwächen-Opportunity-Threat-Analyse (SWOT), die im betriebswirtschaftlichen Kontext gängig ist, und das Strategic Orientation Mapping (SOR). SOR wurde auch verschiedentlich in der Gesundheitsförderung eingesetzt, so in einem Forschungsvorhaben der Europäischen Union, in dem die passende Strategie für ein ernährungs- und aktivitätsorientiertes Angebot in acht europäischen Regionen gesucht wurde. Das Projekt firmierte unter dem Akronym AFRESH (Acitivity and Food in Regional Economies Supporting Health), an dem beide Autoren beteiligt waren.

Die **SWOT-Analyse** wird oft genutzt, um strategisch zu entscheiden. Sie mündet in eine Matrix mit einer Spalte, in der die vorhandenen Stärken eingetragen werden, denen die vorhandenen Schwächen gegenübergestellt werden und die beide anschließend mit den Chancen und den Risiken (meist des Marktes) konfrontiert werden, die daraus erwachsen. In ◘ Tab. 2.3 ist eine SWOT-Matrix beispielhaft illustriert. Im Anschluss an die gefüllte und bewertete Matrix gilt es Maßnahmen zu definieren, um die Stärken zu stärken, die Chancen dazu zu nutzen und die Schwächen abzuwehren, indem die Risiken beseitigt oder minimiert werden.

Für die Entscheidung über eine zukünftige Strategie, etwa zur betrieblichen Gesundheitsförderung, ist das **SOR** ein hilfreiches, aber auch zeitaufwendiges Werkzeug, das die SWOT-Matrix als ein Ausgangsprodukt nutzt.

Die Entscheidung über die Erfolg versprechende Strategie wird in SOR in einem interaktiven, diskursiven Prozess mit mehreren Personen getroffen. Die Gruppe sollte sich aus Personen zusammensetzen, deren fachliche und kommunikative Fähigkeiten nicht zu weit streuen, die aber durchaus unterschiedliche Meinungen zu der „passenden" Strategie haben dürfen, um sicherzustellen, dass sich die Gruppenmitglieder nicht nur gegenseitig stützen, sondern auch kritisch mit den Handlungsskripten umgehen. Das vermeidet das Phänomen des **Group Think**, das zu einer Abschottung der Gruppe nach außen und einem Festhalten an Meinungen führt, die sich bei kritischer Betrachtung längst als falsch erwiesen hätten.

Group Think

Group Think ist ein Phänomen, bei dem eine Gruppe eine Entscheidung trifft, nur weil die Gruppenmitglieder ihre Meinung an die erwartete Gruppenmeinung anpassen. Daraus resultieren Handlungen, die eine Gruppe und auch einzelne Mitglieder unter kritischer Abwägung der Pro- und Kontraargumente verworfen hätten.

SOR startet mit der Festlegung der Absichten, die mit den Handlungsalternativen verfolgt werden sollen. Eine Organisation könnte sich zum Beispiel fragen, wie eine geeignete Strategie aussähe, mit der ein Gesundheitsmanagement in der Organisation strukturell verankert und personell wie materiell ausgestattet werden könnte. Sie könnte sich aber auch fragen, wie es am besten gelänge, ein Portfolio von BGF-Maßnahmen für das gesamte Unternehmen oder nur für einzelne Unternehmensteile zu definieren oder sie könnte fragen, welche Kommunikationsstrategie die geeignete ist, um einzelne Maßnahmen der Gesundheitsförderung einzelnen Zielgruppen der Belegschaft bekannt zu machen und sie zur „Buchung" der Maßnahmen zu motivieren.

◘ **Tab. 2.3** SWOT-Matrix

Dinge, die in der eigenen Verantwortung liegen	Dinge, die nicht in der eigenen Verantwortung liegen
Stärken	*Chancen*
Wir haben die Expertise im eigenen Haus. Die Belegschaft ist hoch motiviert. …	Es sind Fördermittel möglich. Es herrscht Offenheit für das Thema in der Gesellschaft. …
Schwächen	*Risiken*
Die Finanzierung ist ungeklärt. Es herrscht Entscheidungsdiffusion. …	Es besteht ein harter Wettkampf um Ressourcen. Wir haben keine Management-Attendance. …

Besteht die Möglichkeit, aus mehreren Absichten zu wählen, kann die Gruppe abstimmen, welche Absicht ihnen am wichtigsten ist. Jedes Gruppenmitglied erhält dazu die Gelegenheit, seine Präferenz für die alternativen Ziele zu bewerten, indem es beispielsweise den Zielen Punkte zuordnen kann. Das Ziel, auf das nach dieser Abstimmung die meisten Punkte entfallen sind, wird anschließend in der Gruppe noch einmal diskutiert, um es im Konsens der Gruppenmitglieder als gemeinsames und erstrebenswertes Ziel festzulegen.

Sobald das geschehen ist, folgt im nächsten Schritt des Mapping eine **Group Passing Technique**: (a) Die Gesamtgruppe wird in Untergruppen von vier bis fünf Personen je Gruppe geteilt. (b) Jede Untergruppe erhält einen DIN-A3-Bogen und einen Filzstift. (c) Ein Moderator fordert dazu auf, die folgende Frage zu beantworten: „Wenn wir das Jahr (heute plus fünf weitere Jahre) schreiben, wo wollen wir dann im Realisierungsgrad unseres Ziels stehen?" Die Teilgruppen diskutieren über ihre Zukunftsvisionen. Sie beschreiben den zukünftigen Status in Stichworten und möglichst bildhaften Etiketten, die sie mit dem Filzstift auf das ihnen ausgehändigte Papier schreiben. Die Plakate werden anschließend offen, für jedermann sichtbar auf Tischen ausgelegt.

Die Teilgruppen werden nun aufgefordert, die Plakate der jeweils anderen Gruppen mit sachlichen Kommentaren und Ergänzungen zu versehen. Jede

Tab. 2.4 Ausgangsmatrix der SOR-Map

		Chancen (O)					Risiken (T)				
		O_1	O_2	O_3	O_4	O_5	T_1	T_2	T_3	T_4	T_5
Stärken	S_1	9									
	S_2										
	S_3	1									
	S_4										
	S_5										
Schwächen	W_1										
	W_2										
	W_3	1									
	W_4										
	W_5	1									
Summe: maximal 12 Punkte/Spalte		12									

Teilgruppe erhält für jedes Plakat der jeweils anderen Gruppe mindestens zehn Minuten Zeit. Es folgt der nächste Schritt (d). Ist jede Gruppe wieder bei ihrem eigenen Plakat angekommen, bringt sie bis zu drei für sie wesentliche Zukunftsvisionen in eine Rangfolge und schreibt diese an eine Pinnwand (bei drei Gruppen entstünden dann neun Zukunftsvisionen). (e) Die Visionen werden anschließend von der Gesamtgruppe durch Punktevergabe (jede Teilnehmer/in hat mindestens drei Punkte) bewertet und so in einer Rangfolge geordnet. (f) Aus den drei erstplatzierten Visionen der Rangfolge formuliert der Moderator einen Satz, der mit möglichst eindeutigen Worten ausdrückt, wo die Gruppe in fünf Jahren stehen möchte.

Der folgende Schritt (g) mündet in eine SWOT-Analyse. Hierzu ist die Fragestellung kritisch. Sie muss so präzise wie möglich sein und sollte während des gesamten weiteren Vorgehens für alle sichtbar bleiben. Die Frage darf nicht zu weit formuliert sein, dann sind Stärken nicht zuzuordnen; ist sie zu eng formuliert, können sich nicht alle Beteiligten einbringen, weil ihnen dazu die Expertise fehlt.

Als Beispiel kann folgende Frage dienen: „Wenn wir unseren derzeitigen Bedarf, unser derzeitiges Angebot an gesundheitsfördernden Maßnahmen und die strukturellen Rahmenbedingungen zur Umsetzung weiterer Angebote bedenken (personelle und materielle Ausstattung), wo sehen wir dann für unsere Vision Stärken (S), wo sehen wir Schwächen (W)? Wo ergeben sich für uns Chancen (O), um unsere Vision zu erreichen? Welche Hindernisse (T) stellen sich uns in den Weg und was ist für diese Hindernisse entscheidend (ist es die fehlende Verantwortung, sind es fehlende Strukturen, ist es fehlendes oder unzureichend ausgebildetes, erfahrenes Personal etc.)?"

Im Anschluss an diesen Schritt bewertet jeder Teilnehmer des Workshops die aus seiner Sicht fünf wichtigsten S, W, O und T. Die jeweils wichtigste S, W, O, T erhält fünf, die zweitwichtigste vier, die drittwichtigste drei, die viertwichtigste zwei und die unwichtigste einen Punkt. Alle anderen S, W, O und T erhalten keinen Punkt. Die Punkte für jede Zelle der SWOT-Matrix werden anschließend addiert und über alle Beteiligten werden die fünf wichtigsten (Summen) S, W, O und T geordnet. Diese

▣ **Tab. 2.5** SOR-Summen-Matrix

		Chancen (O)					Risiken (T)					
		O_1	O_2	O_3	O_4	O_5	T_1	T_2	T_3	T_4	T_5	
Stärken (S)	S_1	Σ	Σ	Σ	Σ	Σ	Σ	Σ	Σ	Σ	Σ	ΣΣ
	S_2	Σ	Σ	Σ	Σ	Σ	Σ	Σ	Σ	Σ	Σ	ΣΣ
	S_3	Σ	Σ	Σ	Σ	Σ	Σ	Σ	Σ	Σ	Σ	ΣΣ
	S_4	Σ	Σ	Σ	Σ	Σ	Σ	Σ	Σ	Σ	Σ	ΣΣ
	S_5	Σ	Σ	Σ	Σ	Σ	Σ	Σ	Σ	Σ	Σ	ΣΣ
		Summe des Quadranten S-O				ΣΣ	Summe des Quadranten S-T				ΣΣ	
Schwächen (W)	W_1	Σ	Σ	Σ	Σ	Σ	Σ	Σ	Σ	Σ	Σ	ΣΣ
	W_2	Σ	Σ	Σ	Σ	Σ	Σ	Σ	Σ	Σ	Σ	ΣΣ
	W_3	Σ	Σ	Σ	Σ	Σ	Σ	Σ	Σ	Σ	Σ	ΣΣ
	W_4	Σ	Σ	Σ	Σ	Σ	Σ	Σ	Σ	Σ	Σ	ΣΣ
	W_5	Σ	Σ	Σ	Σ	Σ	Σ	Σ	Σ	Σ	Σ	ΣΣ
		Summe des Quadranten W-O				ΣΣ	Summe des Quadranten W-T				ΣΣ	
Spaltensummen		ΣΣ	ΣΣ	ΣΣ	ΣΣ	ΣΣ	ΣΣ	ΣΣ	ΣΣ	ΣΣ	ΣΣ	

werden abschließend in der Gruppe diskutiert, um noch einmal Gelegenheit zu geben, Änderungen vorzunehmen. Danach gilt die SWOT-Matrix als akzeptiert. Sie bildet nun die Ausgangsmatrix für die strategische Orientierung.

Dazu wird die SWOT-Matrix umgeordnet und die fünf wichtigsten S, W, O und T werden in die Spaltenköpfe und Zeilenvorschübe eingetragen (▣ Tab. 2.4). Die Zellen bleiben frei. Jede/r Beteiligte am Strategieworkshop erhält eine Kopie der Matrix, um sie weiter zu bearbeiten.

Mit dieser Matrix haben nun alle Teilnehmer die Aufgabe, den S, W, O und T Punkte zuzuordnen: Drei Punkte für „sehr wichtig", zwei für „wichtig" und einen für „mehr oder weniger wichtig". Ihre Punktvergabe richtet sich nach ihren Antworten auf folgende Frage: „Die Stärke (respektive Schwäche) wird durch welche Chance gestützt (respektive abgeschwächt) und durch welches Risiko gefährdet (respektive verstärkt)?" Jeder Teilnehmer kann zu jeder Chance (O) und zu jedem Risiko (T) maximal zwölf (oder weniger als zwölf) Punkte vergeben. Am Ende jeder Spalte stehen dann in jeder Matrix jedes Beteiligten maximal zwölf Punkte.

Ist dieser Schritt getan, beginnt erneut eine Diskussion in der Absicht, eine weitgehende Übereinstimmung der Teilnehmenden über die Antwort auf die oben gestellte Frage zu erzielen. Dazu werden Gruppen von je drei Personen gebeten, ihre Matrizen gemeinsam zu diskutieren. Sie sollten so viele Kombinationen von SW-OT diskutieren, wie es in einer vorgegebenen Zeit (mindestens 15 Minuten) möglich ist. In der Kleingruppendiskussion könnte beispielsweise Teilnehmerin A vortragen, sie habe in Zelle S_3-O_1 neun Punkte vergeben (▣ Tab. 2.4), weil ihr diese Kombination als besonders wichtig erscheint. Die verbleibenden drei Punkte habe sie auf die Zellen S_3-O_1, W_3-O_1 und W_5-O_1 verteilt. Anschließend an diese Gruppenphase ist jeder Teilnehmende für sich aufgefordert, seine Matrix noch einmal zellenweise durchzugehen und sie gegebenenfalls, im Licht der vorgetragenen Argumente der drei Gruppenmitglieder, zu revidieren.

Das abschließende Votum jedes einzelnen Teilnehmenden wird nun in eine Summenmatrix übertragen (▣ Tab. 2.5; für jene, die mit Excel vertraut sind, bietet sich an, die abschließende Matrix in Excel zu erstellen und die dann folgende Kalkulation über den Formelgenerator zu automatisieren). Nehmen wir an, es seien neun Teilnehmende am Prozess beteiligt und jeder hätte die ihm zur Verfügung stehenden zwölf Punkte je Spalte genutzt, dann dürften am Ende jeder Spalte nicht mehr als 9 mal 12, also 108 Punkte erscheinen.

Insgesamt lassen sich für die strategische Option nach Summierung aller Bewertungen der Teilnehmenden Teilsummen berechnen:

- Zellensummen
- Spaltensummen
- Reihensummen
- Quadrantensummen.

Über welche Sachverhalte informieren die Summen? Die Zellensummen informieren über die Bedeutung der Stärken und Schwächen. Die beiden bedeutsamsten Stärken könnten genutzt und die beiden bedeutsamsten Schwächen sollten – wenn möglich – korrigiert werden. Die Spaltensummen informieren über die Faktoren, die von außen auf die Organisation einwirken. Auch hier sollten die beiden wichtigsten benannt und im operativen Vorgehen adressiert werden. Sind alle mit der maximalen Punktzahl versehen, dann gibt es keine Handlungsalternativen. Die Zellensummen beantworten die Frage nach der Bedeutung der Chancen und Risiken, um die Stärken zu stärken und die Schwächen zu mindern. Hier sollte die Strategie auf die Zellen mit den höchsten Summenwerten abzielen.

Die Quadranten legen die generelle Ausrichtung der Strategie fest: Steht der höchste Wert im Quadrant S-O ist eine offensive Strategie empfohlen. Steht der höchste Wert dagegen im Quadrant S-T dann ist eine defensive Strategie eher geeignet. Das ist sie allerdings nur dann, wenn die Organisationseinheit die Macht hat, die Bedrohungen auch abzuwenden. Steht der höchste Wert im Quadrant W-T, dann ist die Organisation in einer Krise. Die Bedrohungen sind übermächtig und der Organisationseinheit fehlt es an Macht, den Bedrohungen erfolgreich zu begegnen. Positiver ist der höchste Wert im Quadranten W-O, der Neuorientierung signalisiert und nahelegt, an den Schwächen zu arbeiten, um die sich ergebenden Chancen zu nutzen. Am Ende sollten aus der Matrix nicht mehr als drei strategische Ziele abgeleitet werden, die mit den Zielausrichtungen

Offensive, Defensive, Krise und Neuorientierung korrespondieren sollten.

Die Ausführungen zur SOR lassen den Zeitaufwand erahnen, der mit rationalen Entscheidungen verbunden ist. Also ist es nicht überraschend, dass die allermeisten Entscheidungen heuristisch getroffen werden.

Für jene, die sich rationaler Entscheidungswerkzeuge bedienen möchten, gibt es im World Wide Web eine Fülle von Angeboten, die auch ohne fortgeschrittene mathematische oder statistische Kenntnisse beherrschbar sind.

Fazit

Entscheidungen in komplexen Situationen sind unsichere, also riskante oder ungewisse Entscheidungen. Der Ausgang vieler komplexer Interventionen ist offen. Im günstigsten Fall ist der Ausgang erwünscht, manchmal bleibt er aber ohne Konsequenzen, und im ungünstigsten Fall sind mit einer Intervention unerwünschte Effekte und Nebeneffekte verbunden. In jedem Fall verbraucht Intervention Ressourcen. Die erwünschten Wirkungen sollten deshalb – wann immer möglich – mit wenig Aufwand, also effizient erzielt werden. Entscheidungen in komplexen Situationen sind eingeschränkt rational (Bounded Rationality). Sie werden selten in der Absicht getroffen, die ultimativ beste Alternative auszuwählen. Vielmehr reicht es, jene Entscheidung zur treffen, die einen in einer gegebenen Situation zufriedenstellt. Damit die inhärente Unsicherheit von Entscheidungen minimiert wird, hilft systematisches Vorgehen. Das gilt auch für heuristische Entscheidungen, die dann nicht nur schnell, sondern auch mit hoher Güte getroffen werden können. Heuristisch treffend zu entscheiden, kann man erlernen. Erfahrungen steigern die Güte von heuristischen Entscheidungen.

Merke

Rationales Entscheiden, selbst unter den Bedingungen einer eingeschränkten Rationalität, ist zeitlich und kognitiv aufwendig. Um die Güte von Entscheidungen zu steigern, sollte nicht nur bei rationalen Entscheidungen, sondern auch bei heuristischen Entscheidungen systematisch vorgegangen werden.

Fragen

- Welche Gründe nennt Daniel Kahneman für die Beobachtung, nach der Alltagsentscheidungen in der Mehrzahl heuristische Entscheidungen sind?

- Was bedeutet Intuition?
- Was macht heuristische Entscheidungen treffsicher?
- Welche Bedeutung hat Erfahrung für heuristische Entscheidungen und warum ist das so?
- Was wird mit dem St. Petersburger Paradox beschrieben?
- Was ist ein Erwartungswert?
- Worin unterscheiden sich die Erwartungsnutzen-, Prospect- und Regret-Theorie?
- Wann ist eine Entscheidung „ökologisch rational" und welchem Ansatz ordnen Sie diese Art zu entscheiden zu, der Bounded oder der Unbounded Rationality?

Literatur

Domschke, W., & Drexel, A. (2007). *Einführung in Operations Research* (7. Aufl.). Heidelberg: Springer.

Hammond, K. R. (1996). *Human judgment and social policy. Irreducible uncertainty, inevitable error, unavoidable injustice.* New York: Oxford University Press.

Jung, C. G. (1921). *Psychologische Typen.* Zürich: Rascher.

Jungermann, H., Pfister, H.-R., & Fischer, K. (2010). *Die Psychologie der Entscheidung.* Heidelberg: Springer.

Kahneman, D. (2011). *Schnelles Denken, langsames Denken.* München: Siedler.

Kahneman, D., Slovic, P., & Tversky, A. (1982). *Judgment under uncertainty: Heuristics and biases.* Cambridge, UK: Cambridge University Press.

Kahneman, D., & Tversky, A. (1979). Prospect theory: An analysis of decision under risk. *Econometrica, 47,* 263–291.

Klein, G. (2003). *Intuition at work.* New York: Random House.

Marewski, J. N., Gaissmaier, W., & Gigerenzer, G. (2010). Good judgements do not require complex cognition. *Cognition Processes, 11,* 103–121.

Marewski, J. N., & Gigerenzer, G. (2012). Heuristic decision making in medicine. *Dialogs of Clinical Neuroscience, 14,* 77–89.

von Neumann, J., & Morgenstern, O. (1947). *Theory of games and economic behavior* (2. Aufl.). Princeton, NJ: Princeton University Press.

Popper, K. (2005). *Die Logik der Forschung* (11. Aufl.). Tübingen: Mohr Siebeck.

Reichenbach, H. (1938). *Experience and prediction. An analysis of the foundations and structure of knowledge.* Chicago: University of Chicago Press.

Simon, H. (1956). Rational Choice and the structure of the environment. *Psychological Review, 63,* 129–138.

Tversky, A., & Kahneman, D. (1992). Advances in prospect theory: cumulative representation of uncertainty. *Journal of Risk and Uncertainty, 5,* 297–323.

Westhoff, K. (2008). Decision-aiding im psychologisch-diagnostischen Prozess. *Zeitschrift für Sportpsychologie, 15,* 63–72.

Interventionsabsicht: Gesundheit

Wolfgang Schlicht, Marcus Zinsmeister

W. Schlicht, M. Zinsmeister, *Gesundheitsförderung systematisch planen und effektiv intervenieren*,
DOI 10.1007/978-3-662-46989-7_3, © Springer-Verlag Berlin Heidelberg 2015

Im dritten Kapitel befassen wir uns mit der Gesundheit. Systematische Intervention, die als Krankheitsprävention oder als Gesundheitsförderung konzipiert sein kann, zielt auf die Gesundheit. Wir klären die Begriffe, und wir erläutern die Strategien, die mit Prävention und Gesundheitsförderung verbunden sind. Gesundheit wird von uns positiv definiert. Prävention wird als eine risikomindernde und Gesundheitsförderung als eine salutogene, ressourcensteigernde Strategie aufgefasst. Die Position der Weltgesundheitsorganisation (WHO), dargelegt vor allem in der Ottawa Charter for Health Promotion 1986, leitet die Argumentation.

3.1 Alle kennen, alle wollen sie – kaum jemand kann sie definieren

„Gesundheit ist alles – ohne Gesundheit ist alles nichts." – „Bleib gesund!" – „Hauptsache Gesundheit!" Solche und ähnliche Spruchweisheiten und Wünsche sind alltäglich und geläufig. Sie erwecken den Eindruck, als wisse jede Person, was mit **Gesundheit** gemeint sei, was die betreffende Person, der die Wünsche zugedacht wurden, unter Gesundheit verstehen müsse. Dabei ist Gesundheit tatsächlich ein verschwommenes („fuzzy") Konzept. Verschiedene Personen und Personengruppen deuten Gesundheit in unterschiedlichen Kontexten unterschiedlich. Keine Gruppe kann für sich beanspruchen, das zutreffende Verständnis zu transportieren, dem sich alle anderen anschließen müssen.

Die wohl am weitesten verbreitete und von vielen Personen auf Nachfrage zitierte konnative Definition von Gesundheit, die erläutern will, welche Merkmale das Konstrukt enthält, entstammt der Gründungsurkunde der **Weltgesundheitsorganisation** (WHO 1946). Dort heißt es:

> ❯ Gesundheit ist vollkommenes körperliches, psychisches und soziales Wohlbefinden und nicht die bloße Abwesenheit von Krankheit und Gebrechen.

In der Regel beschränkt sich die Wiedergabe des Zitats auf den ersten Teil des Satzes. In diesem wird Gesundheit mit Facetten oder Dimensionen des Wohlbefindens gleichgesetzt. Zum ersten Mal hat die WHO mit der expliziten Abkehr vom sogenannten **Modus deficiens** Gesundheit positiv und mehrdimensional gefasst. Sie hat mit dieser Begriffsorientierung aber noch keinesfalls für eine abschließende Klärung gesorgt, was denn Gesundheit nun ausmacht oder ist.

Gesundheit

Gesundheit ist ein Konstrukt. Gesundheit befähigt Menschen, ihre grundlegenden physischen und psychischen Bedürfnisse zu befriedigen und nach Zufriedenheit und Wohlbefinden zu streben. Gesund kann eine Person, aber auch eine Organisation sein.

Der Modus deficiens, von dem sich die WHO abgrenzt, transportiert ein Begriffsverständnis, das Gesundheit als Abwesenheit von Krankheit sieht (für eine zusammenfassende Diskussion der vorhandenen Verständnisse siehe unter anderem Schlicht 1998). Im medizinisch-klinischen oder psychiatrisch-klinischen Kontext ist die negative Bestimmung von Gesundheit eine durchaus brauchbare Arbeitsdefinition. Eine Arbeitsgrundlage für medizinische Berufe oder für Public Health Professionals liefert die WHO-Definition, ob ihres Strebens nach Vollkommenheit, dagegen nicht. Sie bleibt mit dem Hinweis auf drei Wohlbefindensfacetten auch eher vage. Das psychische und körperliche Wohlbefinden ist in der einschlägigen Literatur griffig definiert. Das soziale Wohlbefinden dagegen nicht. Die WHO-Definition ist denn auch in erster Linie eine politisch motivierte Definition. Mit ihr verpflichteten sich die teilnehmenden Staaten des WHO-Gründungskonvents, alle Anstrengungen zu unternehmen, das Ideal für ihre Bevölkerung anzustreben, statt sich damit zu begnügen, das Mindeste an Existenzsicherung und an körperlicher Unversehrtheit zu sichern.

Gesundheit wird von den „Menschen auf der Straße" erfahren, ist also kein Konstrukt oder Konzept ausschließlich der Wissenschaft. Diese kann allenfalls zur Deutung und Erklärung des Konstrukts beitragen. Laien definieren Gesundheit vielfältig. In Deutschland hat vor allem die Arbeitsgruppe um Toni Faltermaier dazu Daten gesammelt (unter anderem Faltermaier 1994). Auch bei Laien findet sich der Modus deficiens. Er wird dort als Abwesenheit von Erkrankungen oder das Fehlen von Beschwerden, Schmerz oder Behinderung gefasst. Gesundheit als Lebenskraft, als Energie, die es einem erlaubt, die Widrigkeiten des Alltags zu überwinden, ist dagegen ein positives Laienverständnis. Es ähnelt der funktionalen Leistungsfähigkeit, die von Laien als eine Art grundlegender Fähigkeit verstanden wird, die Anforderungen des Alltags meistern zu können. Schließlich identifiziert die Gruppe um Faltermaier noch eine weitere Perspektive, die Gesundheit als Gleichgewicht und Wohlbefinden begreift.

Wissenschaftliche Definitionen von Gesundheit sind stets Ausdruck des Paradigmas, das die jeweiligen Disziplinen (Medizin, Gesundheitswissenschaften, Psychologie etc.) bevorzugen. Die Soziologie, folgt sie dem **Strukturfunktionalismus**, deutet Gesundheit als Voraussetzung für die Erfüllung von Rollenanforderungen. Krankheit wird dementsprechend als zeitlich legitimierte Befreiung von diesen Anforderungen begriffen. Die Medizin kann gut und erfolgreich mit dem Modus deficiens agieren. Der Psychologie stehen Konstrukte des Wohlbefindens und der Handlungsfähigkeit nahe.

> **Strukturfunktionalismus**
>
> Strukturfunktionalismus ist eine soziologische Richtung, die mit dem amerikanischen Autor Talcot Parsons eng verbunden wird. Sie postuliert, dass soziale Systeme nach Erhalt ihrer Existenz streben. Unter dieser Prämisse lautet die Kernfrage, unter welchen Voraussetzungen der Bestand strukturell gesichert ist und welche Funktion diese Struktur hat. Parsons beschreibt mit dem AGIL-Schema die bestandssichernden Funktionen: Adaption (Anpassung), Goal-Attainment (Zielverfolgung), Integration (Einbinden) und Latency (Aufrechterhalten).

Aus einer sozial-ökologischen Perspektive, die wir bevorzugen und auf die wir später noch detaillierter eingehen, richtet sich das Augenmerk auf die Wechselbeziehungen von Eigenschaften und Zuständen einer Person mit den Umweltbedingungen, in der diese agiert. Dadurch erweitert sich das Verständnis von Gesundheit. Dann sind auch eine gesunde Umwelt,

zum Beispiel eine gesunde Stadt, ein gesunder Betrieb, und nicht alleine eine gesunde Person denkbar.

Die WHO hat in der **Ottawa-Charta für Gesundheitsförderung** einen sozial-ökologischen Ansatz verfolgt. Sie hat dort aber keinen weiteren Versuch unternommen, Gesundheit explizit konnativ zu definieren. Sie hebt in der Charta vielmehr die Verpflichtung aller Sektoren einer Gesellschaft hervor, die Bedingungen zu schaffen, physische und psychische Bedürfnisse befriedigen und Wohlbefinden erlangen zu können (WHO 1986). Gesundheit wird in der Ottawa Charta angesehen als

> » … wesentlicher Baustein des alltäglichen Lebens (…) und nicht (als) vorrangiges Lebensziel. Gesundheit steht für ein positives Konzept, das in gleicher Weise die Bedeutung sozialer und individueller Ressourcen für die Gesundheit betont wie die körperlichen Fähigkeiten.

Aus der Ottawa-Charta resultiert der **Setting**- oder **Lebensweltansatz** der Gesundheitsförderung, auf den wir in ▶ Kap. 7 noch detaillierter eingehen werden. An dieser Stelle sei so viel vorweggenommen: Settings sind Organisationseinheiten mit einer eigenen Kultur und mit für die Organisation typischen Werten und Werthaltungen, in denen Menschen einer für das Setting typischen Tätigkeit nachgehen (zum Beispiel Schulen, Hochschulen, Betriebe, Kommunen). Die Kultur des Settings mit ihren impliziten Normen und expliziten Regeln kann das Streben nach Gesundheit erleichtern. Sie kann es aber auch behindern. Die Akteure eines Settings sind gemeinsam dafür verantwortlich, salutogene, also gesundheitsförderliche Bedingungen zu schaffen.

3.2 Prävention und Gesundheitsförderung

Der Medizinsoziologe **Aaron Antonovsky** steht für das Konzept der **Salutogenese**, das er als eine Ausrichtung des Gesundheitssystems komplementär zur Pathogenese versteht. Antonovsky (1987) kehrt die typische Perspektive des Medizinalsektors um, indem er nicht nach den Ursachen fragt, die Menschen krank machen, sondern nach jenen, die sie trotz widriger Umstände gesund erhalten. In seinem

Konzept bewegen sich Menschen in einem stetigen Prozess zwischen zwei extremen Polen eines Kontinuums, das er als **Health-Ease/Disease Continuum** (HEDE-Kontinuum) bezeichnete. Widerstandsressourcen (General Resistance Ressources) halten eine Person in der Nähe des Health-Ease-Pols. Nah am Health-Ease-Pol befinden sich Personen, wenn sie von Schmerzen und Beeinträchtigungen der Lebensaktivitäten frei sind und wenn keine Symptome Ärzte oder Ärztinnen veranlasst haben, eine Krankheitsdiagnose und Genesungsprognose zu stellen. Wenn man diese Zuordnung zum HE-Pol kritisch liest, dann erkennt man, dass mit dem Hinweis auf Symptom- und Beschwerdefreiheit bei Aaron Antonovsky im Grundsatz eine negative Definition von Gesundheit durchscheint.

Antonovsky nimmt die **Entropie** in seine Überlegungen zur Salutogenese auf. Die Entropie ist eine physikalische Größe, die über den Zustand eines Systems informiert. Sie wird im zweiten Hauptsatz der Thermodynamik behandelt. Der zweite Hauptsatz definiert die Richtung eines Prozesses. Nehmen wir als Beispiel eine Person, die arbeitet. Bei Arbeit entsteht Wärme, die von der Person in die Umgebung entweicht. Dabei geht sie zum großen Teil für weitere Arbeit verloren. Sie ist nicht mehr in das System rückführbar. Der Prozess ist irreversibel und die Wärme also für weitere Arbeit nicht verwendbar. Ersetzt man den Begriff „Wärme" durch „Entropie", dann hat man ein intuitives Verständnis von dem, was Entropie bedeutet.

Thermodynamik

Zweiter Hauptsatz: In einem abgeschlossenen System kann die Entropie nie abnehmen. Ist der Prozess irreversibel, so steigt die Entropie an, bis sie im Gleichgewicht ein Maximum erreicht.

Im physikalischen Sinne nicht vollständig korrekt ist Entropie für Antonovsky Unordnung, die aus der alltäglichen Auseinandersetzung des Menschen mit widrigen Umwelten resultiert. Egal ob diese Unordnung nun real existiert oder von einer Person nur als solche wahrgenommen wird, sie beeinflusst das labile Gleichgewicht einer Person auf dem HEDE-Kontinuum.

Salutogenese will dementsprechend die (wahrgenommene) Unordnung (Entropie) beseitigen. Dabei unterstützt der **Kohärenzsinn** (Sense of Coherence), den Antonovsky als die subjektive Überzeugung definiert, dass die Dinge um einen herum schon gut ausgehen werden, dass man Kontrolle über die inneren und äußeren Zustände hat. Der Kohärenzsinn enthält die drei Elemente Nachvollziehbarkeit (Comprehensibility), Kontrollierbarkeit (Manageability) und Sinnhaftigkeit (Meaningfulness) dessen, was geschieht.

Der salutogene Blickwechsel auf die Ressourcen der Gesunderhaltung beeinflusst das Verständnis von Prävention und Gesundheitsförderung und damit auch das Handeln von Gesundheitsexperten/innen. **Prävention** steht in der Tradition der Pathogenese. Ziel ist es, Gesundheitsrisiken mittels epidemiologischer Studien zu identifizieren und dann auf die Beseitigung oder Minderung der Risiken hinzuarbeiten. Risiken können aus der Umwelt resultieren (zum Beispiel Lärm, Staub, Hitze), aus der Person und ihrem Verhalten (zum Beispiel Gendefekte, genetische Dispositionen, Rauchen, Bewegungsmangel) sowie aus der Interaktion einer Person mit anderen Personen (zum Beispiel Streit, Respektlosigkeit, Feindseligkeit) oder der Person mit ihrer Umwelt (zum Beispiel unangepasste Geschwindigkeit bei Nebel). Maßnahmen der Prävention umfassen demzufolge ein breites Spektrum, das von Impfungen über Verhaltensempfehlungen (zum Beispiel körperlich ausreichend aktiv sein, ausreichend schlafen, nicht rauchen) bis zu Gesetzesvorgaben reicht, mit denen beispielsweise die Immission gefährlicher Substanzen begrenzt wird (zum Beispiel Grenzen der Luftfeinstaubbelastung).

Präventives Handeln kann zu unterschiedlichen Zeitpunkten auf dem Kontinuum zwischen den Polen „krank" und „gesund" stattfinden (◘ Abb. 3.1). Richtet sich das Handeln an gesunde Personen, die keinem besonderen Risiko ausgesetzt sind, und will Prävention verhindern, dass Risiken erst entstehen, dann wird dafür der Begriff **primordiale Prävention** verwendet. Ein Beispiel sind Empfehlungen an Mütter, ihre Säuglinge möglichst sechs Monate lang zu stillen, um dadurch das Immunsystem der Kinder zu stärken und die Kinder so auf natürlichem Wege gegen ansteckende Erkrankungen zu feien.

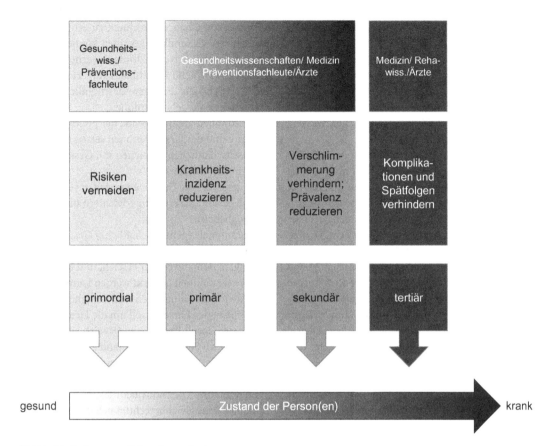

Abb. 3.1 Spektrum von Präventionsmaßnahmen

Sind präventive Maßnahmen darauf gerichtet, die Anzahl an Neuerkrankungen in einer Population gering zu halten, nennt man sie nach Caplan (1964) **primärpräventiv.** Primärpräventiv ist beispielsweise eine Maßnahme, mit der dafür gesorgt wird, Softgetränke aus dem Angebot einer Schulkantine zu entfernen, oder die älteren Menschen anregen soll, täglich mindestens 5000 Schritte bis 7000 Schritte zu gehen. Primärpräventive Maßnahmen sind auf die Verhinderung der Inzidenz (Neuerkrankungen) von Erkrankungen gerichtet. In den beiden Beispielen beträfe das die Verhinderung des Diabetes Typ 2 und der koronaren Herzerkrankung.

Sind bereits Erkrankungen aufgetreten, gilt es **sekundärpräventiv** darauf hinzuarbeiten, dass sie sich nicht erneut ereignen (zum Beispiel soll vermieden werden, dass auf einen Erstinfarkt ein erneuter Infarkt folgt), oder zu verhindern, dass sie sich verschlimmern (zum Beispiel soll verhindert

werden, dass ein Herzinfarkt in eine Herzinsuffizienz mündet). Ambulante Herzgruppen, die sich an ehemalige Herzinfarktpatienten wenden, gehören zu typischen sekundärpräventiven Programmen. Sekundärprävention zielt also auf die Senkung der Prävalenz (Verbreitungsrate) einer Erkrankung ab.

> **Inzidenz**
>
> Inzidenz bezeichnet die Anzahl der Neuerkrankungen in einer Population.

> **Prävalenz**
>
> Prävalenz bezeichnet die Anzahl der Erkrankten in einer Periode (Periodenprävalenz), zu einem definierten Stichtag (Punktprävalenz) oder im Verlauf des Lebens (Lebenszeitprävalenz).

Bleibt noch die **Tertiärprävention** als weiterer Präventionstypus. Sie wirkt mit ihren Maßnahmen darauf hin, Folgeschäden oder Komplikationen einer Erkrankung (Beeinträchtigung, Behinderung) zu vermeiden. Ein Beispiel sind physiotherapeutische und Venenbehandlungen von Diabetespatienten, in der Absicht, typische Folgeerkrankungen wie den diabetischen Fuß zu verhindern.

Auch wenn die Beispiele, die wir genannt haben, auf die körperliche Gesundheit abheben, ist Prävention nicht zwangsläufig nur auf den Körper gerichtet. Sie ist auch nicht nur Aufgabe des medizinischen Sektors. Präventive Bemühungen adressieren auch die Psyche und sind neben dem Medizinalsektor Aufgabe der Gesundheitswissenschaften, der Psychologie, der Erziehungswissenschaften und anderer mehr. Prävention ist in aller Regel umso erfolgreicher, je eher eine interdisziplinäre und intersektorale Zusammenarbeit gelingt (zum Beispiel die Zusammenarbeit von Psychologischem Dienst, Kinder- und Jugendpsychiatrie und Kinder- und Jugendhilfe in der Prävention von sozial deviantem Verhalten).

Eine andere als die an der Zeitskala orientierte Möglichkeit, Präventionsmaßnahmen zu differenzieren, nimmt die Adressaten als Ausgangspunkt. Dieser Zugang unterscheidet die **Verhaltensprävention**, die eine Änderung des Verhaltens von Personen beabsichtigt, von der **Verhältnisprävention**, die beabsichtigt, Organisationen und ihre Strukturen, ihre Kulturen oder ihr Klima zu ändern.

Gesundheitsförderung ist – weit mehr als die Prävention – einem salutogenen Konzept zugeneigt. In der bereits zitierten Ottawa-Charta heißt es dazu (WHO 1986, S. 1):

> » Gesundheitsförderung zielt auf einen Prozess, allen Menschen ein höheres Maß an Selbstbestimmung über ihre Gesundheit zu ermöglichen und sie damit zur Stärkung ihrer Gesundheit zu befähigen.

Dem Ziel der Gesundheitsförderung dient ein strategisches Vorgehen, für das die WHO folgende Aufgaben nennt: a) Die Interessen vulnerabler Gruppen vertreten (Advocacy), b) die Gruppen zu befähigen, ihre Gesundheit selbst zu gestalten und unter Gewährung von Chancengleichheit zu ermöglichen, dass sie ihre Gesundheit gestalten können (Enabling) und schließlich c) Sektoren zu vernetzen (Mediation). Die WHO identifiziert fünf Handlungsfelder, welche die Erfolgswahrscheinlichkeit des strategischen Vorgehens erhöhen:

- Gesundheit auf die Agenda der politischen Akteure und der Organisationen setzen (in allen gesellschaftlichen Bereichen soll Gesundheit zum Ziel werden),
- unterstützende Umwelten gestalten (Umwelt soll gesundes Verhalten erleichtern und ermöglichen),
- kommunale (gemeinschaftliche) Gesundheitsaktionen stärken (die Kommune ist ein Setting, in dem die Bürger erreicht und in denen ihre Gesundheit gestärkt werden kann),
- individuelle Fähigkeiten und Fertigkeiten schulen; der Einzelne soll um die Determinanten der Gesundheit wissen (**Health Literacy**, siehe dazu Sørensen und Brand 2014), und er soll in der Lage sein, sich gesund zu verhalten,
- die Gesundheitsdienste neu ausrichten (Prävention und Gesundheitsförderung sollen mindestens gleichberechtigt neben der Kuration stehen).

Vor allem die Konferenz der WHO in Adelaide (WHO 1988) hat die Bedeutung unterstützender Umwelten hervorgehoben. In der einschlägigen gesundheitswissenschaftlichen Szene lautet die Spruchweisheit dazu: „Making the healthy choice the easy choice." Weitere WHO-Konferenzen haben sich der inhaltlichen Ausgestaltung der Ottawa-Charta angenommen (siehe ▶ http://www.euro.who.int/de/home). In ◘ Abb. 3.2 sind die Meilensteine der WHO-Verlautbarungen illustriert.

Zentral in allen Verlautbarungen und so etwas wie die tragenden Säulen der Gesundheitsförderung sind die beiden Prinzipien **Gleichheit** und **Befähigung**. Würden sie fehlen, ließen sich die Maßnahmen nicht mehr der Gesundheitsförderung zuordnen. Auf diesen Säulen ruhen sämtliche Maßnahmen, die wiederum vom selben „Geist beseelt" sind:

- Gesundheit ist ein Menschenrecht.
- Das Streben nach Gesundheit sollte freiwillig und autonom geschehen.

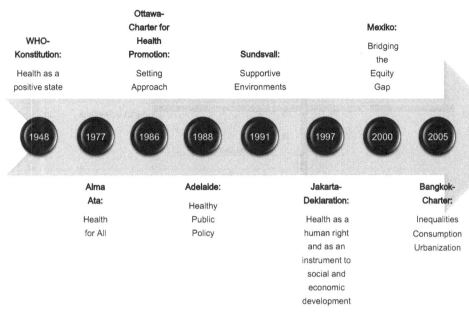

Abb. 3.2 WHO-Meilensteine zur Gesundheitsförderung (weitere WHO Meilensteine siehe: http://www.who.int/healthpromotion/conferences/8gchp/en/)

- Programme und Maßnahmen sollten partnerschaftlich gestaltet werden.
- Sie sollen dem Einzelnen soziale Teilhabe ermöglichen.
- Sie sind sozial gerecht.

Damit sind paternalistische Vorgehensweisen, bei denen durch Zwang oder mit erhobenem Zeigefinger Verhaltensweisen unterbunden oder veranlasst werden, eigentlich ausgeschlossen. Aber: Sind Verbote und Regeln, Anweisungen und Anordnungen so gestaltet sind, dass sie die Freiheit des Einzelnen nur dann begrenzen, wenn dessen Verhalten ansonsten die der anderen oder der Gesellschaft verletzen würde, dann sind auch sie als gesundheitsförderliche Maßnahmen im Sinne der WHO akzeptiert (zum Beispiel Anschnallpflicht im PKW, Rauchverbot in öffentlichen Gebäuden, Rauchmelder in Gebäuden).

3.3 Gesundheit ist mehrdimensional

Dass Gesundheit mehrdimensional ist, wird bereits in der inzwischen klassischen Definition der WHO

mit dem Verweis auf die drei Facetten des Wohlbefindens angedeutet. Aber was heißt das genau?

Für die Prävention und die Gesundheitsförderung macht die Mehrdimensionalität der Gesundheit das Handeln zunächst nicht einfacher. Sie verpflichtet stattdessen, mehrere Teilziele zugleich zu adressieren. Einfacher wäre es, wenn die Gesundheitsdimensionen hoch und positiv miteinander korrelierten; wenn also eine Person, die sich körperlich wohlfühlte, auch psychisch wohlfühlte oder wenn körperliche Beschwerdefreiheit mit psychischem Wohlbefinden einherginge. Dann würde es ausreichen, nur eine Dimension in ihrer Ausprägung zu verbessern – schon hätte man auch die anderen Dimensionen (wenigstens zum Teil) verbessert. Wären die Merkmale allerdings vollständig korreliert (im statistischen Sinne zu 1,0), dann wäre Gesundheit eindimensional. Die gemeinsame Varianz der Dimensionen betrüge dann 100 %.

Für statistische Laien: Die Varianz ist ein Maß der Streuung von Merkmalen. Sie ist immer größer oder gleich Null und indiziert, wie stark eine Merkmalsausprägung vom Erwartungswert des Merkmals (▶ Kap. 2) abweicht. Wenn man nun versucht – und dazu gibt es statistische Verfahren

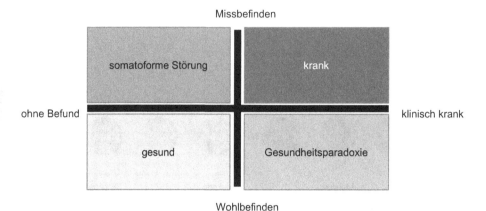

■ **Abb. 3.3** Mehrdimensionalität von Gesundheit (Adaptiert nach Schmidt 1998)

wie die Regressionsanalyse – ein Merkmal (Kriterium) durch ein anderes (Prädiktor) zu „erklären", dann informiert die gemeinsam geteilte Varianz über das Ausmaß, mit dem das eine Merkmal durch das andere erklärt werden kann. Ist das vollständig der Fall, also zu 100 %, dann drücken sich in den Merkmalen keine unterschiedlichen Informationen aus; dann würde es ausreichen, in einer Präventionsmaßnahme nur eines der beiden Merkmale zu beeinflussen.

Die Dimensionen der Gesundheit sind tatsächlich korreliert. Sie erklären aber nur in einem bescheidenen Maß die Varianz der jeweils anderen Dimensionen (Schmidt 1998). In ■ Abb. 3.3 ist der Sachverhalt am Beispiel der körperlichen Gesundheit und des psychischen Befindens illustriert. Auf der x-Achse (Abszisse) ist die körperliche Gesundheit erfasst. Sie kann sich in typischen Werten ausdrücken, die für eine Erkrankung stehen und die den Zustand einer Person als „ohne Befund" bis „klinisch krank" markieren. Auf der y-Achse (Ordinate) stehen Werte für das Befinden, das wir in der Abbildung mit „Miss-" und „Wohlbefinden" bezeichnet haben. In jedem Quadranten des Koordinatensystems der ■ Abb. 3.3 befinden sich dann typische Fälle (Quadranten Q1 bis Q4 linksdrehend).

■ **Quadrant Q1**

Die **körperlich Erkrankten** haben einen klinisch auffälligen Befund, und meistens ist auch ihr Befinden beeinträchtigt – spätestens, wenn sie von ihrer Diagnose erfahren haben.

■ **Quadrant Q2**

Die Personen im Quadranten Q2 fühlen sich schlecht, müde und schwach. Manche gehen zu einem Arzt, der aber auch nach intensiver Untersuchung keinen Befund feststellt und die Beschwerden als **somatoforme Störung** in die Patientenakte einträgt. Schätzungsweise 80 % der deutschen erwachsenen Bevölkerung leiden zumindest zeitweise an einer somatoformen Störung, die sie aber entweder ignorieren oder mit Hausmitteln selbst therapieren, in der Hoffnung, sich zu kurieren. Bei anderen treten die Beschwerden chronisch auf, und sie suchen um ärztliche Hilfe nach. Vermutlich mehr als ein Fünftel der Patienten in allgemeinärztlichen Praxen leiden an einer somatoformen Störung. Sie kehren wiederholt in eine Praxis zurück, da die Beschwerden anhalten, obgleich der ärztliche Befund „negativ" war, also auch nach erheblichem diagnostischem Aufwand (Labor, Bildgebung) keine Hinweise auf eine körperliche Erkrankung gefunden wurden. Ärztliches Personal reagiert auf das Klagen der Patienten/innen nicht selten mit Unverständnis. Die Patienten/innen wiederum sind von ihren Ärzten/innen enttäuscht. Sie „hoppen" von einer zur nächsten Arztpraxis, in der Hoffnung, endlich eine Praxis mit einem Personal zu finden, das ihre Beschwerden ernst nimmt und sie kuriert.

■ **Quadrant Q3**

Dann gibt es den Quadranten mit jenen Personen, deren Befinden unauffällig ist und die auch keinen normabweichenden Befund haben. Das sind die

Gesunden. Sie sind „ohne Befund" und fühlen sich wohl.

- **Quadrant Q4**

Bleibt noch die Gruppe im Quadranten Q4 des Koordinatensystems. Bei diesen Personen wurde ein klinisch auffälliger Befund diagnostiziert. Aber ihr Befinden war bis dahin trotz allem positiv. Dieses **Gesundheitsparadox** ist typisch für einige schwerwiegende Erkrankungen. Im Frühstadium machen einige Krebserkrankungen oder auch der Diabetes Typ 2 keine Beschwerden. Das Befinden der Betroffenen ist nicht beeinträchtigt, die Krankheit aber schon vorhanden. Der klinisch auffällige Befund wird nicht selten erst spät, manchmal zu spät entdeckt, um der fortgeschrittenen Verschlechterung des Zustands noch entgegenzuwirken.

Im Übrigen zeigt die psychologische Wohlbefindensforschung, dass sich die meisten Menschen auf einer Skala mit den Polen Wohlbefinden und Missbefinden auf der Seite des Wohlbefindens einordnen. Das gilt selbst bei alten Menschen, bei denen der körperliche Zustand nicht selten Anlass zu Missbefinden geben sollte. Für diesen positiven Bias in der Selbstbeurteilung wurde der Begriff des **Altersinvarianzparadox des Wohlbefindens** gefunden. Trotz der Beschwerden klagen ältere Menschen nicht über ein höheres Maß an Missbefinden als junge Menschen. Vermutlich akzeptieren sie die Beschwerden als altersnormal und beurteilen ihren Zustand im „Abwärtsvergleich" als (noch) positiv, denn es könnte alles noch schlimmer sein.

Akteure der Prävention und Gesundheitsförderung sind mit dieser angedeuteten Vielfalt bereits erheblich herausgefordert. Alleine die Orientierung an den Quadranten bedingt eine beträchtliche Komplexität. Wenn man jetzt noch bedenkt, dass auch die Dimensionen des Wohlbefindens nur gering korreliert sind, dann sind einfache Antworten ungeeignete Antworten. Nimmt man schließlich noch die Umwelteinflüsse auf die Gesundheit hinzu, dann wird das präventive und gesundheitsfördernde Handeln noch komplexer. Da hilft nur systematisches Vorgehen, um das Ziel nicht aus den Augen zu verlieren, subjektive Unsicherheit zu reduzieren und auf dem Weg zum Ziel nicht zu straucheln.

3.4 Die Rolle der Experten

Dass es vor dem Hintergrund der gerade angedeuteten Komplexität eines Expertentums bedarf, um die Gesundheit zu fördern, liegt auf der Hand. Dass diese Experten/innen nicht alleine aus dem medizinischen Sektor kommen können, ist ebenso offensichtlich und ergibt sich bereits aus der Forderung der Ottawa-Charta der WHO, den medizinischen Sektor nicht alleine zum verantwortlichen Sektor der Gesundheitsförderung zu erklären.

Seit den 1980er-Jahren sind neue wissenschaftliche Disziplinen im Kontext von Prävention und Gesundheitsförderung entstanden, und eine bestehende Disziplin (Public Health) hat sich neu orientiert. Die **Gesundheitswissenschaften** sind gänzlich neu entstanden. Dabei handelt es sich um interdisziplinäre Verbünde, die transdisziplinär praktisch relevante Probleme aufgreifen. Deutlich älter ist die Disziplin **Public Health**. Beide Disziplinen, Public Health und Gesundheitswissenschaften, wollen in der Praxis, also transdisziplinär, wirken. Ihre Absichten decken sich. Hurrelmann et al. (2012, S. 6) formulieren im „Handbuch der Gesundheitswissenschaften":

> » Wir definieren Gesundheitswissenschaften als ein Ensemble von wissenschaftlichen Einzeldisziplinen, die auf einen gemeinsamen Gegenstandsbereich gerichtet sind, nämlich die Analyse von Determinanten und Verläufen von Gesundheits- und Krankheitsprozessen und die Ableitung von bedarfsgerechten Versorgungsstrukturen und deren systematische Evaluation unter Effizienzgesichtspunkten. Im Zentrum des Erkenntnisinteresses der Gesundheitswissenschaften liegt ganz im Sinne von ‚Public Health' die Verbesserung der Gesundheit der Bevölkerung durch Krankheitsverhütung und Gesundheitsförderung.

Aus Public Health ist inzwischen die New Public Health geworden (unter anderem Fülgraff 1999). Im Mittelpunkt der Public Health stand die Prävention und damit die Risikominderung, vor allem bei Problemgruppen. Die Medizin mit ihren Fachgebieten der klinischen Medizin, der Hygiene, der Sozialmedizin und der Epidemiologie dominierten das Gebiet. Gesundheitssoziologie und -psychologie vervollständigten die Erklärungs- und Handlungsansätze. Über diese Aufgabenstellungen hinaus widmet sich **New Public Health** der Gesundheitspolitik. Ihre Konzepte gründet sie auf die Ottawa-Charta. Neben den bereits genannten Disziplinen kommen als Bezugsdisziplinen die Gesundheitsökonomie und die Politikwissenschaften hinzu.

In der Praxis der Gesundheitsförderung haben sich passende professionelle Rollen gebildet, um die vielfältigen Aufgaben zu lösen. Die **Bangkok-Charta** der WHO benennt als wesentliche Aufgaben der Gesundheitsförderung:

- plädieren: für die Gesundheit als Menschenrecht Partei ergreifen und die Solidarität mit den Schwachen einfordern,
- investieren: die Determinanten der Gesundheit nachhaltig beeinflussen und gesundheitsförderliche Umwelten schaffen,
- Kapazitäten bilden: Wissen und Fertigkeiten vermitteln, damit Gesundheit gefördert werden kann,
- regulieren und Gesetze erlassen: vulnerable Gruppen durch Gesetze und Regularien schützen und ihnen einen Zugang zu gesundheitsfördernden Aktivitäten gewähren,
- Partnerschaften und Allianzen bilden: Sektoren vernetzen und die Bürgerschaft einbeziehen.

Für diese fünf Aufgaben nehmen Gesundheitsförderer passende professionelle Rollen ein, die zum Beispiel Grossmann und Scala (1996) erläutert haben:

- die Rolle des Anwalts, der für die Gesundheit als ein zentrales Ziel aller Organisationen plädiert und politische Akteure und private wie staatliche Organisationen dazu motiviert, sich um die Gesundheit ihrer Mitglieder zu kümmern,
- die Rolle des Befähigers, der den Akteuren die notwendigen Kompetenzen vermittelt und die erforderlichen Ressourcen verschafft, um Gesundheit zu fördern,
- die Rolle des Änderungsmanagers, der innovative Prozesse in einer Organisation anstößt,

ihre Aneignung erleichtert und Änderungen operativ begleitet,
- die Rolle des Experten, der Gesundheitsförderprogramme evident und theoriegeleitet formieren und die Wirkungen evaluieren kann.

Jede Rolle benötigt zu ihrer Funktion passende Qualifikationen. In der Rolle des Experten benötigt eine Person methodische und theoretische Kenntnisse und Fertigkeiten, um wissenschaftliche Erkenntnisse praxisgerecht zu übersetzen und Wirkungen von Maßnahmen zu evaluieren. In der Rolle des Anwalts sind kommunikative und rhetorische Fertigkeiten wesentlich. In der Rolle des Änderungsmanagers werden soziale und organisationale Kompetenzen benötigt, und in der Rolle des Befähigers schließlich muss eine Person wissen, was zu tun ist, um sich gesundheitsschützend zu verhalten und dieses anderen zu vermitteln. Eine Person alleine verfügt selten über sämtliche Expertisen und ist daher kaum geeignet, alle Rollen mit gleicher Güte auszufüllen. Stattdessen werden Multiexpertenteams vor dem Hintergrund der beschriebenen Aufgaben und der komplexen Herausforderungen benötigt.

Fazit

Gesundheit ist ein multidimensionales Konstrukt, das paradigmen- und disziplinabhängig definiert wird. Gesundheit ist eher ein Prozess, denn ein Zustand. Der Prozess ermöglicht Menschen, ihren Alltag zu gestalten und ihre psychischen und physischen Bedürfnisse zu befriedigen. Die WHO deklariert Gesundheit als Menschenrecht. Sie definiert die Förderung der Gesundheit als eine sektorenübergreifende Gemeinschaftsaufgabe. Der Einzelne trägt Verantwortung für sein Verhalten und seine Gesundheit, aber seine Umwelt beschneidet sein Recht auf ein gesundes Leben bzw. ermöglicht ihm, gesund zu leben. Das Setting oder die Lebenswelt ist damit ein bevorzugter Ort, an dem Gesundheitsförderung stattfinden sollte. Prävention basiert auf dem Verständnis der Pathogenese. Sie will Risiken der Gesundheit verhindern oder wenigstens in ihrer Wirkung mindern. Gesundheitsförderung ist ein salutogener Ansatz, der auf die Stärkung der organisationalen und personalen Ressourcen zielt. Gesundheitsförderung ist eine komplexe Aufgabe, die geeignete Rollen und dazu passende Expertisen erfordert.

Merke

Gesundheit ist ein mehrdimensionaler Prozess, weniger ein Zustand. Prävention will Risiken mindern, Gesundheitsförderung – die auf der Salutogenese basiert – will Ressourcen stärken. Die Ottawa-Charta läutete 1986 einen Paradigmenwechsel zum salutogenen und Setting-orientierten Vorgehen ein.

Fragen

- Was bedeutet es, Gesundheit „negativ" zu definieren?
- Welche Typen der Prävention werden unterschieden? Was soll mit ihnen erreicht werden?
- Ist Gesundheit ein ein- oder ein mehrdimensionales Konstrukt? Wenn es ein mehrdimensionales Konstrukt ist, welche nur gering korrelierten Dimensionen können Sie benennen?
- Welches ist die Kernaussage der Ottawa-Charter for Health Promotion?
- Wie unterscheiden sich präventive von gesundheitsfördernden Absichten?
- Welche fünf Handlungsfelder nennt die WHO in der Ottawa-Charta?
- Welche professionellen Rollen und welche Kompetenzen benötigen die Rolleninhaber in der Gesundheitsförderung?

Literatur

Antonovsky, A. (1987). *Unraveling the mystery of health*. San Francisco: Jossey Bass.

Caplan, G. (1964). *Principles of preventive psychiatry*. Oxford: Basic Books.

Faltermaier, T. (1994). *Gesundheitsbewusstsein und Gesundheitshandeln. Über den Umgang mit Gesundheit im Alltag*. Weinheim: Beltz.

Fülgraff, G. (1999). New Public Health. In W. Schlicht, & H.-H. Dickhuth (Hrsg.), *Gesundheit für alle – Fiktion oder Realität?* (S. 225–238). Schorndorf und Stuttgart: Karl Hofmann und Schattauer.

Grossmann, R., & Scala, K. (1996). *Gesundheit durch Projekte fördern: Ein Konzept zur Gesundheitsförderung durch Organisationsentwicklung und Projektmanagement* (2. Aufl.). Weinheim: Juventa.

Hurrelmann, K., Laaser, U., & Razum, O. (Hrsg.). (2012). *Handbuch der Gesundheitswissenschaften*. Weinheim: BeltzJuventa.

Schlicht, W. (1998). Gesundheit. In O. Grupe, & D. Mieth (Hrsg.), *Lexikon der Ethik im Sport* (S. 211–217). Schorndorf: Karl Hoffmann.

Schmidt, L. (1998). Zur Dimensionalität von Gesundheit (und Krankheit). *Zeitschrift für Gesundheitspsychologie, 6*, 161–178.

Sørensen, K., & Brand, H. (2014). Health literacy lost in translations? Introduction to the European health literacy glossary. *Health Promotion International, 29*, 634. doi:10.1093/heapro/dat/013.

WHO (1946). *Constitution*. Genf: WHO.

WHO (1986). *Ottawa Charta für Gesundheitsförderung*. www.euro.who.int/__data/assets/pdf_file/0006/129534/Ottawa_Charter_G.pdf?ua=1. Zugriff am 30.10.2104

WHO (1988). *The Adelaide recommendations*. Genf: WHO.

Vorannahmen und Beweise

Wolfgang Schlicht, Marcus Zinsmeister

W. Schlicht, M. Zinsmeister, *Gesundheitsförderung systematisch planen und effektiv intervenieren*,
DOI 10.1007/978-3-662-46989-7_4, © Springer-Verlag Berlin Heidelberg 2015

Theorien, das wird in diesem Kapitel deutlich werden, sind kein fruchtloser Acker, auf dem Wissenschaftler (Theoretiker) säen, um sich für die Nachwelt zu verewigen, unsterblich zu werden oder darauf die Legitimation ihres Schaffens zu begründen. Theorien sind hilfreiche Konstruktionen, die Interventionen systematisieren und sachgerecht ordnen. Wir zeigen, dass in Theorien Wissen gespeichert ist, das ein bestimmtes Format aufweisen muss, wenn es für die Praxis tauglich sein soll (nomopragmatisches Wissen). Wir zeigen auch, wie man zu praktisch verwertbaren Theorien gelangt (Realist Synthesis). Wir zeigen weiterhin, dass systematisches Intervenieren theoriegetrieben und evidenzbasiert sein muss, und wir machen deutlich, welche Variante der Wirksamkeitsprüfung dazu gefragt ist. Schließlich erläutern wir das sozial-ökologische Paradigma, das uns als brauchbarer theoretischer Rahmen für gesundheitsfördernde Interventionen gilt.

4.1   Ist alles nur graue Theorie?

Unter einer gesundheitsfördernden Intervention verstehen wir einen Vorgang, mit dem der Ausbruch einer Erkrankung oder deren Verschlimmerung verhindert, der gesundheitliche Zustand erhalten oder verbessert wird oder mit dem ganz allgemein ein als unerwünscht deklarierter Zustand in einen wünschenswerten Zustand überführt wird. Wir fordern von einer systematischen Intervention ein wissenschaftlich fundiertes oder – im Sinne von Max Weber – ein zweckrationales professionelles Vorgehen.

Zu einem **wissenschaftlich fundierten** Vorgehen gehört als ein wesentliches Kriterium die Feststellung, dass die Maßnahmen wirken, die eine Intervention ausmachen. Ein solches Vorgehen wird auch als **evidenzbasiert** bezeichnet. Über Wirksamkeit informieren systematische Reviews, die als **Metaanalysen** die Befunde vorhandener Studien integrieren und die Signifikanz und Stärke des Effektes feststellen. Als zweites wesentliches Kriterium wissenschaftlicher Fundierung gilt das **theorieorientierte** Vorgehen. Um dem zu entsprechen, muss eine explizite Vorannahme, eine Programmtheorie, formuliert werden, warum die Maßnahme unter den gegebenen Umständen bei den Personen wirken sollte, die mit der Intervention erreicht werden sollen.

„Nichts ist praktischer als eine passende Theorie" – dieser Satz wird oft zitiert, manchmal auch in leicht abgewandelter Weise. Er wird unterschiedlichen Autoren (meistens aber dem Psychologen Kurt Lewin) zugeschrieben. Die Aussage des Satzes wird aber mindestens so oft verneint oder gar geschmäht. Vor allem Wissenschaftler, die mit Theorien hantieren, sind für praktisch Tätige häufig und in fehlerhafter Deutung als welt- und alltagsfremde Spinner verschrien. Sie, so der Vorwurf, malten sich die Realität schöner, als sie tatsächlich sei, und einmal mit der „wirklichen Welt" konfrontiert, müssten sie kläglich das Scheitern ihrer Theorien bekennen.

Bevor zustimmender Beifall aufbrandet: Dass Theorien und Praxis nicht miteinander korrespondieren, ist nur dann ein angemessener Standpunkt, wenn Theorien als eine Art Prüfalgorithmus angesehen werden, mit denen sich Handlungsempfehlungen (allenfalls) kritisieren, aus denen sich aber keine Handlungsempfehlungen ableiten lassen. Theorien als Prüfalgorithmus zu betrachten hat einen erkenntnistheoretischen Hintergrund, der aber in der Debatte um den praktischen Nutzen von Theorien oder in der Feststellung, es existiere ein Graben zwischen Theorie und Praxis, selten gemeint ist. Die Annahme, dass Theorien und Praxis nicht korrespondieren, erscheint nämlich allenfalls für nomologisches Wissen begründet. Davon zu unterscheiden ist nomopragmatisches Wissen, für das aber der Vorwurf der Praxisferne gerade nicht gilt. Vor allem der Wissenschaftstheoretiker Mario Bunge (1985) hat sich zu den verschiedenen Wissenskategorien geäußert.

Nomologisches Wissen enthält Gesetzesaussagen. In den Naturwissenschaften können die Aussagen deterministisch sein, in den Sozialwissenschaften sind sie meistens probabilistisch formuliert: „Wenn x, dann y" in den Gesetzesaussagen der Naturwissenschaften oder „Wenn x, dann y mit der Wahrscheinlichkeit p" in den Sozialwissenschaften. Solcherart Wissen stellt einen Sachverhalt fest, sagt aber nichts darüber aus, wie sich etwas herstellen lässt. Es ist zudem voll von Begriffen, die für die Wissenschaft und die in ihr tätigen Personen typisch sind. Ein Beispiel aus der Einstellungsforschung und der sozialpsychologischen Theorie der Selbstwahrnehmung kann das illustrieren: „Wenn Menschen durch Anreize dazu gebracht werden, ein einstellungsdiskrepantes Verhalten zu zeigen, dann finden sich anschließend an das Verhalten wahrscheinlich konvergente Einstellungen, wenn der Anreiz gering ausgefallen ist." Wer nicht psychologisch geschult ist, der wird diese Aussage mühsam entschlüsseln müssen.

Nomopragmatisches Wissen enthält dagegen keine gesetzartigen Aussagen, sondern sagt etwas darüber aus, wie sich (beabsichtigte) Veränderungen von Zuständen erreichen lassen: „Wenn x getan wird, dann kann man y beobachten." Oder: „Wenn x getan wird, dann kann man y mit der Wahrscheinlichkeit p beobachten." Auch hier das Beispiel von eben: „Wenn man Menschen dafür belohnt, etwas zu tun, das sie nicht mögen und von dem sie nicht überzeugt sind (einstellungsdiskrepantes Verhalten), dann werden sie ihre Einstellungen zu diesem Verhalten wahrscheinlich nur dann dauerhaft ändern, wenn die Belohnung gering ausgefallen ist." Für den psychologisch nicht geschulten Leser dürfte die Information, die in diesem Satz steckt, schon transparenter geworden sein.

Aus dem nomopragmatischen Wissen lassen sich technologische Regeln oder Handlungsregeln herleiten: „Um y zu erreichen, tue x unter den Umständen u." Auch hier das obige Beispiel fortgesetzt: „Um Erwachsene davon zu überzeugen, dass körperliche Aktivität in ihrem Alltag ihrer Gesundheit nutzt (Einstellungen), setze Anreize (Geld, Lob etc.). Die Anreize dürfen aber nur so hoch ausfallen, dass die betreffenden Personen nicht argumentieren können, sie hätten sich nur deshalb aktiv verhalten, weil sie dafür belohnt wurden." Wissen, über Handlungsregeln fundamentiert, ist nun genau das, was die Praxis benötigt und an dem sich systematisches interventives Handeln orientieren sollte.

Interventionen sollten ein evidentes Fundament haben, auch theoretisch orientiert sein, systematisch geplant sein und ebenso durchgeführt werden. Die Forderung nach Evidenzbasierung und Theorieorientierung lässt sich als **wissenschaftliche Fundierung** des praktischen Handelns fassen. Angelehnt an Perrez (2005) ist wissenschaftliche Fundierung an drei wesentliche Kriterien gebunden, von denen das erste Kriterium die Evidenzbasierung und die beiden anderen Kriterien die theoretische Orientierung von Interventionen betreffen:

- Das erste Kriterium fordert den Nachweis der Wirksamkeit (Evidenz). Damit sind Maßnahmen ausgeschlossen, von denen bekannt ist, dass sie unwirksam sind (zum Beispiel hilft körperliche Aktivität nicht vorbeugend gegen Schizophrenie) oder für die keine Annahme formuliert werden kann, die den beiden folgenden Kriterien genügt:

- Das zweite Kriterium fordert die Übereinstimmung mit dem vorhandenen wissenschaftlichen Wissen.
- Das dritte Kriterium verlangt technologische Regeln, deren nomopragmatische Grundlage wiederum nicht im Widerspruch zu „Gesetzesaussagen" steht.

Zu diesen drei grundlegenden Kriterien fordert Perrez außerdem:

- die ethische Legitimierbarkeit der Intervention
- die ethische Vertretbarkeit der verwendeten Methode
- das Abwägen, ob der Interventionserfolg die möglichen Nebeneffekte rechtfertigt
- die Kalkulation des Aufwands (Kosten)

Nach Auffassung des Soziologen Max Weber (1988) kann ein Handeln, das diesen Kriterien genügt, auch als **professionell zweckrational** bezeichnet werden. Professionell zweckrational handelt:

> … wer sein Handeln nach Zweck, Mittel und Nebenfolgen orientiert und dabei sowohl die Mittel gegen die Zwecke, wie die Zwecke gegen die Nebenwirkungen, wie endlich auch die verschiedenen möglichen Zwecke gegeneinander abwägt.

Wissen

Wissen existiert als wissenschaftliches und als Erfahrungswissen. Im wissenschaftlichen Wissen werden Erkenntnisse, die über den Zusammenhang zweier oder mehrerer Sachverhalte informieren, als **nomologisches** oder Gesetzeswissen bezeichnet. Dieses Wissen kann deterministische Aussagen enthalten (zum Beispiel: „Im luftleeren Raum fällt ein Gegenstand mit einer Beschleunigung von 9,81 m/s^2 zu Boden.") oder probabilistische (zum Beispiel: „Wenn Menschen um ihre Gesundheit fürchten, werden sie mit einer hohen Wahrscheinlichkeit ein riskantes Verhalten ändern.""). Wissen, das über die Herstellbarkeit von Sachverhalten informiert, nennt man **nomopragmatisches** Wissen, das ebenfalls deterministisch oder probabilistisch sein kann. Aus nomopragmatischem Wissen lassen sich Handlungs- oder **technologische Regeln** ableiten. Nomopragmatisches Wissen liegt Programmtheorien zugrunde.

4.2 Theorieorientiert und evidenzbasiert

Systematische Interventionen sind theoretisch orientiert und evidenzbasiert. Sie sind theorieorientierte oder -getriebene Interventionen (**Theory-Driven**), wenn ihnen mindestens die folgende Annahme explizit zugrunde liegt: „Wenn wir x tun, dann wird daraus, unter den Bedingungen y, wahrscheinlich das Resultat z folgen." Sie sind also theoretisch orientiert, wenn sie eine nomopragmatische Aussage formulieren, die unterstellt, dass der eine dem anderen Sachverhalt unter spezifischen Umständen mit einer mehr oder minder hohen Wahrscheinlichkeit zukünftig folgen wird.

Die Sachverhalte, die in der Aussage benannt werden, lassen sich unter den in der Annahme formulierten Bedingungen als Stellschrauben einer Intervention nutzen. Das Zutreffen einer solchen Annahme lässt sich prüfen. Vorannahmen dieser Art heißen **Programmtheorien**. Sie begleiten den im ersten Kapitel (◪ Abb. 1.1) illustrierten Planungszirkel, der von der Statusanalyse bis zur Wirkungsbewertung reicht. Sie setzen einen theoretischen Rahmen und geben so dem Interventionshandeln eine Orientierung.

Einen Ausschnitt der Realität zu beschreiben oder, wie hier, erklärend vorwegzunehmen, ist das Grundkonzept jeder Theorie. Je nach erkenntnistheoretischem Ansatz sind die Auffassungen über eine Theorie aber mal mehr oder mal weniger eng oder weit. Im **Positivismus** müssen sich Aussagesysteme durch Beobachtung als zutreffend erwiesen haben, um sie als Theorie zu akzeptieren. Eine Theorie kann insofern wahr oder falsch sein, als die

Beobachtung sie bestätigt oder sie sich aufgrund der Beobachtungen als unhaltbar erweist. In der Logik des **Kritischen Rationalismus** setzt die Forschung alles daran, Theorien zu falsifizieren, da Beobachtungen stets nur einen Realitätsausschnitt betreffen und so niemals verifiziert werden können. In der **Logik** wiederum wird mathematisch streng und formal argumentiert. Eine Theorie ist hier eine Menge M von sprachlichen Aussagen, für die gilt, dass M überhaupt wahr sein kann und die Aussagen in sich widerspruchsfrei und abgeschlossen sind.

In der Wissenschaft kommt im Allgemeinen und deshalb unabhängig vom bevorzugten erkenntnistheoretischen Standpunkt hinzu, dass Theorien sich prinzipiell – je nach erkenntnistheoretischem Fundament – falsifizieren oder verifizieren lassen. Sie müssen sich also an der Wirklichkeit bewähren können. In sich widersprüchliche Aussagen sind keine Theorien, etwa: „Kräht der Hahn auf dem Mist, ändert sich's Wetter oder es bleibt, wie es ist." Solche Aussagen sind immer wahr, damit aber auch informationsleer. Auch pseudo-, parawissenschaftliche oder esoterische Aussagen sind keine Theorien. Sie sagen in aller Regel etwas über die Realität aus, ohne eine Methode anzubieten, mit der sich ihr Zutreffen in absehbarer Zeit prüfen ließe. Sie transportieren Glaubensbekenntnisse, über die man nicht streiten kann – denn keiner der Streitenden wird jemals belegen können, dass seine Auffassung zutrifft und der Kontrahent sich irrt.

Theorien

Theorien sind Aussagesysteme, die in sich widerspruchsfrei sind und die sich durch Beobachtung oder mittels anderer Methoden prinzipiell als falsch oder richtig erweisen können. Theorien nehmen die Wirklichkeit gedanklich vorweg.

Wir wollen die diversen erkenntnistheoretischen Positionen – die wir im ersten Kapitel bereits angedeutet haben – hier nicht weiter vertiefen und verweisen die interessierten Leser/innen daher auf Westermann (2000).

Für unsere weitere Diskussion sind die Begriffe **Änderungswissen** und **Programmtheorien** bedeutsam. Programmtheorien sind vor allem in der

Evaluationsforschung ein wichtiges Instrument. Sie sind zugleich ein Instrument zur systematischen Interventionsplanung. In einer Programmtheorie, die im Idealfall auf vorhandenem Änderungs- oder nomopragmatischem Wissen gründet, wird detailliert beschrieben, warum ein definiertes Ziel durch definierte Maßnahmen erreicht werden wird. Die Programmtheorie enthält also Aussagen darüber, wie die Maßnahmen so ineinander greifen, dass die Intervention wahrscheinlich wirkt. Vor allem sagt sie etwas darüber aus, warum das so sein wird. Ist kein gesichertes und dokumentiertes Wissen vorhanden, das über die Wirkweise und Wirksamkeit von Maßnahmen informiert, dann werden bei der Programmtheorieerstellung Personen einbezogen, die über eine einschlägige Expertise verfügen und die gemeinsam mit weiteren Verantwortlichen (in einem kommunalen Gesundheitsförderprogramm etwa Vertreter/innen der Kommunalverwaltung) Annahmen über die vermuteten Zusammenhänge, die Wirkmechanismen und den vermutlichen Ausgang formulieren.

Die Programmtheorie einer Intervention wird mit der Absicht formuliert, Interventionen systematisch zu planen. Sie kann durch logisches Modellieren (auf das wir später in diesem Buch noch eingehen) ergänzt werden. Ein derart theoriegetriebenes Herangehen hat zugleich den Vorteil, die spätere Evaluation in ihrem Vorgehen vorzubereiten und das Vorgehen selbst zu systematisieren.

4.2.1 Kriterien systematischer Intervention

Wenn Wissenschaftler wissen möchten, was man über die Wirkung eines bestimmten Sachverhalts (Variable) aktuell weiß (das aktuelle Wissen oder der Stand der Forschung wird auch State of the Art genannt), recherchieren sie in Datenbanken, in denen Veröffentlichungen systematisch dokumentiert und geordnet wurden (zum Beispiel die Datenbanken der Cochrane Library oder MedLine, EMBASE, PubMed, PsycInfo, Web of Science, PROSPERO und andere).

Bei der Suche nach dem **Stand des Wissens** sind **Reviews** von besonderem Interesse. Das sind Überblicksartikel, die es in verschiedenen Vari-

anten gibt (Grant und Booth 2009). Unter diesen Varianten an Überblicksartikeln werden vor allem **Metaanalysen** hoch bewertet und unter denen wiederum solche, die „echte Experimente" in ihre Analyse integrieren. Mit der Bevorzugung „echter Experimente" wird der **internen Validität** einer Studie eine herausragende Bedeutung beigemessen. Intern valide ist eine Studie, die mit hoher Wahrscheinlichkeit behaupten kann, dass ein nachgewiesener Effekt tatsächlich der gewollten experimentellen Manipulation zuzuschreiben ist, statt dem Zufall oder anderen Einflussgrößen, die man im Experiment nicht kontrollieren konnte. Metaanalysen treffen Aussagen über die Stärke eines Effektes. Sie machen das, indem sie die weltweit verfügbaren Ergebnisse von Einzelstudien, die zu einer Forschungsfrage durchgeführt wurden, neu verrechnen und anhand statistischer Kennzahlen (Effektstärken) bewerten.

In der Gesundheitsforschung sind Metaanalysen vor allem für die klinische Forschung bedeutsam. Da es in der medizinischen, insbesondere in der klinisch-pharmakologischen oder auch der operativen Therapie meistens um eine eindeutig dokumentierte Form der spezifischen Intervention geht (einer Diagnose folgt eine dafür typische und bewährte Therapie, die gegen eine alternative Vorgehensweise getestet wird), sind die Aussagen von Metaanalysen dort sogar normierend. Sie begründen eine **evidenzbasierte Therapie**. Die Ergebnisse der Metaanalysen verpflichten medizinisches Personal im Sinne guter therapeutischer Praxis, auf eine gegebene Diagnose mit der wissenschaftlich bewiesenen (evidenten) Therapie zu antworten.

Reviews folgen in der Regel strikten Vorschriften, die zum Beispiel in der Cochrane-Library (► www.thecochranelibrary.com) oder in PROSPERO (► www.crd.york.ac.uk/prospero/) formuliert sind. Die Berichterstatter melden ihr geplantes Review in den Datenbanken an und starten damit einen kontrollierten Prozess. Das Protokoll des geplanten metaanalytischen Vorgehens wird vorab veröffentlicht. Auf diese Weise wird der Wissenschaftsgemeinde Gelegenheit gegeben, bereits die geplante Analyse zu kritisieren und nicht erst abzuwarten, bis die Ergebnisse vorliegen, um dann festzustellen, dass die Aussagen auf einem fehlerhaften oder unzulänglichen Vorgehen basieren. Auf diese

Weise können Wissenschaftler, die auf dem Fachgebiet arbeiten, über das berichtet wird, Ergänzungen für die Analyse vorschlagen. Auch Daten, die bislang nicht veröffentlicht wurden, können den Metaanalytikern zugänglich gemacht werden.

Das „genehmigte" Protokoll der geplanten Analyse enthält eine eindeutige Definition der Fragestellung, benennt die potenziell effektverursachende Variable (unabhängige Variable) und die dadurch sich verändernde Variable (abhängige Variable oder Endpunkt). In diesem ersten Schritt des Reviewprozesses wird auch festgelegt, welche Studien in die Analyse einbezogen und welche nicht berücksichtigt werden sollen, weil sie die Fragestellung des Reviews nicht in vollem Umfang treffen. In der klinisch-medizinischen und in der Präventionsforschung wird zum Beispiel detailliert benannt und beschrieben, wie die Behandlungsmethode, das Medikament oder die Vorsorgemaßnahme beschaffen ist, mit dem/der Patienten, die unter einer bestimmten Erkrankung leiden, geheilt werden sollen. Als „Endpunkte" (jene, auf welche die Maßnahme wirken soll) werden zum Beispiel die Anzahl der Neuerkrankungen (Inzidenz) oder die Sterbefälle (Mortalität) gewählt. Schließlich werden die Stichwörter spezifiziert, mit denen man in den einschlägigen Datenbanken und in der sogenannten „grauen Literatur" (Manuskripte, die nicht in den üblichen Zeitschriften und Büchern veröffentlicht wurden) recherchieren will. Auch diese Stichwörter orientieren Metaanalytiker an einer typischen Systematik. Sie nutzen im Kontext gesundheitswissenschaftlicher und medizinischer Fragestellungen beispielsweise **Medical Subject Headings** (kurz: MeSH-Terms; siehe ▶ www.nlm.nih.gov/mesh/), um passende und relevante Artikel zu recherchieren.

Die Autoren des Reviews ziehen sich, nachdem die Wissenschaftsgemeinde dem Protokoll zugestimmt hat, in ihre „Studierstube" zurück. Sie recherchieren, wählen aus und bewerten nach dem vorher festgelegten Prozedere brauchbare und den Einschlusskriterien genügende Studien. Sie fertigen schließlich ihre Analyse, die sie dann meist viele Monate später veröffentlichen.

Welche Aussagen, die für wissenschaftlich fundierte Interventionen zweckmäßig sind, darf man von Metaanalysen erwarten? Zunächst einmal darf man nicht viel mehr erwarten als eine dichotome

Aussage, die über die Wirksamkeit einer Maßnahme informiert und damit einem Kriterium der wissenschaftlich fundierten Vorgehensweise genügt. Die Reviews berichten also, dass eine spezifische Behandlungsmethode wirkt oder nicht wirkt. Wenn sie wirkt, dann sagen die Analysen auch aus, wie stark die Wirkung im Mittel ausfällt und wie stark sie streut. Sie informieren auf diese Weise über die **Evidenz**. Infolge dieser Aussagen sind Behandlungsmethoden evidenzbasiert (bewiesen) oder nicht. Existieren genügend aussagekräftige Daten zu einer Behandlung, ist die Evidenz nachgewiesen und ist sie zudem von hoher Güte, dann sind Behandler/innen gefordert, evidenzbasiert zu behandeln, wollen sie sich nicht des unprofessionellen Handelns zeihen lassen.

Evidenz

Evidenz ist in den Gesundheitswissenschaften und der Medizin der empirische Nachweis, an dem sich Theorien bewähren müssen (verifizieren oder falsifizieren). Evidenz gibt es als Wirksamkeit (Efficacy), Alltagstauglichkeit (Efficiency) und praktische Wirksamkeit. Für die Interventionspraxis liefern Metaanalysen Hinweise auf die Wirksamkeit von Maßnahmen. Die Prüfung der Alltagstauglichkeit ist dagegen Gegenstand der Implementierungsforschung.

In den sozialwissenschaftlich ausgerichteten Gesundheitswissenschaften, die ihre Konzepte auch im sozialen Umfeld anwenden (zum Beispiel in kommunalen Gesundheitsförderprogrammen oder bei der betrieblichen Gesundheitsförderung), um Wirkungen oft für ganze Gruppen von Personen zu erzielen, sind die „therapeutischen Verfahren" weniger eindeutig definiert als jene der Medizin. Gesundheitsfördernde Interventionen nutzen eher facettenreiche Maßnahmen statt einzelne „Therapien". Die Strategie „one size fits all" ist in der Gesundheitsförderung selten zielführend. Das gilt zum einen, weil die Diagnose diffus bleibt, und zum anderen, weil die Maßnahmen meist aus einem Bündel von Techniken, Methoden oder Elementen bestehen. Auch die Maßnahmen, die verwendet werden, sind häufig wenig präzise abgrenzbar von anderen, ähnlichen Maßnahmen. Manchmal sind sie auch nur unzureichend definiert. Ihre Wirkung ist zudem auch noch stark von den Bedingungen abhängig, unter denen die Intervention erfolgt und die passenden Maßnahmen angewandt werden. Interventionen sind eben komplex. Was das bedeutet, haben wir bereits in den ersten beiden Kapiteln ausgeführt.

Gesundheitswissenschaftliche Forschung will Erkenntnisse gewinnen, die in der praktischen Umsetzung von gesundheitsfördernden Interventionen verwertbar sein sollen. Sie hat einen transdisziplinären Anspruch. Verwertbar sind die Erkenntnisse nicht automatisch und an sich, wie wir mit Hinweis auf die Wissensvarianten bereits herausgestellt haben. Eine bloße Übertragung von Forschungsresultaten auf die Praxis gelingt selten. Wissenschaftliche Erkenntnis bedarf zunächst der Übersetzung, um Gesundheitsförderung wirksam zu unterstützen.

In der **Übersetzungsforschung** werden drei Forschungskontexte unterschieden, für die die Wirksamkeit einer Intervention nachgewiesen werden soll: a) das Labor, b) die standardisierte Umgebung und c) die Bevölkerung. Diesen Dreischritt kennt man gut aus der pharmakologischen Forschung. Im Labor wird – auch an Tiermodellen – zu Medikamenten oder Behandlungsmethoden geforscht, am Bett ausgewählter Patienten werden die Wirkungen und Nebenwirkungen der Medikamente oder Behandlungen getestet, um sie dann – bei nachgewiesener Wirksamkeit und bei akzeptablen Nebenwirkungen – Ärzten als Leitlinien für die Behandlung der Bevölkerung zu empfehlen. Den drei Kontexten (Labor, Bett, Bevölkerung) entsprechend geht der Weg der Übersetzung (T_1) vom Labor zum Bett („from bench to bedside") und dann (T_2) vom Bett in die Bevölkerung („from bedside to community"; für eine kurzgefasste Vertiefung siehe Schlicht und Kahlert 2014).

Angelehnt an eine Arbeit von Lobb und Colditz (2013) vom Department of Surgery der University of St. Louis (USA), die im Annual Review of Public Health erschienen ist, ist der Übersetzungsvorgang aber noch komplexer. Auf dem Weg von der Laborforschung zur Umsetzung in das naturalistische Umfeld, in die Praxis also, füllen Forschende und praktisch Tätige jeweils für sie passende Rollen aus. Die einen haben die vornehmliche Aufgabe, Wissen zu schaffen, die anderen haben die Aufgabe, Ge-

sundheit durch Maßnahmen wirksam zu fördern. Formen der Zusammenarbeit zwischen beiden sind selten. Das liegt zum einen an fehlenden personellen und materiellen Ressourcen auf beiden Seiten, die aber für eine engere Zusammenarbeit Voraussetzung wären. Zum anderen liegt es auch an der Reserviertheit, die Akteure in der Forschung und der Praxis wechselseitig der Arbeit der jeweils anderen Seite entgegenbringen. Für jene in der Praxis ist das, was Wissenschaft macht, zu viel „Elfenbeinturm" und damit zu weit von den täglichen Problemen der Praxis entfernt, und für jene in der Wissenschaft ist das, was Praxis tut, zu wenig systematisch.

Diese Haltung mag dem jeweiligen Selbstverständnis der Protagonisten dienen. Der Sache allerdings nutzt das nicht. Forschung erfährt auf diese Weise nicht, wo in der Praxis der „Schuh drückt", und die Praxis erfährt nicht, über welchen aktuellen Stand des Wissens man derzeit verfügt. Nicht von ungefähr ist daher die praktische Gesundheitsförderung voll von Mythen: Zwei Liter Wasser täglich müssen es sein, langsames Laufen steigert die Fettverbrennung mehr als schnelles Laufen, Rohkost ist gesund, Krebsvorsorge verhindert massenhaft Todesfälle und dergleichen mehr. Nicht von ungefähr werden auf der anderen Seite der Mauer praktisch unnütze Fragestellungen aufgeworfen. Eine hoffnungsvolle Perspektive bietet sich mit der sozial-ökologischen Nachhaltigkeits- oder transdisziplinären Forschung, die Forschung zu einer Koproduktion von Wissenschaft und Praxis macht (zum Beispiel Zierhofer und Burger 2007).

Die geforderte Evidenzbasierung ist also komplizierter als sie bei einem ersten Hinschauen erscheint. Wir haben es im Feld der Gesundheitsförderung daher auch mit unterschiedlichen Facetten von Evidenz zu tun (siehe dazu unter anderem Dickinson 1998; Green und Tones 1999, 2010). Die erste ist bereits benannt und kann auch als der Nachweis einer kausalen oder assoziativen Verbindung zwischen zwei Variablen betrachtet werden. Der Goldstandard, um diese Facette der Evidenz zu belegen, ist das „echte Experiment". Im Englischen steht für den experimentellen Wirksamkeitsnachweis der Begriff „Efficacy", im Deutschen „Wirksamkeit". Die zweite Facette der Prüfung weist nach, dass eine Maßnahme sich auch unter realen Bedingungen als wirksam erweist; dass sie also nicht nur im Labor („bench"), sondern auch am Bett („bed") wirkt. Im Englischen steht hierfür der Begriff „Effectiveness" und im Deutschen jener der „Alltagswirksamkeit" oder „Alltagstauglichkeit". Schließlich lässt sich noch eine dritte Prüffacette unterscheiden. Sie belegt, dass eine evidenzgestützte, alltagstaugliche Maßnahme sich auch unter anderen Bedingungen in der Wirklichkeit (Community) bewährt. Man könnte das die „praxisbasierte oder praktische Wirksamkeit" nennen.

Schwartz und Lellouch (2009) haben den Unterschied als „**explanatorisches**" versus „**pragmatisches**" Tun gekennzeichnet. Das erste beschreibt ein Vorgehen, das unter optimalen, weil standardisierten Bedingungen nachzuweisen versucht, dass etwas wirkt, und das zweite ist ein Vorgehen, das unter Alltagsbedingungen Wirksamkeit nachweisen will. Für das zweitgenannte ist das Experiment weniger gut geeignet. Für die Forschung sind das in jedem Fall zwei Schritte, die zu gehen sind und die wir bereits genannt haben: Einmal „from bench to bedside" und dann „from bedside to community".

> **Explanatorische Forschung**
>
> Explanatorische Forschung will Sachverhalte erklären, indem Theorien unter standardisierten Bedingungen auf ihre Bewährung getestet werden. Sie sucht nach Evidenz oder Wahrheit.

> **Pragmatische Forschung**
>
> Pragmatische Forschung will testen, ob Sachverhalte unter realen Bedingungen wirken. Sie sucht nach Alltagstauglichkeit oder Pragmatik.

Die dem zweiten (pragmatischen) Schritt zugehörige Forschung firmiert unter Disseminations- oder **Implementierungsforschung**. Beispiele für diese Art der Forschung sind die Diabetes-Interventionsstudien in China, Finnland und den USA sowie eine laufende weltweite Multicenter-Studie, an der die Arbeitsgruppe des Erstautors beteiligt ist (PRE-VIEW). Diese Studien suchen bzw. suchten nachzuweisen, dass Lebensstiländerungen wirksam die Inzidenz der Zuckererkrankung verhindern oder

deren Verschlimmerung vermeiden helfen. Der Weg von der Umsetzung (Implementierung) der dort gewonnenen Erkenntnisse in den Alltag von Prädiabetikern und Diabetikern ist dann immer noch weit.

Mit PRECIS, das als Akronym für **Pragmatic Explanatory Continuum Indicator Summary** steht (Thorpe et al. 2009), ist ein Werkzeug vorhanden, dass sich dazu eignet, Studien zu konzipieren, die eher dem einen oder eher dem anderen Zweck dienen. Wir stellen PRECIS in ▶ Kap. 6 im Zusammenhang mit einem weiteren Werkzeug vor (RE-AIM), mit dem man über den praktischen oder **Public Health Impact** (Einfluss) einer Maßnahme urteilen kann.

Zu unserer Forderung nach einem systematischen Vorgehen in der Interventionspraxis gehört unabdingbar das evidenzbasierte Vorgehen. Evidenz ist das erste Kriterium einer wissenschaftlich fundierten Vorgehensweise nach Perrez (2005). Evidenzbasiert zu intervenieren bedeutet entweder, dass die Wirksamkeit der Interventionsmaßnahmen belegt ist oder – sofern man sich in Neuland befindet – dass wenigstens sichergestellt ist, dass die vermuteten Wirkungen dem vorhandenen wissenschaftlichen Wissen nicht widersprechen.

Wie es um die Evidenz einer Interventionsmaßnahme bestellt ist, erfährt man aus Metaanalysen. Diese treffen aber keine Aussagen über Wirkmechanismen einer Intervention. Sie beantworten die beiden Fragen, ob eine Behandlung wirkt und wie stark die Wirkung im Durchschnitt war. Metaanalysen erweitern dadurch ohne Zweifel den Korpus des nomopragmatischen Wissens. Die Frage aber, warum eine Behandlung wirkt, ist so noch unbeantwortet. Vor Beginn einer Intervention sollte man auch diese Frage – wenn nicht abschließend, so doch hypothetisch – beantwortet haben.

Um die Frage nach dem Warum zu beantworten, muss also – wenn bewährtes Wissen fehlt – eine Hypothese formuliert werden, in der jene Mechanismen der Maßnahme benannt werden, denen man unterstellt, sie würden eine Wirkung verursachen. Diese Hypothese muss sich dann in der Wirklichkeit über Beobachtungen oder experimentelle Manipulation bewähren. Im statistischen Modus einer Metaanalyse lässt sich zu dem Zweck der Einfluss einer **Mediatorvariablen** prüfen. Ein

Mediator „vermittelt" zwischen einer Behandlung (Treatment) und dem durch sie bedingten Effekt. Diese Eigenschaft verleiht ihm den Namen. Anders formuliert: Nur wenn der Mediator in einer ausreichenden Stärke vorhanden ist, wirkt eine Behandlung.

Nehmen wir die Wirkung von körperlicher Aktivität auf das psychische Wohlbefinden als Beispiel für das erwartete Zusammenspiel eines vermeintlichen Mediators mit der verursachenden und der Effektvariable. Ohne auf die methodischen Probleme verweisen zu wollen, die mit der Prüfung dieser Wirkung verbunden sind, gilt im Großen und Ganzen, dass Menschen sich besser fühlen, wenn sie zuvor körperlich aktiv waren. Das belegen sämtliche Metaanalysen (zum Beispiel Schlicht 1994). Wiederholt ist nun die Vermutung geäußert worden, Aktivität wirke, weil sie, so sie denn regelmäßig erfolgt, auch die Fitness steigere (zum Beispiel gemessen über die Ausdauerleistungsfähigkeit und festgemacht an der maximalen Sauerstoffaufnahme). Die Fitness soll hier also zwischen der Aktivität und dem Wohlbefinden mediieren. Wäre dem so, dann wiese dies auf physiologische Wirkmechanismen hin, die das Wohlbefinden beeinflussen (zum Beispiel könnte ein intensivierter Stoffwechsel die Schmerzschwelle erhöhen und die Stimmung steigern). Tatsächlich aber hat sich der Mediator nicht bewährt. Die meisten Personen fühlen sich nach körperlicher Aktivität unabhängig von einer Fitnesssteigerung wohler. Wir wissen bis heute nicht, warum das so ist. Wir müssen also auf diesem Gebiet der Gesundheitsförderung auch weiterhin mit Vorannahmen operieren (siehe etwa bei Schlicht und Reicherz 2012).

Die Debatte über die wissenschaftliche Orientierung oder über theoriegetriebene Interventionen hat zu einem methodischen Zugang der theoretischen Begründung einer Intervention geführt, der als **Realist Synthesis** etwa seit Beginn des Jahrhunderts bekannt ist. Im erkenntnistheoretischen **Realismus**, zu dem die Vertreter/innen der Realist Synthesis gehören, hält man die wirkliche Welt für potenziell erkennbar, wenn man die geeigneten Methoden einsetzt. Der Ansatz geht davon aus, dass es physische und psychische Dinge gibt, die existieren, auch ohne, dass wir sie beobachten können. Wir können also nur vermuten, dass sie existieren,

und über geeignete Methoden versuchen, ihnen auf die Spur zu kommen. So etwa läuft das in der Physik mit dem Teilchenbeschleuniger am Conseil Européen pour la Recherche Nucléaire, dem CERN.

Popper und Eccles (1987) nennen die physikalische Welt die „Welt 1", von dieser unterscheiden sie die psychische oder die „Welt 2" sowie die „Welt 3", die Welt der Ideen, der Gedanken, des menschlichen Geistes. Die beobachtungsunabhängigen Dinge in der „Welt 1" sind für alle Personen identisch. Sie sind objektiv vorhanden, also unabhängig von subjektiven Zuschreibungen. Nach Auffassung des Realismus kann man ihre Beschaffenheit und ihre Wirkungen potenziell „wissen".

Um zu wissen, was wirken könnte, bedient sich die Realist Synthesis einer systematischen Vorgehensweise. In der wird, anders als in Metaanalysen, nicht danach fragt, ob und wie stark eine Intervention wirkt, sondern warum sie unter gegebenen Umständen gewirkt hat und im gegebenen Kontext einer Intervention wirken könnte. Die Methode der Realist Synthesis kann sowohl in der Konstruktion einer Intervention als auch zu deren Evaluation eingesetzt werden. Realist Synthesis will eine Programmtheorie finden oder aufdecken, die erklärt, warum eine bestimmte Maßnahme unter definierten Umständen wirkt oder warum sie versagt.

Vor allem Ray Pawson hat die Realist Synthesis begründet und das Vorgehen detailliert beschrieben (Pawson et al. 2004). Inzwischen sind einige Beispiele in der Literatur zugänglich, die das Vorgehen an konkreten Interventionsfragestellungen demonstrieren (zum Beispiel Rycroft-Malone et al. 2012). Wie die Autoren selbst anmerken, ist die Methode „nichts für Anfänger". Man darf also fragen, warum wir sie dann in diesem Einführungsbuch überhaupt behandeln. Wir tun das, weil wir überzeugt sind, dass sie einem systematischen Vorgehen folgt, das selbst in einer reduzierten Form immer noch zielführend ist, um Interventionen systematisch zu planen. Wir tun es auch, weil das Vorgehen mit dem logischen Modellieren korrespondiert, auf das wir in späteren Kapiteln noch eingehen werden.

„Warum wird die Intervention wirken?" lautet die Frage, die im systematischen Vorgehen der Realist Synthesis beantwortet werden soll, oder – wird die Methode in der Evaluation eingesetzt – „Warum hat die Interventionsmaßnahme gewirkt?". Gesucht wird also eine Programmtheorie, die entweder die Intervention prospektiv wissenschaftlich fundiert (Konzipierung) oder vorhandene Interventionen auf ihren Wirkmechanismus retrospektiv prüft (Evaluation).

Aus der Realist-Synthese-Methode greifen wir im Folgenden einige Aspekte heraus, die auch für Anfänger/innen von Interventionsplanungen relevant sind. Auch für diese hier ausgewählten Aspekte ist ein Mindestmaß an theoretischem und methodischem Wissen unerlässlich, um im Sinne von Max Weber professionell zweckrational zu handeln.

4.2.2   Realist Synthesis

Das Vorgehen der Realist Synthesis wird am besten über Fragen und Anweisungen illustriert, die den Prozess der Interventionsplanung respektive -evaluation begleiten. Wir haben in ■ Tab. 4.1 den einzelnen Prozessaktivitäten und Stufen des Vorgehens Fragen und Anweisungen zugeordnet, die für die Aktivitäten und Stufen jeweils passend sind.

Der vierte Schritt des Prozesses sieht vor, die vorhandenen Befunde zu dokumentieren. ■ Tabelle 4.2 enthält ein Beispiel für den Aufbau eines solchen Dokumentationstemplates. Die Detailfülle der Dokumentation ist letztlich variabel, sie kann also ausgedehnt werden. Sie sollte aber mindestens die Spaltenüberschriften der ■ Tab. 4.2 enthalten.

Ein anschauliches Beispiel, wie in einer Realist Synthesis vorgegangen wird, stammt von Yen et al. (2014). Die Autoren befassen sich in ihrer Arbeit mit dem Einfluss, den die gebaute Umwelt auf das Mobilitätsverhalten älterer Personen hat. Alte Menschen sind in wesentlich stärkerem Maße von ihrer Umgebung abhängig als junge Menschen, und Barrieren in der Umwelt hindern sie gegebenenfalls daran, mobil zu bleiben. Hintergrund der Studie von Yen und Kollegen/innen ist das in den Alternswissenschaften vorhandene wissenschaftliche Wissen, nach dem Alltagsmobilität/-aktivität eine kritische Verhaltensweise ist, die ältere Menschen gesund erhält.

Der erste, noch grobe Entwurf der Programmtheorie der Realist Synthesis von Yen und Kollegen sah vor, dass Mobilität vom gebauten Raum (zum Beispiel die Anordnung von Hausfassaden, die

Möblierung der Straßen), persönlichen Einstellungen, Vorlieben, Fertig- und Fähigkeiten und von momentanen Einschätzungen der Situation, in der die Mobilität stattfinden soll, abhängt. Mit diesen Facetten der Programmtheorie wurde dann in den einschlägigen Datenbanken nach vorhandener Literatur gesucht, um die Hypothese zu bewähren. Am Ende des gesamten Vorgehens (■ Tab. 4.1) erwies sich die ursprüngliche Programmtheorie insofern als korrekturbedürftig, als die eingeschätzte Sicherheit der Umgebung eine vermittelnde (mediierende) Variable darstellte. Ältere sind selbst bei günstigen Bedingungen der Raumgestaltung (Ästhetik) und der Flächennutzung im Quartier (Misch- statt reine Wohngebiete) nur dann aktiv mobil, wenn sie die Umwelt als sicher wahrnehmen (das betrifft die Verkehrssicherheit und die Kriminalität).

Wir haben im ersten Kapitel des Buches auf Planungszyklen verwiesen (zum Beispiel auf den Public Health Action Process Cycle). Auch in der Realist Synthesis folgt das Vorgehen einem Kreismodell, das in ■ Abb. 4.1 wiedergegeben ist.

Für Interventionen, die darauf zielen, ein gesundheitlich riskantes Verhalten zu verändern, haben Michie und Prestwich (2010) ein Kodierschema vorgestellt, das anhand von 19 Items zu prüfen erlaubt, ob und wie Theorien in einer Intervention genutzt wurden. Ändert man die Perspektive, dann lassen sich die meisten Items des Schemas auch dazu verwenden, Interventionen systematisch zu planen, statt sie im Nachhinein zu evaluieren.

Die von den Autoren vorgeschlagenen Kategorien sind in zwei Klassen gruppiert. Die ersten elf Items eignen sich, um zu beurteilen, in welchem Ausmaß eine Intervention theorieorientiert war. Die folgenden sieben Items sind jene, mit denen die theoretischen Aussagen auf ihre Bewährung geprüft werden können. Legt man die in der Evaluationsforschung gebräuchliche Unterscheidung von **Theory-Driven** und **Knowledge Generating Evaluation** (auf die wir in ► Kap. 6 noch näher eingehen werden) zugrunde, dann zählen die ersten elf Items zu den Theory-Driven Evaluations. Die weiteren acht Items sind dann jene, die eine hohe Qualität einer Knowledge Generating Evaluation sichern sollen (Holling 2009).

◻ **Tab. 4.1** Realist Synthesis: Logik des Vorgehens

Prozessaktivität	Stufe	Vorgehen im Einzelnen
Definiere den Bereich, der die Intervention betrifft, und kläre die Absichten, die mit der Intervention verbunden sind.	Definition und Exploration	– Welcher Art ist die Intervention? – Welches sind die Inhalte? – Welches sind die Absichten? – Welche Policy der Organisation, in der sie stattfindet, soll damit bedient werden? – Welches sind die angestrebten Effekte?
Exploriere die möglichen „Theorien" und diskutiere sie mit den Entscheidern und Stakeholdern der Intervention.		– Welche Theorien könnten passen, um die Intervention zu fundieren? – Sind diese mit dem vorhandenen wissenschaftlichen Wissen kompatibel? – Erscheinen mögliche Zugangsweisen, wenn schon nicht bewährt, dann doch plausibel? – Werden die von der Intervention betroffenen Personen die Zugangsweise akzeptieren? – Gibt es Hinweise, wie die intendierte Intervention in verschiedenen Settings oder für verschiedene Gruppen arbeitet? – Passt das erwartete Ergebnis zur Policy der Organisation, in der die Intervention stattfindet?
Finde die passende „Theorie" und artikuliere sie.	Annäherung	– Suche in der Literatur nach geeigneten Programmtheorien. – Fertige eine Long List passender Programmtheorien. – Gruppiere, kategorisiere oder synthetisiere passende Programmtheorien. – Kreiere ein theoretisch passendes Rahmenmodell der Intervention.
Suche und bewerte die Evidenz.	Bewährung	– Entscheide Dich für eine Suchstrategie in geeigneten Datenbanken. – Wähle die Suchstichworte, die zum Rahmenmodell passen. – Setze eine Grenze, ab der die Suche enden soll (Vollständigkeit ist nicht zu erreichen!). – Teste die Passung der Suchergebnisse: Adressieren die Forschungsbefunde den theoretischen Rahmen (Relevanz)? – Teste die Gültigkeit der Aussagen: Unterstützen die Befunde die Aussagen der Autoren (Stringenz)?
Extrahiere und synthetisiere die Befunde.	Auswahl und Synthese	– Verwende oder entwickle ein Template, um die Studien und Befunde zu dokumentieren (Beispiel in ◻ Tab. 4.2). – Fülle das Template mit den Ergebnissen der Studien. – Vergleiche und kontrastiere die Befunde verschiedener Studien. – Fülle die vorläufige Programmtheorie mit den Befunden. – Entwickle das theoretische Rahmenmodell im Licht der Befunde weiter.
Ziehe Schlüsse und empfehle das weitere Vorgehen.	Schlussfolgerung und Empfehlungen	– Berichte deine Resultate im Kreis der Verantwortlichen für die Intervention. – Übersetze deine Ergebnisse in Maßnahmen. – Fertige ein logisches Modell.

◻ **Tab. 4.2** Template zur Dokumentation der Rechercheergebnisse

Nr.	Referenz	Quelle	Wo und wie abgelegt	Studienart	Setting und Studienteilnehmer/innen	Unabhängige Variable (Maßnahmen, Therapien etc.)	Endpunkte	Ergebnisse der Studie
01	Autor(en), Jahr, Titel	International Journal of …	Dateiname in einer eigenen Datenbank oder Sammlung	Naturalistische, experimentelle oder anders geartete Studie	Wo hat die Studie stattgefunden und an wem wurde sie durchgeführt?	Wie sah die Intervention aus?	Auf was sollte die Intervention wirken?	Statistische oder andere reliable Aussagen
02								

4.3 Paradigmata

4.3.1 Theoretische Orientierung schaffen

In diesem Buch können nicht alle Programmtheorien für Interventionen gelistet und erläutert werden, die zu komplexen Interventionen im Kontext der Gesundheitsförderung passen könnten. Wir beschränken uns auf ein wesentliches Paradigma, dem sich verschiedene Theoriegruppen unterordnen: das **sozial-ökologische Paradigma.** Wir werden in ► Kap. 5 auf sozial-kognitive Modelle eingehen, mit denen die Autoren erklären wollen, wie Verhaltensänderungen funktionieren. Autoren, die dieses Paradigma bevorzugen, machen Verhaltensänderungen primär an psychischen Prozessen fest. Wer weiterführende und vertiefte Kenntnisse zu den einzelnen Paradigmen, theoretischen Rahmenkonzepten und Theorien, die im Kontext der Gesundheitsförderung relevant sind, erwerben möchte, der sei auf die Überblickswerke und -darstellungen von

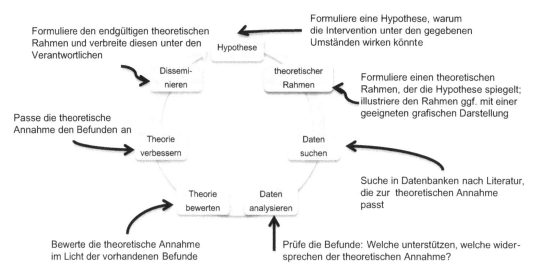

◻ **Abb. 4.1** Realist-Synthesis-Systematik

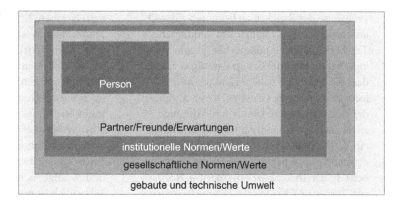

■ Abb. 4.2 Sozial-ökologischer Theorierahmen

Renneberg und Hammelstein (2006) oder Schlicht und Brand (2010) verwiesen.

Paradigmata

Paradigmata sind nach Kuhn (2009) „allgemein anerkannte wissenschaftliche Leistungen, die für eine gewisse Zeit einer Gemeinschaft von Fachleuten maßgebende Probleme und Lösungen liefern". In der Psychologie beispielsweise war der Behaviorismus ein vorherrschendes Paradigma, in den Führungstheorien war es die Big Man Theory. Paradigmata werden abgelöst. Sie werden durch andere ersetzt, die fortan das Denken leiten und das methodische Vorgehen bestimmen.

4.3.2 Sozial-ökologisches Paradigma

Menschen werden in ihren Handlungen durch Motive und Ziele beeinflusst. Sie wünschen sich, gesund zu bleiben oder ihre Gesundheit wieder herzustellen; sie wünschen sich ein berufliches Fortkommen oder eine glückliche Partnerschaft und noch vieles mehr. Dazu handeln sie mal mehr, mal handeln sie minder passend. Welche Handlungen sie wählen, hängt aber nicht nur von ihren eigenen Wünschen, ihrem Wollen, ihren Einstellungen oder Persönlichkeitsmerkmalen, ihren Fähigkeiten und Fertigkeiten ab, sondern auch von der Umwelt, in der sie leben.

Das **sozial-ökologische Paradigma** trägt der mehrfachen Bedingtheit eines Verhaltens Rechnung und macht dazu folgende Vorannahmen:

- Umwelt ist vor allem subjektiv wahrgenommene Umwelt: Für das Verhalten ist es also weniger entscheidend, wie die Umwelt physikalisch beschaffen ist, sondern wie sie von der Person subjektiv wahrgenommen und interpretiert wird.
- Umwelt ist komplex: Die in ihr wirkenden Agenten und Mechanismen sind vielfältig und dynamisch verknüpft.
- Das Verhalten einer Person ist das Ergebnis einer komplexen Wechselwirkung von Person und Umwelt (Person-mal-Umwelt-Passung: $P \times U$).

Grafisch können die verschiedenen Ebenen, die miteinander agieren, als ineinander verschachtelte Kästen illustriert werden (■ Abb. 4.2). Für das „klassische" grafische Modell, das in den Gesundheitswissenschaften geläufig ist, verweisen wir auf Dahlgren und Whitehead (1991).

Als Begründer des sozial-ökologischen Paradigmas, so wie es heute gemeinhin bekannt ist, gilt Bronfenbrenner (1981). Letztlich sind alle anderen Modelle, auch jene aus der jüngeren Vergangenheit, Ausgestaltungen seines fundamentalen Ansatzes. Bronfenbrenner unterschied fünf Systeme, die in der Entwicklung einer Person von der Kindheit bis ins hohe Alter wirken und das Resultat des Entwicklungsprozesses beeinflussen:

- Das **Mikrosystem** umschließt die sozialen Interaktionen einer Person. Jede einzelne Person ist immer auch Mitglied einer sozialen Gruppe, einer Familie, einer Schulklasse oder einer Arbeitsgruppe. Mit den Mitgliedern dieser Gruppe tauscht die Person sich aus. Auf der Ebene der Mikrosysteme werden beispielsweise Jugendliche durch ihre Peer Group veranlasst, das Rauchen zu beginnen, oder sie lassen sich zum „Kampftrinken" animieren. Tajfel (1970), ein einflussreicher Sozialpsychologe, hat im **Minimal Group Paradigm** gezeigt, dass die bloße und daher eigentlich inhaltsleere Zuordnung zu Gruppen, deren Mitglieder sich vorher nicht kannten und die auch zuvor nicht miteinander interagierten, bereits ein Verhalten auslöst, das die Mitglieder der eigenen Gruppe bevorzugt (positive Distinktheit). In der Theorie der **emergenten Normen** von Turner und Kilian (1957), um ein weiteres Beispiel anzuführen, wird der Einfluss von Interaktionen in einer Gruppe auf (aggressives) Verhalten noch deutlicher. Wenn Personen in einer konfusen, mehrdeutigen Situation nicht wissen, wie sie handeln sollen, dann beobachten sie das Handeln der anderen Gruppenmitglieder und achten auf die damit verbundenen Konsequenzen. Bleiben diese ohne negative Auswirkungen für die Handelnden, dann machen sie es den anderen nach. Es entsteht quasi eine neue, eine emergente Verhaltensnorm.

▬ Die Summe der Mikrosysteme und die Beziehung zwischen ihnen bilden das **Mesosystem**. Auf dieser Ebene wirken beispielsweise die Familie, der Freundeskreis und eine ärztliche Praxis gemeinsam, um eine Person zu veranlassen, ein Symptom abklären zu lassen. Die Familie und die Freunde fordern zum Besuch der Praxis auf und drängen darauf, die im Anschluss an die Diagnosestellung vorgeschlagene Therapie einzuhalten. Ein therapietreues Verhalten (Compliance) könnte aus dieser Interaktion resultieren.

▬ Dem **Exosystem** gehört eine Person nicht direkt an. Sie wird aber indirekt, über ihre Bezugspersonen, vom Exosystem beeinflusst. Zum Beispiel kann die Arbeitsstelle des Partners das Freizeitverhalten einer Person beeinflussen, wenn an der Arbeitsstelle gilt, dass körperliche Aktivität ein Verhalten ist, das man so oft wie möglich praktizieren sollte. Will sie dem Partner gefallen, wird die Person die Freizeitaktivität mit ihm teilen.

▬ Das **Makrosystem** ist schließlich die Summe aller Beziehungen in einer Gesellschaft oder Gemeinschaft. Dies betrifft die (ungeschriebenen) Normen, Erwartungen, Konventionen, Traditionen, Werte und die kodifizierten politischen, juristischen und religiösen Gesetze und Vorschriften. So haben es Frauen, die als Migrantinnen in Deutschland leben, aber im Sinne der Geschlechterrollenbilder eines traditionellen Islam erzogen wurden, deutlich schwerer, in aller Öffentlichkeit sportlich aktiv zu sein, als einheimische Frauen, die nach einem christlichen Weltbild erzogen wurden und so aufgewachsen sind.

▬ Schließlich ist noch das **Chronosystem** zu nennen. Dieses System steht vor allem für die zeitliche Dimension in der ontogenetischen Entwicklung. Bei Havighurst (1972) wurde es in den **Entwicklungsaufgaben** thematisiert. Bronfenbrenner unterscheidet normative und nicht normative Momente, die eine Entwicklung beeinflussen. Die klassische Dreiteilung des Lebenslaufs beispielsweise sieht im späten Jugend- oder frühen Erwachsenenalter den Eintritt in das Berufsleben vor. Damit ändert sich normativ die frei verfügbare Zeit, und damit ändert sich auch die Möglichkeit, in der Freizeit etwas für die eigene Gesundheit zu tun, indem man beispielsweise körperlich aktiv wird. Nicht normativ – da es nicht alle Personen gleichermaßen in ein und demselben Lebensverlaufsabschnitt trifft – wäre es dagegen, wenn ein Angehöriger an Demenz erkrankte und dadurch die Lebensweise und die Freizeitbedürfnisse der übrigen Familienmitglieder der Pflege des Angehörigen untergeordnet würden.

Vor Bronfenbrenner haben bereits Barker (1968) mit den **Behaviour Settings** in der **Environmental Psychology** oder Lewin und Cartwright (1951) in der **Ökologischen Psychologie** auf Umwelteinflüsse verwiesen, die ein Verhalten mitbedingen. In den Gesundheitswissenschaften hat es eine Reihe von Ausformungen des ursprünglichen Bronfenbrenner'schen Ansatzes gegeben (zum Beispiel Schlicht 2000; Stokols 1992). Diese Ansätze und Modelle benennen alle (mehr oder weniger) übereinstimmend die Komponenten, die ein Gesundheits- und Krankheitsverhalten bedingen, und sie nehmen alle davon Abstand, gesundes Verhalten alleine in die „Verantwortung" einer Person, ihrer psychischen Zustände und Prozesse zu delegieren. Kurz, sie vermeiden es, die Lebensweise alleine für den gesundheitlichen Zustand einer Person verantwortlich zu machen.

Bei Stokols' einflussreichem Ansatz beispielsweise wirken multidimensionale physische und soziale Umwelten in Wechselwirkung mit psychischen Attributen auf verschiedenen Aggregationsebenen (Individuum, Familie, Gruppe, Population). Die Interaktion bedingt den Zustand und den Prozess der Gesundheit. Grundlegend im Kontext der Gesundheitsförderung ist die Arbeit von Glass und McAtee (2006). Die beiden Autoren kombinieren eine Zeitachse und eine Achse differenter, miteinander vernetzter Hierarchien, um jene Determinanten zu benennen und zu kontrollieren, die dazu beitragen, dass Menschen übergewichtig werden.

Mit Übergewicht befasst sich auch das sozial-ökologische Konzept von Swinburn et al. (1999). Deren Thema ist die **Obesogenic Environment.** Sie verdeutlichen, dass es bei Übergewicht und Fettleibigkeit nicht ausreichend ist, ausschließlich das Essverhalten zu ändern. Die Umwelt mit ihrer steten Verfügbarkeit von fett- und zuckerhaltigem Nahrungsangebot ist mindestens so bedeutsam wie das Verhalten selbst. Die Autoren definieren eine Matrix, in der die Umweltebene (Mikro- und Makro-Settings) mit Umwelttypen (physisch, ökonomisch, politisch und soziokulturell) gekreuzt wird. Das Ergebnis ist ein **Analysis Grid for Environments Linked to Obesity** (ANGELO). Das Grid ist ein geeignetes Werkzeug, um systematische Interventionen zu leiten.

Arbeiten mit einem sozial-ökologischen Hintergrund sind für Interventionen eine Fundgrube. Sie benennen mögliche Komponenten, die es zu adressieren gilt, um eine Intervention mit dem gewünschten Erfolg durchzuführen. Die Komponenten gelten als **Determinanten**, wenn der wissenschaftliche Nachweis geführt wurde, dass ihre systematische Variation mit einer ebensolchen systematischen Variation im Verhalten korrespondiert (Bauman et al. 2002, 2012). Wie dieser Nachweis zu führen ist, regeln methodische Konventionen (echte Experimente werden in ihrer Aussagekraft höher bewertet als der Konsens zwischen Experten). Die Aussagekraft der Studien wird über Graduierungssysteme beurteilt, unter denen das des **Ox-**ford Centre for Evidence Based Medicine** das am weitesten verbreitete System ist (▶ www.cebm.net/index.aspx?o=1025).

Für Interventionen sind vor allem solche Determinanten relevant, die sich potenziell verändern lassen. Die genetische Ausstattung einer Person ändern zu wollen, ist kein zielführendes Unterfangen. Auch kann eine einzelne Intervention die klimatischen Bedingungen, unter denen eine Person lebt und leidet, nicht beeinflussen. Dort zu intervenieren kostet, ist aber wenig ertragreich. Dagegen lassen sich Einstellungen ändern, oder es lässt sich die Ästhetik der gebauten Umwelt modifizieren. Damit kann beispielsweise aktives Verhalten gefördert werden, und auf diesem Weg wiederum können Gesundheit und Wohlbefinden beeinflusst werden. Die Änderung der Umwelt, ohne dass die in ihr lebenden Menschen die damit verbundenen Absichten bewusst erfahren, wird auch als **Stealth Health Promotion** oder als **Nudging** bezeichnet. Das Vorgehen ist „getarnt" oder die Personen werden gleichsam „gestupst", weil Anreize in der Umwelt sie dazu motivieren, sich wie gewünscht zu verhalten, ohne dass die Absicht der Gesundheitsförderung offenbar wird. Die Schwelle, um vom riskanten zum gesunden Verhalten überzugehen, ist damit niedrig.

Wir werden in ▶ Kap. 8 auf Planungswerkzeuge eingehen, die explizit fordern, zunächst die Frage zu beantworten, welche der möglichen Einflussfaktoren der Gesundheit veränderlich sind und welche nicht verändert werden können, bevor Maßnahmen ergriffen werden.

Fazit

Interventionen sollten evidenzbasiert und theoretisch orientiert sein. Ob eine Maßnahme Evidenz verspricht, lässt sich aus Metaanalysen herauslesen. Neben der wissenschaftlich nachgewiesenen Wirksamkeit existieren noch die Alltagstauglichkeit und die praktische Wirksamkeit. Interventionen sollen zudem theoretisch orientiert sein. Theorien sind im Kontext von Interventionen Programmtheorien, die vorwegnehmen, warum eine Intervention unter den gegebenen Bedingungen wirken könnte. Diese Vorannahmen dürfen zum nomopragmatischen Wissen nicht im Widerspruch stehen. Die Realist Synthesis ist eine Variante, mit der eine Intervention und ihre Evaluation theoretisch vorbereitet werden kann. Das sozial-ökologische Paradigma ist ein geeigneter Rahmen für die allermeisten Interventionen, weil dort die Interaktion von Umwelt- und Personenvariablen wirkt.

Merke

Nomopragmatisches Wissen und evidente Resultate fundieren Interventionen. Das Interventionshandeln ist dann zweckrational. Evidenz beantwortet, ob Interventionen wirken. Programmtheorien zeigen, warum sie wirken können. Sozial-ökologische Modelle schreiben die Wirkung Umwelt- und Personenvariablen zu.

Fragen

- Wann nennt man eine Intervention „systematisch"?
- Welche Art des Wissens taugt für die Übersetzung in praktische Handlungsanweisungen?
- Welche Kriterien führt Meinrad Perrez an, um praktisches Handeln „wissenschaftlich fundiert" zu nennen?
- Was ist eine Realist Synthesis und auf welcher erkenntnistheoretischen Annahme fußt die Methode?
- Welche Varianten von Evidenzaussagen gibt es?
- Welche Aussagen treffen systematische Reviews wie Metaanalysen und an was sind ihre Aussagen festgemacht?
- Auf welchen Grundannahmen fußt das sozial-ökologische Paradigma?

Literatur

Barker, R. G. (1968). *Ecological psychology*. Stanford, CA: Stanford University Press.

Bauman, A. E., Reis, R. S., Sallis, J. F., Wells, J. C., Loos, R. J., & Martin, B. W. (2012). Correlates of physical activity: why are some people physically active and others are not? *Lancet*, *380*, 258–271.

Bauman, A. E., Sallis, J. F., Dzewaltowski, D. A., & Owen, N. (2002). Toward a better understanding of the influences on physical activity: the role of determinants, correlates, causal variables, mediators, moderators, and confounders. *American Journal of Preventive Medicine*, *23*(2, Supplement), 5–14.

Bronfenbrenner, U. (1981). *Die Ökologie der menschlichen Entwicklung*. Stuttgart: Klett-Cotta.

Bunge, M. (1985). *Philosophy of science and technology. Part II. Life Science, social science and technology*. Dordrecht: D. Reidel Publishing Company.

Dahlgren, G., & Whitehead, M. (1991). *Policies and strategies to promote social equity in health*. Stockholm: Institute for Future Studies.

Dickinson, H. D. (1998). Evidence-based decision making: an argumentative approach. *International Journal of Medical Informatics*, *51*, 71–81.

Glass, T. A., & McAtee, M. J. (2006). Behavioral science at the crossroads in public health: Extending horizons, envisioning future. *Social Science &amp Medicine*, *62*, 1650–1671.

Grant, M. J., & Booth, A. (2009). A typology of reviews: An analysis of 14 review types and associated methodologies. *Health Information and Libraries Journal*, *26*, 91–108.

Green, J., & Tones, J. (1999). Towards a secure evidence base for health promotion. *Journal of Public Health Medicine*, *21*, 133–139.

Green, J., & Tones, J. (2010). *Health promotion. Planning and strategies* (2. Aufl.). Los Angeles, CA: Sage.

Havighurst, R. (1972). *Developmental tasks and education*. New York: Wiley.

Holling, H. (2009). Grundlagen der Evaluationsforschung. In H. Holling (Hrsg.), *Grundlagen und statistische Modelle der Evaluationsforschung* (S. 1–31). Göttingen: Hogrefe.

Kuhn, T. (2009). *Die Struktur wissenschaftlicher Revolutionen* (2. Aufl.). Frankfurt/M: Suhrkamp.

Lewin, K., & Cartwright, D. (1951). *Field theory in social science*. New York: Harper.

Lobb, R., & Colditz, G. A. (2013). Implementation science and its application to population health. *Annual Review of Public Health*, *34*, 235–251.

Michie, S., & Prestwich, A. (2010). Are interventions theory based? Development of a theory coding scheme. *Health Psychology*, *29*, 1–8.

Pawson, R., Greenhalgh, T., Harvey, G., & Walshe, K. (2004). *Realist Synthesis: An introduction*. ESRC Research Methods Programme. RMP Methods Paper, Bd. 2. Manchester: University of Manchester.

Perrez, M. (2005). Wissenschaftstheoretische Grundlagen: Klinisch-psychologische Intervention. In U. Baumann, & M. Perrez (Hrsg.), *Lehrbuch der klinischen Psychologie-Psychotherapie* (3. Aufl. S. 68–88). Bern: Huber.

Popper, K., & Eccles, J. C. (1987). *Das Ich und sein Gehirn*. München: Piper.

Renneberg, B., & Hammelstein, P. (Hrsg.). (2006). *Gesundheitspsychologie*. Heidelberg: Springer.

Rycroft-Malone, J., McCormack, B., Hutchinson, A. M., DeCorby, K., Bucknall, T. K., Kent, B., & Wilson, V. (2012). Realist Synthesis: Illustrating the method for implementation research. *Implementation Science*, *7*, 33.

Schlicht, W. (1994). *Sport und Primärprävention*. Göttingen: Hogrefe.

Schlicht, W. (2000). Gesundheitsverhalten im Alltag: Auf der Suche nach einem neuen Paradigma. *Zeitschrift für Gesundheitspsychologie*, *8*, 49–60.

Schlicht, W., & Brand, R. (2010). *Körperliche Aktivität und Gesundheit*. Weinheim: Juventa.

Schlicht, W., & Kahlert, D. (2014). Dissemination. In *Lexikon der Psychologie* (S. 393).

Schlicht, W., & Reicherz, A. (2012). Sportliche Aktivität und affektive Reaktionen. In R. Fuchs, & W. Schlicht (Hrsg.), *Seelische*

Gesundheit und sportliche Aktivität (S. 12–33). Göttingen: Hogrefe.

Schwartz, D., & Lellouch, H. (2009). Explanatory and pragmatic attitudes in therapeutical trials. *Journal of Clinical Epidemiology, 62,* 499–505.

Stokols, D. (1992). Establishing and maintaining healthy environments: Towards a social ecology of health promotion. *American Psychologist, 47,* 6–22.

Swinburn, B., Egger, G., & Raza, F. (1999). Dissecting obesogenic environments: the develeopment and application of a framework for identifying and prioritizing environmental interventions in obesity. *Preventive Medicine, 29,* 563–570.

Tajfel, H. (1970). Experiments in intergroup discrimination. *Scientific American, 223,* 96–102.

Thorpe, K. E., Zwarenstein, M., Oxman, A. D., Treweek, S., Furberg, C. D., Altman, D. G., & Chalkidou, K. (2009). A pragmatic-explanatory continuum indicator summary (PRECIS): a tool to help trial designers. *Journal of Clinical Epidemiology, 62,* 464–475.

Turner, R. H., & Kilian, L. M. (1957). *Collective Behavior.* Englwood Cliffs, NJ.: Prentice-Hall.

Weber, M. (1988). *Gesammelte Aufsätze zur Wissenschaftslehre.* Tübingen: J. C. B. Mohr.

Westermann, R. (2000). *Wissenschaftstheorie und Experimentalmethodik. Ein Lehrbuch zur psychologischen Methodenlehre.* Göttingen: Hogrefe.

Yen, I. H., Fandel Flood, J., Thompson, H., Anderson, L. A., & Wong, G. (2014). How design of places promotes or inhibits mobility of older adults: Realist synthesis of 20 years of research. *Journal of Aging and Health, 26,* 1340. doi:10.1177/0898264314527610.

Zierhofer, W., & Burger, P. (2007). Transdisziplinäre Forschung – ein eigenständiger Modus der Wissensproduktion. *GAIA, 16*(1), 29–34.

„Praktische" Theorien, Modelle und Ansätze

Wolfgang Schlicht, Marcus Zinsmeister

W. Schlicht, M. Zinsmeister, *Gesundheitsförderung systematisch planen und effektiv intervenieren,*
DOI 10.1007/978-3-662-46989-7_5, © Springer-Verlag Berlin Heidelberg 2015

In diesem Kapitel referieren wir die Kernannahmen einschlägiger Theorien, an denen sich Interventionen orientieren können. Interventionen, die darauf zielen, das Verhalten zu ändern, sind mit sozial-kognitiven Theorien wie dem Health Actions Process Approach, dem transtheoretischen Modell der Verhaltensänderung oder der Theorie des geplanten Verhaltens passend vorbereitet. Für die Änderung von Organisationen eignen sich die Diffusion of Innovations Theory oder Stufenmodelle des organisationalen Wandels.

5.1   Geeignete Programmtheorien

Bevor wir die Kernaussagen geeigneter Programmtheorien kurz referieren, ist wichtig, sich noch einmal vor Augen zu führen, dass im Kontext der Interventionsplanung und -evaluation Programmtheorien gesucht werden. Das sind Theorien, die geeignet sind, eine Intervention zu leiten und deren Wirksamkeit zu evaluieren. Programmtheorien enthalten Annahmen über die Wirkungsmechanismen von Maßnahmen. Diese Vorannahmen basieren auf Wissen, das über das wahrscheinliche Zutreffen der Annahmen informiert, sofern dieses Wissen vorhanden ist. Sie postulieren keinesfalls Wirkmechanismen, die dem vorhandenen Wissenskorpus widersprechen. Fehlt wissenschaftliches Wissen, basieren die Annahmen auf Erfahrungswissen. Auch die in dieser Weise gestützten Annahmen müssen plausibel und inhaltlich widerspruchsfrei sein. Die Konstrukte müssen der „Welt" angehören, die sich mit wissenschaftlichen Methoden erkennen und erklären lässt. Esoterik, Woodoo-Zauber und andere mythische oder übersinnliche Vorstellungen sind kein akzeptables Fundament, weder für Programmtheorien noch für Interventionen.

Die folgenden Theorien und Ansätze sind empirisch bewährt, haben sich also in zahlreichen Studien als zutreffend erwiesen, und sie sind als Änderungswissen formuliert, sodass sie auch von praktisch tätigen Gesundheitsförderern verwendet werden können.

5.2   Personale Determinanten des gesunden Verhaltens

Gegenüber der sozial-ökologischen Rahmentheorie, die wir in ▶ Kap. 4 vorgestellt haben, nehmen sozial-kognitive Theorien und Modelle eine eingeschränkte Perspektive auf die Einflüsse auf das Gesundheitsverhalten ein. Ihnen liegt psychologisches Wissen zugrunde, das sich in vielen – auch experimentellen Studien – bewährt hat. Diese Theorien und Modelle kombinieren Einstellungen und Erwartungen. Sie sagen damit die Absicht einer Person vorher, ein gesundheitlich riskantes Verhalten zu beenden und stattdessen ein gesundheitsförderliches Verhalten zu beginnen. Das kann bedeuten, körperlich aktiver zu werden, sich weniger fettreich zu ernähren, weniger Alkohol zu trinken, das Rauchen aufzugeben und vieles andere mehr, was der Gesundheit nutzt.

Vereinfacht lassen sich die Annahmen der Theorien folgendermaßen zusammenfassen: Personen sind zu einem gesundheitsschützenden Verhalten motiviert, wenn sie eine Erkrankung, von der sie selbst betroffen sein könnten (**Vulnerabilität**), als ernsthaft erachten (**Ernsthaftigkeit**) und dem neuen, risikomindernden Verhalten zuschreiben, dass es die Bedrohung wirksam abwendet (**Konsequenzerwartung**). Um das risikomindernde Verhalten zu beginnen, muss eine Person sich zudem zutrauen, das infrage stehende Verhalten auch dann zu beherrschen, wenn Barrieren im Weg stehen (**Selbstwirksamkeitserwartung**). Die Erwartungen signifikanter Anderer (**normative Erwartungen**) an das Verhalten der Person sowie **Hinweisreize** aus der Umgebung (etwa der Rat eines Arztes) auf das riskante Verhalten machen eine Person aufmerksam auf ihr bisheriges Tun und signalisieren ihr Änderungsbedarf, der schließlich zu einem psychischen **Änderungsdruck** werden kann. Mit diesen – als Determinanten bezeichneten – Einflussgrößen kann ein beträchtlicher Anteil der inter- und intraindividuellen Motivationsvarianz erklärt werden.

┌─ **Verhaltensdeterminanten** ──────────

Verhaltensdeterminanten sind jene kognitiven Prozesse, für die nachgewiesen wurde, dass sie eine Verhaltensänderung erleichtern: Aus der wahrgenommenen Ernsthaftigkeit einer Erkrankung und der Vulnerabilität resultiert die Erwartung einer Person, bedroht zu sein. Durch ein wirksames Verhalten (Konsequenzerwartung) will sie die Bedrohung abwenden, wenn sie davon überzeugt ist, sich trotz vorhandener Barrieren wirksam verhalten zu können (Selbstwirksamkeitserwartung).

└──────────────────────────────────────

Die Motivierung („Ich möchte …") endet mit der Bildung einer Absicht („Ich will …"). Eine Absicht zu hegen bedeutet noch (lange) nicht, dass die Person sich tatsächlich so verhalten wird. Zu den Prozessen, welche die Lücke zwischen Intention und Verhalten (Intention-Behaviour Gap) schließen, äußert sich die **Volitionsforschung**. Sie thematisiert Selbststeuerungs- und Regulationsprozesse: Eine Person muss wollen (Implementierungsintention), sie muss ein handlungswirksames Ziel im Auge behalten, sie muss planen, sie muss sich selbst und ihre Umwelt beobachten, das beabsichtigte Verhalten gegen konkurrierende Motive abschirmen und schließlich, vor allem solange die neue Verhaltensweise noch nicht zur Gewohnheit wurde, aufmerksam dem „Pfad der Tugend" folgen. Interessierte Leser/innen verweisen wir zum Überblick und zu Details einzelner Theorien und Ansätze auf Nutbeam (2006), Renneberg und Hammelstein (2006), Schlicht und Brand (2007) und Schwarzer (1997).

Unterschieden werden im behandelten Kontext typischerweise zwei Klassen von Theorien. **Kontinuumtheorien** erklären, was Personen zu einem neuen Verhalten motiviert, wie sie Absichten bilden und das neue Verhalten regulieren, um es nachhaltig zu verfolgen. **Stadienmodelle** erklären, wie der gesamte Verhaltensänderungsprozess ab dem Moment abläuft, zu dem einer Person ihr riskantes Verhalten bewusst wird, bis zu dem Zeitpunkt, zu dem sie das Verhalten dauerhaft in ihr Repertoire integriert hat. Stadienmodelle ordnen die Komponenten, die den Prozess der Verhaltensänderung erleichtern, in mehr oder minder diskrete inhaltliche Abschnitte.

5.2.1 Health Action Process Approach

Zur Illustration der prinzipiellen Herangehensweise sozial-kognitiver Kontinuumtheorien stellen wir die Kernaussagen des Health Action Process Approach (HAPA) der Arbeitsgruppe um Ralf Schwarzer vor (▶ http://userpage.fu-berlin.de/health/hapa.htm). Im HAPA sind die bewährten Aussagen von Vorgängertheorien eingeflossen (vor allem das Health Belief Model und die Protection Motivation Theory), neu geordnet, erweitert und um den volitionalen Aspekt der Verhaltensänderung ergänzt worden. Der HAPA ist ein weit verbreiteter und gut dokumentierter Ansatz, für den die Gruppe um Schwarzer eine Fülle von Material im World Wide Web bereitstellt. HAPA ist ein **Rational-Choice-Modell**. Solche Modelle „transportieren" ein für sie typisches Menschenbild. Sie gehen davon aus, dass Menschen vernünftig handeln, indem sie Dinge tun, bei denen der Nutzen höher ist als die Kosten, die durch ein Verhalten verursacht werden.

Das Menschenbild des **Homo oeconomicus**, das hinter den Rational-Choice-Ansätzen steht, ist in den Sozialwissenschaften umstritten. Wir haben die Probleme im zweiten Kapitel mit Hinweis auf die unterschiedlichen Entscheidungsmodelle, die Erwartungsnutzen-, die Prospect- und die Regret-Theorie, bereits behandelt. Im Wesentlichen wird kritisiert, dass Rational-Choice-Ansätze die **Conditio humana** gering schätzen. Dieser menschliche Faktor behindert unbegrenzt rationale und spricht für eingeschränkt rationale Entscheidungen.

Lindenberg (1985) hat mit seinem Modell des **Restricted Resourceful Expecting Evaluating Maximizing Man** (RREEMM) auf die Herausforderungen des menschlichen Faktors geantwortet. Eine Person („man") ist in ihren Handlungsmöglichkeiten typischerweise eingeschränkt („restricted"). Nicht alles, was wünschenswert wäre, ist auch zu verwirklichen. Eine Person verfügt aber in der Regel über eigene Ressourcen, die sie klug zu nutzen versteht („resourceful"). Bei dem, was sie tut, kann sie nicht ausschließlich von den objektiven Gegebenheiten ausgehen. Sie muss vielmehr subjektive Erwartungen formulieren („expecting"). Diese signalisieren ihr, wie sie Verhaltensoptionen zu bewerten hat („evaluating"), um jene Absichten zu erreichen, die ihr wichtig sind. Hat sie das getan, wird sie sich für dasjenige Verhalten entscheiden, das unter den gegebenen Umständen den größten subjektiven Nutzen verspricht („maximizing").

Eine Person wird also, bevor sie entscheidet, ob sie das Rauchen aufgeben oder doch lieber den damit verbundenen Zugewinn an Wohlbefinden sichern soll, nur so viel Zeit (und bei anderen Entscheidungen auch Geld) investieren, wie sich aufgrund der Dringlichkeit der anstehenden Entscheidung (zum Beispiel erster Symptome von Atemnot) zu investieren lohnt. In der Regel wird sie heuristisch entscheiden und nicht rational alle denkbaren Vor- und Nachteile abwägen. Vielmehr wird sie auf das achten, was unter den Bedingungen der gegebenen Situation opportun ist (ökologisch rational). Im Zweifel wird sie sich der Meinung eines „Experten", zum Beispiel eines Arztes, anschließen, dem sie vertraut und dem sie Expertise attestiert, oder sie wird den normativen Erwartungen von nahestehenden Personen nachgeben.

Rational Choice

Rational Choice ist eine Sammelbezeichnung für verschiedene Ansätze in den Sozialwissenschaften (vor allem in der Ökonomie), die das Handeln von Personen angesichts verschiedener Handlungsalternativen erklären. Generell unterstellen die Anhänger der Ansätze handelnden Personen vernünftiges Verhalten. Je nach Ansatz dominiert die Annahme, dass Personen dazu neigen, den Nutzen zu maximieren oder sich mit jener Alternative zu begnügen, die sie hinreichend zufriedenstellt.

Kehren wir nach diesem kurzen Ausflug zum HAPA zurück: Der Ansatz kombiniert die bereits genannten Verhaltensdeterminanten, spezifiziert vor allem die **Selbstwirksamkeitserwartung** phasentypisch und unterscheidet eine motivationale von einer volitionalen Phase. Eine Person bildet dem HAPA zufolge eine Absicht (zum Beispiel täglich 30 Minuten spazieren zu gehen), wenn sie erwartet, dass sie mit diesem Verhalten ein von ihr wahrgenommenes gesundheitliches Risiko (hier fließen die Vulnerabilität und die Ernsthaftigkeit ein) minimieren oder

gar abwenden kann (Konsequenzerwartung). Wenn sie davon überzeugt ist, das Verhalten realisieren zu können (Handlungsselbstwirksamkeit), wird sie eine Absicht bilden. Der Absicht folgen Pläne („Wenn-dann-Verknüpfungen"), die als zwingend angesehen werden, um die Absichten zu realisieren. Die Handlung selbst und Bewältigungsmechanismen werden geplant, die helfen, jene Barrieren zu überwinden, die der Handlung im Weg stehen könnten. Begünstigt wird die Umsetzung des Plans durch eine Komponente der Selbstwirksamkeit, die Schwarzers Arbeitsgruppe Maintenance Self Efficacy nennt. Hat die Person mit der Handlung begonnen, muss sie fortlaufend steuernd und regulierend eingreifen, um nicht wieder rückfällig zu werden. Da es im Alltag immer wieder zu kurzzeitigen Unterbrechungen der neu begonnenen Lebensweise kommen wird, ist die Recovery Self Efficacy eine weitere kritische Determinante im Verhaltensänderungsprozess.

Im HAPA wurde inzwischen auch die Unterscheidung in eine Planungs-, Handlungs- und Aufrechterhaltungsphase vorgenommen, und so wurden die typischen periodischen Skalierungen der Stadienmodelle berücksichtigt.

5.2.2 Transtheoretisches Modell

Bereits in den 1950er-Jahren unterschied Kurt Lewin (1951) drei Stadien, die er als **Unfreezing, Moving** und **Refreezing** bezeichnete. Er ging – wie alle nachfolgenden Konzepte – davon aus, dass sich Veränderungsprozesse in mehrere Phasen gliedern lassen. Personen benötigen zunächst einen expliziten Anstoß, um sich zu ändern. Der Änderungsprozess ist von Widerständen (Barrieren, Gewohnheiten) begleitet, und das neue Verhalten muss sich im Verlauf der Zeit erst festigen, bevor es schließlich dauerhaft zum Repertoire einer Person gehört. Ähnliche Theorien unterscheiden auch die Stadien des organisationalen Wandels, dort aber eben nicht auf eine Person, sondern auf die Organisation bezogen.

Das **transtheoretische Modell der Verhaltensänderung** (TTM) ist eines von mehreren Stadien- oder Prozessmodellen (andere bekannte Modelle sind das Precaution Adoption Process Model von Weinstein et al. 2008 und für die körperliche Aktivität das Berliner Sportstadien-Modell von Fuchs 2001), mit dem riskantes Verhalten geändert werden soll. Das TTM wurde von einer Arbeitsgruppe um James Prochaska konzipiert. Es wurde zunächst in der Raucherentwöhnung erprobt und dort auch eingesetzt, um Interventionen zu leiten (Prochaska und Velicer 1997; Keller 1999). Zwischenzeitlich gibt es über die Raucherentwöhnung hinaus eine Fülle weiterer Anwendungsbeispiele: Ernährungsumstellung, Steigerung der körperlichen Aktivität, Sexualverhalten, Bereitschaft zur Teilnahme an Vorsorgeuntersuchungen, Sonnenschutzverhalten und andere Verhaltensweisen. Auch das TTM ist ein Modell für absichtsvolles Verhalten. Es postuliert verschiedene Änderungsstadien, die von Personen bis zu einem dauerhaft gesundheitsschützenden Verhalten typischerweise durchlaufen werden:

- Zu Beginn des Änderungsprozesses sehen Betroffene noch nicht, dass ihr Verhalten riskant sein könnte. Sie befinden sich im Stadium der **Präkontemplation** (Absichtslosigkeit).
- Durch Aufklärung, Überredung oder andere Arten der Informationsvermittlung werden sie sich ihres riskanten Verhaltens bewusst und fassen die Absicht, ihr Verhalten zu ändern. In diesem Stadium der **Kontemplation** (Absichtsbildung) wirken die im HAPA und in anderen sozial-kognitiven Modellen benannten und bewährten Determinanten auf den Prozessfortschritt.
- Das neue Verhalten beginnt mit dem **Vorbereitungsstadium** (Präparation), in dem erste Schritte initiiert werden und das weitere Verhalten geplant wird, um es dann später zu festigen. Beispielsweise beschafft sich eine Person konkrete Informationen über die Angebote eines Fitnessstudios oder sie schaut im Internet nach Selbsthilfegruppen, um sich ein störendes oder riskantes Verhalten abzugewöhnen.
- Im folgenden **Handlungsstadium** sammelt die Person ihre ersten Erfahrungen mit dem neuen Verhalten und – wie die gesundheitspsychologische Forschung gezeigt hat – erreicht das folgende Stadium, wenn sich kleinere Erfolgserlebnisse einstellen und die **Opportunitätskosten** nicht übermächtig sind. Zeit, die man für andere Dinge nicht mehr

verwenden kann, oder Geld, das an anderer Stelle nicht mehr investiert werden kann, sind Beispiele für Opportunitätskosten.

- Werden die Erwartungen erfüllt, dann folgt nach einigen Wochen, je nach Art des Verhaltens aber auch erst Monate später, das Stadium der **Aufrechterhaltung** (Maintenance). Die Person hält am neuen Verhalten fest und ist fortan weniger in Versuchung als noch in den vorangegangenen Stadien, in ihre alten Gewohnheiten zurückzufallen. Das neue Verhalten hat an positiven Zuschreibungen und die Selbstwirksamkeit hat an Überzeugungskraft gewonnen.

Die Bewusstseinszustände und -prozesskomponenten, die den jeweiligen Stadien eigen sind, wurden von den Autoren um Prochaska in zwei Gruppen eingeteilt: kognitive und behaviorale Prozesse. In den Stadien, die das neue Verhalten vorbereiten und initiieren, dominieren kognitive Prozesse, die eine Absichtsbildung und den Verhaltensbeginn erleichtern. In den Stadien, in denen das neue Verhalten bereits praktiziert wird, dominieren verhaltensorientierte (behaviorale) Prozesskomponenten. Sie helfen, einen Rückfall in das vorherige Verhalten zu vermeiden, und begünstigen ein gewohnheitsmäßiges Verhalten. Die Prozesse sind im Einzelnen:

Kognitive Prozesse:
- Der Person wird das eigene Verhalten als riskantes Tun bewusst (Consciousness Raising).
- Die Person fühlt sich emotional erleichtert, dass sie die drohende Gefahr erkannt hat und nunmehr abwenden kann (Dramatic Relief).
- Sie bewertet die Umwelt neu (Environmental Reevaluation).
- Sie bewertet ihre eigene Identität neu (Self Reevaluation).
- Sie erkennt in ihrer sozialen Umwelt verhaltensbegünstigende Bedingungen (Social Liberation).

Behaviorale Prozesse:
- Dem (nunmehr) unerwünschten Verhalten begegnet die Person, in dem sie das erwünschte Verhalten bereits bei den ersten Schritten bekräftigt (Gegenkonditionierung). Sie wertet also das riskante Verhalten ab, indem sie

dem neuen Verhalten mehr Aufmerksamkeit schenkt und sich dafür belohnt.

- Sie kontrolliert ihre Umwelt bewusst (Stimuluskontrolle), um nicht in Situationen, die mit dem gewohnheitsmäßigen riskanten Verhalten verknüpft waren, automatisch zu reagieren (zum Beispiel einen kurzen Spaziergang machen, statt nach dem Nachtisch eine Zigarette zu rauchen, oder den Fernseher, der sie zur Inaktivität veranlasst hat, aus dem Wohnzimmer in einen anderen Raum stellen).
- Sie nutzt hilfreiche soziale Beziehungen (Helping Relationships).
- Sie setzt Mechanismen der Selbstverstärkung ein (Reinforcement Management); zum Beispiel verspricht sich die Person eine Belohnung und gewährt sie sich, wenn sie eine bestimmte Zeitdauer ihren Alkoholkonsum deutlich reduziert hat.
- Sie verpflichtet sich selbst auf das neue Verhalten (indem sie einen Vertrag mit sich schließt) und kommuniziert die Absicht, sich von nun an und zukünftig anders als bisher verhalten zu wollen.

Die Stadien und die ihnen zugeordneten Prozesskomponenten lassen sich nutzen, Interventionen systematisch zu planen, die auf eine individuelle Verhaltensänderung zielen. So macht es beispielsweise keinen Sinn, einer Person, die über das gesundheitliche Risiko eines gewohnheitsmäßigen Sitzens (Sedentariness) nicht informiert und sich daher auch des Problems ihres Verhaltens nicht bewusst ist, detaillierte Hinweise zu geben, wie sie sich selbst verstärken könnte, damit sie länger andauernde Phasen des Sitzens vermeidet. In diesem Stadium wird sich die Person fragen, wozu der Hinweis denn nützlich sein soll, sieht sie im Sitzen doch kein Risiko. Entsprechend passend oder unpassend für die einzelnen Stadien sind andere Maßnahmen einer Intervention.

> ❯ **Verhaltensänderung folgt mehren Stadien und resultiert letztlich aus Konsequenz- und Selbstwirksamkeitserwartungen sowie aus der Bedrohung, die sich aus der Ernsthaftigkeit einer Erkrankung und der Verletzlichkeit der Person speist.**

5.2.3 Einstellungen und geplantes Verhalten

Die psychologische Forschung ist von jeher auf der Suche nach Konstrukten, mit denen es gelingt, das zukünftige Verhalten von Personen zuverlässig vorherzusagen oder es auf dem Weg über die Änderung dieser Konstrukte zu beeinflussen. Vor allem **Einstellungen** haben in diesem Kontext eine langwährende Konjunktur. Sie wurden einst hoch gepriesen, dann wieder verschmäht und sind heute aber wieder als reliable und valide Prädiktoren des Verhaltens akzeptiert.

Einstellungen sind mehrdimensional. Sie drücken aus, was eine Person über ein Verhalten oder eine andere Person oder eine Sache denkt (kognitive Dimension der Einstellung oder Meinung), sie informieren über die Gefühle, die damit verbunden sind (affektive Dimension) und über die Neigung, sich einer Person, einem Verhalten oder einer Sache zu nähern oder sich von diesen fernzuhalten (konative Dimension).

In einer wissenschaftlich gut bewährten Theorie, die mit sparsamen Annahmen arbeitet, hat die Arbeitsgruppe um Ajzen (1985) Einstellungen zum zentralen Konstrukt der Vorhersage von Absichten und Verhaltensweisen erklärt. Die **Theorie des geplanten Verhaltens** (Theory of Planned Behavior, TPB), eines Verhaltens also, das dem System-2-Denken zuzuordnen ist, postuliert, dass sich eine Verhaltensabsicht aus der additiven Verknüpfung von kognitiven und affektiven Dimensionen einer Einstellung zum Verhalten, von sozialen Normen und von der wahrgenommenen oder tatsächlichen Verhaltenskontrolle vorhersagen lässt. Das gewünschte Verhalten wird umso wahrscheinlicher begonnen, als eine starke Absicht gebildet wurde.

Einstellungen werden in der TPB als Meinungen und deren Bewertung operationalisiert (zum Beispiel: „Ich meine, dass körperliche Aktivität meinem Wohlbefinden dient, und das finde ich gut."). **Soziale Normen** sind zugeschriebene Vorschriften oder Erwartungen anderer Personen an die Person, deren Verhalten vorhergesagt werden soll. Die Person kann motiviert sein, diesen Erwartungen zu entsprechen. Sie kann die Erwartungen aber auch ignorieren oder sie als gleichgültig abtun (zum Beispiel: „Mein Arbeitgeber erwartet von mir, dass ich mich fit halte. Dem will ich entsprechen." Oder: „Das geht den nichts an."). Die **Verhaltens-kontrolle** ähnelt der Selbstwirksamkeit, die wir bereits mit dem HAPA erläutert haben. Wenn ein Verhalten für eine Person neu ist, sie also bislang keine Erfahrungen sammeln konnte, wie sie mit dem Verhalten zurechtkommt, wird sie aus ähnlichem Verhalten schließen, ob sie sich sachgerecht und wirkungsvoll verhalten kann (zum Beispiel: „Ich bin überzeugt, dass ich jeden zweiten Tag nach der Arbeit für eine halbe Stunde stramm spazieren gehen kann, um meine Gesundheit zu schützen – früher war ich doch noch viel aktiver unterwegs."). Hat sie bereits Erfahrungen gesammelt, kann sie ihre Überzeugungen auf tatsächlich erfahrene Verhaltenskontrolle stützen (zum Beispiel: „Ich gehe jeden Tag und weiß, dass ich auch bei Regen einen flotten 30-minütigen Spaziergang machen kann.").

Auch die TBP ist für verschiedene, gesundheitlich relevante Verhaltensweisen auf ihre Vorhersagetauglichkeit überprüft worden. Die Studien zeigen, dass es mit den Konstrukten der Theorie (Einstellungen, soziale Norm und Verhaltenskontrolle) gelingt, einen beträchtlichen Anteil an Absichts- und Verhaltensvarianzen aufzuklären (siehe dazu die Website von Icek Ajzen: ▶ http://people.umass.edu/~aizen/tpb.html).

5.3 Organisationale Gesundheitsförderung

Mit dem **Setting-Ansatz,** den die WHO (Kickbusch 2003) 1986 auf ihrer Konferenz in Ottawa propagiert hat, wurde herausgehoben, dass Gesundheit in **Lebenswelten** gefördert oder gefährdet wird (▶ Kap. 2 und 7). Menschen leben in Gemeinden, sie lernen und arbeiten in Organisationen (Schulen, Betriebe, Universitäten etc.) und sie werden in Organisationen beaufsichtigt, versorgt, geheilt oder gepflegt (Kindertagesstätten, Altenheime, Krankenhäuser etc.). Jegliche Intervention, auch wenn sie „nur" auf die Änderung des individuellen Verhaltens zielt, berührt immer auch die Organisation, in der die Intervention stattfindet, und sie wird von den Besonderheiten der Organisation beeinflusst. Beispielsweise streben Betriebe danach, die Wertschöpfung zu steigern. Das ist ihr vorrangiges und

wichtigstes Ziel. Die Gesundheit der Mitarbeiter zu fördern ist demgegenüber ein indirektes, oft instrumentelles und letztlich nachrangiges Ziel. Dieses Ziel ist nur dann bedeutsam und wird auch nur dann nachdrücklich verfolgt, wenn die Maßnahmen zur Gesundheitsverhaltensänderung der Mitarbeiter/innen den Kostenaufwand rechtfertigen und wenn das neue Verhalten der Wertschöpfung dient. Die Ziele der Organisation und die Ziele der Personen beeinflussen sich dann wechselseitig.

Wie sind Organisationen zu verändern, damit sie Gesundheit zu ihrem Ziel und Gesundheitsförderung zu ihrer Aufgabe machen? Welche Mechanismen wirken? Auch dazu gibt es praktisch nützliche theoretische Ansätze.

Organisationen

Organisationen sind arbeitsteilige Systeme mit einem expliziten und impliziten Regelwerk. Die Regeln legen fest, wer welche Rolle einnimmt und welche dazu passenden Aufgaben löst. Geregelt ist auch, wie das Zusammenwirken der Akteure strukturell bestimmt ist.

Das **Modell des organisationalen Wandels** von Steckler et al. (2002) und einige weitere wollen wir kurz vorstellen. Für eine vertiefte Auseinandersetzung mit den Konzepten verweisen wir auf die zusammenfassenden Darstellungen von Butterfoss et al. (2008) und Minkler et al. (2008).

Grundlage der Konzepte ist das sozial-ökologische Paradigma, das wir bereits vorgestellt haben. Die Konzepte sind weniger intensiv empirisch geprüft wie die gerade behandelten sozial-kognitiven Theorien der Verhaltensänderung und damit der Verhaltensprävention oder verhaltensorientierten Gesundheitsförderung. In den folgenden Modellen geht es um Verhältnisprävention oder verhältnisorientierte Gesundheitsförderung. Geändert werden soll das Setting. Das betrifft die Struktur der Organisation, es betrifft die Prozesse oder das Verhalten der in der Organisation wirkenden Akteure (zum Beispiel das Führungsverhalten). Um die Logik der theoretischen Ansätze zu verdeutlichen, nehmen wir im Folgenden immer wieder die Kommune als Beispiel für eine Organisation. In ▶ Kap. 7

steht die kommunale Gesundheitsförderung dann noch einmal im Zentrum der Betrachtungen. Was am Beispiel einer Kommune erläutert wird, das gilt analog für andere Organisationen.

Kommunen sind räumliche Einheiten, in denen Menschen neben vielem anderen ihre Grundversorgung sichern. Kommunen sind Einheiten der sozialen Interaktion, symbolische Einheiten einer kollektiven Identität und politische Einheiten zur Gestaltung des Lebensalltags. Kommunen sind Orte, an denen Menschen leben und sterben, an denen sie sich mit ihren Nachbarn vertragen oder nicht, Orte, die sie mitgestalten, an denen sie sich mehr oder minder sicher und geborgen fühlen und ihre soziale Identität definieren. Menschen sind dort auch Bürger, mit einklagbaren Rechten und Pflichten gegenüber dem Gemeinwesen. Sie „gehören also dazu", was den einen mit Stolz erfüllt und den anderen unbeeindruckt lässt. In Kommunen gestalten Bürger und Bürgerinnen ihren Lebensalltag. Kommunen verwalten Kindergärten, Schulen oder Alteneinrichtungen, bieten Arbeitsplätze und schaffen Voraussetzungen für die Ansiedlung von Unternehmen und Handwerksbetrieben. In ihnen existiert ein aktives Vereinswesen oder sie lassen es vermissen. Kommunen sorgen mit ihrer Infrastruktur für die Versorgung mit Gütern des täglichen Bedarfs, und sie ermöglichen oder behindern Mobilität mit der Art und Weise, wie sie Straßen und Plätze anlegen, gestalten und möblieren (Reyer et al. 2014). Defizite im kommunalen Zusammenleben und in der Infrastruktur können die Gesundheit und das Wohlbefinden ihrer Mitglieder beeinträchtigen, wie andererseits ein funktionierendes Gemeinwesen die Gesundheit und das Wohlbefinden fördern kann (Landesgesundheitsamt Baden-Württemberg 2012). Analoge Beschreibungen lassen sich mit spezifischen Zielen und Inhalten für andere Organisationen finden.

Beabsichtigen die Akteure in Organisationen, die Gesundheit ihrer Mitglieder zu fördern, dann ist das Konzept des **Empowerment** zentral. Das Konzept wird Rappaport (1984) zugeschrieben und steht für Strategien und Maßnahmen, mit denen die Autonomie von Menschen oder Gemeinschaften erhöht werden soll. Organisation und Akteure sollen befähigt werden, ihre Interessen selbstbestimmt und in Verantwortung gegenüber

der Umwelt und den Mitgliedern der Organisation zu vertreten. Empowerment ist zum einen der Prozess der Selbstbefähigung, der Menschen ertüchtigt, ihre Gestaltungsspielräume wahrzunehmen, indem sie ihre Ressourcen stärken und einsetzen. Empowerment ist zum anderen aber auch der erreichte Zustand von Selbstverantwortung und Selbstbestimmtheit.

Empowerment

Empowerment ist ein auf Julian Rapparport (1984) zurückgehendes gemeindepsychologisches Konzept: Es umfasst Strategien und Maßnahmen, mit denen Menschen und Organisationen (zum Beispiel Kommunen oder Betriebe) befähigt werden, ihre Interessen und Bedürfnisse autonom (selbstdefiniert, selbstständig und aus eigenem Vermögen) zu vertreten und zu befriedigen.

Empowerment ist also sowohl Schlüssel als auch Absicht von **Gemeinschaftsbildung** (Community Building) und **Gemeinwesenarbeit** (Community Organizing), in deren Kontext sich die Gesundheitsförderung in Settings bewegt. Für ein weiteres Studium empfehlen wir die Arbeiten von Nina Wallerstein (zum Beispiel Wallerstein 2006). Für die theoretische Fundierung der organisationalen Gesundheitsförderung sind Stadienmodelle, Modelle des organisationalen Wandels, die Diffusion of Innovations Theory von Rogers (2003) und die Community Coalition Action Theory (CCAT) von Butterfoss und Kegler (2002) interessant.

5.3.1 Stadienmodelle des organisationalen Wandels

Stadienmodelle des organisationalen Wandels erscheinen zunächst als eine bloße Übertragung des transtheoretischen Modells der Verhaltensänderung auf Organisationen. Dem ist aber nicht so. Beide Modelllinien sind unabhängig voneinander entstanden, auch wenn sie sich in ihrer Logik ähneln. Gemeinsam ist ihnen die Annahme, dass sich Änderungsprozesse über verschiedene Stadien oder Stufen vollziehen.

Bei Kaluzny und Hernandez (1988) heißen die Stadien a) Awareness Raising, b) Adoption, c) Implementation und d) Institutionalization. Den Stadien sind, ähnlich wie im transtheoretischen Modell der Verhaltensänderung, passende Strategien zugeordnet, damit Änderungen von unerwünschten Auffälligkeiten oder Zuständen (zum Beispiel Gewalt und Vandalismus in einem kommunalen Quartier; mangelnde Integration von ausländischen Mitbürgern/innen, soziale Benachteiligung von Kindern oder Alten) effektiv gelingen. Wegen der geforderten Passung zwischen Stadium und Strategie heißen die organisationalen Stadien- oder Stufenmodelle auch **Kontingenztheorien**.

Im Stadium **Awareness Raising** wendet sich beispielsweise eine Interessensgruppe oder eine Gruppe von Bürgern/innen eines Quartiers an Verantwortliche auf einer hohen politisch-strategischen Entscheidungsebene (Bürgermeister, Ortsvorsteher, Beigeordnete, Fraktionsvorsitzende o. ä.), um sie auf Probleme in der Kommune (Organisation) hinzuweisen. Die Interessensgruppe will das Interesse der Verantwortlichen wecken. Sie will Veränderungen in einem Bereich initiieren, der möglicherweise zunächst nur ihnen als störend aufgefallen ist.

Ist das Interesse geweckt, weil das Problem als ein für die Kommune (Organisation) relevantes Problem erkannt wurde, und wurde entschieden, das Problem zu lösen, dann wird im Stadium **Adoption** die inhaltliche Absicht (**Policy**) der Intervention definiert (zum Beispiel soziale Teilhabe älterer Mitbürger/innen, gesundes Aufwachsen von Kindern, verantwortungsbewusster Alkoholkonsum von Jugendlichen). Die notwendigen Einzelziele werden daraufhin definiert und an die operative Ebene in den Kommunen oder Organisationen übergeben. Diese werden dann damit betraut, die Interventionsplanung in konkrete Maßnahmen zu überführen.

Das Stadium **Implementation** befasst sich mit den technischen Aspekten, die eine Intervention erst möglich machen. Ein Training von Fertigkeiten (zum Beispiel: Erzieherinnen werden in Bewegungserziehung fortgebildet) kann beispielsweise Inhalte dieses Stadiums sein. Auch die Suche nach materieller oder personeller Unterstützung gehört in dieses Stadium. Gesonderte Ressourcen sind in der Regel notwendig, um erfolgreich zu intervenieren (zum Beispiel Fundraising bei Firmen oder Stif-tungen oder Mittelbeantragung bei übergeordneten Gebietskörperschaften oder Krankenkassen).

Für die Inhalte der Implementation der organisationalen Veränderung steht in der Literatur auch die **Capacity Building**. In Entwicklungsprogrammen, etwa der Weltbank, der Vereinten Nationen oder von Nichtregierungsorganisationen wie Oxfam, wird Community Capacity Building als **Hilfe zur Selbsthilfe** verstanden. Dahinter verbirgt sich die Absicht, jene Fähigkeiten und Fertigkeiten einer Organisation aufzubauen oder zu verbessern, ohne die eine Veränderung aus eigenem Willen und unter eigener Verantwortung nicht möglich erscheint.

Im Stadium **Institutionalization** soll dann eine wirksame und von allen akzeptierte Innovation, die mit der Intervention verbunden ist, nachhaltig in der Organisation verankert werden.

Community Capacity Building

Community Capacity Building ist ein Terminus, der in der Literatur verschieden definiert wird. Im Kern bedeutet Community Capacity Building, die Kompetenzen und Fähigkeiten von Gemeinden und deren Bürgern/innen zu entwickeln oder zu stärken. Sie sollen es ihnen ermöglichen, gemeinschaftlich an einem intakten Gemeinwesen zu arbeiten. Von Nichtregierungsorganisationen wird der Begriff zumeist für Entwicklungsprojekte benutzt.

Neben den einzelnen Stadien trifft das Modell des organisationalen Wandels noch eine weitere relevante Unterscheidung: Klima, Kultur und Kapazität einer Organisation. Das Klima steht für die vielen ungeschriebenen, unausgesprochenen und dennoch mächtig wirkenden Werte und Normen einer Organisation. Im **Klima** gedeihen Sorgen, wachsen Ängste, entstehen aber auch Zufriedenheit und Motivierung. Die **Kultur** einer Organisation umfasst die tiefsitzenden und hartnäckigen Verhaltensnormen und -werte, auf die sich die Mitglieder der Organisation meist stillschweigend verpflichtet haben, ohne sich dessen im Einzelnen immer bewusst zu sein. Die **Kapazität** schließlich steht für die Funktionstüchtigkeit, die sich aus finanziellen, informationellen und personalen Ressourcen speist. In

Kommunen könnten diese Kapazitäten gemeinsam genutzt und in einem Bündnis zusammengeführt werden (**Community Coalitions**).

Gesundheitsförderer sind in der Praxis mit Klima, Kultur und Kapazität einer Organisation konfrontiert. Daher ist es ratsam, sich über die vorherrschenden „klimatischen" und kulturellen Einflüsse zu informieren. Gruppensitzungen oder Interviews mit prototypischen Vertretern der Organisation sind dazu ein geeignetes Werkzeug. Auch über die vorhandene Kapazität sollten sich Gesundheitsförderer informieren, um Koalitionen zu suchen respektive zu stiften, falls es an der geeigneten Kapazität mangelt.

Community Coalition Action Theory (CCAT)

Kleineren Gemeinden oder auch Organisationen (zum Beispiel kleinen und mittleren Unternehmen [KMU]) mangelt es häufig an einer ausreichenden Kapazität. Es fehlt ihnen Expertise, die ausreichend diversifiziert ist, um mit dem vorhandenen Personal komplex zu intervenieren und zielgerichtet zu agieren. Auf der operationalen Ebene sind kommunale Ämter in kleinen Gemeinden nur grob gegliedert. Sie sind „dünn" besetzt und für komplexere Sachverhalte auf die Mithilfe der nächsthöheren Gliederungsebene angewiesen. KMU haben in der Regel keine eigene Betriebsgliederung, die für die Personalentwicklung oder die Mitarbeitergesundheit verantwortlich zeichnet. Im Bedarfsfall unterstützt „externer Sachverstand".

Die Bildung von Community Coalitions ist ein Ansatz, um fehlende Kapazitäten zu decken. Diese Koalitionen sind informelle oder auch formale Allianzen, die auf der lokalen oder regionalen Ebene wirken und im Kontext der Gesundheitsförderung Probleme sachgerecht detektieren, definieren, Bedarfe und Bedürfnisse ermitteln, einen Handlungsplan entwerfen, Strategien implementieren, Ergebnisse erzielen und bewerten und so Veränderungen manifestieren.

Butterfoss und Keglers (2002) benennen in der Community Coalitions Action Theory (CCAT) 13 Konstrukte, die im Verlauf einer koalitionär gestützten Intervention bedeutsam sind und die als eine Checkliste für komplexe Interventionen genutzt werden können. Die Konstrukte sind den drei Stadien **Formierung**, **Aufrechterhaltung** und **Institutionalisierung** zugeordnet. In ◧ Tab. 5.1 sind sie gelistet und stichwortartig erläutert.

Dieses Konzept wie auch die vorgenannten Konzepte begegnen der Komplexität der Gesundheitsförderung im Spannungsfeld von Person und Umwelt mit einer intersektoralen Zusammenarbeit. Sie bevorzugen eine Sichtweise, die Betroffene zu Beteiligten macht. Sie verfolgen also einen partizipativen Ansatz und stellen sich zu Beginn der Zusammenarbeit immer auch die Frage, ob das Setting bereit ist, Veränderungen zuzulassen und vorzunehmen. Shea et al. (2014) haben für diesen Zweck ein psychometrisches Verfahren entwickelt, das sich auf Weiners (2009) **Theory of Organizational Readiness for Change** stützt und mit zwölf Items (und einer Skala mit fünf Stufen) die beiden Dimensionen **Change Commitment** und **Change Efficacy** erfasst.

Diffusion of Innovations Theory

Mit der Initiierung einer gesundheitsfördernden Maßnahme wird in einer Organisation, beispielsweise einer Kommune, eine Innovation angestoßen. Ziel der Gesundheitsförderung ist es, die Innovation nachhaltig im Alltag der Organisation oder der Person zu verankern.

Die – ursprünglich im Kontext der Agrarsoziologie entstandene – Diffusion of Innovations Theory von Rogers (2003) informiert über den Prozess, dem die Aneignung von Neuerungen typischerweise folgt, bis sie schließlich von großen Teilen der Adressaten genutzt werden und allgemein akzeptiert sind. Die Theorie von Rogers und die Themen Diffusion und Dissemination werden in mehreren wissenschaftlichen Disziplinen behandelt. Rogers (2003) selbst benennt die Gesundheitsförderung als ein Gebiet, in dem Fragestellungen zur Diffusion von Innovationen prominent behandelt werden. Greenhalgh et al. (2004, 2005) resümieren in einer Literaturübersicht, dass vor allem auf den Gebieten der Agrar- und der Medizinsoziologie, des Produktgütermarketings und der Kommunikationsforschung robuste empirische Befunde vorlägen, wie Innovationen weit verbreitet und nachhaltig verankert werden könnten.

Für die Gesundheitsförderung ist die Theorie unter dem Gesichtspunkt interessant, dass inten-

◻ **Tab. 5.1** Konstrukte der Community Coalitions Action Theory. (adaptiert nach Butterfoss und Kegler 2002)

Stadium	Konstrukt	Definition (Fragen)
Formierung	Kontext	Welches sind die geographischen, demographischen, ökonomischen, politischen und sozialen Charakteristika, die das Zusammenarbeiten behindern oder die Entwicklung einer Koalition verhindern könnten? Wie groß ist das Ausmaß des Vertrauensvorschusses, den sich die Koalitionäre und die Sektoren der Kommune oder Organisation gewähren? Wie stark ist der Wille, gemeinsam etwas verändern zu wollen?
	Koalitionswillige mit Mandat	Gibt es eine Gruppe (oder Organisationseinheit), die sich darauf verständigt hat, die Koalition zu bilden, und wer gehört ihr an? Gewährt sie technische und ggf. finanzielle oder materielle Unterstützung? Stellt sie Netzwerkverbindungen her und sorgt sie für deren Fortbestand?
	Koalitionäre	Welches sind die Repräsentanten der koalierenden Sektoren, Organisationen oder Einheiten? Haben diese sich selbst in ausreichendem Maß darauf verpflichtet, das Problem zu lösen und dazu gemeinsam zu arbeiten?
Aufrechterhaltung	Operationen und Prozesse	Wie ist die Art und Weise der konkreten Zusammenarbeit beschaffen, die das Klima und das Engagement der Koalitionäre direkt betrifft? Wie sind die Prozesse und deren Abläufe und die Prozessdefinitionen beschaffen, in denen festgelegt wird, wie die Entscheidungen getroffen und Konflikte gelöst werden und wie miteinander kommuniziert wird?
	Führung und Stäbe	Sind Führung, Stab und Linie definiert und ist die Zusammenarbeit zwischen den Hierarchien institutionell und eindeutig geregelt?
	Strukturen	Gibt es Regeln, Rollenzuweisungen, Prozeduren, eine Mission und Vision, eindeutige Ziele, Absichten, eine Steuerungs- und Arbeitsgruppe? Was enthalten diese Regeln? Sind sie eindeutig formuliert, für alle nachvollziehbar und von allen akzeptiert?
	Ressourcen	Welche eigenen und welche externen Ressourcen sind vorhanden, um das Interventionsziel zu erreichen?
	Involviertheit der Mitglieder	Wie stark sind Beteiligung, Motivation, Selbstverpflichtung und Arbeitszufriedenheit der Mitglieder der Koalition?
	Diagnose und Planung	Wie sehen Strategien aus, die dem diagnostischen und planerischen Kontext einer Intervention vorausgehen? Sind die Variablen definiert, sind die Assessmentmethoden benannt, sind sie valide und reliabel?
Institutionalisierung	Implementierung	Welches sind die strategischen Handlungen, die das Ziel adressieren?
	Organisationsziele	Hat sich die Koalition auf messbare Ziele und Kriterien verständigt, die eine Veränderung der Kommune/Organisation indizieren, und wie lauten diese?
	Gesundheitsziele	Hat sich die Koalition auf messbare Ziele und Kriterien verständigt, die eine Veränderung der Gesundheit indizieren, und wie lauten diese?
	Community Capacity	Verfügt die Kommune nun über die ausreichenden Fähigkeiten und Fertigkeiten, um selbstständig Probleme zu definieren, zu detektieren und effektiv zu adressieren?

dierte Verhaltensänderungen und die gesundheitsförderliche Entwicklung einer Organisation letztlich eine Innovation darstellen und es also darum geht, die Betroffenen oder Verantwortlichen zu überzeugen, das Bisherige zu beenden und das Neue zu tun. Wir werden diese Sichtweise in ▶ Kap. 7 noch einmal aufgreifen und auf die kommunale Gesundheitsförderung anwenden. Kommunen fordern die Praxis der Gesundheitsförderung wegen ihrer Komplexität besonders heraus.

Innovativ könnte beispielsweise eine Applikation auf einem Smartphone sein, die eine Person daran erinnert, nicht länger als 60 Minuten sitzend auf dem Schreibtischstuhl zu verharren. Ein akustisches und optisches Signal ermahnt die Person, das Sitzen zu unterbrechen und mindestens für zwei Minuten zu stehen. Die Innovation könnte aber auch die Einführung eines Prozesses sein, der möglichst viele Bürger daran beteiligen will, das Gemeinwesen gemeinschaftlich zu gestalten. Sie richtet sich an die Akteure in der Organisation, die letztlich eine Veränderung umsetzen und „leben" müssen.

Die theoretische Modellierung der Diffusion of Innovations Theory widmet sich der **Aneignungsphase** (Adoption) der Innovation. Diese Phase wird in mehrere Abschnitte unterteilt: Wissen (Knowledge oder Awareness), Überzeugung (Persuasion), Entscheidung (Decision), die eigentliche Aneignung (Adoption) oder Zurückweisung (Rejection), die Einbettung (Implementation) in den Alltag und die Bestätigung, die Neuerung zu nutzen (Confirmation).

Personen, die direkt (durch Werbung, Direktmarketing) oder indirekt (durch sozialen Austausch, Mundpropaganda) von einer Innovation erfahren, wissen fortan, dass es etwas Neues gibt (Wissen). Sie sollen, so beabsichtigen die Entwickler und Produzenten der Innovation, dazu überredet (Überzeugung) werden, sich zu entscheiden (Entscheidung), die Neuerung zu erwerben/zu übernehmen und dauerhaft zu nutzen (Aneignung). Sie können sich aber auch dagegen entscheiden (Zurückweisung). Wenn Personen eine Innovation einmal probeweise genutzt haben, dann wird es wahrscheinlicher, dass sie diese erwerben respektive erneut nutzen, sie schließlich in ihren Alltag und in ihr Verhalten integrieren (Einbettung) und auch zukünftig nutzen (Bestätigung).

Aggregiert man diese Aneignungsstadien über mehrere Personen, dann lassen sich typische Muster beobachten, wie sich größere Personengruppen Neuerungen aneignen. Die Bedingungen zu kennen, die eine Aneignung in der Gesamtgruppe beschleunigen, behindern oder gar verhindern, ist für die Vermarktung von Produkten elementar. Sie ist es aber auch für Interventionen der Gesundheitsförderung, die sich an Gruppen wenden. Rogers nennt fünf Bedingungen, die es wahrscheinlicher

machen, dass Personen sich eine Innovation aneignen:

- Der erkennbare **relative Vorteil** (Relative Advantage) einer Neuerung gegenüber der Funktionalität oder Zweckmäßigkeit der bestehenden Varianten des gleichen Sachverhalts (Produkts, Prozesses) ist die erste begünstigende Bedingung. Im Sinne der weiter oben beschriebenen Verhaltensänderungsmodelle gibt es hier Parallelen zum Konstrukt der Konsequenzerwartungen. Ist der erwartete Nutzen des Prozesses höher als die Kosten, die damit verbunden sind, wird die Aneignung erleichtert.

- Sie wird auch erleichtert, wenn die Neuerung kompatibel zu den bisherigen Gewohnheiten (**Kompatibilität**) der Akteure der Organisation ist. Sie wird erschwert, wenn sie mit den Gewohnheiten bricht. Muss der gesamte Alltag durch eine neue Organisationsstruktur umgekrempelt werden, steigt der Widerstand gegen eine Neuerung.

- Auch die **Einfachheit** (Simplicity) des Gebrauchs der Innovation erleichtert die Aneignung, während Komplexität (Complexity) sie behindert. Wenn also zunächst völlig neue Strukturen und Prozesse entwickelt werden müssen, die mit vielen technischen und operativen Details gespickt sind, bevor der erste Schritt getan werden kann, dann wird die Aneignung unwahrscheinlich.

- Die vierte Bedingung nennt Rogers die **Erprobbarkeit** (Trialability) einer Innovation. Sie steht für die Eigenschaft einer Innovation, sie erst einmal versuchsweise testen und ausprobieren zu können, bevor sie endgültig erworben wird.

- Die fünfte Bedingung ist die **Sichtbarkeit** (Observability) der Innovation. Wenn Neuerungen „öffentlich" zugänglich und für alle sichtbar sind, man beispielsweise beobachten kann, wie sie in anderen Organisationen angewendet und erfolgreich umgesetzt wurden, dann wird über die intendierte Neuerung geredet. Die Wahrscheinlichkeit, dass Personen, die zunächst zurückhaltend waren, die Neuerung dann übernehmen, steigt. Dieses Phänomen lässt sich derzeit im zunehmenden Gebrauch von Armbändern beobachten, in die Sensoren integriert sind, die kontinuierlich während des Alltags das Aktivitätsverhalten, die Herzfrequenz und weitere Biodaten ihrer Nutzer registrieren (**Life Logging**). Die Armbänder werden häufig von Managern getragen und veranlassen offenbar andere Manager dazu, sich ebenfalls dieser Technik zu bedienen, nicht zuletzt auch, um die Zugehörigkeit zu einer (vermeintlich) gesundheitsbewussten Gruppe von Personen zu demonstrieren.

Greenhalgh et al. (2004, 2005) haben den fünf Adoptionsbedingungen, die immer und überall im Zusammenhang mit der Theorie von Rogers zitiert werden, eine sechste Bedingung hinzugefügt: Das Potenzial der **Reinvention** wird einer Innovation zugeschrieben, die von den Nutzern nach Aneignung an die eigenen Bedarfe und Bedürfnisse angepasst werden kann. Die Tatsache, dass man einen Prozess oder ein Produkt nicht einfach übernehmen muss, sondern es an die eigenen Bedürfnisse anpassen kann, begünstigt die Aneignung. Im Kontext des Produktgütermarketings wird hier mit adressartengerechten oder individualisierten Produkten geworben.

Mit fünf weiteren Bedingungen beschreiben die Autoren zusätzliche Attribute der Adoption: **Fuzzy Boundaries** verweisen auf den Sachverhalt, dass Innovationen meist aus einem Kernelement und peripheren Elementen bestehen. Im Beispiel einer partizipativen gesundheitsförderlichen Organisationsentwicklung bestünde der Kern der Innovation in der Beteiligung der Betroffenen und einem korrespondierenden Bottom-up-Prozess der Entwicklung von Interventionsmaßnahmen in einer Organisation, deren Struktur eigentlich hierarchisch ist und in der typischerweise top-down entschieden wird. Die Umstellung auf partizipative Entscheidungen hätte Konsequenzen für die Kultur und das Klima der Organisation. Wenn es gelänge, den partizipativen Prozess an die Bedürfnisse und die bestehende Kultur der Organisation anzupassen, statt eine komplette Änderung des Bisherigen zu veranlassen, dann würde das die Aneignung der Innovation erleichtern.

Antizipierte Risiken oder Unsicherheit, die stärker wiegen als der erwartete Nutzen, behindern die Aneignung. Sie erleichtern sie, wenn ein Nutzen antizipiert wird, der die Arbeit der Organisation erleichtert. Dieser Aspekt bezeichnen Greenhalgh und Kollegen als **Task Issues**. Wird Wissen benötigt, um die Innovation zu verwenden, und kann dieses Wissen aus dem bereits vorhandenen Wissen transferiert werden, erleichtert auch das die Aneignung, ebenso wie zusätzliche Serviceleistungen, die mit der Innovation verbunden sind, etwa ein technischer Support oder Schulungsmaßnahmen.

Auf der Aggregationsebene werden im Zeitverlauf einer Diffusionsaneignung Personentypen danach unterscheiden, ob sie bei Erscheinen der Neuerung bereits „zugreifen", ob sie lieber etwas abwarten oder sich der Neuerung komplett verweigern. Rogers nannte sie **Innovators, Early Adopters, Early** (frühe) und **Late Majority** (späte Mehrheit), **Laggards** (Rückständige) und **Leapfroggers** (Bockspringer). Greenhalgh und Kollegen warnen davor, die Typen bereits als erklärende Kategorie der Adoption zu verwenden. Die Typenbezeichnungen beschreiben lediglich. Sie erklären nicht, was auf der Nutzerseite passiert. In ◘ Tab. 5.2 sind die Typen aufgeführt und ihre möglichen Eigenschaften sind skizziert.

Welche psychischen Merkmale taugen zur Erklärung der Innovationsadoption? Greenalgh et al. (2004) nennen sieben Merkmale, die in unterschiedlichem Maß förderlich oder hinderlich wirken. Die Autoren wählten die Merkmale nach einer umfassenden Analyse der seinerzeit vorhandenen Literatur aus, wenn sie mindestens eine schwache Evidenz für die Aneignung aufwiesen:

- **Person- oder Charaktermerkmale** wie Ambiguitätstoleranz, Offenheit, Motive, Werte und Lernstile, die eine Person disponieren, sich mehr oder minder „offen" gegenüber Neuerungen zu zeigen, und kontextspezifische psychologische Voraussetzungen wie Ziele oder spezifische Fertigkeiten, die mit einer spezifischen Innovation assoziiert sind. So kann man beispielsweise davon ausgehen, dass die derzeit nachwachsende jüngere Generation, deren Mitglieder auch als Digital Natives bezeichnet werden, gegenüber Neuerungen in der Informationstechnik aufgeschlossener sind, als die Angehörigen der Lost Generation,

◘ Tab. 5.2 Adoptionstypen und ihre Eigenschaften

Typus	Potenzielle Eigenschaften
Innovatoren	Sie sind die ersten, die eine Neuerung nutzen. Sie akzeptieren das Risiko, dass die Neuerung möglicherweise nicht hält, was sie verspricht. Sie gehören einer sozialen Gruppe an, die über ein hohes Einkommen und einen hohen sozialen Status verfügt und für wissenschaftliche Erkenntnisse aufgeschlossen ist. In der Regel sind die Innovatoren eher extrovertierte und sozial offene Personen.
frühe Anwender	Sie sind Meinungsführer/innen, haben ebenfalls einen hohen sozialen Status, besitzen frei verfügbare finanzielle Mittel, sind formal höher gebildet und sozial aufgeschlossener als jene, die erst später zu Innovationen greifen. Sie wägen den Vorteil von Neuerungen ab und sind für die Verbreitung (Diffusion) der Neuerung entscheidende Multiplikatoren.
frühe Mehrheit	Der Typus der frühen Mehrheit wartet ab, beobachtet die Entwicklung und gehört – wie die Typen der beiden vorherigen Kategorien – den gehobenen Sozialschichten an. Die Personen dieses Typus halten Kontakt zu den frühzeitigen Anwendern und tauschen sich mit diesen aus. Sie werben aber selbst selten offensiv für Neuerungen.
späte Mehrheit	Dieser Typus eignet sich eine Neuerung erst an, wenn mehr als die Hälfte der Verbraucher/innen oder Nutzer/innen die Neuerung bereits praktizieren. Personen dieses Typus sind skeptisch und bleiben es auch. Sie gehören häufiger niedrigeren sozialen Schichten oder Milieus an und besitzen meist wenige, frei verfügbare finanzielle Mittel. Sie haben keinerlei Meinungsführerschaft.
Rückständige	Dieser Typus ist ein Verweigerer von Innovationen. Er beharrt auf dem Althergebrachten, sieht keinen Nutzen in Neuerungen und entwickelt manchmal gar eine Aversion gegen Neuerer. Personen dieses Typus stehen im Sozialschichtgefüge meist unten, haben wenig Geld, sind älter und haben nur ein begrenztes soziales Umfeld. Laggards können aber auch aus politisch-ideologischen Gründen Innovationsverweigerer sein.
Bockspringer	Als „Bockspringen" bezeichnet man das Phänomen, dass dieser Personentypus zunächst widerständig ist, dann aber ganze Generationen einer Neuerung überspringt, um sich gleich die aktuellste Version einer Technologie oder eines Programms anzueignen.

die während und direkt nach dem Ende des Zweiten Weltkriegs geboren wurden.

▬ Die Bedeutung oder **Bedeutsamkeit**, die eine Person einer Innovation zuschreibt, und die Übereinstimmung dieser Zuschreibung mit der Bedeutsamkeit, die auch andere der Innovation zuschreiben, ist ein weiteres psychologisch relevantes Merkmal der Adoption. Wenn etwa Führungskräfte, Meinungsmacher oder andere relevante Personen die Auffassung vertreten, dass die Innovation eine wichtige oder „gute" Sache ist, dann wird die Aneignung wahrscheinlicher.

▬ Die **Freiheit der Adoptionsentscheidung** ist eine weitere kritische Variable. Eine top-down, von oben angeordnete Maßnahme der Gesundheitsförderung wird weniger gut adoptiert als eine bottom-up entwickelte Interventionsmaßnahme.

▬ Der **Grad der Bekanntheit** nimmt Bezug auf Rogers Phase des „Wissens". Wenn eine Person transparente Informationen zum Nutzen und zum Gebrauchsaufwand einer Neuerung verfügbar hat, wird sie sich eher mit der Aneignung befassen als in jenen Fällen, in denen nur ein diffuses Verständnis über die Innovation herrscht.

▬ Während der frühen Phase des Gebrauchs und auch für fortgeschrittene Nutzer entscheiden **fortlaufend verfügbare Informationen** über die Wirkungen und Nebenwirkungen der Innovation darüber, ob eine Intervention in das Repertoire der Nutzer dauerhaft eingebettet wird.

□ Tab. 5.3 Zusammenfassung der referierten Theorien und Hinweise auf deren Gebrauch

Theorie, Ansatz, Konzept	Hinweis auf die Passung für …
Health Action Process Approach[a] (HAPA)	HAPA und andere sozial-kognitive Theorien/Modelle passen immer dann, wenn es um die Motivierung zu einem gesundheitsförderlichen Verhalten und um dessen nachhaltige Stabilisierung geht.
Theorie des geplanten Verhaltens (TPB)	Sind Einstellungen zu ändern, die ein riskantes Verhalten stärken, ist die TPB eine geeignete Theorie im Verbund mit dem Yale-Ansatz der persuasiven Kommunikation.
Transtheoretisches Modell der Verhaltensänderung (TTM)	Immer dann, wenn riskantes Verhalten aufgegeben und gesundheitsförderndes angeeignet werden soll (zum Beispiel das Rauchen), passt das TTM.
Modell des organisationalen Wandels	Passend, wenn Organisationsentwicklung und -veränderung beabsichtigt sind.
Community Coalitions Action Theory (CCAT)	Sollen Koalitionen in einer Gemeinde und zwischen Gemeinden geschmiedet werden, dann passt die CCAT.
Diffusion of Innovations	Bedenkt die Bedingungen, die gegeben sein müssen, damit eine Innovation von einer Organisation oder einer Person akzeptiert und genutzt wird.

[a] Der HAPA steht hier stellvertretend für weitere sozial-kognitive Theorien der Verhaltensänderung.

5.4 Welche Theorie für welchen Zweck?

Der Grad der empirischen Bewährung von Theorien, Modellen und Konzepten der Gesundheitsförderung variiert beträchtlich. Sehr gut bewährt im Sinne von Aussagen mit einer hohen internen Validität sind die gesundheitspsychologischen Theorien, die auf eine Änderung des individuellen Verhaltens abzielen. Die Ansätze, in denen es um die Änderung von Organisationen geht, sind demgegenüber weniger gut durch experimentelles Vorgehen intern validiert und auch aufgrund der ihnen innewohnenden Komplexität durch einen reduktionistischen experimentellen Zugang kaum prüfbar.

Dem Praktiker oder der Praktikerin stellt sich im Fall einer Interventionsplanung die Frage, welche Theorie er oder sie bevorzugen sollte. Darauf gibt es keine abschließende Antwort, sondern nur Anregungen, die wir in □ Tab. 5.3 den Theorien, Ansätzen und Konzepten zugeordnet haben (und mit denen wir uns angreifbar machen). Generell lassen sich für die Theoriewahl drei Kriterien formulieren:
- die Widerspruchsfreiheit ihrer Aussagen (interne Konsistenz)
- die Sparsamkeit der verwendeten Konstrukte und ihrer Verknüpfungen

- die augenscheinliche Plausibilität, mit der sie zum gegebenen Problem passen (ökologische Validität; siehe dazu McGuire 1983)

Aufgabe des Praktikers ist nicht die Prüfung einer Theorie, sondern die Orientierung seiner Intervention an einer Theorie.

Wie auch immer man in der Praxis entscheidet, eine Intervention ohne (Programm-)Theorie ist Stückwerk. Ein solches Vorgehen sollte längst der Vergangenheit angehören, denn die Forderung nach einer theoretisch getriebenen Vorgehensweise ist nicht neu. Sie wurde bereits von Green (2000) erhoben, um sicherzustellen, dass die zu einer intendierten Interventionsabsicht passenden Variablen oder Konstrukte und deren Wechselwirkung auch tatsächlich berücksichtigt werden. Auch für die Entscheidung, welche Theorie jeweils passend ist, gibt es hilfreiche Konzepte, wie das **Theoretical Domains Framework** (zum Beispiel Michie et al. 2005; French et al. 2012), das psychologische Theorien in den Vordergrund rückt. In □ Tab. 5.4 haben wir, angelehnt an French, eine stufenweise Vorgehensweise skizziert, die für die Theorieorientierung einer Interventionsplanung nützlich ist.

◘ Tab. 5.4 Stufenweises Vorgehen, um eine theoriefundierte Intervention zu konzipieren

Stufe	Zentrales Moment der Stufe	Aufgabe der Stufe
1	Beantworte die Frage: Wer sollte – nach allem, was wir wissen – was wie tun?	Identifiziere die Lücke zwischen geltender Praxis und vorhandener Evidenz. Spezifiziere die Verhaltensänderung, die erforderlich ist, um die Lücke zu schließen. Spezifiziere die Gruppe, die ihr Verhalten ändern sollte.
2	Gebrauche eine Theorie, um jene Barrieren und Erleichterungen (Verhaltensdeterminanten) zu identifizieren, die einer Verhaltensänderung entgegenstehen oder diese begünstigen.	Formuliere die Programmtheorie oder nutze eine bereits bewährte Theorie, die geeignet erscheint, um die Pfade zu identifizieren, die die Verhaltensänderung erleichtern oder ihr im Wege stehen. Setze die Realist-Synthesis-Methode ein. Nutze sozialwissenschaftliche Methoden, um die Verhaltensdeterminanten zu identifizieren.
3	Identifiziere die Methoden und Techniken, die geeignet sind, jene Verhaltensdeterminanten zu beeinflussen, über die das beabsichtigte Verhalten erreicht werden soll.	Setze jene Techniken und Methoden ein, die sich als evident erwiesen haben. Bewerte, welche der Methoden und Techniken relevant sind, von wem sie angewendet werden können und ob sie von den Betroffenen akzeptiert werden.
4	Bereite die Evaluation der Intervention vor, stütze dich dabei auf die gewählte Theorie und benenne die Endpunkte.	Identifiziere die Moderator- und Mediatorvariablen, die eine Verhaltensänderung beeinflussen. Lege die Kriterien der „erfolgreichen" Intervention fest. Wähle passende Messmethoden (valide und reliabel). Bestimme die Machbarkeit der Messungen und deren Akzeptanz.

Fazit

In der Gesundheitspsychologie wurden elaborierte Theorien und Ansätze, die Interventionen leiten können, ausgearbeitet und in vielen Studien auf ihre Bewährung geprüft. Sie sind aufgrund der internen Validität der verwendeten Studien von einer starken Evidenz. Das gilt zwar nicht im gleichen Maß für organisationale Modelle und Ansätze, aber auch diese liefern wertvolle Hinweise für die Konzipierung einer Intervention. In verhaltensorientierten Ansätzen sind Einstellungen, Erwartungen und Absichtsbildungen kritische Erfolgsvariablen. In Organisationsansätzen ist die Bildung von Kapazitäten (Community Capacity Building) und Netzwerken (Coalitions) kritisch. Welche Theorie auch immer gewählt wird, Kommunikation ist unerlässlich, damit Innovationen adaptiert werden. Kommunikation kann sich am Ansatz der Yale-Gruppe orientieren, die dem Sender als wesentliche Merkmale Authentizität und Attraktivität und dem Empfänger Involviertheit und Sachverstand als wesentliche Merkmale zuschreibt.

Merke

Interventionen sollten sich an Theorien orientieren, die empirisch bewährt sind. Solche Theorien existieren sowohl für die verhaltensorientierte wie auch für die verhältnisorientierte Prävention und Gesundheitsförderung. Sie nicht zu berücksichtigen heißt, unprofessionell zu handeln.

Fragen

- Welchem Menschenbild folgen sozial-kognitive Theorien der Verhaltensänderung?
- Wie entsteht eine subjektive gesundheitliche Bedrohung?
- Was ist Selbstwirksamkeit? Welche Varianten unterscheidet die Gruppe um Ralf Schwarzer im HAPA?
- Welche Stufen oder Stadien werden im TTM unterschieden und welche Kategorien von Strategien werden ihnen (grob) zugeordnet?
- Welche Ansätze/Modelle beschreiben den organisationalen Wandel?
- Rogers nennt fünf Bedingungen, die eine Aneignung einer Innovation erleichtern. Warum sind

diese Bedingungen noch nicht als erklärende Bedingungen zu bezeichnen?

— Welche zusätzlichen Bedingungen der Innovationsadoption benennen Greenhalgh und Kollegen?

— Wozu sind Theorien in einer Interventionsplanung nützlich?

Literatur

Ajzen, I. (1985). From intentions to actions: A theory of planned behavior. In J. Kuhl, & J. Beckmann (Hrsg.), *Action-control: From cognition to behavior* (S. 11–39). Heidelberg: Springer.

Butterfoss, F. D., & Kegler, M. C. (2002). Toward a comprehensive understanding of community coalitions: Moving from practice to theory. In R. DiClemente, L. Crosby, & M. C. Kegler (Hrsg.), *Emerging theories in health promotion practice and research.* (S. 157–193). San Fransisco, CA: Jossey Bass.

Butterfoss, F. D., Kegler, M. C., & Francisco, V. T. (2008). Mobilizing organizations for health promotion. Theories of organizational change. In K. Glanz, B. K. Rimer, & K. Viswanath (Hrsg.), *Health behavior and health education. Theory, research, and practice* (4. Aufl. S. 335–361). San Francisco, CA: Jossey-Bass.

Eagly, A. H., & Chaiken, S. (1993). *The psychology of attitudes.* Forth Worth: Harcourt, Brace & Janovich.

French, S. D., Green, S. E., O'Connor, D. A., McKenzie, J. E., Francis, J. J., Michie, S., & Grimshaw, J. (2012). Developing theory-informed behaviour change interventions to implement evidence into practice: a systematic approach using Theoretical Domains Framework. *Implementation Science, 7*, 38–46.

Fuchs, R. (2001). Entwicklungsstadien zum Sporttreiben. *Sportwissenschaft, 31*, 255–281.

Green, J. (2000). The role of theory in evidence-based health promotion practice. *Health Education Research, 15*, 125–129.

Greenhalgh, T., Robert, G., MacFarlane, F., Bate, P., & Kyriakidou, O. (2004). Diffusion of Innovations in Service Organisations: Systematic Review and Recommendations. *Milbank Quarterly, 82*, 581–629.

Greenhalgh, T., Robert, G., Bate, P., MacFarlane, F., & Kyriakidou, O. (2005). *Diffuision of innovations in health service organisations. A systematic review.* Oxford: Blackwell.

Kaluzny, A. D., & Hernandez, S. R. (1988). Organization change and innovation. In S. M. Shortell, & A. D. Kaluzny (Hrsg.), *Health care management: A text in organization theory and behavior* (2. Aufl. S. 378–417). New York: Wiley.

Keller, S. (Hrsg.). (1999). *Motivation zur Verhaltensänderung. Das Transtheoretische Modell in Forschung und Praxis.* Freiburg: Lambertus.

Kickbusch, I. (2003). The contribution of the World Health Organization to a new public health and health promotion. *American Journal of Public Health, 93*, 383–388.

Landesgesundheitsamt Baden-Württemberg (2012). *Handbuch zur kommunalen Gesundheitsförderung.* Stuttgart: LGA.

Lewin, K. (1951). *Field theory in social science.* New York: Harper & Row.

Lindenberg, S. (1985). An assessment of the new political economy: Its potential for the social science and for sociology in particular. *Sociological Theory, 3*, 99–114.

Michie, S., Johnston, M., Abraham, C., Lawton, R., Parker, D., Walker, A., et al. (2005). Making psychological theory useful for implementing evidence based practice: a consensus approach. *Quality Safety in Health Care, 14*, 26–33.

Minkler, M., Wallerstein, N., & Wilson, N. (2008). Improving health through community organization and community building. In K. Glanz, B. K. Rimer, & K. Viswanath (Hrsg.), *Health behvavior and health education. Theory, research, and practice* (4. Aufl. S. 287–311). San Francisco: Jossey Bass.

McGuire, W. J. (1983). A contextualist theory of knowledge: its implications for innovation and reform in psychological research. In E. D. L. Berkowitz (Hrsg.), *Advances in experimental psychology* (S. 1–47). New York: Academic Press.

Nutbeam, D. (2006). Using theory to guide changing individual behaviour. In M. Davies, & W. Macdowall (Hrsg.), *Health promotion theory* (S. 37–46). Berkshire: Open University Press.

Prochaska, J. O., & Velicer, W. F. (1997). The transtheoretical model of behavior change. *American Journal of Health Promotion, 12*, 38–48.

Rappaport, J. (1984). Studies in empowerment: introduction to the issue. *Prevention in Human Services, 3*, 1–7.

Renneberg, B., & Hammelstein, P. (Hrsg.). (2006). *Gesundheitspsychologie.* Heidelberg: Springer.

Reyer, M., Fina, S., Siedentop, S., & Schlicht, W. (2014). Walkability is only part of the story: Walking for transportation in Stuttgart, Germany. *International Journal of Environmental Research and Public Health, 11*, 5849. doi:10.3390/ijerph110x0000x.

Rogers, E. M. (2003). *Diffusion of innovations* (5. Aufl.). New York: Free Press.

Schlicht, W., & Brand, R. (2007). *Körperliche Aktivität und Gesundheit.* Weinheim: Juventa.

Schwarzer, R. (1997). *Psychologie des Gesundheitsverhaltens* (2., rev. Aufl.). Göttingen: Hogrefe.

Shea, C. M., Jacobs, S. R., Esseman, D. A., Bruce, K., & Weiner, B. J. (2014). Organizational readiness for implementing change: a psychometric assessment of a new measure. *Implementation Science, 9*, 7.

Steckler, A., Goodman, R. M., & Kegler, M. C. (2002). Mobilizing organisations for health enhancement: theories og organisational change. In K. Glanz, B. Rimer, & F. M. Lewis (Hrsg.), *Health behaviour and health education: theory, research, and practice* (3. Aufl. S. 335–360). San Francisco: Jossey-Bas.

Storey, J. D., Saffitz, G. B., & Rimón, J. G. (2008). Social marketing. In K. Glanz, B. K. Rimer, & K. Viswanath (Hrsg.), *Health behavior and health education: theory, research, and practice.* (S. 435–464). San Fransisco: Jossey-Bass.

Wallerstein, N. (2006). *What is the evidence on effectiveness of empowerment to improve health.* Kopenhagen: Health Evidence Network.

Weiner, B. J. (2009). A theory of organizational readiness for change. *Implementation Science, 4*(67), 10.

Weinstein, N. D., Sandman, P. M., & Blalock, S. J. (2008). The precaution adoption process model. In K. Glanz, B. K. Rimer, & K. Viswanath (Hrsg.), *Health Behavior and Health Education* (4. Aufl. S. 123–147). San Francisco: Jossey-Bass.

Wright, M. T., Nöcker, G., Pawils, U., & Walter, U. (2013). Partizipative Gesundheitsforschung – ein neuer Ansatz für die Präventionsforschung. *Prävention und Gesundheitsförderung*, 8(3), 119–121.

Messen, bewerten, beschreiben, informieren

Wolfgang Schlicht, Marcus Zinsmeister

W. Schlicht, M. Zinsmeister, *Gesundheitsförderung systematisch planen und effektiv intervenieren,*
DOI 10.1007/978-3-662-46989-7_6, © Springer-Verlag Berlin Heidelberg 2015

Im sechsten Kapitel befassen wir uns mit der Evaluation, die in den Prozesszyklen (zum Beispiel dem PDCA) als abschließende Tätigkeit einer Intervention erscheint. Evaluation steht aber nicht nur am Ende der Prozesskette als summative Bewertung der Interventionswirkung, sie beginnt vielmehr bereits mit der Planung einer Intervention. In diesem Kapitel stellen wir drei Typen und vier Generationen der Evaluation vor und zeigen, welche Methoden zu welchem Evaluationsanlass passen, erläutern gängige Methoden und beschreiben drei Evaluationsmodelle näher.

6.1   Evaluieren

Im täglichen Sprachgebrauch wird „Evaluieren" im Allgemeinen als ein abschließendes Bewerten eines Vorgangs verstanden. Zum Ende einer Maßnahme soll beispielsweise festgestellt werden, ob und wie stark die Intervention das Verhalten oder die Verhältnisse verändert hat. Einige Beispiele dazu mögen das illustrieren: Wurde der Anteil der jugendlichen Raucher durch ein Schulprogramm reduziert? Gelang es, wie beabsichtigt, alleinstehende ältere Menschen am sozialen Leben einer Kommune teilhaben zu lassen? Das sind typische Fragen einer **summativen Evaluation**.

In der Evaluationsforschung steht der Begriff „Evaluation" aber auch für die Begleitung des gesamten Interventionsprozesses, und der beginnt bereits mit der Planung. Evaluation dient insofern nicht nur der Feststellung, ob eine Intervention wirksam, weniger oder gar nicht wirksam war, sondern sie hilft, sie noch während des laufenden Prozesses zu verbessern. Evaluation ist dann (oder zusätzlich) **formativ**.

Evaluieren bedeutet „bewerten". Das ist ein alltäglicher Vorgang. Wir bewerten das Aussehen eines anderen Menschen, seine Aussagen, die Vor- und Nachteile eines Kleidungsstücks oder eines Autos, das wir uns anschaffen wollen. Selbst wenn wir Heuristiken nutzen, um zu einem Urteil zu gelangen, bewerten wir, und – wie bereits dargestellt – wir tun es häufiger auf diese Art denn rational alle Informationen abwägend. Es sind auch dann Bewertungen im Spiel, wenn Personen dem Ausgang von Ereignissen, die ihnen im Alltag begegnen oder widerfahren, Ursachen zuschreiben und sie darauf hin entscheiden,

ob sie sich auch weiterhin einer solchen oder ähnlichen Maßnahme unterziehen wollen, ob sie ein Produkt erwerben, einem Angebot folgen oder sich mit einer Person erneut treffen wollen. Evaluieren ist in diesem Sinne ein alltäglicher Vorgang. Sie unterscheidet sich aber von der wissenschaftlichen Evaluation oder Evaluationsforschung.

Evaluation

Evaluation ist im wissenschaftlichen Verständnis eine fachgerechte Bewertung, die sich wissenschaftlicher Methoden bedient, die zielgerichtet eingesetzt werden, um nach zuvor festgelegten und expliziten Kriterien Informationen zu sammeln, auszuwerten und auf der Grundlage der Daten zu urteilen. Sie informiert datenbasiert und hilft, die Interventionsabsicht und den -prozess transparent zu machen, ihn zu verbessern und zu entscheiden, ob erneut oder geändert interveniert werden sollte.

Evaluation, wie sie in der Evaluationsforschung und in der systematischen Intervention verstanden wird, ist ein Vorgehen des Bewertens, das wissenschaftliche Methoden systematisch nutzt, um zu einem Urteil zu gelangen (Rossi et al. 2004; Bank und Lames 2010). Das Urteil betrifft nicht alleine das Produkt, also das (End-)Ergebnis einer Intervention. Evaluiert werden kann bereits das Konzept, der Prozess oder der Kontext (die personellen und materiellen Strukturen), in dem interveniert wird, nicht zuletzt, weil Prozesse und Strukturen zu einem Interventionsergebnis entscheidend beitragen.

Die wissenschaftliche Literatur differenziert auch verschiedene Evaluationsklassen oder -typen, von denen wir in diesem Kapitel die drei wesentlichen Typen streifen wollen: **methodenorientierte, nutzenorientierte** und **bewertungsorientierte Evaluation**. Die Typen und dazu passende Evaluationsmodelle sind in ▪ Tab. 6.1 gelistet. Für eine profunde Darstellung der Genese der dort genannten Typen, für weitere Typen und ihre Beziehungen zueinander verweisen wir auf Alkin und Christie (2013).

◻ **Tab. 6.1** Evaluationstypen

Methodenorientiert	Nutzenorientiert	Bewertungsorientiert
Causal generalization (Shadish et al. 2001)	Four levels (Kirkpatrick und Kirkpatrick 2006)	Adversary evaluation (Owens und Wolf 1985)
Evaluative research (Suchman 1967)	Utilization-focused evaluation (Patton 1978)	4th generation (constructivist) evaluation (Guba und Lincoln 1989)
Methodological view (Campbell und Stanley 1963)	Evaluation research, political context und enlightenment (Weiss 1972)	Responsive evaluation (Stake 1980)
Objectives-based evaluation (Tyler 1942)	CIPP model (Stufflebeam und Shinkfield 2007)	Valuing (Scriven 1972)
Theory-Driven evaluation (Chen 1990)	Empowerment evaluation (Fetterman et al. 1995)	Connoisseurship Model (Eisner 1976)
Evaluation as art (Cronbach 1982)		

6.1.1 Evaluationstypen

Die Verfasser der **methodenorientierten Typen** rücken – wie der Name erahnen lässt – Verfahren und Methoden in den Mittelpunkt, die geeignet sind, valide und zuverlässig über die Wirkung einer Intervention zu informieren. Sie wollen also die Güte des Produkts beurteilen. Der Königsweg, um Wirkungen festzustellen, ist das echte Experiment, das möglichst in einer standardisierten Umgebung (Labor) stattfindet. Versuchspersonen werden im Experiment zufällig ausgewählt und dann – ebenfalls zufällig – auf die verschiedenen Bedingungen des Experiments (zum Beispiel zwei Arten einer Intervention) verteilt. Methodenorientierte Evaluationen nutzen neben dem Experiment aber auch andere wissenschaftliche Verfahren, um Interventionswirkungen im naturalistischen Umfeld, etwa im schulischen Kontext, im Altenheim oder im betrieblichen Umfeld, festzustellen. Eine der bekannten methodenorientierten Evaluationen erfolgt derzeit in den Bildungswissenschaften. Das **Programme for International Student Assessment** ist als PISA bekannt geworden. PISA ist ein **Large Scale Assessment**. Mit PISA wird das Endergebnis von Unterricht bewertet, indem die Leistungen sehr vieler Schülerinnen und Schüler getestet, mit anderen verglichen und in eine nationale und internationale Rangordnung gebracht werden.

Auch die bereits genannte **Theory-Driven Evaluation**, auf die wir am Ende diese Kapitels noch einmal detaillierter eingehen werden, gehört zur Klasse der methodenorientierten Evaluationen. In diesem Typus der Evaluation beschreibt und nutzt der Evaluator wissenschaftliches und/oder Experten-wissen und formuliert daraus eine Programmtheorie, in der die vermutlichen Wirkmechanismen benannt werden. Die Theorie leitet die Arbeit des Evaluators, indem er die Kriterien und Messoperationen an der Theorie orientiert. Am Ende des Evaluationsprozesses will man mit diesem Vorgehen nicht nur erfahren, ob eine Intervention gewirkt hat, sondern auch, warum sie gewirkt hat.

Im Typus der **nutzenorientierten Evaluation** (Utilization Focused Evaluation) stellt sich dem Evaluator die Aufgabe, die Bedingungen zu klären, unter denen Evaluationsergebnisse genutzt werden können. Der Evaluationsnutzen ist dabei nicht alleine ökonomisch definiert, beispielsweise über den Return of Invest einer betrieblichen Maßnahme der Gesundheitsförderung, sondern auch als individueller Nutzen der Stakeholder. Beantwortet werden soll nicht nur, ob etwas wirkt, sondern wer von der Wirkung in welcher Weise profitiert hat. Damit die Antwort die Erwartungen der Stakeholder trifft, werden diese von Beginn an in den Evaluationsprozess einbezogen. In diesem Typus ist das CIPP-Modell von Stufflebeam und Shinkfield (2007) ein geläufiges Vorgehen. CIPP steht als Akronym für Context, Input, Process und Product (▶ Abschn. 6.3.1). Es wurde bereits in den 1960er-Jahren entwickelt. Der Kontext und der Input umfassen die Bedingungen der Intervention, das Konzept, die Struktur, die Ressourcen (Income) und die Investitionen (Input), die kritisch darauf hin analysiert werden, ob sie hinreichend sind, um den Interventionserfolg (Produkt) zu sichern. Der Prozess beschreibt die Programmdurchführung mit allen Maßnahmen und Aktivitäten. Auch in der CIPP-Evaluation werden die Interessen der Stakeholder bereits in der Interventionsplanung berücksichtigt.

Das Evaluationsziel einer nutzenorientierten Evaluation muss aber nicht wie im Modell der CIPP-Evaluation formativ und summativ sein, sondern er kann auch das eine oder das andere sein. Die Evaluation zielt in der formativen Absicht auf die Verbesserung des Interventionsvorgehens ab, statt das Produkt lediglich abschließend festzustellen. Nutzenorientierte Evaluation will Informationen für zukünftige Entscheidungen liefern, indem sie die Frage beantwortet: „Was haben wir von der Intervention?" Im Internet stehen unter ▶ www.betterevaluation.org/resource/guide/UFE_checklist Materialien zur Verfügung, die eine nutzenorientierte Evaluation unterstützen.

In der Klasse der **bewertungsorientierten Typen** rücken die Verfasser (siehe ◙ Tab. 6.1) den Evaluationsprozess selbst in den Vordergrund des Tuns und sind darauf aus, den Interventionsprozess so zu gestalten, dass alle Beteiligten und Betroffenen (Stakeholder) über ein Höchstmaß an Informationen verfügen und in möglichst alle Entscheidungen eingebunden werden. Als prominente Form gehört in die bewertungsorientierten Modelle die Fourth Generation Evaluation von Guba und Lincoln (1989), die dem Paradigma des Konstruktivismus folgt. Der Konstruktivismus geht – wie in ▶ Kap. 1 bereits beschrieben – prinzipiell davon aus, dass die Wirklichkeit sozial konstruiert ist. Demnach haben auch alle Stakeholder, die von einer Intervention betroffen oder daran beteiligt sind, eine eigene Vorstellung davon, was von einer Intervention zu erwarten ist und was sie bewirken wird.

Die Aufgabe des Evaluators ist es, diese verschiedenen „Programmwirklichkeiten" offenbar zu machen, den Planungsprozess zu moderieren und dafür zu sorgen, dass eine **gemeinsam geteilte Wirklichkeit** entsteht. Statt auf experimentellem oder quasi-experimentellem Weg die Wirkung einer Intervention zu testen, begleiten eine oder mehrere Fallstudien den Prozess der Intervention. Genutzt werden in der Regel qualitativ-methodische Verfahren und dazu passende Instrumente (Interviews, Fokusgruppen etc.), die den Konsens der Betroffenen und Beteiligten entwickeln, ihn beschreiben und wesentliche Differenzen in der subjektiv gedeuteten Programmwirklichkeit der Stakeholder herausarbei-

ten. Der Evaluator ist hier nicht der „Richter" oder der „Kontrolleur", der eine Interventionswirkung feststellt und den Nutzen beurteilt, sondern der „Verbündete" der Stakeholder, der ihre Interessen ernst nimmt, sie transparent macht und – wo immer möglich – zu einem gemeinsamen, von allen geteilten Interesse führt. In dieser Rolle muss sich der Evaluator – der konstruktivistischen Auffassung entsprechend – darüber im Klaren sein, dass auch er eine eigene Wirklichkeitskonstruktion favorisiert. Im Idealfall agiert er als neutraler Moderator des Prozesses.

Die Typen der Evaluation werden in der einschlägigen Literatur auch **Evaluationsgenerationen** zugeordnet. Der Begriff „Generation" ist dabei nicht als einander ausschließende Kategorie zu verstehen. Die zweite Generation ersetzt also nicht die erste und die dritte nicht die zweite. Als Generation wird vielmehr eine erweiterte Zielrichtung bezeichnet, die mit der Evaluation jeweils verfolgt wird. Die erste Generation misst, die zweite beschreibt und die dritte beurteilt. Die vierte Generation bezieht – wenn irgend möglich – sämtliche Stakeholder in den Evaluationsprozess ein (wie man die Stakeholder erfasst und sie ordnet, ist in ▶ Kap. 8 beschrieben). Das geschieht in der Annahme, dass deren Erwartungen und Absichten differieren und es also entscheidend ist, die Differenzen zu explizieren und anschließend zu verhandeln, um sie dann als unterschiedlich zu akzeptieren oder darauf hinzuwirken, dass sie sich annähern. Der Evaluationsvorgang gleicht so eher dem der Verhandlung denn der Bewertung.

Mit jeder Zielrichtung der Generation ändert sich auch die Rolle des Evaluators. In der ersten Generation ist er ein Methodenexperte, der beispielsweise ein Experiment planen und psychometrische Verfahren zur Beurteilung von Gedächtnis- oder anders gearteten Lernleistungen oder andere Testverfahren sachgerecht einzusetzen versteht und die so gewonnenen Daten statistisch auswerten kann. In der zweiten Generation ist er ein Sachverständiger. Als solcher beschreibt er die Stärken und Schwächen eines Vorgehens und benennt die damit verfolgten Zielstellungen (die Objectives). Das kann beispielsweise die Frage betreffen, ob ein Vorgehen, das Furcht induziert (indem es zum Beispiel drastische Bilder auf Zigarettenschachteln verwendet und darauf hinweist, dass es die Konsumenten wahrscheinlich „treffen" wird), besser geeignet ist,

Tab. 6.2 RE-AIM: Komponenten und Adressaten

Komponente	Personen	Organisation
Reach	Wer wurde erreicht? Waren es jene, die einen Bedarf hatten?	
Efficacy	Welche Wirkungen und Nebenwirkungen sind festzustellen?	
Adopt		Welche und wie viele Organisationen haben die Intervention übernommen?
Implementation		Wurde die Intervention von den Organisationen so übernommen und durchgeführt, wie im Original intendiert und geplant? (Programmtheorie, Protokoll, Teilnehmercharakteristika, Personal, Komplexität, Zeit, Zugänglichkeit, Kosten, Setting etc.)
Maintenance	Waren die Wirkungen nachhaltig?	

ein riskantes Verhalten (im Beispiel das Rauchen) abzustellen, als ein Vorgehen, das sachlich über die nachweislichen Schädigungen des riskanten Verhaltens informiert (indem es zum Beispiel die Anzahl der Krebstoten oder der Herzinfarkte benennt, die mit dem Rauchen assoziiert sind, ohne mit diesen Zahlen zugleich dem Raucher zu drohen). In der dritten Generation stellt sich dann nicht mehr nur die Frage, ob ein angestrebtes Ergebnis (Objective) erreicht wurde, sondern ob es auch ein „wertvolles" Ergebnis für die Nutzer ist. Der Evaluator wird zu einem Richter, der über die praktische Bedeutsamkeit der Wirkung urteilt. In der vierten Generation ist er Moderator und Verbündeter, aber kein Parteigänger.

Statistische Indikatoren (zum Beispiel t- oder F-Test) sind vor allem in den ersten Generationen ein Hilfsmittel, um über die Wirkung oder Wirksamkeit einer Intervention zu entscheiden. An ihrer jeweiligen Ausprägung entscheidet sich, ob ein Ergebnis zufällig zustande kam oder durch die Intervention bedingt wurde und was es „wert" ist. Bezieht man die Aufgabe des Evaluators auf die Verwendung und Nützlichkeit statistischer Indikatoren, dann steht in den ersten beiden Generationen der Signifikanztest (zum Beispiel der t-Test) und in der zweiten und dritten Generation die Effektstärkemessung (zum Beispiel die standardisierte Mittelwertdifferenz d oder eta^2) oder eine andere Form der Relevanzbeurteilung im Zentrum des Urteilens. Die ersten beiden Generationen suchen also nach statistischer Signifikanz und Evidenz (Efficacy). Die

dritte Generation sucht – stärker als die beiden anderen – nach der Alltagstauglichkeit und dem praktischen Nutzen einer Intervention.

Für die gesundheitsorientierte Implementierungsforschung und die Gesundheitsförderung haben Thorpe et al. (2009) mit **PRECIS** (Pragmatic Explanatory Continuum Indicator Summary) und Glasgow et al. (1999) mit **RE-AIM** geeignete Ansätze vorgeschlagen, um die Alltagstauglichkeit von Interventionen zu beurteilen. RE-AIM ist ein Akronym, dessen Initialen für Reach, Efficacy, Adopt, Implementation und Maintenance stehen, die wiederum, einem sozial-ökologischen Konzept folgend, sich auf das Individuum, die Organisation und die Kommune beziehen. Im RE-AIM wird systematisch gefragt und bewertet, ob eine Intervention jene Personen erreicht hat, die einen Bedarf hatten (Reach), ob und wie (positiv und negativ) die Intervention bei diesen Personen gewirkt hat (Efficacy), von wie vielen Organisationen und von welchen sie angenommen respektive übernommen wurde (Adopt), in welchem Umfang sie außerhalb eines begleiteten Interventionsprojektes in der realen Welt von Settings so, wie intendiert und geplant (Implementation), durchgeführt wurde und schließlich ob sich das Verhalten der Personen, die sich den Maßnahmen „unterzogen" haben, und die Organisation, in der interveniert wurde, dauerhaft verändert haben (Maintenance). In ◘ Tab. 6.2 sind die fünf RE-AIM-Komponenten gelistet und den „Adressaten" zugeordnet.

Signifikanztest und Relevanzbeurteilung

Über den statistischen Signifikanztest wird entschieden, ob ein beobachtetes Ergebnis zufällig oder systematisch zustande gekommen ist. In seiner Logik ist der Test abhängig von der Größe der Stichprobe. Je größer die Stichprobe ist, desto kleiner kann ein Unterschied in den Ergebnissen zweier Gruppen sein, von denen die eine Intervention x und die andere eine andere Art y der Intervention erfahren hat. Der Signifikanztest informiert nicht darüber, ob eine Interventionswirkung relevant oder nützlich ist. Die Prüfung der Signifikanz ist aber eine Voraussetzung, um über die Relevanz zu urteilen. Erweist sich ein Test als insignifikant, bedeutet das, dass der gemessene Effekt (zum Beispiel der Unterschied zwischen den beiden Interventionsgruppen x und y) mit hoher Wahrscheinlichkeit zufällig zustande kam, nicht aber auf die Intervention x oder y zurückzuführen ist. Ist der Test aber signifikant, ist der Unterschied beider Gruppen wahrscheinlich durch den Einfluss der Intervention bedingt. Dann kann auf der Basis von Effektstärken über die Stärke der Wirkung entschieden werden. Eine weit verbreitete Effektstärke ist die **standardisierte Mittelwertsdifferenz**, die sich als Differenz der Mittelwerte der beiden Gruppen dividiert durch die **gepoolte Standardabweichung** (d) errechnet. Sie drückt damit in Werten der Standardabweichung aus, wie stark die Mittelwerte der Gruppen sich unterscheiden.

Andere Verfahren zur Relevanzbeurteilung berechnen die **relative Chance** (Odds Ratio), von einer Intervention zu profitieren, das **relative Risiko** (RR) oder die **relative Risikoreduktion** (RRR) einer Erkrankung oder des vorzeitigen Versterbens. Diese in der epidemiologischen Forschung verbreiteten Kennziffern neigen zu Verzerrungen. Sie suggerieren große Effekte, selbst wenn nur kleine Effekte vorhanden sind. Die Verzerrungen werden minimiert, wenn das **absolute Risiko** (AR) und die **absolute Risikoreduktion** (ARR) berechnet werden. Interessierte Leser/innen verweisen wir auf die kurze und gut lesbare Darstellung von Kleist (2010).

Für die Evaluation einer therapeutischen Intervention ist das von der ARR abgeleitet Maß der **Numbers Needed to Treat** (NNT) bedeutsam. NNT gibt den Anteil der Behandelten an, die in einem definierten Zeitraum behandelt werden müssten, damit ein einziger Behandelter von der Intervention profitierte.

Die Elemente von PRECIS sind in ◨ Tab. 6.3 dargestellt. Für die Evaluation von Interventionen der Gesundheitsförderung sind beide Zugänge, RE-AIM und PRECIS, geeignet. Sie ergänzen sich, schließen einander also nicht aus. PRECIS eignet sich, um zu fragen, welche Variante der Evidenzbeurteilung (Alltagstauglichkeit oder Praxiswirksamkeit; siehe dazu ▶ Kap. 4) die Intervention am ehesten repräsentiert, und RE-AIM eignet sich, um den Einfluss der Intervention auf Personen/Personengruppen und Organisationen zu beurteilen. Dieser Einfluss wird auch als **Public Health Impact** bezeichnet.

Welche Variante und dazu passende methodische Vorgehensweise für eine Evaluation letztlich gewählt wird, ist nicht der bloßen Vorliebe eines Evaluators anheimgestellt, sondern hängt maßgeblich von den Fragen und den Interessen der Auftraggeber ab. Evaluationen werden – anders als in der Grundlagen- oder der technologischen Forschung – meist von Dritten beauftragt und von ihnen auch – oft unter Vorgaben – finanziert. Mit der Beauftragung und der Finanzierung sind also Interessen verknüpft. Vor der Auftragsannahme sollten diese Interessen und Erwartungen expliziert werden, um der Gefahr manipulativer Bewertungen zu entgehen. Wissenschaftliche Evaluation, obgleich beauftragt, folgt den Regeln „guter wissenschaftlicher Praxis"; sie beschönigt nichts und fälscht nicht.

Green und Tones (1999) wiesen bereits vor 15 Jahren auf einen weiteren relevanten Sachverhalt hin, der vor allem für eine summative Evaluation bedeutsam ist. Die Autoren plädierten dafür, Evaluationen nicht auf einen Endpunkt zu richten, mit dem dann der Erfolg oder Misserfolg einer Intervention nachgewiesen wird, ohne dabei die Zeitachse zu bedenken, auf der sich Effekte erst einstellen werden. In der Forschung wird das so adressierte Problem auch als **Ultimate Criterion Problem** bezeichnet

◻ Tab. 6.3 PRECIS: Komponenten und Testkriterien

Komponente	Testkriterien	
	Alltagstauglichkeit	Praxiswirksamkeit
Eignung der Probanden	Eindeutige Einschluss- und Ausschluss-kriterien, um jene zu adressieren, die eine Behandlung benötigen.	Alle Personen, die sich interessiert zeigen mitzumachen und auch im Weitesten zu jenen gehören, die man „treffen" will.
Interventionsflexibilität	Exakte Definition des Vorgehens	Mögliche Anpassungen können durch denjenigen vorgenommen werden, der die Intervention umsetzt.
Erfahrung/Expertise	Erfahrene und ausgewiesene Experten/in-nen in einem standardisierten Umfeld	Angeleitetes, geschultes Personal in ver-schiedenen Kontexten
Behandlungskontraste	Die innovative Interventionsvariante wird mit einer Placebovariante oder Wartekon-trollgruppe kontrastiert.	Die innovative Interventionsvariante wird mit einer üblichen Behandlungsmethode kontrastiert.
Kovariate	Die Intervention wird ausschließlich von erfahrenem, hoch qualifiziertem und in-terventionsspezifisch trainiertem Personal durchgeführt.	Die Intervention wird von qualifiziertem Personal durchgeführt, ohne dass dieses zuvor spezifisch trainiert wurde.
Follow-up-Messung	Je nach Fragestellung mehrere Fol-low-up-Messungen und umfangreiche Datenextraktion	Keine Follow-up-Messungen
Primäre Endpunkte	Ggf. nur über spezifische Kenntnisse der Messung und Interpretation zu bewerten	Merkmale, die mit der Intervention asso-ziiert sein könnten und routinemäßig zu erheben sind
Compliance	Zwingende Messung und Maßnahmen zur Erhöhung der Compliance	Keine zwingende Messung
Studienprotokoll	Zwingendes Festhalten an einem Studien-protokoll	Kein verbindliches Studienprotokoll
Analysen	Nur die Daten der Completer, also jener, die mit Erfolg durchhielten, werden analysiert.	Intented to Treat; es werden auch die Daten der Personen, die vorzeitig ausscheiden, analysiert, soweit sie zur Verfügung stehen. Die Daten werden dabei so „behandelt", als gehörten sie nach wie vor der Interven-tionsbedingung an, zu der sie zu Beginn zugeordnet wurden.

und von zwei Seiten betrachtet. Zum einen kann es sein, dass der erwünschte Effekt sich aufgrund seiner Entwicklungsdynamik erst einstellt, wenn die eigentliche Intervention bereits beendet ist. Das gilt zum Beispiel bei Interventionen in die Gesundheit von Kindern oder Jugendlichen. Ob beispielsweise chronische Erkrankungen verhindert wurden, lässt sich für diese Altersgruppe in der Regel erst Jahr-zehnte später beurteilen. Zum anderen kann es sein, dass ein nach Wochen, Monaten oder Jahren positiv zu bewertendes Ergebnis während seiner Entwicklung Phasen durchläuft, die – würde man während der einzelnen Phasen messen – auch nega-tive Ausprägungen aufweisen könnte. Zum Beispiel kann ein Programm zur Minderung des Konsums von Alkohol zunächst den Anteil der Erstkonsu-menten erhöhen, da die Angesprochenen einmal ausprobieren wollen, wie die Droge wirkt. Green und Tones folgend kann man davon ausgehen, dass sich Veränderungen der Morbiditäts- und Mortali-

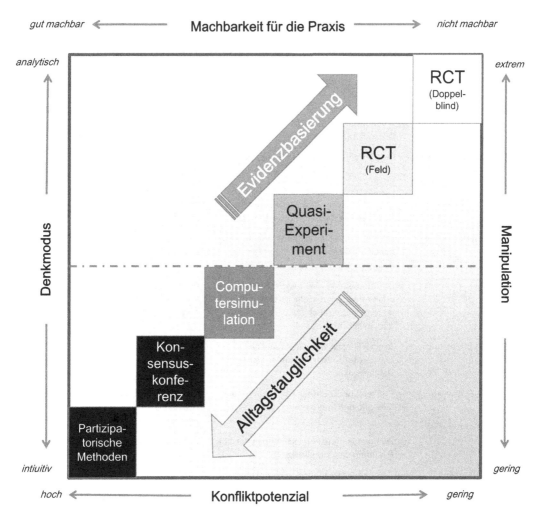

☐ Abb. 6.1 Evaluationsmethoden und -dimensionen. *RCT* Randomized Control Trial (Adaptiert nach Hammond 1996)

tätsindikatoren (▶ Kap. 11) im Zeitverlauf erst spät zeigen. Einstellungen, Werthaltungen und Absichten reagieren früh auf eine Intervention. Verhalten ändert sich auf der Zeitskala irgendwann zwischen den beiden Zeitpunkten.

6.2 Welche Evaluationsmethode zu welchem Anlass?

Hammond (1996) verdanken wir ein Schema, mit dem sich Evaluationsansätze und Methoden begründet auswählen lassen. Wir haben das Schema für unsere Zwecke modifiziert und in ☐ Abb. 6.1 skizziert.

Sechs Methoden der Evaluation (von den partizipatorischen Methoden bis zum echten Experiment) sind den folgenden fünf Dimensionen zugeordnet:

- vorherrschender Denkmodus der eingesetzten Methode (Denkmodus)
- Ausmaß, mit dem die Methode die Realität manipuliert (Manipulation)
- Ausmaß, mit der die Methode für Laien mach- und beherrschbar ist (Machbarkeit)
- Eindeutigkeit der Resultate und damit Konfliktpotenzial, wenn es darum geht, die Resultate zu interpretieren (Konfliktpotenzial)
- Ausmaß, mit dem die Evaluation dazu beiträgt, die Wirksamkeit (Evidenz) einer Intervention

nachzuweisen oder die Intervention theoretisch zu fundieren (evidenzbasiert oder theorieorientiert)

Denkmodi haben wir bereits in ▶ Kap. 1 mit Verweis auf Kahnemans Unterscheidung des System-1- und System-2-Denkens erläutert. Noch einmal zur Erinnerung: Das erste System arbeitet intuitiv, heuristisch, assoziativ, mühelos, schnell und Informationen sind emotional angereichert. Das zweite System arbeitet analytisch, langsam, regelbasiert und ist kognitiv anstrengend.

Wenn man die Evaluationstypen mit den Denkmodi verknüpft, ergibt sich folgende mögliche Einteilung: Will ein Auftraggeber lediglich wissen, ob seine Maßnahme wirkt und wie stark sie wirkt, bietet sich eine methodenorientierte Evaluation an. Sie trachtet nach einer hohen internen Validität und Reliabilität der Befunde, um zuverlässig darüber zu urteilen, dass nachgewiesene Wirkungen auf der Intervention beruhen und nicht durch weitere, unbekannte Einflüsse zustande gekommen sind. Das ideale methodische Vorgehen ist das echte Experiment, das die Realität manipuliert und gleichzeitig Komplexität reduziert. Experimentatoren versuchen, möglichst alle unbekannten Einflüsse zu kontrollieren, indem sie diese von Vorneherein ausschließen oder im Nachhinein statistisch berücksichtigen.

Lautet der Auftrag an den Evaluator demgegenüber, alle Stakeholder „mitzunehmen" oder jene Bedingungen zu erfassen, die einen Transfer der Interventionsmaßnahme auch auf andere Bereiche, in andere Settings oder auf andere Umstände zulassen, dann ist eine bewertungs- oder nutzenorientierte Evaluation das Modell der Wahl. In beiden Modellen ist statt der internen die **ökologische** oder **externe Validität** der Gütemaßstab. Die Realität soll möglichst nicht oder zumindest nur wenig manipuliert werden. Wenn irgend möglich, soll also die Komplexität des Interventionsgeschehens vollständig abgebildet werden, und bei der nutzen- und bewertungsorientierten Evaluation sollen zusätzlich auch alle Beteiligten am Evaluationsprozess teilhaben.

Echte Experimente sind für Laien nicht zu verwirklichen. Sie verlangen eine vertiefte methodische und für die Auswertung der Daten eine statistische Expertise. Auch das partizipative Vorgehen der bewertungsorientierten Evaluation benötigt Expertise. Diese betrifft aber stärker die kommunikativen Fähigkeiten und Fertigkeiten eines Evaluators, der in diesem Modell als Moderator agiert. Das bewertungsorientierte Vorgehen verlangt zusätzliche methodische Kenntnisse, um qualitative Versuchspläne und Verfahren zielführend zu nutzen (Interview, Fokusgruppe, Delphi etc.)

Zweifel, wie die Resultate einer Evaluation zu bewerten sind, nehmen mit der Zunahme der internen Validität der eingesetzten Methoden ab. An den Ergebnissen eines fehlerfrei durchgeführten echten Experiments ist nicht zu rütteln, es sei denn, man lehnt wissenschaftliche Methodik generell ab. Partizipative Methoden lassen dagegen Interpretationsspielraum zu. Sie bergen damit Konfliktpotenzial zwischen den Evaluatoren und den Stakeholdern. Man kann die „Dinge immer auch anders sehen" und ein Evaluator sollte sich sicher sein, dass man es je nach Interesse auch tun wird, wenn zu Beginn der Evaluation versäumt wurde, die Urteilskriterien einvernehmlich zu vereinbaren.

6.2.1 Methoden

Das **echte Experiment** und dort der **Randomized Controlled Trial** (RCT) ist in den Naturwissenschaften, der klinisch-pharmakologischen oder der Therapieforschung das methodische Vorgehen der Wahl. Um beispielsweise die Wirksamkeit eines Medikaments gegenüber einem bisherigen Medikament zu testen, werden Patienten zufällig aus einer größeren Gruppe von Patienten gebeten, an dem Experiment teilzunehmen und sich wiederum zufällig den Bedingungen des Experiments zuordnen zu lassen. Man spricht von **Stichprobenziehung**, weil die Gewinnung von Personen an das Vorgehen beim Losen erinnert, bei dem man in eine Lostrommel greift und eine Niete oder einen Gewinn zieht. Der Zufall, der bei der Stichprobenziehung waltet, gewährleistet, dass sich relevante Personenmerkmale, die ein Ergebnis beeinflussen könnten (zum Beispiel Alter, Geschlecht) mit der gleichen Chance und dann auch mit der gleichen Verteilung in der Stichprobe wiederfinden.

Das Experiment manipuliert eine Variable (unabhängige Variable) in mindestens zwei unterschiedlichen Varianten. Mit der einen Variante werden die Probanden der Experimental- oder Treatmentgruppe behandelt, mit der anderen die Probanden der Kontrollgruppe. Die eine Variante kann unter Umständen auch das Vorenthalten des Treatments sein, also eine Nichtbehandlung oder das Warten auf die Behandlung (Wartekontrollgruppe).

> **Wartekontrollgruppen**
>
> Wartekontrollgruppen versammeln Personen eines experimentellen Settings, die einem Treatment nicht unmittelbar ausgesetzt werden, sondern denen mitgeteilt wird, dass sie auf jeden Fall behandelt werden, die Behandlung aber erst später beginnen kann. Die abhängigen Variablen werden aber bereits während der Warteperiode gemessen. Diese Werte sind aufgrund der Erwartungen, die von den Personen gebildet werden, von besonderem Interesse. Sollten sich hier bereits Effekte zeigen, muss der Interventionseffekt stärker ausfallen als der Erwartungseffekt, um die Wirkung den Interventionsmaßnahmen zuzuschreiben und nicht den Erwartungen. Dieses auch als **Hawthorne-Effekt** bekannte Phänomen wurde in den 1920er-Jahren bei einem arbeitspsychologischen Experiment beobachtet. Die Teilnehmer dieses Experiments änderten ihr normales Verhalten bereits vorab, weil sie wussten, dass sie an einer Studie teilnehmen und beobachtet werden sollten.

Das ideale Beispiel eines Experiments ist die Wirksamkeitsprüfung eines neuen Medikaments. Dort erhalten die Probanden der Experimentalgruppe das Medikament und jene der Kontrollgruppe ein Scheinmedikament (Placebo), das mit dem Medikament äußerlich zwar übereinstimmt, aber keinen Wirkstoff enthält. Die Bedingung des Experiments heißt **unabhängige Variable** (UV). Die UV ist die Variable, die der Experimentator manipuliert (hier die Behandlung, entweder mit dem Medikament oder mit einem Placebo). Wissen will man, wie sich die **abhängige Variable** (AV) verhält. Die AV ist die Variable, die gemessen wird (zum Beispiel die An-

zahl von Patienten, die unter den beiden Bedingungen von einer Erkrankung genesen). Die AV wird in einem echten Experiment mindestens einmal vor (im Beispiel der Zustand der Patienten) und dann erneut nach der Manipulation gemessen.

> **Variable**
>
> Variable beschreibt in der Statistik eine „Erhebungs- oder Messeinheit", die einem Merkmal (Konstrukt) eine Ausprägung zuweist. Ausprägungen können Zahlen oder Qualitäten sein, denen Ziffern zugeordnet sind. Die unabhängige Variable ist die messbare Repräsentation des Konstrukts, von dem man annimmt, dass es die messbare Repräsentation eines anderen Konstrukts (abhängige Variable) beeinflussen wird.

Das Grundschema des echten sozialwissenschaftlichen Experiments sieht also mindestens zwei Gruppen von Personen vor. Diese werden zufällig gezogen und den Experimentalbedingungen zufällig zugeteilt. Die AV wird mindestens vor und nach der Intervention gemessen. Ein Experiment gilt zusätzlich als „kontrolliert", wenn weder die Probanden, noch die Behandler, noch diejenigen, die die Resultate auswerten, wissen, wer das echte Medikament und wer das Placebo erhalten hat (Doppelblindstudie). Eine doppelte **Verblindung** setzt voraus, dass die Experimentatoren und die Probanden nicht offensichtlich erkennen können, was Wirkstoff und was Placebo ist. In gesundheitswissenschaftlichen Interventionen ist in der Regel offensichtlich, welche Gruppe der Intervention (zum Beispiel einer neuartigen Diät, einer erhöhten körperlichen Aktivität) ausgesetzt wurde und welche nicht. Eine doppelte Verblindung ist also nicht möglich; eine Verblindung der Ergebnisauswertung sollte aber auch dort erfolgen.

Neben diesem Grundschema eines Versuchsplans eines „klassischen" echten Experiments in den Sozialwissenschaften existieren jede Menge verschachtelte Varianten, für die wir auf eines der vielfach verfügbaren Methodenwerke verweisen, von denen sich die allermeisten wiederum an Campbell und Stanley (1963) orientieren. In sämtlichen Veröffentlichungen erläutern die Autoren Versuchsplan-

Kennzeichen	Echtes Experiment	Quasi-Experiment
zufällige Auswahl der Probanden aus einer Population	X	Y
Manipulation einer unabhängigen Variablen	X	Y
Nutzung einer „natürlichen" Variation einer UV		X
zufällige Zuordnung der Probanden zur unabhängigen Variablen	X	O
Matching (Parallelisierung) der Probanden	Y	X
Messungen vor und nach dem Treatment	X	Y
Kontrolle möglicher Störeinflüsse (intervenierende Variablen)	X	O
Verblindung (Probanden und Experimentator)	Y	O

◘ Tab. 6.4 Kennzeichen echter und quasi-experimenteller Versuchspläne

X unabdingbar; *Y* kann zutreffen; *O* nicht erfüllt

varianten, mit denen eine hohe interne Validität der Aussagen gesichert werden kann.

Nicht immer aber lassen sich Probanden zufällig für ein Experiment auswählen. Manchmal verbietet es sich, manipulativ in die Wirklichkeit einzugreifen. Die Wahl fällt dann auf ein **Quasi-Experiment**. Zwar werden auch dort zwei oder mehr Bedingungen miteinander kontrastiert. Aber die Bedingungen der Behandlung werden bereits vorgefunden und nicht künstlich erzeugt. Beispielsweise könnte man die Gelegenheit nutzen, die Bewohner zweier Alten- und Pflegeeinrichtungen miteinander zu vergleichen, bei denen die eine Einrichtung sich entschieden hat, Roboter – die aussehen wie Plüschtiere – als Spielzeug für ihre dementen Mitbewohner anzuschaffen, während die andere Einrichtung einmal wöchentlich einen Bewegungsparcours anbietet. Um Verzerrungen zu vermeiden, sorgt der Experimentator dafür, auffällige Merkmale der Probanden (zum Beispiel Geschlecht, Alter) in der Treatment- und der Kontrollgruppe annähernd gleich zu verteilen. Dieses Vorgehen nennt man Matching oder **Parallelisierung**.

Ein Quasi-Experiment liegt auch vor, wenn zwar randomisiert und manipuliert wird, die Ausgangsdaten der AV aber nicht gemessen werden, wenn man also nur am Ende der Intervention bei der Treatment- und der Kontrollgruppe misst und die Werte der AV der beiden Gruppen dann miteinander vergleicht. Quasi-experimentell ist eine Studie auch, wenn keine Kontrollgruppe verwendet und die AV nur bei der Interventionsgruppe vor- und nachher gemessen wird. In ◘ Tab. 6.4 sind die wesentlichen Unterschiede von echten und quasi-experimentellen Versuchsplänen gegenübergestellt.

Mit der Verbreitung leistungsfähiger Computer und passender Software sind auch **Computersimulationen** in die Evaluationsforschung vorgedrungen. Sie sind eine gute Wahl für Wirkungsfragen, bei denen man wissen möchte, wie sich eine Veränderung in der Zukunft auswirkt. Passende Fragen sind beispielsweise: Was wird passieren, wenn ein Stadtquartier umgestaltet wird? Was, wenn man Straßen anders anlegt, Bürgersteige verbreitert, neue Beleuchtungen installiert? Wie wird sich das Mobilitätsverhalten der älteren Bewohner/innen dann verändern? Werden die Bewohner/innen häufiger zu Fuß unterwegs sein? Bevor die Bagger anrollen und ein Stadtquartier physisch umgestaltet wird, also Wege verlegt und Bäume gepflanzt werden, lassen sich mögliche Veränderungen am Computer simulieren. In einer Simulation haben wir beispielsweise eine typische Gehweggestaltung einer normalen deutschen Stadt variiert (mal mit, mal ohne trennenden Grünstreifen zur Fahrbahn; mal mit, mal ohne Parkbuchten für PKW) und ältere Personen gebeten, diverse psychologische Variablen einzuschätzen (Kahlert und Schlicht, submitted).

Der Einsatz von Simulationen ist heute häufig noch Experten/innen vorbehalten. Simulationen verlangen oft statistische und mathematische Kenntnisse. Aufgrund der mathematisch-statistischen Basis sind Computersimulationen aber andererseits ein überzeugendes Werkzeug, um Stakeholder von der Wirksamkeit einer Intervention zu überzeugen. Dass wir Simulationen im Schema der ◘ Abb. 6.1 dennoch nicht weiter oben rechts platziert haben, hat seinen Grund in der (noch) fehlenden Möglichkeit, menschliche Faktoren (Erinnerungen, Informationsüberlastung, Motivationsverluste, affektive Reaktionen) in der Simulation ausreichend zu berücksichtigen. Solche Faktoren heißen auch **Human Factors**. Computersimulationen sind artifizielle Methoden. Die technische und die Software-Entwicklung schreitet aber auch hier deutlich voran, und man muss kein Prophet sein, um vorherzusagen, dass in nicht allzu ferner Zukunft auch Human Factors in Computersimulationen angemessen berücksichtigt werden und Simulationen die Wirklichkeit dann immer geeigneter abbilden können.

Die weiteren Methoden, die in ◘ Abb. 6.1 aufgeführt sind, büßen noch stärker an interner Validität ein und erweitern damit den Interpretationsspielraum. Sie haben aber den Vorteil einer höheren ökologischen Validität. Auch können Personen mit geringen mathematischen, statistischen und versuchsplanerischen Kenntnissen diese Methoden einsetzen.

Eine **Konsensuskonferenz**, eine weitere Methode in ◘ Abb. 6.1, passt zur Theory-Driven Evaluation immer dann, wenn kein gesichertes Wissen über den Mechanismus vorhanden ist, der in einer Intervention wirken könnte. Dann gilt es, Experten/innen auf dem Interventionsgebiet zu gewinnen und sie entweder in einer Konferenz oder über ein schriftliches Verfahren um ihre Einschätzung der potenziellen Wirksamkeit und der sie verursachenden Mechanismen zu bitten. Kann das nicht in einer Konferenz stattfinden, in der Rede und Gegenrede am Ende eine Synopsis ergeben, dann eignen sich auch schriftliche Verfahren, um einen Konsens zu finden. Schriftliche Verfahren sehen meist mehrere Iterationsschritte vor, um so Rede und Gegenrede zu stimulieren. Am Ende der Befragung steht ein Expertenkonsens.

Die klinisch-therapeutische Forschung bedient sich beispielsweise eines strukturierten Vorgehens, um aus dem vorhandenen therapeutischen Wissen von Ärzten Behandlungsleitlinien zu entwickeln

(siehe dazu ▶ www.leitlinienentwicklung.de). Der Terminus technicus „Konsensuskonferenz" wird inzwischen auch für Bürgerbeteiligungsverfahren verwendet, in denen es etwa darum geht, den Standort eines Alten- und Pflegeheims, einer Schule oder die Mobilitätsentwicklung einer Kommune zu diskutieren. Für uns werden derartige Formen der Konsensuskonferenz aber besser den partizipativen Methoden zugeordnet, und die sind vor allem für die vierte Generation der Evaluation typisch.

Partizipative Methoden machen die Betroffenen nämlich zu Beteiligten. Wie bei den vorher referierten Methoden existiert auch hier inzwischen ein umfängliches Arsenal von Verfahren, die sich als brauchbar erwiesen haben, um die Wirkung von Interventionen zu beurteilen. Aus dem Arsenal der Verfahren greifen wir zur Illustration nur die Methode der Fokusgruppendiskussion heraus. Die **Fokusgruppe** ist eine Diskussionsform, bei der ein Moderator die Teilnehmenden veranlasst, sich zu einem vorgegebenen Thema zu äußern. Wichtig ist eine offene Gesprächsatmosphäre. Damit die Diskussion nicht ausufert, sondern stattdessen strukturiert abläuft, wird das Thema zu Beginn in groben Zügen umrissen oder es werden Thesen referiert. Mit Leitfragen wird die Diskussion eröffnet und gelenkt. Statt einer Fokusgruppendiskussion ist auch ein teilstandardisiertes **Fokusgruppeninterview** möglich.

Für den Ertrag des Verfahrens ist die Zusammensetzung der Gruppe entscheidend. Sie muss einerseits homogen sein, also Personen versammeln, die vom Thema betroffen sind. Die Teilnehmer/innen müssen eine eigene Position oder Meinung zum Thema haben und diese auch äußern wollen. Die Gruppe muss andererseits aber auch heterogen zusammengesetzt sein, damit unterschiedliche Meinungen offenbar werden. Fokusgruppen zielen nicht auf Konsens, sondern auf das Herausarbeiten von Meinungsvielfalt. Dazu kommt es auf das Geschick des Evaluators in seiner Funktion als Moderator an. Der Moderator muss die Diskussion so lenken, dass auch zurückhaltende Teilnehmer/innen das Wort ergreifen, oder er muss Moderationsmethoden einsetzen, damit die Zurückhaltenden ihre Meinung äußern.

Partizipative methodische Vorgehensweisen erfahren aktuell eine expansive Entwicklung. Hier spielt auch das Internet eine bedeutende Rolle. Mit dem Internet können sehr schnell sehr viele Personen an Diskussionen beteiligt werden. Sie können über Foren, Abstimmungen und andere Verfahren beispielsweise an der Entwicklung von Verkehrskonzepten mitwirken (Crowdsourcing).

Von der Evaluationsforschung führt der Weg zur **Aktions- oder Handlungsforschung** und damit zum zentralen Ziel der Fourth Generation Evaluation. In diesem Ziel stimmt sie mit der partizipativen Gesundheitsförderung überein. Beide Vorgehensweisen wollen Betroffene bereits in der Entwicklung und in der Gestaltung einer Intervention zu Beteiligten machen (Schneidewind und Borowski 2013). Unter dem Stichwort sozial-ökologische Nachhaltigkeitsforschung haben wir im fünften Kapitel bereits kurz auf neuere Entwicklungen verwiesen, in denen auch in der Forschung Betroffene und Forscher zu Koproduzenten werden, die gemeinsam Probleme benennen und gemeinsam Wissen schaffen.

6.3 Drei Evaluationsmodelle

Wegen ihrer in sich geschlossenen Prozesslogik stellen wir drei Evaluationsmodelle gesondert vor: CIPP, Theory-Driven Evaluation und Constructivist Evaluation (Fourth Generation Evaluation). Wegen ihrer unterschiedlichen Zugehörigkeit zu den oben genannten Typen und der dazu passenden Erkenntnislogik sollten sie in einer konkreten Evaluation nicht vermischt werden.

6.3.1 CIPP

Daniel L. Stufflebeam hat das umfassende Konzept der **Context Input Process Product Evaluation** eingeführt und entwickelt es mit seiner Arbeitsgruppe ständig weiter. Mit dem Konzept lassen sich vor allem langfristig angelegte Interventionen evaluieren. Die Buchstaben des Akronyms stehen für die einzelnen Subziele des Evaluationsvorgehens. Das will folgende Fragen beantworten:

- Was soll getan werden und wozu ist das gut?
- Wie soll es getan werden?
- Ist es so getan worden, wie beabsichtigt?
- War das, was getan wurde, wirksam und wie wirksam war es?

Die Frage nach der Wirksamkeit wird in weitere Subfragen unterteilt, mit denen die Effektivität, der Einfluss, die Nachhaltigkeit (sustainability) und die Übertragbarkeit (transferability) einer Intervention bewertet werden. ◘ Tabelle 6.5 gibt einen Überblick über die Etiketten und über ausgesuchte Fragen, die eine Evaluation nach dem CIPP-Konzept jeweils beantworten will.

Der Überblick deutet bereits an, dass eine Evaluation, die dem CIPP-Konzept folgt, aufwendig ist und sowohl vom Auftraggeber als auch vom Evaluator eine wiederkehrende Verständigung über das weitere Vorgehen verlangt. Interessierte Leser/innen finden einen umfassenden Überblick über Evaluationskonzepte und Checklisten auf der Seite des Evaluationszentrums der Michigan State University, USA (▶ www.wmich.edu/evalctr/checklists).

6.3.2 Theory-Driven Evaluation

Dieses Konzept erlebte mit dem Buch „The theory-driven evaluation" von Chen (1990) seinen Advent, auch wenn bereits zuvor einzelne Artikel erschienen waren (Überblick bei Coryn et al. 2011), die dafür plädierten, Programmtheorien zu nutzen, um Evaluationen theoretisch zu fundieren. Wie sich Programmtheorien entwerfen lassen, an denen sich Interventionen theoretisch orientieren können, haben wir im fünften Kapitel an der Logik der Realist Synthesis erläutert.

Die theoriegetriebene Evaluation integriert in ihr Vorgehen ebenfalls eine Programmtheorie. Diese Theorie trifft Aussagen darüber, warum eine Intervention einen intendierten Effekt hervorrufen sollte, und benennt die Konstrukte, die den Effekt verursachen. Die Theorie „leitet" damit die Evaluation. Das Design des Vorgehens und die Messmethoden werden an den Konstrukten der Programmtheorie orientiert. Enthält die Theorie beispielsweise Annahmen, dass Wirkungen durch physiologische Vorgänge bedingt werden, dann muss die Evaluation auch Methoden verwenden, die derartige Prozesse abbilden können. Behauptet sie, es seien psychologische Mechanismen verantwortlich, muss sie diese valide und reliabel messen. Das Vorgehen der Theory-Driven Evaluation hat also zwei essenzielle Komponenten, eine theore-

◨ **Tab. 6.5** CIPP und ausgewählte Fragen

CIPP-Komponente		Ausgewählte Fragen	Funktion
Kontext		Was wird gebraucht: Welche Bedarfe, welche Bedürfnisse sind vorhanden? Was steht an personellen und materiellen Ressourcen zur Verfügung? Welche Ressourcen werden gebraucht? Wie ist das „politische Klima" für die Intervention? Wer sind die Stakeholder? Wie lauten die Ziele der Intervention? Welche Wirksamkeitskriterien gelten? Wie werden die Kriterien erhoben, gemessen, eingeschätzt?	Hilfe bei der Entscheidung und Planung der Intervention
Input		Welche Mission, Ziele, Pläne und Maßnahmen hat die Intervention? Passen die Elemente der Intervention zu den Bedarfen/Bedürfnissen der Betroffenen?	Hilfe bei der Wahl der geeigneten Interventionsstrategie
Prozess		Wird die Intervention wie geplant umgesetzt? Welche Modifikationen des geplanten Vorgehens werden vorgenommen? Wer nimmt die vor? Welche Modifikationen sollten vorgenommen werden, um das Interventionsziel zu erreichen?	Monitoring der Interventionsqualität und Hilfe bei der Entscheidung, die Intervention anzupassen
Produkt	Effektivität	Hat die Intervention das angestrebte Ziel erreicht? Wie stark ist die Wirkung, die durch die Intervention provoziert wurde?	Produkt- respektive Ergebnisbewertung und Hilfe bei der Entscheidung, diese oder eine modifizierte Intervention erneut durchzuführen
	Impact	Wurden die richtigen (bedürftigen) Personen angesprochen? Hat die Intervention deren Bedürfnisse getroffen? Hat sie deren Bedarfe getroffen? Hat sich die Wirkung bei den richtigen Personen eingestellt?	
	Nachhaltigkeit	Waren die Wirkungen nachhaltig?	
	Übertragbarkeit	Kann nachgewiesen werden, dass die Prozesse, die zur Wirkung geführt haben, auch in anderen Settings und für andere Personen zielführend sind?	

tisch-konzeptuelle und eine empirisch-methodische Komponente.

Evaluatoren, die eine Theory-Driven Evaluation einsetzen, beabsichtigen manchmal – neben dem Nachweis der Wirksamkeit einer Intervention – auch Theorien zu prüfen. Sie schaffen damit Wissen. Evaluation wird so zur **Knowledge Generation Evaluation**, wenn mit der Evaluation nicht nur informiert wird, ob eine Intervention gewirkt hat, sondern auch, warum sie gewirkt hat. Dies erweist sich als vorteilhaft, wenn Interventionen wiederholt oder fortgesetzt werden sollen. Die Intervention kann dann auf jene Komponenten und Maßnahmen konzentriert werden, die mit einem geringstmöglichen Aufwand das Gewünschte bewirken.

Die theoriegetriebene Evaluation kann im Vorgehen und in ihrer Absicht variieren. Sie kann in einer umfassenden Weise (Comprehensive Theory-Driven) oder „maßgeschneidert" („tailored") durchgeführt werden. Maßgeschneidert ist sie, wenn in der Evaluation des Prozesses einer Intervention (Theory-Driven Process Evaluation) die mediierenden (Intervening Mechanism Evaluation) oder moderierenden Mechanismen (Moderating Mechanism Evaluation) beobachtet werden oder wenn Prozess und Produkt (Integrative Process/Outcome Evalua-

◘ Tab. 6.6 Prinzipielle Vorgehensweise einer Theory-Driven Evaluation

Schritt	Aufgaben des Evaluators
1	Formuliere eine passende Programmtheorie
a	Verwende eine bereits bewährte Theorie oder nutze einen geeigneten theoretischen Rahmen.
b	Verwende alternativ eine implizite Annahme der Stakeholder.
c	Verwende alternativ eine Annahme, die Experten/innen als plausibel erachten.
d	Verwende alternativ eine Annahme, die sich aus a bis c speist.
2	Formuliere Leitfragen, die sich aus der Theorie ergeben, und ordne diese nach ihrer Relevanz.
a	Formuliere die Leitfragen so, dass sie einen Bezug herstellen zwischen den theoretischen Konstrukten und dem intendierten Ausgang der Intervention.
b	Priorisiere die Fragen nach ihrer Relevanz (unabdingbar, hinreichend, zusätzlich etc.) für die Bewährung der Theorie.
3	Nutze die Theorie und die Leitfragen, wähle ein dazu passendes Design, die passenden Methoden und entscheide dich für ein passendes Vorgehen in der Evaluation.
a	Konzipiere und plane die Evaluation (Merke: Das Design folgt der Theorie, nicht die Theorie dem Design!).
b	Konzipiere und plane den Einsatz von Werkzeugen, mit denen sich die theoretischen Konstrukte valide und reliabel über Messoperationen abbilden lassen.
c	Kalkuliere den Aufwand und passe das Vorgehen den personellen, zeitlichen, materiellen Bedingungen an.
d	Entscheide, ob das Vorgehen maßgeschneidert oder umfassend sein sollte.
4	Lege Kriterien fest und messe die relevanten theoretischen Konstrukte.
a	Messe die Konstrukte, die den Wirkmechanismus abbilden (Prozess).
b	Messe die Konstrukte, die das Produkt abbilden (Produkt).
c	Messe die Konstrukte, die den Kontext abbilden (Kontext, intervenierende Konstrukte).
5	Analysiere die Daten, interpretiere und kommuniziere die Resultate.
a	Identifiziere mögliche Störungen, die den Effekt der Intervention beeinflusst haben könnten (zum Beispiel unzureichende Umsetzung der geplanten Intervention, unpassender theoretischer Zugang).
b	Identifiziere das Ergebnis (ordne nach „intendiert", „nicht intendiert positiv", „nicht intendiert negativ", „erwartet, aber durch die Theorie nicht gestützt").
c	Beschreibe den Ursache-Wirkungs-Mechanismus.
d	Erkläre den Ursache-Wirkungs-Mechanismus.
i	Erkläre, ob Moderatorvariablen eine Variation der Assoziation bewirkt haben.
ii	Erkläre, ob Mediatorvariablen den Ursache-Wirkungseffekt bedingt haben.
e	Kommuniziere die Befunde in geeigneter Form und an geeigneter Stelle.

tion) Gegenstand des evaluativen Vorgehens sind. Welche Variante letztlich genutzt wird, hängt vom Auftrag und von den Ressourcen ab, die bereitgestellt werden, um die Evaluation durchzuführen.

Eine Theory-Driven Evaluation folgt fünf Schritten, von denen jeder einzelne noch weiter untergliedert werden kann. In ◘ Tab. 6.6 ist das typische Vorgehen skizziert.

6.3.3 Constructivist Evaluation (Fourth Generation Evaluation)

Die vierte Generation der Evaluation, vor allem propagiert von Guba und Lincoln (1989), hat den **Konstruktivismus** als erkenntnistheoretisches Fundament. Sie unterscheidet sich damit deutlich von den vorhergehenden Modellen und sollte mit diesen keinesfalls in ein und demselben Vorgehen vermischt werden. Die prinzipiellen Annahmen der Constructivist Evaluation lauten:

- Es existiert keine objektive Wahrheit, mit der die Dinge in der Welt sich beschreiben lassen.
- Die Wahrheit über die Welt ist vielmehr sozial konstruiert, und die Konstruktion ist alleine abhängig von den Informationen, über die jene verfügen, die (über die Welt) urteilen.
- Dies geschieht in Form eines hermeneutisch-dialektischen Prozesses, bei dem zunächst die infrage stehenden Sachverhalte entdeckt und ausgelotet und schließlich in einer sozialen Interaktion ausgehandelt werden.

Die Evaluation will die Forderungen der Stakeholder (die auch in Teilen Auftraggeber sind) erfüllen und deren Belange berücksichtigen. Dazu folgt das Vorgehen zwei Phasen (die ineinander verwoben sein können). Die erste Phase „entdeckt" (Discovery Phase) und die zweite Phase „assimiliert" (Assimilation Phase). In der Entdeckungsphase wird gefragt: „Was liegt hier vor, was geschieht hier?" Diese Phase kann sehr kurz ausfallen, wenn der zu evaluierende Kontext und das Geschehen bereits bekannt sind. Im Sinne des Konstruktivismus muss sich der Evaluator darüber im Klaren sein, dass die Entdeckung keine objektive Wahrheit zutage fördert, die Ergebnisse vielmehr sozial konstruiert sind. Weder muss sich die Interpretation des Evaluators mit jenen der Stakeholder decken, noch weiß der Evaluator, was „wirklich wahr" ist. Das erfordert, die eigenen Absichten und Interpretationen eindeutig zu explizieren und für alle Beteiligten offenzulegen.

In der dann folgenden Assimilationsphase sucht der Evaluator nach Konstruktionen, die besser als die bisherigen den entdeckten Sachverhalt erklären, oder er sucht jene, die eine bisherige Konstruktion der Wirklichkeit plausibel ergänzen. Das geschieht vor allem in der Absicht, die Kernprobleme zu entdecken, die eine Veränderung des Entdeckten „zum Guten" verhindern, und diese dann in einer Intervention zielgerichtet zu lösen.

Hierfür haben wir in Tab. 6.7 das typische Vorgehen der Evaluation skizziert und einzelne Aufgaben benannt, die zu bearbeiten sind. Die Tabelle kann als Checkliste genutzt werden, um eine Evaluation fachgerecht durchzuführen.

Guba und Lincoln legen besonderes Augenmerk auf den Bericht (Ziffer 7 in Tab. 6.7). Dessen Güte wird nicht an den Gütekriterien der klassischen Testtheorie, also an Validität und Reliabilität, festgemacht, sondern stattdessen an den vier Kriterien der **Glaubwürdigkeit** und den fünf Kriterien der **Wahrhaftigkeit**.

Die vier Glaubwürdigkeitskriterien lauten:

- **Plausibilität** wird verstanden als der Nachweis der permanenten Beobachtung des Interventionsgeschehens und des kontinuierlichen Aushandelsprozesses der verschiedenen Konstruktionen. Die Plausibilität ist quasi das qualitativ-subjektive Maß für die interne Validität der Evaluation.
- **Übertragbarkeit** wird daran festgemacht, ob und in welchem Maße sich die Befunde eignen, die Belange (Bedürfnisse und Bedarfe) und die spezifischen Situationen der Adressaten zu befriedigen. Dies ist quasi – wenn man so will – der Nachweis der ökologischen Validität.
- **Zuverlässigkeit** ist mit der Reliabilität in der klassischen Testtheorie verwandt. Sie wird hier aber durch einen externen Auditor nachgewiesen, der das Protokoll des Evaluationsvorgehens prüft und dessen Güte bewertet.
- **Konformität** ist mit der Objektivität der klassischen Testtheorie verwandt. Konformität gilt als nachgewiesen, wenn die Konstruktionen, Einschätzungen und Fakten den jeweiligen Quellen eindeutig zugeordnet werden können. Auch der Konformitätsnachweis wird von einem externen Sachverständigen erbracht.

Die fünf Wahrhaftigkeitskriterien lauten

- **Fairness** ist das Ausmaß, mit dem die widerstreitenden Interessen und Bedürfnisse

⬛ Tab. 6.7 Typisches Vorgehen in einer Constructivist Evaluation

Schritt	Kernaufgabe	Aufgaben und Verantwortung des Evaluators
1	Identifikation	Identifiziere alle Projektbeteiligten (Stakeholder), die von der Intervention betroffen oder auf irgendeine Art an der Intervention beteiligt sind, und benenne die Art der Betroffenheit oder Beteiligung.
2	Konstruktionen entdecken	Arbeite heraus, wie die Stakeholder die Intervention beurteilen, welche Interessen sie verfolgen und welche Erwartungen sie erfüllt sehen möchten.
3	Aushandeln	Benenne eine geeignete Methode und definiere ein geeignetes Setting, die es gestatten, die verschiedenen Konstruktionen offenbar zu machen und zu diskutieren (dies kann sich über mehrere Sitzungen oder „hermeneutische Zirkel" erstrecken).
4	Konsens	Arbeite jene Aspekte heraus, über die Konsens besteht; ggfs. erfolgt das zunächst in homogenen Stakeholdergruppen und erst dann in heterogenen Zusammensetzungen; die im Konsens verabschiedeten Aspekte werden anschließend nicht weiter verhandelt.
5	Dissens	Sammele neue Informationen für alle Aspekte, über die keine Einigung hergestellt werden konnte, ordne die bestehenden Informationen eventuell neu und definiere eine Agenda, wie ein Konsens gefunden werden kann, oder priorisiere bei unzureichender Ressourcenzuweisung (Personal, Zeit, Geld), was offen bleiben kann und was wie beschlossen wird (konsensual, mehrheitlich).
6	Forum	Installiere und moderiere ein Forum, das die Repräsentanten der wesentlichen Stakeholder zusammenführt und ihnen die Möglichkeit gibt, ihre Sicht der Dinge vorzutragen und mit den anderen eine gemeinsam geteilte Wirklichkeit auszuhandeln.
7	Report	Berichte an alle Stakeholdergruppen, wo eine Übereinstimmung erzielt wurde, welche Interessen und Absichten die jeweiligen Stakeholdergruppen verfolgen (als die am besten geeignete Form des Berichts zur Darstellung von Wirkungen gilt in der Constructivist Evaluation die Fallstudie).
8	Recycling	Die Evaluation ist niemals abgeschlossen, sie wird immer wieder aufgenommen, wenn sich neue Sachverhalte ergeben haben.

der Stakeholder eine faire Chance hatten, im Evaluationsbericht dokumentiert zu werden.

- **Ontologische Wirkung** ist das Ausmaß, in dem vorhandene individuelle Konstruktionen der Stakeholder durch Informationen und Diskussionen während der Evaluation verändert oder elaboriert werden konnten.
- **Edukativer Einfluss** ist der Nachweis, dass das gegenseitige Verständnis für die Konstruktionen der jeweils anderen Stakeholder im Verlauf der Evaluation gewachsen ist.
- **Katalytischer Einfluss** ist der Nachweis, dass Handlungen initiiert, angeregt oder erleichtert wurden, um die detektierten Probleme zu lösen, denen die Intervention gegolten hat.
- **Taktischer Einfluss** ist der Nachweis, dass die Beteiligten ertüchtigt wurden, den aus der Evaluation hergeleiteten Handlungsempfehlungen zu folgen.

Unabhängig vom Evaluationskonzept gelten stets die folgenden Eigenschaften als Kriterien guter Evaluationspraxis. Evaluationen müssen:

- nützlich,
- durchführbar,
- fair und
- glaubwürdig sein.

Die Deutsche Gesellschaft für Evaluation hat diese Kriterien als Standards formuliert und sie weiter ausgearbeitet (▶ www.degeval.de/degeval-standards/standards).

Fazit

In diesem Kapitel haben wir die wesentlichen Typen, Modelle und Methoden der Evaluation referiert und ihre Prinzipien erläutert. Unterschieden wurden die formative und die summative Evaluation. Die erstgenannte nimmt den Prozess der Intervention mit der

Absicht in den Blick, ihn fortlaufend zu überwachen und zu verbessern. Die zweitgenannte wird mit der Absicht durchgeführt, die Wirkung einer Intervention möglichst valide und reliabel festzustellen und ihren Nutzen zu bewerten. Um das zu leisten, wurden in der Evaluationsforschung im wesentlichen drei Typen entwickelt (methoden-, bewertungs- und nutzenorientierter Typus), die vier Generationen (messen, beschreiben, bewerten, aushandeln) der Evaluation beschreiben, denen wiederum unterschiedliche Modelle (CIPP, Contructivist und Theory-Driven Evaluation) und Methoden (Experiment, Quasi-Experiment etc.) zugeordnet sind, die sich außerdem verschiedener empirischer Verfahren und Versuchspläne bedienen.

Merke

Evaluation bewertet Prozesse oder Ergebnisse von Interventionen nach wissenschaftlichen Kriterien. Die drei Typen methoden-, nutzen- und bewertungsorientierter Typus lassen sich vier Generationen zuordnen: 1) messen, 2) beschreiben, 3) beurteilen und 4) Wirklichkeit konsensual konstruieren.

Fragen

- Worin unterscheidet sich das Bewerten im Alltag vom Bewerten im Sinne der Evaluationsforschung?
- Wie unterscheiden sich formative und summative Evaluation?
- Worin unterscheiden sich die vier Generationen der Evaluation?
- Zu welchem Typ der Evaluation passt das „echte Experiment" und zu welchem passen partizipative Methoden?
- Welche Rolle hat der Evaluator in der ersten, welche in der vierten Evaluationsgeneration?
- Welche methodische Vorgehensweise ziehen Sie vor, wenn Sie vermeiden wollen, dass die Ergebnisse der Evaluation nach Belieben interpretiert werden können?
- Welche Form der Validität sichert Aussagen der Evaluation, die für das naturalistische Umfeld einer Intervention gültig sind?
- Wofür steht das Akronym RE-AIM und über welche Wirkung einer Intervention wird damit etwas ausgesagt?
- Bei welcher Entscheidung hilft PRECIS?

Literatur

Alkin, M. C., & Christie, C. A. (2013). An evaluation theory tree. In M. C. Alkin (Hrsg.), *Evaluation roots*. (S. 12–66). London: Sage.

Bank, V., & Lames, M. (2010). *Über Evaluation* (2. Aufl.). Chemnitz: Universität Chemnitz.

Campbell, D. T., & Stanley, J. C. (1963). *Experimental and quasi-experimental designs for research on teaching*. Chicago: Rand McNally.

Chen, H.-T. (1990). *The theory-driven evaluations*. Thousand Oaks, CA: Sage.

Coryn, C. L. S., Noakes, L. A., Westine, C. D., & Schröter, D. C. (2011). A systematic review of theory driven evaluation practice from 1990 to 2009. *American Journal of Evaluation, 32*, 199–226.

Cronbach, L. J. (1982). *Designing evaluations of educational and social programs*. San Francisco: Jossey Bass.

Eisner, E. (1976). Educational connoisseurship and criticism: Their form and function in educational evaluation. *Journal of Aesthetic Evaluation or Education, 10*, 135–150.

Fetterman, D. M., Kaftarian, D. A., & Wandersman, A. (1995). *Empowerment evaluation. Knowledge and tools for self-assessment and accountability*. Thousand Oaks, CA: Sage.

Glasgow, R. E., Vogt, T. M., & Boles, S. M. (1999). Evaluating the public health impact of health promotion interventions: the RE-AIM framework. *American Journal of Public Health, 89*, 1322–1327.

Green, J., & Tones, J. (1999). Towards a secure evidence base for health promotion. *Journal of Public Health Medicine, 21*, 133–139.

Guba, E. G., & Lincoln, Y. S. (1989). *Fourth Generation Evaluation*. Thousand Oaks, CA: Sage.

Hammond, K. R. (1996). *Human judgment and social policy. Irreducible uncertainty, inevitable error, unavoidable injustice*. Oxford: Oxford University Press.

Kahlert, D. & Schlicht, W. (submitted). Pedestrian friendliness of older people in the living environment and assessed traffic safety. An experimental study using computer-simulated living environments.

Kirkpatrick, D. L., & Kirkpatrick, J. D. (2006). *Evaluating training programs – the four Levels* (3. Aufl.). San Francisco, CA: Berret-Köhler.

Kleist, P. (2010). Wann ist ein Studienergebnis klinisch relevant? Was Maßzahlen zur Beurteilung von Therapieeffekten aussagen. *Schweizer Medizinisches Forum, 32*, 525–527.

Owens, T. R., & Wolf, R. L. (1985). An adversary approach to evaluation. In D. L. Stufflebeam, & A. J. Shinkfield (Hrsg.), *Systematic Evaluation* (S. 265). Dordrecht: Kluwer-Niehoff Publishing.

Patton, M. Q. (1978). *Utilization-Focussed Evaluation*. Beverly Hills & London: Sage.

Rossi, P. H., Freeman, H. E., & Lipsey, M. W. (2004). *Evaluation. A systematic approach* (7. Aufl.). Thousands Oaks: Sage.

Schneidewind, U., & Borowski, M. (2013). *Transformative Wissenschaft*. Marburg: Metropolis.

Scriven, M. (1972). *The methodology of evaluation. Perspectives of curriculum evaluation*. Chicago: Rand McNally.

Shadish, W., Cook, T. D., & Campbell, T. D. (2001). *Experimental and quasi experimental designs for generalized causal inference*. Boston: Houston Mifflin Company.

Stake, R. E. (1980). Program evaluation, particularly responsive evaluation. In W. B. Dockwell, & D. Hamilton (Hrsg.), *Rethinking educational research* (S. 72–87). London: Sage.

Stufflebeam, D., & Shinkfield, A. J. (2007). *Evaluation: theory, models, and applications*. San Francisco: Jossey Bass.

Suchman, E. A. (1967). *Evaluation research*. New York: Sage.

Thorpe, K. E., Zwarenstein, M., Oxman, A. D., Treweek, S., Furberg, C. D., Altman, D. G., & Chalkidou, K. (2009). A pragmatic-explanatory continuum indicator summary (PRECIS): a tool to help trial designers. *Journal of Clinical Epidemiology, 62*, 464–475.

Tyler, R. W. (1942). General statement on evaluation. *Journal of Educational Research, 35*, 492–501.

Weiss, C. H. (1972). *Evaluation Research. Methods for assessing program effectiveness*. Englewood Cliffs, CA: Prentice Hall.

Gesundheitsförderung im Setting

Wolfgang Schlicht, Marcus Zinsmeister

W. Schlicht, M. Zinsmeister, *Gesundheitsförderung systematisch planen und effektiv intervenieren*,
DOI 10.1007/978-3-662-46989-7_7, © Springer-Verlag Berlin Heidelberg 2015

Gesundsein hängt nicht alleine vom Wünschen und vom Willen und dem dazu passenden Verhalten einer Person ab. Im siebten Kapitel behandeln wir den Setting-Ansatz der Gesundheitsförderung, auf den wir bereits im dritten Kapitel kurz verwiesen haben. Gesundheitsförderung im Setting oder in der Lebenswelt trägt dem Sachverhalt Rechnung, dass Umwelten Personen daran hindern können, ihren Bedarf zu stillen und ihre Bedürfnisse zu befriedigen, um ihre Gesundheit zu sichern und nachhaltig zu verbessern. Mit der Kommune beschreiben wir beispielhaft ein besonders komplexes Setting und mit dem Betrieb ein anderes, in dem vor allem die Interessen der Stakeholder deutlich differieren können.

7.1   Was sagt die WHO dazu?

In den vorangegangen Kapiteln haben wir bereits auf die Chartas der Weltgesundheitsorganisation in Ottawa (1989) und Bangkok (2005) verwiesen. Interventionen in ein Setting unter gleichberechtigter Beteiligung der Betroffenen (partizipativer Ansatz) werden dort als zielführend für die Gesundheitsförderung empfohlen. Die WHO formuliert in der Ottawa-Charta (WHO 1986, S. 1):

» Gesundheitsförderung zielt auf einen Prozess, allen Menschen ein höheres Maß an Selbstbestimmung über ihre Gesundheit zu ermöglichen und sie damit zur Stärkung ihrer Gesundheit zu befähigen. Um ein umfassendes körperliches, seelisches und soziales Wohlbefinden zu erlangen, ist es notwendig, dass sowohl einzelne als auch Gruppen ihre Bedürfnisse befriedigen, ihre Wünsche und Hoffnungen wahrnehmen und verwirklichen sowie ihre Umwelt meistern beziehungsweise sie verändern können. (…) Die Verantwortung für Gesundheitsförderung liegt deshalb nicht nur beim Gesundheitssektor, sondern bei allen Politikbereichen und zielt über die Entwicklung gesünderer Lebensweisen hinaus auf die Förderung von umfassendem Wohlbefinden.

Settings sind soziale Einheiten, in denen Menschen eine „gemeinsame Wirklichkeit" teilen und einer für den jeweiligen Kontext typischen Tätigkeit nachge-

hen. In Settings oder – im Deutschen **Lebenswelten** – gelten mehr oder minder deutliche Regeln, wie diesen Tätigkeiten nachzugehen ist. Es gelten verbindliche Werte und Kodizes, die das Denken und Verhalten der Menschen nicht nur beeinflussen, sondern ihnen ein für das jeweilige Setting typisches Denken und Verhalten nahelegen, es gleichsam erzwingen. Die Meinungen, Einstellungen, Überzeugungen und weitere psychische Neigungen und Werthaltungen oder Mentalitäten sind der Person oft nicht bewusst. Sie sind vielmehr implizit und werden emergent aus der Beobachtung des Verhaltens anderer Personen im gleichen Setting als relevant und verbindlich anerkannt. Emergente Normen existieren als Normen, die feindseliges, aggressives und riskantes Verhalten erleichtern oder es nahelegen und als „richtig" oder „angemessen" erscheinen lassen.

Ein typisches Beispiel eines Settings ist eine religiöse Andacht. Andachtsbesucher müssen zu Beginn nicht explizit instruiert werden, dass während der Zeit der Andacht Stille und Gebet gefordert sind, statt intensiver Gespräche. Andachtsbesucher wissen in aller Regel, wie sie sich zu verhalten haben. Alten- und Pflegeeinrichtungen sind eine weitere beispielhaft gewählte Lebenswelt. Auch hier gelten unausgesprochene Regeln für das Verhalten. Ein Heimbewohner erfährt sehr bald nach Aufnahme im Heim, durch Beobachtung der Mitbewohner, durch Gesten und Blicke der Heimbetreuer, was sich „schickt", was erwartet wird und was als unschicklich gilt.

Setting

Setting ist ein in verschiedenen Kontexten verwendeter Begriff. In den Gesundheitswissenschaften wird mit Setting (oder Lebenswelt) eine soziale Anordnung oder ein soziales System beschrieben, in dem typische Werte, Normen, Regeln und Werthaltungen gelten, die von den Akteuren ein dazu passendes Verhalten erwarten, ohne dass dieses Verhalten explizit eingefordert wird. Die Akteure „wissen", wie sie sich zu verhalten haben, um nicht im Widerspruch zu Kultur und Erwartungen des Settings zu handeln.

Weitere typische Settings sind Familien, Kindergärten, Schulen, Betriebe und die Kommune (Städte

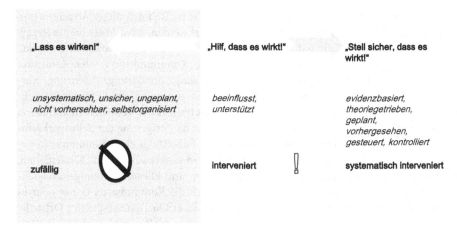

Abb. 7.1 Zufällige bis managementorientierte kommunale Gesundheitsförderung

und Gemeinden). Dort wachsen Menschen auf, dort werden sie ausgebildet und sozialisiert. Sie arbeiten, verlieben oder entzweien sich, werden krank und gesunden wieder oder sie versterben, manchmal auch vorzeitig. Kurz, im Setting leben Menschen ihr Leben, und mit der Art zu leben verkürzen oder verlängern sie das Leben, leben es zufrieden und gesund oder riskieren Krankheit, Behinderung und Beeinträchtigung. Das von den Personen „erwartete" und für das Setting typische Verhalten trägt zum Ausgang des Lebens bei, behindert oder befördert ein gesundheitsschützendes Verhalten.

7.2 Kommunen und Betriebe

Wir werden im Folgenden zwei Settings näher betrachten: Die Kommune und den Betrieb. **Kommunaler Gesundheitsförderung** wird je nach Land unterschiedliche Bedeutung beigemessen. In Dänemark etwa ist sie zentraler Teil der nationalen Gesundheitsstrategie, und auch in den USA wird die Kommune als zentrales Setting einer Erfolg versprechenden Prävention und Gesundheitsförderung gesehen, und es werden passende Maßnahmen gefördert und evaluiert.

In Deutschland ist kommunale Gesundheitsförderung als bedeutsam anerkannt. Sie wird mit der Hoffnung verbunden, dass man in der Kommune einen Großteil der Bevölkerung erreicht und präventiv wirksames Verhalten und unterstützende Verhältnisse schaffen kann. Kommunale Gesund-

heitsförderung ist aber in Deutschland noch wenig standardisiert. Sie erfolgt kaum systematisch und häufig im Sinne einer traditionell präventiven Intervention, in der Absicht also, die gesundheitlichen Risiken der Gemeindebewohner zu mindern.

Für die **betriebliche Gesundheitsförderung** sind eigene Verlautbarungen und Verabredungen auf der europäisch-politischen Ebene getroffen worden (Luxembourg Declaration of Work Place Health Promotion: ► www.enwhp.org/workplace-health-promotion.html), und jüngst ist eine eigene DIN-Spezifikation (DIN SPEC 91020) entstanden. Betriebe können sich zertifizieren lassen, wenn sie die dort verankerten Prinzipien erfüllen. Auch der Betrieb gilt als ideales Setting, in dem Menschen erreicht, für gesundheitlich protektives Verhalten sensibilisiert und in dem die für das Setting typischen Bedingungen so verändert werden können, dass Gesunderhaltung und -förderung erleichtert werden. Auch hier beobachtet man häufig eine traditionell risikomindernde und am Verhalten der Belegschaft orientierte Intervention.

7.2.1 Kommunale Gesundheitsförderung

Wir widmen der kommunalen Gesundheitsförderung ein gesondertes Kapitel, weil sie aufgrund ihrer Komplexität, die sich bereits aus der notwendigen Zusammenarbeit von Personen und verantwortlichen Sektoren mit unterschiedlichen Interessen und

Aufgaben ergibt, eine besonders herausfordernde Tätigkeit für Gesundheitsförderer ist. Einige Aspekte des geforderten Vorgehens haben wir in ▶ Kap. 5 behandelt, in dem bereits passende theoretische Zugänge referiert wurden (zum Beispiel die **Diffusion of Innovations Theory** oder die **Community Coalition Action Theory**).

Kommunale Gesundheitsförderung wirkt nicht automatisch besser als eine Intervention, die das Individuum und dessen Verhalten in den Blick nimmt. Nicht jede Initiative, Kampagne oder Maßnahme ist nur deshalb bereits erfolgreich, weil sie in einer Kommune stattfindet. Die Wirksamkeit wird wahrscheinlicher, wenn sie den bereits vorgestellten Grundsätzen der systematischen Interventionsplanung folgt und sich im Kontinuum von „Zufall: Lass es geschehen" bis „Management: Mach es geschehen" dem Managementansatz nähert (◼ Abb. 7.1).

Die Absicht der kommunalen Gesundheitsförderung

Mit der kommunalen Gesundheitsförderung wird die **gesunde Kommune** angestrebt. Das mag trivial klingen, ist aber mehr als die Minderung von gesundheitlichen Risiken in der Bevölkerung. Diese Absicht soll unter anderem durch eine breite Palette von Maßnahmen erreicht werden, die gesundheitlich relevante Endpunkte (zum Beispiel Risikofaktoren, Erkrankungen, Sterblichkeit) oder Verhaltensweisen (zum Beispiel Ernährung, Aktivität, Impfungen) adressieren, die mit gesundheitlichen Endpunkten assoziiert sind. Die häufigsten Maßnahmen, die in der einschlägigen Literatur dokumentiert werden, sind:

- Impfkampagnen
- Nichtraucherkampagnen
- HIV-Prävention
- Übergewichtsvermeidung
- Diabetesprävention
- Prävention mentaler Gesundheitsbeeinträchtigungen älterer Bürger/innen
- Integration benachteiligter Gruppen der Bevölkerung
- gesunde körperliche und mentale Entwicklung von Kindern und Jugendlichen
- Prävention von kardiometabolischen Erkrankungen

Aktivitäten, die im Rahmen dieser Absichten und Ziele eingesetzt werden, spiegeln ein breites Repertoire an Methoden des Social Marketing (direkte und indirekte Kommunikation), der Edukation (Bewusstmachung, Aufklärung, Belehrung, Verstärkung) und psychologisch fundierten Werkzeuge und Techniken der Verhaltensmodifikation (beispielsweise die Steigerung der Selbstwirksamkeit). Häufige Subsettings einer Kommune, in denen Personen adressiert werden, sind Kindergärten, Schulen, Alten- und Pflegeeinrichtungen; manchmal ist es auch die Kommune als Ganze oder es sind einzelne ihrer Quartiere respektive Ortsteile. Wird das Verhalten der Betroffenen adressiert, dann zielen die Aktivitäten meist auf eine Änderung der Ernährungsgewohnheiten oder des Volumens der körperlichen Aktivität.

Eine gesunde Kommune ist allerdings weit mehr als eine körperlich aktive, ernährungsbewusste oder „durchgeimpfte" Kommune. Die oben genannten Maßnahmen wie Impfkampagnen oder die Prävention kardiometabolischer Erkrankungen durch mehr Aktivität und weniger fettreiches Essen sind noch nicht unbedingt kommunale Gesundheitsförderung. Sie nutzen vielmehr die Kommune für die typischen Ziele der Verhaltensprävention. In der einschlägigen Literatur wird hier von der **Gesundheitsförderung in einer Kommune** gesprochen, von der die **Gesundheitsförderung mit einer Kommune** unterschieden wird. In ◼ Tab. 7.1 sind die Unterschiede mit Bezug auf die Arbeit von Boutillier et al. (2000) zusammengefasst.

In einer Definition von Bracht et al. (1999, S. 86) kommt die Gesundheitsförderung mit der Kommune deutlicher zum Ausdruck. Das Ziel wird dort unter **Community Organization** gefasst:

❯❯ Community organization is a planned process to activate a community to use its own social structures and any available resources to accomplish community goals that are decided on primarily by community representatives and that are generally consistent with local values. Purposive social change interventions are organized primarily by individuals, groups, or organizations from within the community to attain and sustain community improvements and/or new opportunities.

◻ **Tab. 7.1** Unterschiede von Gesundheitsförderung (GF) in der Kommune und mit der Kommune (adaptiert nach Boutillier et al. 2000)

Sachverhalt	GF in der Kommune	GF mit der Kommune
Organisationsmodell	soziale Planung	kommunale Entwicklung
Fokus	individuelle Verantwortung	Befähigung
Ansatz	Defizite korrigieren, Risiken mindern	Ressourcen stärken, Capacity Building
Problemdefinition	top-down	bottom-up
bevorzugte Instrumente/Methoden	Edukation, verbesserte Dienstleistungen, Verhaltensänderung, Medienkampagnen	Stärkung der kommunalen Zusammenarbeit, ökonomischer, ökologischer und politischer Wandel
professionelle Rollen	Entscheider, Änderungsmanager	Advokaten, „Befähiger"
Partizipationsgrad	marginal	substanziell und strukturell
Rolle der sozialen Dienste	unterstützend	strukturell verbessernd
Entscheider	externe Agenten, politische und administrative Leitungen	selbstorganisierte, gewählte Leiter
Verständnis von „Kommune"	Konsumenten, territoriale und politische Einheit	subjektiv, Lebensraum, Ort der Identität und der Selbstverpflichtung
Gemeindemitglieder: Kontrolle über die Ressourcen	niedrig	hoch

Community Organization wird in diesem Zitat synonym zu weiteren Begriffen verwendet, die alle mit Community kombiniert werden: Activity, Capacity Building, Development, Empowerment, Engagement, Involvement, Mobilization, Participation und Social Action (NICE 2008; die Handlungsleitlinie wurde zum Zeitpunkt der Abfassung dieses Buches gerade überarbeitet: nice.org.uk/guidance).

Hancock (1993, 1999) hat in zwei Artikeln herausgearbeitet, wann eine Kommune gesund ist, und Kickbusch (2010) hat daran anschließend auf den Zusammenhang von Gesundheitsförderung und Nachhaltigkeit verwiesen. Hancocks grundlegende Arbeiten sind sozial-ökologisch fundiert. Sie sehen die Schnittmenge von drei Teilsystemen als konstitutiv an: das Gemeinwesen, die Umwelt und die Ökonomie. An Hancock (1999), Kickbusch (2010) und Lui et al. (2009) sowie Buffel et al. (2012) angelehnt, haben wir in ◻ Abb. 7.2 skizziert, was eine gesunde Gemeinde ausmacht.

Demnach ist eine gesunde Kommune eine Gemeinde, in der Bürger ihr Gemeinwesen in einer intakten Umwelt und einer prosperierenden und nachhaltigen Ökonomie gemeinsam gestalten und mit hoher Lebensqualität bei sicherer Versorgungsstruktur zusammenleben und arbeiten. Alle Sektoren und alle Akteure orientieren sich in ihren Entscheidungen und nachfolgenden Handlungen am menschlichen Maßstab.

Die verantwortlichen kommunalen Sektoren (Soziales, Wirtschaftsförderung, Planung etc.) und Akteure für die gebaute, die technische, die soziale und die ökonomische Umwelt richten ihre spezifischen Absichten und Handlungen am gemeinsamen Ziel der gesunden Kommune aus. Diese besitzt eine Umwelt, die das persönliche Wachstum ihrer Bürger/innen fördert. Das Ökosystem ist nachhaltig gestaltet, die bauliche Entwicklung konsequent am menschlichen Maßstab und nicht am Konzept der autogerechten Stadt ausgerichtet. Technische Systeme sind so beschaffen, dass sie sich an die sich verändernden Bedingungen ihrer Nutzer adaptieren, dabei lernen und den Nutzer als Subjekt anerkennen, statt ihn als Objekt zu gebrauchen. Die gesunde Kommune ist eine lebendige und gerechte Gemeinschaft, die sozial inkludiert, die unterstützt und, wo immer erforderlich, Bildung und soziale Teilhabe ermöglicht. Kurzum: Die Akteure einer

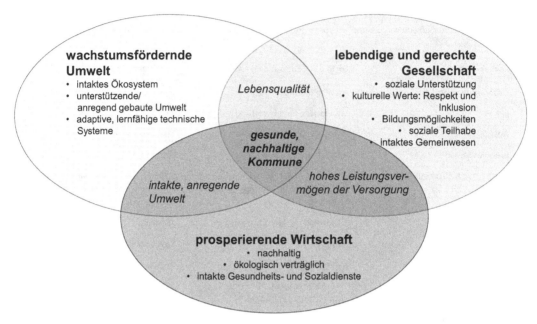

◘ Abb. 7.2 Gesunde Kommune

gesunden Kommune schaffen in einem steten Prozess ein intaktes Gemeinwesen, in dem sich Partizipation nicht in den wiederkehrenden Wahlen zum Gemeinderat erschöpft.

Eine gesunde Kommune verfügt über eine prosperierende Wirtschaft, die mit Ressourcen nachhaltig umgeht und ökologisch und humanverträglich wirtschaftet. Für den Krankheits- und Pflegefall ihrer Bürger/innen hält eine gesunde Kommune intakte Gesundheits- und Sozialsysteme vor. Eine gesunde Kommune erachtet das **Sozialkapital** mindestens gleichwertig zum Finanzkapital. Das Sozialkapital ist das Treibmittel einer gesunden Kommune, das Schmiermittel einer partizipativen Zusammenarbeit. Der Klebstoff ist das Vertrauen der Bürger in die kommunalen Entscheidungsträger und die Verwaltung und vice versa. Mit Bezug auf das NICE-Statement (2008) sind in ◘ Abb. 7.3 die Pfade skizziert, die von der Gesundheitsförderung mit der Kommune zur gesunden Kommune führen.

Wie lässt sich die Absicht verwirklichen?

Wir haben bereits in den vorangegangenen Kapiteln beklagt, dass die Zusammenarbeit zwischen Implementierungs- oder Übersetzungsforschung und der Praxis der Gesundheitsförderung nicht durchgän-

gig tragfähig funktioniert. Wandersman et al. (2008, S. 171) haben das damit einhergehende Unbehagen folgendermaßen formuliert:

> **»** If we keep on doing what we have been doing, we are going to keep on getting what we have been getting.

Dem Zitat zufolge muss sich etwas ändern, damit es besser wird. Die Autoren haben zu dem Zweck ein **gemeindezentriertes Rahmenmodell** konzipiert, das die praktische Arbeit in der Gemeinde betont und beantworten will, was an Informationen und Unterstützung seitens der Forschung benötigt wird, um Gesundheit im kommunalen Setting wirksam zu fördern. Das **Interactive Systems Framework for Dissemination and Implementation** (ISF) beschreibt drei interagierende Systeme:
- das Synthese- und Übersetzungs-,
- das Präventionsunterstützungs- und
- das Präventionsumsetzungssystem.

Im **Synthese- und Übersetzungssystem** sind all jene Aspekte oder Merkmale beschrieben, für die nachgewiesen wurde, dass sie eine Innovationsadoption maßgeblich begünstigen. Eine Intervention ist immer auch eine Innovation, weil sie Bewährtes

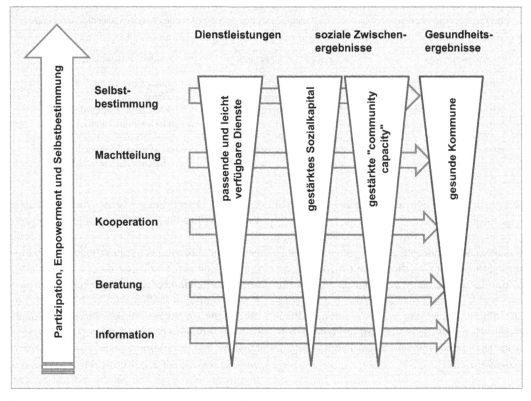

◘ Abb. 7.3 Pfade zur gesunden Kommune (Adaptiert nach NICE 2008, S. 8)

infrage stellt und zu Neuem motivieren will. Was eine Innovationsadoption begünstigt, haben wir in ▶ Kap. 5 zur **Diffusion of Innovations Theory** bereits eingehend erläutert. Als wesentlich wurden benannt:

– Zugänglichkeit zu Informationen (was passiert?)
– Erprobbarkeit (kann man das ausprobieren?)
– Nützlichkeit (was nützt das?)
– Nutzerfreundlichkeit (wie leicht ist das zu handhaben?)

Das **Präventionsunterstützungssystem** adressiert die **Community Capacity Building**, die Hawe et al. (1999) als das Bemühen definierten, nachhaltig daran zu arbeiten, Fähigkeiten und Fertigkeiten zu qualifizieren, Ressourcen aufzubauen und zu stärken und Verbindlichkeiten zu schaffen, die einen Zuwachs an Gesundheit in der Kommune ermöglichen (für eine theoretische Erörterung und ein konkretes Beispiel siehe Rütten und Gelius 2013).

Zwei Funktionen schreiben Wandersman et al. (2008) dem Präventionsunterstützungssystem zu. Die eine Funktion betrifft die innovationsspezifische Kapazitätsentwicklung. Dort sollen praktisch Handelnde informiert werden, welche Innovationen sich für eine Umsetzung in einem gegebenen Kontext eignen, ohne selbst erfahren zu müssen, ob sie sich eignen. Gefragt sind also Konzepte und Maßnahmen, deren Alltagstauglichkeit im Setting Kommune bereits nachgewiesen wurde. Die zweite Funktion der Kapazitätsbildung adressiert statt der alltagstauglichen Maßnahmen die Strukturen, die Fertigkeiten, das Klima und die Motivation der Organisation und macht sie, unabhängig von einer konkreten Maßnahme, handlungsfähig und -bereit. Trainingsmaßnahmen, Coaching und Monitoring für die Stabsmitarbeiter der Sektoren und ihrer Arbeitseinheiten sind hier die relevanten Tätigkeiten. Die Trainings, das Coaching oder das Monitoring können entweder von zentralen Institutionen (zum Beispiel von Gesundheitsämtern) oder spezifisch

◻ **Tab. 7.2** Relevante Faktoren, die eine Umsetzung von Maßnahmen der kommunalen Gesundheitsförderung unterstützen

Individualfaktoren	Organisationale Faktoren	Kommunale Faktoren
hoher fachlicher Kenntnisstand des Personals breite und/oder spezifische Erfahrung positive Einstellungen zur Maßnahme	eindeutig definierte Führungsverantwortung und Positionsmacht verbindliche Unterstützung der Führung hohe Struktur- und Prozessqualität innovationsfreundliches Organisationsklima	„gesunde Kommune" ist politisches Leitziel hohe Community Capacity intaktes Gemeinwesen bewährte intersektorale Zusammenarbeit ist gegeben oder die Bereitschaft dazu ist vorhanden

von qualifizierten Dienstleistungsorganisationen angeboten werden.

Das **Präventionsumsetzungssystem** setzt die geplanten Maßnahmen im Setting um. Das gelingt umso erfolgreicher, als die relevanten Akteure der Kommune zielführende individuelle, organisationale und kommunikative Fertigkeiten und Fähigkeiten besitzen und passende Strukturen und materielle wie personelle Ressourcen verfügbar haben. In ◻ Tab. 7.2 sind einige Faktoren gelistet, die dafür bedeutsam sind.

Community Capacity

Community Capacity ist die Fähigkeit einer Kommune oder der in ihr wirkenden Sektoren, ihre Strukturen, Systeme, Akteure und deren Fähigkeiten und Fertigkeiten in der Absicht motivieren und einsetzen, die gesunde Kommune zu realisieren. Dazu werden in einem partizipativen Prozess komplexe Interventionen konzipiert, geplant, Maßnahmen umgesetzt und Prozess und Wirkung werden evaluiert.

Auf der grundlegenden Arbeit von Greenhalgh et al. (2005) aufbauend (▶ Kap. 5) haben Damschoder et al. (2009) nach einer systematischen Durchsicht der Literatur ein Rahmenkonzept entworfen, das sie **Consolidated Framework for Implementation Research** (CFIR) nannten und das die praktische Arbeit der kommunalen Gesundheitsförderung leiten kann. Die wesentlichen Komponenten wollen wir kurz referieren.

Das CFIR ist eines von mehreren Modellen, die für die systematische Interventionsplanung eine hilfreiche Orientierung bieten. Andere Modelle werden wir in ▶ Kap. 8 noch detaillierter beschreiben. Das CFIR gruppiert fünf Domänen: Die erste betrifft die Adoption von Innovationen. Damschoder und Kollegen bezeichnen diese Domäne als **Interventionscharakteristika**. Die weiteren Domänen sind die **äußeren Einflüsse** und die **internen Bedingungen**, die **Nutzercharakteristika** und schließlich der **Implementierungsprozess**. Der ersten Domäne, den Interventionscharakteristika, werden im Rahmenkonzept acht Konstrukte, den äußeren Einflüssen vier und den internen Bedingungen zwölf zugeordnet. Fünf Konstrukte beschreiben die Nutzercharakteristika und acht Konstrukte den Implementierungsprozess. In ◻ Tab. 7.3 sind die Domänen und die zugehörigen Konstrukte gelistet und anhand von Fragen erläutert.

Das CFIR kann von praktisch Handelnden der Gesundheitsförderung genutzt werden, um sich vor dem Start einer Intervention zu beantworten, wie und ob die Kommune oder das kommunale Subsetting, in das interveniert werden soll, auf eine Intervention vorbereitet sind. Eine ehrliche Analyse der Bedingungen ist Voraussetzung für einen verantwortlichen Umgang mit den jeweils in der Kommune vorhandenen Ressourcen.

Kommunen und Community Capacity

Kommunen sind im Verständnis und Kontext der Gesundheitsförderung eine „besondere Organisation", in der sich Verantwortliche für eine systematische Interventionsplanung mit spezifischen, herausfordernden Anforderungen konfrontiert sehen (Isreal et al. 1998). Kommunen setzen sich aus einzelnen Personen zusammen. Daraus resultiert zunächst nicht mehr als ein Agglomerat von

◻ **Tab. 7.3** Domänen und Konstrukte des CFIR

Interventionscharakteristika

Interventionsanlass	Ist eine Intervention von „außen" vorgegeben, angeordnet oder wird sie von „innen" gewollt?
Evidenzstärke und Qualität	Wird die Intervention in der gewünschten, erwarteten Weise wirken?
relativer Vorteil	Hat die Intervention gegenüber alternativen Vorgehensweisen Vorteile?
Anpassungstauglichkeit	Ist die Intervention an die gegebenen Umstände, Zielgruppen anpassbar, um die gemeindetypischen Bedürfnisse zu befriedigen?
Testfähigkeit	Kann die Intervention in einem repräsentativen oder prototypischen Ausschnitt des Settings getestet werden, um sie im Licht der Befunde gegebenenfalls zu modifizieren oder gar zu verwerfen?
Komplexität	Wie schwierig ist die Intervention, wie lange wird sie dauern, wie umfangreich, wie invasiv, vielschichtig wird sie sein müssen und wie viele Schritte auf dem Weg zur Zielerreichung werden benötigt?
Designqualität und „Verpackung"	Wie wird die Intervention gebündelt, präsentiert und zusammengefasst, um sie exzellent erscheinen zu lassen?
Kosten	Wie hoch sind die direkten und indirekten Kosten?

Externe Einflüsse

Bedarfe und Ressourcen	Was ist bekannt über die Bedarfe, Bedürfnisse, die Barrieren und die Erleichterungen, die eine Intervention erfordern, als gewollt erscheinen lassen, behindern oder begünstigen?
Weltoffenheit	Wie ist die Kommune mit anderen Kommunen und Organisationen vernetzt?
Peer-Druck	Wie stark ist der Druck, der von Interventionen ausgeht, die andere Kommunen bereits implementiert haben?
externale Policy und Anreize	Welche Policy beeinflusst die Intervention? Welche Anreize sind gesetzt und welche können genutzt werden?

Interne Bedingungen

strukturelle Charakteristika	Wie ist die Kommune organisiert: Seit wann besteht sie, wie groß, wie gereift, wie formal strukturiert ist sie?
Netzwerke und Kommunikation	Welche sozialen Netzwerke sind wie beschaffen und wie wird innerhalb des Settings formell und informell kommuniziert?
Kultur	Welche impliziten und expliziten Werte und Normen herrschen im Setting vor?
Klima	Wie aufnahmefähig und -bereit ist das Setting für Veränderungen? Werden Veränderungen unterstützt, werden sie belohnt? Herrscht ein Klima der Änderungsbereitschaft?
Änderungsdruck	Wie stark drängen Stakeholder auf Veränderungen?
Kompatibilität	Wie korrespondieren Werte und Normen des Settings mit denen der Personen, die im Setting betreut werden und (inter-)agieren?
Priorisierung	Welche Meinung über die Notwendigkeit der Intervention teilen die Betroffenen?
Anreize und Belohnungen	Sind extrinsische Belohnungen und Anreize gesetzt?
Ziele und Feedback	Werden Ziele eindeutig kommuniziert, wird die Zielreichung strikt verfolgt wird der jeweilige Status der Zielreichung überwacht und rückgemeldet?

◘ **Tab. 7.3** *(Fortsetzung)* Domänen und Konstrukte des CFIR

Lernklima	Herrscht Fehlertoleranz? Fühlen sich die Stabsmitarbeiter wertgeschätzt in ihrem Tun? Haben die Betroffenen das Gefühl, die Interventionsvorgaben erfüllen zu können, ohne Schaden zu nehmen oder negative Konsequenzen zu befürchten?
Bereitschaft zur Implementierung	Welche messbaren und unmittelbaren Indikatoren verweisen auf die Selbstverpflichtung der Kommune, die Intervention zu wollen?
Führungsengagement	Steht die politische und administrative Führung uneingeschränkt hinter der Intervention?
Ressourcen	Sind personelle und materielle Ressourcen in ausreichendem Maß verfügbar? Gibt es Trainings, Fort- und Weiterbildungsmöglichkeiten für den Stab? Können Koalitionen gebildet werden?
Zugang zu Wissen und Information	Sind Informationen über den Zweck und das Vorgehen der Intervention eindeutig beschrieben und zugänglich?
Nutzercharakteristika	
Wissen und Überzeugungen	Welche Einstellungen, welche Werthaltungen und Motive haben die Bürger? Sind sie mit den Fakten vertraut?
Selbstwirksamkeit	Wie stark sind die persönlichen, subjektiven Überzeugungen der Bürger, das in der Intervention Geforderte auch trotz Barrieren umsetzen zu können?
Veränderungsbereitschaft	In welcher Phase der Änderungsbereitschaft befinden sich die Bürger/innen? Wissen sie, dass ihre Gesundheit durch eigenes Handeln oder durch die Umwelt gefährdet ist? Wissen sie, was sie dagegen tun können? Haben sie bereits begonnen, etwas dagegen zu tun?
Identifikation	Wie stark identifizieren sich die Bürger mit „ihrer" Kommune?
andere Charakteristika	Was weiß man über persönliche Neigungen wie Toleranz gegenüber Mehrdeutigkeit, was über intellektuelle Fähigkeiten, die Bereitschaft zum Lernen und zuzuhören?
Implementierungsprozess	
Planung	Sind einzelne Planungsschritte festgelegt, zeitlich und personell geordnet?
Engagement	Wie ist das Team beschaffen, qualifiziert? Muss trainiert, muss (nach-)geschult werden?
Meinungsführer	Gibt es Personen, deren Meinung geschätzt wird und die informell oder formell auf die Beteiligten einwirken können?
formal bestellte Projektverantwortliche	Sind Personen des Settings explizit beauftragt, die Intervention als Koordinatoren, Projektmanager, Teamleiter oder in einer anderen Rolle zu begleiten?
Champions	Gibt es Personen, die sich selbst entschlossen haben und die sich dazu eignen, die Ziele und Inhalte der Intervention zu kommunizieren, das Neue vorzuleben, um Widerstände zu überwinden?
externe Veränderungsagenten	Gibt es externe „Agenten", welche die Intervention mit ihrem Wissen unterstützen könnten?
Umsetzen	Wird die Intervention wie geplant umgesetzt?
Evaluieren und Bewerten	Wie wurde vorgegangen, was wurde realisiert, wie wirksam war das und was ist laufend und was zukünftig anders und besser zu machen?

Individuen, die zu einer politischen Einheit, einer Gebietskörperschaft zusammengefasst werden. Diesen werden Rechte und Pflichten zugewiesen, die in Ordnungen und Gesetzen geregelt sind.

Die geographische Nähe in einer territorialen Einheit und die politische Organisation definieren in der Absicht der kommunalen Gesundheitsförderung aber noch keine Kommune. Das wird sie erst mit einer kollektiven Identität, die aus der Interaktion der Personen gespeist wird und die Interaktionskultur der in der politischen Gemeinde lebenden Individuen bedingt. „Das macht man hier so" oder „Das passt nicht zu uns" sind auf der Beobachtungsebene Hinweise auf eine zugrunde liegende Identität. Sozial-ökologische Modelle haben derartige „Person-Umwelt-Interaktionen" zum Gegenstand. Erst durch die Identifikation ihrer Mitglieder mit der Kommune entsteht eine Kommune im psychologischen und gesundheitswissenschaftlichen Sinn. Emotional bewertete Verbindungen lassen Selbstverpflichtungen entstehen. Man versteht sich als „Musterstädter" oder „Musterdörfer", man empfindet Zugehörigkeit. Für manche ist das auch der Inbegriff von Heimat.

Eine erste Aufgabe der kommunalen Gesundheitsförderung ist es, die **Identität der Kommune** und die damit verknüpften Kulturen dahingehend zu hinterfragen, ob sie das Gesundheitsziel stärkt oder ob sie es behindert. Kaum eine Kommune startet hier jungfräulich. Vielmehr bestehen in den allermeisten Kommunen bereits Initiativen, Netzwerke, Vereine, religiöse Organisationen (Kirchengemeinde), die mehr oder minder explizit Vereinbarungen und gesundheitsrelevante Verabredungen getroffen haben und daran arbeiten, das Leben in der Gemeinde im Sinne eines intakten Gemeinwesens zu gestalten. Kommunale Gesundheitsförderung sollte den Bemühungen der vorhandenen Initiativen nicht entgegenarbeiten, sondern sie als soziales Kapital nutzen. Sie sollte dort stützen, wo die Ziele einer gesunden Kommune bereits adressiert werden, und dort korrigierend einwirken, wo es den Zielen zuwider läuft. Je nach spezifischer Zielstellung ist die Partnerschaft mit gemeindeexternen Experten der Implementierungsforschung, des Datenmanagements, der Kommunikation und anderer Professionen hilfreich, um die angestrebten Ziele zu erreichen.

Kommunale Gesundheitsförderung ist ein **partizipativer Prozess**. Partizipation ist zeitaufwendig und Prozesse erstrecken sich per Definition auf einer Zeitskala. Ungeduld ist also das Ende jeglichen Bemühens. Partizipation sollte auf Augenhöhe erfolgen, partnerschaftlich und nicht nur scheinbar, was dann der Fall ist, wenn (vermeintliche) Entscheidungsvorlagen als „alternativlos" deklariert werden. Autonomes Handeln der Akteure setzt immer die Fähigkeit voraus, Alternativen abwägen und aus Alternativen wählen zu können. Der Prozess der kommunalen Gesundheitsförderung gelingt umso eher, als er iterativ angelegt ist, also den im ersten Kapitel dargelegten Schritten eines Public-Health- oder anderen Planungszyklus folgt (zum Beispiel Problemdefinition, Assessment, Konzeption, Planung, Implementierung, Monitoring, Evaluation).

Die Rede war bereits an anderer Stelle des Textes von der **Community Capacity Building** (CCB), die als ein Schlüssel zu einer alltagswirksamen kommunalen Gesundheitsförderung angesehen wird. CCB beabsichtigt – im Sinne der kommunalen Gesundheitsförderung – die fachliche und kommunikative Kapazität der Gemeindeglieder (Individuen und Organisationen) zu steigern oder zu festigen, um Maßnahmen zu gestalten, mit denen die Gesundheit der Kommune wirksam gestärkt werden soll. Solche Maßnahmen könnten sein: die Stärkung des Sozialkapitals, der Aufbau kommunaler Dienste und Organisationsstrukturen und die Gewährleistung partizipativer Entscheidungsprozesse.

- **Stärkung des Sozialkapitals**

Unter dem Sozialkapital wird ein vielfach gebrauchter Terminus der Soziologie subsumiert, der seit den 1990er-Jahre in den Arbeiten von Coleman (1988) und Putnam (1993) wiederholt in der Debatte auftaucht. Die beiden Autoren haben das Sozialkapital als Schlüsselmerkmal von Kommunen mit einem intakten Gemeinwesen charakterisiert. Das soziale Kapital einer Kommune drückt sich in der Kooperationsbereitschaft seiner Bürger aus. Dazu ist Vertrauen erforderlich, das wiederum aus der Reziprozität entsteht. Reziprozität spiegelt die Erwartung, dass man für das, was man investiert, auch etwas von den anderen zurückerhält. Auf dem gegenseitigen Vertrauen aufbauend, entwickelt sich Kollaboration.

■ **Aufbau von kommunalen Diensten und Organisationsstrukturen**

Kommunale Gesundheitsförderung benötigt Strukturen, denen die Zielsetzung der Gesundheitsförderung als Daueraufgabe gestellt ist. Strukturen können in gemeindeinternen Organisationen geschaffen werden oder es kann externe Dienstleistung durch Verträge an die Gemeinde gebunden werden.

■ **Gewährleistung partizipativer Entscheidungsprozesse**

Über die sich periodisch wiederholenden Wahlen zum Gemeindeparlament hinaus sollten sich Bürger fortlaufend an jenen Entscheidungen beteiligen können, die das Gemeinwesen betreffen. Das ist Ausdruck einer Bürgergesellschaft. Diesen Maßnahmen entsprechend werden im CCB drei Bündel von Aktivitäten geschnürt, mit denen Fertigkeiten vermittelt und dadurch die Treiber der kommunalen Gesundheitsförderung befähigt werden, das Notwendige zu initiieren. Dazu gehört die Bildung von Netzwerken, das Konzipieren von Interventionen und deren Planung, Umsetzung und Evaluation. Um das zu leisten, benötigen Gesundheitsförderer kommunikative Fertigkeiten und Kenntnisse des Prozessmanagements.

Grossmann und Scala (1996) haben Gesundheitsförderung als Organisationsentwicklung verstanden und als notwendige professionelle Rollen jene des Befähigers, des Parteigängers (Advokaten), des Organisationsentwicklers und des Experten definiert. Um die Rollen auszufüllen, bedarf es spezifischer Fertigkeiten. Im ersten Bündel der CCB-Aktivitäten werden diese Fertigkeiten geschult. Im zweiten Bündel werden Strukturen gebildet. Damit die Absicht der kommunalen Gesundheitsförderung nachdrücklich und nachhaltig verfolgt und dauerhaft gestellt wird, bedarf es der verbindlichen Regelung von Zuständigkeiten. Organisationseinheiten benötigen eine materielle und personelle Ausstattung, die sie arbeitsfähig macht. Das dritte Bündel enthält Aktivitäten, die den operativ tätigen Personen einen unterstützenden Rückhalt gewähren. Bei Problemen erhalten sie direkte Hilfe oder können mit der Hilfe unterstützender Experten/innen weiterbildend Fertigkeiten auffrischen und aktualisieren, um die Probleme zukünftig eigenstän-

dig zu lösen. In diesem Bündel der CCB-Aktivitäten könnten übergeordnete Organisationseinheiten wie Landesgesundheitsämter, die Bundeszentrale für Gesundheitliche Aufklärung oder Landeszentralen für Gesundheit wirken.

❯❯ Mit der Ottawa-Charta wurde das Setting zum Ort der Gesundheitsförderung. Kommunen sind soziale Einheiten mit einer eigenen Identität. Kommunale Gesundheitsförderung ist Gesundheitsförderung mit der Kommune. Community Capacity Building ist der Schlüssel zu einer erfolgreichen Gesundheitsförderung.

7.3   Betriebliche Gesundheitsförderung

In Betrieben, ob nun produzierend, verwaltend oder andere Dienste leistend, wird Arbeit meist hierarchisch in der Absicht organisiert, die Wertschöpfung zu steigern oder gesellschaftliche Belange zu verwalten. Betriebe sind der Ort, an dem Menschen einen Großteil ihres Alltags und ihrer Lebenszeit verbringen. Arbeit ist eine Quelle, aus der eine Person Selbstachtung schöpft und die ihre wirtschaftliche Existenz sichert. Arbeit kann aber auch über- oder unterfordern und damit Krankheit und Missbefinden bedingen.

Im zurückliegenden Jahrzehnt ist eine deutliche Zunahme im Bemühen erkennbar, den Betrieb als Ort der Gesundheitsförderung zu nutzen. Dabei treffen unternehmerische Interessen, das Interesse des Arbeitnehmers und das der Gesellschaft aufeinander. Nicht immer korrespondieren sie, häufiger divergieren sie sogar. Die vorrangige Aufgabe eines Betriebs ist zwar nicht, seine Mitarbeiter/innen gesund zu halten, sondern Kapital zu akkumulieren, indem Güter erzeugt und auf dem Markt abgesetzt werden. Die Gesundheit der Mitarbeiter/innen bedingt aber indirekt die Wertschöpfung eines Betriebs. Gesunde Mitarbeiter/innen sind das humane Kapital eines Betriebs. Sie sind nachweislich motivierte und produktive Mitarbeiter/innen. Dennoch wird **betriebliche Gesundheitsförderung** vor allem in wirtschaftlichen Krisenzeiten vorschnell als Kostenfaktor diskutiert: Sie kostet viel, bringt wenig und erschöpft sich daher nicht selten in kurzatmigen Projekten, ohne dass sie nachhaltig im Managementsystem verankert wird. So wirkt sie nicht nachhaltig auf die Gesundheit der Betroffenen.

Im deutschsprachigen Raum sind einige Veröffentlichungen zum Thema erschienen (unter anderem Bamberg et al. 2011; Faller 2010). Wir wollen uns, dem Thema des eigenen Buches folgend, vornehmlich den planerischen und systematischen Aspekten widmen, die erforderlich sind, damit betriebliche Gesundheitsförderung wirkt. Nicht befassen werden wir uns mit der prinzipiellen Frage, ob betriebliche Gesundheitsförderung nutzt oder für welche vulnerable Gruppen (zum Beispiel für ältere Mitarbeiter/innen) oder spezifische Auffälligkeiten (zum Beispiel für die zunehmende Zahl an psychischen Störungen und Erkrankungen) sie besonders indiziert ist.

Betriebliche Gesundheitsförderung hat sich zunächst aus der Arbeitssicherheits- und Unfallvorsorge entwickelt. Sie wurde in den 1970er-Jahren durch ein Programm der Bundesministerien für Arbeit und Sozialordnung sowie Forschung und Technologie gefördert: „Forschung zur Humanisierung des Arbeitslebens". Seit den 1980er-Jahren firmierte das Programm dann als „Arbeit und Technik". Arbeitsbedingungen im Sinne einer „fordistischen" Organisation (Fließbandarbeit mit monotonen, sich stetig wiederholenden Handgriffen) wurden als ermüdend und gesundheitsgefährdend erkannt. Im § 20 des Gesundheitsreformgesetzes des Jahres 1988 wurde die gesetzliche Grundlage geschaffen, die es Krankenkassen gestattet, Leistungen für die Gesundheitsförderung im Betrieb zu erbringen. Nach einigem Hin und Her in den folgenden Gesundheitsreformgesetzen ist Krankenkassen heute auf der Basis des § 20 SGB V nicht mehr nur erlaubt, sich im Betrieb zu engagieren. Sie erhielten vielmehr den expliziten gesetzlich verankerten Auftrag, Betriebe darin zu unterstützen, die Gesundheit der Belegschaft zu erhalten und zu fördern. Das geschieht durch beratende, konzeptuelle und finanzielle Aktivitäten. Die Unfallversicherungsträger wurden zur Zusammenarbeit mit den Krankenkassen verpflichtet und sind damit explizit gefordert, sich der Prävention arbeitsbedingter Erkrankungen zu widmen. Auch fiskalisch wurden Voraussetzungen für ein Engagement der Betriebe geschaffen. Immerhin 500 Euro pro Jahr und Mitarbeiter/in können heute steuerfrei für gesundheitsförderliche Maßnahmen investiert werden (siehe Kasten).

> **Einkommensteuergesetz (EStG), § 3 Nr. 34: Betriebliche Gesundheitsförderung**
> „Steuerfrei sind zusätzlich zum ohnehin geschuldeten Arbeitslohn erbrachte Leistungen des Arbeitgebers zur Verbesserung des allgemeinen Gesundheitszustandes und der betrieblichen Gesundheitsförderung, die hinsichtlich Qualität, Zweckbindung und Zielgerichtetheit den Anforderungen der §§ 20 und 20a des Fünften Sozialgesetzbuchs genügen, soweit sie 500 Euro im Kalenderjahr nicht übersteigen."

Günstige gesetzliche und steuerliche Rahmenbedingungen sind demnach vorhanden. Dennoch ist Gesundheitsförderung noch immer nicht in jedem Betrieb verwirklicht und wenn, dann ist sie dort, wo sie begonnen wurde, kaum nachhaltig in den Zielen, Strukturen und Prozessen des Betriebes verankert.

7.3.1 Betriebliche Gesundheitsförderung ist noch kein betriebliches Gesundheitsmanagement

Gesundheitsförderung wurde in der Ottawa-Charta als Aufgabe aller Politikfelder verstanden. Sie geht über den Risikoschutz, über die Vorsorge und die Prävention hinaus und sollte am besten in der Lebenswelt der Menschen verwirklicht werden. Als betriebliche Gesundheitsförderung (BGF) sollte sie befähigend wirken, die eigene Gesundheit zu verwirklichen, indem Mitarbeiter/innen (WHO 1986, S. 1)

» … ihre Bedürfnisse befriedigen, ihre Wünsche und Hoffnungen wahrnehmen und verwirklichen sowie ihre Umwelt meistern beziehungsweise sie verändern können.

Will man etwas „verändern können", dann kann das zum einen fordernd oder bittstellend, zum anderen aktiv mitgestaltend geschehen. Nur die Mitgestaltung entspricht dem (partizipativen) Ansatz der Gesundheitsförderung im Sinne der Ottawa-Charta und betrifft vor allem auch die Entwicklung des Betriebes, seiner Organisation und seiner (hierarchischen) Führungsstrukturen. Mitgestaltung aber widerspricht häufig der typischen Logik eines wirtschaftlichen Betriebes, der Arbeit meist hierarchisch organisiert, um möglichst effizient und produktiv zu wirken.

Tatsächlich erschöpft sich BGF denn auch häufig, wenn nicht sogar überwiegend, in top-down initiierten Projekten der Verhaltensprävention: Entspannungskurse, um Stress zu bewältigen, Rückenschule, um muskulären Beanspruchungen zu begegnen, oder Walkingkurse, um die Herz-Kreislauf-Gesundheit zu stärken. Organisationsgestaltung, die auch, wenn nicht sogar vordringlich, gefordert wäre, endet in der Kantine und dort bei der Mitsprache über das Speisenangebot oder die Bestuhlung. Das ist – ähnlich der kommunalen Gesundheitsförderung – Gesundheitsförderung im statt mit dem Betrieb.

Im Sinne der Ottawa-Charta ist BGF ein Prozess, der dem Leitbild des gesunden Betriebs folgt und in einer Verknüpfung von top-down und bottom-up Führungsverantwortliche und Betroffene an einen Tisch bringt. Gemeinsam sollten sie den vordringlichen und längerfristigen Bedarf ermitteln, um Programme zu konzipieren, Maßnahmen zu ergreifen und sie der Belegschaft anzubieten. Das aber ist zeitaufwendig und erfordert den Einsatz von personellen und finanziellen Ressourcen. BGF in diesem Sinne gelingt am ehesten, wenn sie in ein **betriebliches Gesundheitsmanagement** (BGM) eingebettet wird.

Betriebliche Gesundheitsförderung

Die betriebliche Gesundheitsförderung zielt strategisch darauf ab, die Gesundheit der Belegschaft im Unternehmen mit geeigneten verhältnis- und verhaltensorientierten Maßnahmen zu stärken. Gesundheitspolitisch ist ihre Rolle in der Luxembourg Declaration for Workplace Health Promotion verankert.

Betriebliches Gesundheitsmanagement

Das betriebliche Gesundheitsmanagement ist eine Steuerungsaufgabe der Betriebsführung. Sie definiert die Gesundheit der Belegschaft als ein Unternehmensziel und verankert BGF dauerhaft in den Strukturen und in den Prozessen der Organisation.

In der DIN-Spezifikation aus dem Jahr 2012 (DIN SPEC 91020) wird BGM als ein systematischer, managementbasierter Prozess beschrieben. Das gesamte Verfahren der Gesundheitsförderung im Betrieb wird dem PDCA-Zyklus unterworfen. Wesentliche Momente einer BGM sind:

- Es besteht ein weites Verständnis von Gesundheit, das neben der körperlichen Gesundheit auch die psychische und soziale Gesundheit einschließt und sich am Gesundheitsverständnis der Ottawa-Charta für Gesundheitsförderung orientiert.
- Gesundheit ist als ein Ziel des Betriebes verankert.
- Die Führungsebene hat sich auf dieses Ziel selbst verpflichtet.
- Der Betrieb schafft Organisationseinheiten, die den Auftrag haben, sich um die Gesundheit der Mitarbeiter/innen stetig und nachhaltig zu kümmern.
- Er folgt konsequent einer systematischen Vorgehensweise, wie sie im PDCA-Zyklus beschrieben ist.

In der DIN SPEC 91020 orientiert sich systematisches Vorgehen am PDCA-Zyklus, der mit der Bedarfsanalyse beginnt und mit der Evaluation endet. Deren Ergebnisse werden dann als Ausgangspunkt für Anpassungen der BGF genutzt. In der Evaluation werden Kennzahlen verwendet, die im betrieblichen Kontext die typischen Leistungskennzahlen (**Key Performance Indicators**) abbilden, mindestens aber beeinflussen sollten (zum Beispiel Arbeitsunfähigkeitstage, Fehlzeiten, Return-on-Investment-Kennzahlen, Balanced Scorecard)

Partizipation: ein Muss und dennoch selten

Vor dem Hintergrund der in einem Betrieb waltenden differenten Interessen liegt es nahe, dass BGM/BGF nur dann effektiv gelingen kann, wenn ein partizipatives Vorgehen gewählt wird. Zu den Interessensgruppen zählt der Arbeitgeber, vertreten durch das Management. In der BGM/BGF sind das meist die Personalverantwortlichen. Eine weitere Gruppe von Stakeholdern sind die Belegschaftsvertretungen oder die Betriebsräte, die eine gesetzlich verordnete Mitbestimmung in allen Belangen haben, welche die Interaktion zwischen Arbeitgeber und Arbeitnehmer betreffen (zum Beispiel Kündigung, Versetzung, Entgelte etc.). Hinzu kommt die Gruppe der Beschäftigten, die ein Interesse daran haben, ihre Gesundheit zu erhalten und mit ihrer Arbeit ihr Einkommen und ihr psychisches Wachstumsbedürfnis zu befriedigen. Hinzu kommen schließlich die Arbeitsschutzexperten wie Betriebsärzte und Sicherheits-/Unfallverhütungsexperten, die per Gesetz im Betrieb agieren. Auch die Krankenversicherungen und die Rentenversicherungsträger sind über einen gesetzlichen Auftrag mittelbar oder unmittelbar mit der Gesundheit der Mitarbeiter/innen befasst.

Wie bringt man die Stakeholder zusammen? Ein geeignetes Instrument ist der **betriebliche Gesundheitszirkel** (auch Arbeits- oder Steuerkreis Gesundheit genannt; siehe dazu Westermayer und Bähr 1994), der bereits in den 1980er-Jahren erstmals vorgestellt wurde, aber bis zum heutigen Tag nur in einer Minderheit der Betriebe in Deutschland implementiert wurde. Die entsprechenden Statistiken etwa von Hollederer (2007) oder von Bödeker und Hüsing (2008) liegen zwar schon einige Jahre zurück, und zwischenzeitlich haben BGF und BGM eine stärkere Resonanz erfahren, aber dennoch sollte man nicht von einem sprunghaften Anstieg der Anteile ausgehen. Bis 2007 wirkte in knapp 4 % der Betriebe ein Gesundheitszirkel.

In einem Gesundheitszirkel sind möglichst alle oben genannten Interessensgruppen vertreten, nicht notwendigerweise aber die Vertreter der Krankenkassen und Rentenversicherungsträger. Die Gesamtzahl der Mitglieder sollte sich auf zehn begrenzen, damit die Gruppe noch als Arbeitszirkel fungieren kann. Die wiederkehrenden Sitzungen der Gruppe leitet ein Moderator mit einer entsprechenden Kommunikations- und Methodenkompetenz, mit der er/sie auch kontroverse Sachverhalte im Konsens lösen kann. Wenigstens zu Beginn der Arbeit eines Gesundheitszirkels ist es ratsam, einen externen Berater zu bestellen. Für die Beschäftigten ist Sitzungszeit Arbeitszeit. Auftrag des Gesundheitszirkels ist es, die Gefahren für die Gesundheit der Beschäftigten zu detektieren und die Gesundheit in einem umfassenden Sinn durch geeignete Maßnahmen zu fördern. Im Gesundheitszirkel sollte mithilfe des Erfahrungswissens der Beschäftigten zusammen mit dem Expertenwissen die bestmögliche Vorgehensweise definiert werden, um alle gesundheitsgefährdenden oder krankmachenden Arbeits- und Umweltbedingungen zu identifizieren und nach einer eingehenden Analyse zu verändern. Wenn der Gesundheitszirkel mit einem eigenen Budget und einem Entscheidungsmandat ausgestattet ist, können dessen Entscheidungen in unmittelbare operative Aufträge münden.

BGF ist Organisationsentwicklung

Traditionelle Formen der betrieblichen Gesundheitsförderung nutzen – wie bereits bei der kommunalen Gesundheitsförderung beklagt – das Setting Betrieb lediglich als Kommunikationsplattform, um Menschen zu erreichen und sie zu einer Änderung der typischen auffälligen und gesundheitlich riskanten Verhaltensweisen der Moderne zu veranlassen: Aktiv werden, nicht rauchen, ausreichend schlafen, zurückhaltender Alkoholkonsum, entspannen etc. Diese verhaltensbezogene Form der Prävention hat ihre Berechtigung. Sie verpasst aber eine Chance, wenn sie alleine steht. Beanspruchend – manchmal auch krank machend – sind nicht selten die Arbeitsorganisation, das Führungsverhalten, die kommunikativen Prozesse (Organisationskultur) oder die Gratifikationssysteme eines Betriebs. BGM zielt also – wenn sie wirkungsvoll agiert – auch auf die Analyse und Entwicklung der Organisation.

Arbeit an sich macht nicht krank. Vielmehr kann sie eine Quelle der Bedürfnisbefriedigung sein, wenn sie den Selbstwert stützt und steigert, sozialen Anschluss ermöglicht und Kontrollüberzeugungen stärkt. Sie macht aber krank, wenn sie unterfordert und damit den Selbstwert verletzt. Sie macht krank, wenn sie überfordert und damit die Kontrollüberzeugung mindert. Auch macht sie krank, wenn Mobbing oder Bullying ausgrenzen und die Psyche beschädigen. Das vorliegende Buch ist kein Buch zu BGF und BGM. Daher wollen wir uns beschränken und verweisen lediglich auf das Konzept der **Gratifikationskrisen** von Siegrist (2009), das derartige Prozesse thematisiert. Diesem Modell zufolge entsteht ein Ungleichgewicht zwischen Gratifikation (zum Beispiel Entlohnung, Lob) und Arbeitsleistung, wenn sich eine Person stark verausgabt, dafür aber keine angemessene Entschädigung, Entlohnung, Anerkennung erfährt. Diese Gratifikationskrise birgt ein hohes Krankheitspotenzial. Es mag etwas übertrieben erscheinen, aber dem Spruch „Nicht geschimpft, ist genug gelobt" muss aus diesem Blickwinkel widersprochen werden.

Ein anderes Moment der Organisationsentwicklung wird aktuell diskutiert und zeigt sich in steigenden Zahlen psychischer Erkrankungen. Verantwortlich gemacht wird unter anderem eine hektische Dauerbetriebsamkeit, aufrechterhalten durch ein „Dauerfeuer" an vermeintlich hochdringlichen elektronischen Nachrichten (E-Mails, SMS etc.), die über PC und Smartphones an jedem Platz und zu jeder Zeit die Aufmerksamkeit und Reaktion der Adressaten einfordern. Zwischenzeitlich haben global agierende Unternehmen bereits betriebliche Vereinbarungen getroffen, um dem Einhalt zu gebieten: keine Zustellung von E-Mails mehr über die Unternehmensserver nach 20 Uhr und am Wochenende.

Bei allen organisationsorientierten Analysen und Maßnahmen ist die Rolle der Führungskräfte zentral für eine wirkungsvolle BGF. Führungskräfte ordnen an, delegieren, überwachen, motivieren, schlichten Konflikte, geben die Strategie vor, veranlassen das operative Geschäft und verteilen dazu Ressourcen. Ihre Aufmerksamkeit für die Gesundheit der Belegschaft ist grundlegend für ein BGM. Mit ihrer Art zu führen definieren sie das Klima der Organisation, und nicht zuletzt sind sie Vorbilder in der Art und Weise, wie sie mit ihrer eigenen Gesundheit umgehen.

Effektiv und effizient: Kennzahlen im BGM

BGM orientiert sich am PDCA-Zyklus, könnte aber auch einen anderen der bereits genannten Planungszyklen verwenden, und will in jedem Fall – als Managementansatz – den Prozess der Gesundheitsförderung systematisch steuern. Dazu benötigt BGM Kennzahlen: „Was man nicht messen kann, das kann man nicht steuern", so lautet die betriebswirtschaftliche Sichtweise.

Etwa seit Mitte des vergangenen Jahrzehnts ist auch im BGM zum Zweck der Steuerung und Kontrolle ein gebräuchliches Instrument des betrieblichen Controllings erprobt worden: die **Balanced Scorecard** (BSC; Horvath et al. 2009a,b). Ursprünglich wurde die BSC von Kaplan und Norton (1997) in das betriebliche Management eingeführt. Sie wird in typischer Weise entlang verschiedener „Perspektiven" eines Unternehmens entwickelt und verwendet in ihrer operationalen Fassung eine Matrixstruktur, wie sie beispielhaft in ◘ Abb. 7.4 illustriert ist.

Ausgehend von den Perspektiven des BGM werden Strategien entwickelt, die Ziele benannt, dafür Kennzahlen definiert, diese in messbare Werte übersetzt und mit Maßnahmen verknüpft. Schließlich werden Ressourcen zugewiesen. Auf diese Weise entsteht ein logisches Modell mit eindeutigen Verknüpfungen zwischen den einzelnen Elementen der Scorecard. Wir werden in ▶ Kap. 8 näher auf den Nutzen des logischen Modellierens eingehen.

Die Orientierung an einer BSC mag für Gesundheitsförderer technokratisch erscheinen und engführend an quantitativen Messgrößen ausgerichtet sein. Auch ist der Aufwand, eine BSC sachgerecht zu füllen, erheblich. Sie hat im betrieblichen Kontext aber den unzweifelhaften Vorteil, dass mit ihr die Begrifflichkeiten und jene Logik verwendet werden, die dem Setting Betrieb eigen sind. Sie passt zum betriebswirtschaftlichen Denken.

Zu diesem Denken passt auch eine betriebswirtschaftliche Bewertung eines BGF-Programms. In diesem Kontext werden Kosten-Wirksamkeits- (**Cost Effectiveness**) und Kosten-Nutzen-Analysen (**Cost Benefit**) unterschieden. Im betrieblichen Kontext geht es im engeren Sinne der Wirtschaftlichkeitsbewertung eines BGF-Programms um die Relation von monetärem Aufwand und monetärem Ertrag und damit um **Kosten-Nutzen-Analysen**.

Nüchtern betrachtet, aber ein wenig zugespitzt formuliert: In der Logik eines gewinnmaximierenden Betriebes bemisst sich die Wirksamkeit von BGF nicht am Zugewinn von Gesundheit und

Perspektive	Strategie Map	Absicht(en)	Kennzahlen	Zielwerte	Maßnahmen	Budget
Wertschöpfung	Wertbeiträge steigern	• Produktivität steigern • Fehler reduzieren • Fehlzeiten reduzieren • …	• Stückzahlen • Stückzahlen ohne Fehler • Anwesenheitsquote • …	• +3% • +5% • + 2% • …	• BGM implementieren	• X€
Gesundheit	Reduktion von physischen und psychischen Fehlbeanspruchungen	• Psycho-physische Belastungen minimieren • Gesundes Verhalten motivieren • Ressourcen und Resilienz stärken	• Arbeitsfähigkeit • Nichtrauchen • Körperliche Aktivität WAI = Workability Index	• + 5% Mitarbeiter mit WAI Score >35 • Anteil Nichtraucher + 10% • Anteil „Aktive" + 15%	• Social Marketing • Kursangebote • Führungstrainings	• X€
BGF-Prozesse	Konsequente Anwendung der Gefährdungsbeurteilungen nach Arbeitsschutzgesetz§ 3 ff.	• Ergonomie verbessern • Führungsverhalten mitarbeiterorientiert gestalten • Gestaltungsspielraum erhöhen	• ergonomische Arbeitsplätze • Führungsstab weitergebildet • Subjektive Einschätzung	• + 15% • 100% • 75% positive Scores	• Analyse und Evaluation	• X€
BGF-Potenziale	Motivierte Belegschaft Attraktives Unternehmen für potenzielle Fachkräfte	Unternehmen als mitarbeiterorientiert und als gesellschaftlich responsiv nach außen kommunizieren	• Bewerber/ -innennachfrage	• Alle Stellen können mit qualifiziertem Personal besetzt werden	• Kommunikation nach außen • Netzwerk „gesunder Betrieb" beitreten	• X€

◼ **Abb. 7.4** Illustration einer fiktiven BSC (angelehnt an Horvath et al. 2009a)

Wohlbefinden des einzelnen Mitarbeiters, sondern an der Rentabilität der Investitionen. Kann nachgewiesen werden, dass Geld für eine BGF gewinnbringend angelegt ist, dann wird ein Betrieb auch bereit sein, in die Gesundheit seiner Belegschaft zu investieren. Monetärer Nutzen entsteht, wenn Fehlzeiten reduziert, die Produktivität gesteigert, die Fluktuationsraten minimiert und die Absatzraten erhöht werden.

Wir sind (mit anderen Autoren) der Auffassung, dass sich eine Wirtschaftlichkeitsbewertung aber nicht alleine als Kosten-Nutzen-Analyse darstellen lässt, sondern dass das breite Spektrum von gesundheitsökonomischen Verfahren zulässig ist: **Kostenminimierungsanalysen**, die zwei und mehr Alternativen dahingehend bewerten, welche Vorgehensweise wirksam ist und die geringsten Kosten verursacht; die **Kosten-Nutzwert-Analyse**, die den Nutzen nicht am Geld festmacht, sondern an gewonnener Zeit (zum Beispiel Lebenszeit) und Qualität (zum Beispiel Zufriedenheit). Auch eine Unterform der Kosten-Nutzen-Analyse, die **Krankheitskostenanalyse** ist eine geeignete Form der Nutzenbewertung (für eine Einführung in die Gesundheitsökonomie siehe Breyer et al. 2005 und für eine Anwendung im Kontext des BGM Gloede 2011).

Wesentlich erscheint uns festzuhalten, dass eine betriebswirtschaftliche Berechnung ein hilfreiches Werkzeug ist, um in der Logik der Entscheider zu argumentieren. Aber man sollte sich nicht irreführen lassen, dass damit die wirtschaftliche Effizienz wirklichkeitsgetreu abzubilden sei. Tatsächlich ist schon viel erreicht, wenn die Kosten klar beziffert werden und ansonsten deutlich wird, mit welchem (auch intangiblen) Nutzen BGF eingeführt und im Unternehmen in einem BGM verankert wird. Dazu ist es unerlässlich, sich auf einen geeigneten und von allen Stakeholdern akzeptierten Bewertungsmaßstab zu einigen. In den allermeisten Fällen lässt sich der Nutzen nicht an typischen betriebswirtschaftlichen Kennzahlen und am zugeordneten Geldwert bemessen. Zufriedene Mitarbeiter, die gerne die Arbeit aufsuchen, sich mit ihrem Unternehmen identifizieren und darüber auch noch positiv reden, sind ein unschätzbarer Wert an sich. Plausibel erscheint, dass sich das auf die Produktivität und den Güterabsatz auswirkt. Eindeutig kalkulieren lässt sich das vermutlich kaum.

Fazit

Kommunen und Betriebe sind im Sinne der Gesundheitsförderung Organisationen mit einer Identität, die das Handeln ihrer Mitglieder bedingt. Die gesunde

Kommune entsteht aus der Interaktion der Umwelt, der Ökonomie und der Gesellschaft. Sie zeigt sich als intaktes Gemeinwesen, das seine Entscheidungen am menschlichen Maßstab misst. Community Capacity Building schafft die Voraussetzungen.

Betriebe haben nicht Gesundheit zum vorrangigen Ziel, sondern die Mehrung des Kapitals. Sie bieten aber ein Setting für präventive Maßnahmen und profitieren von der Gesundheit ihrer Belegschaft, auch wenn dies nicht immer monetär zu beziffern ist. Betriebliche Gesundheitsförderung wird, wenn sie nachhaltig in der Unternehmensstruktur und im Managementprozess verankert wird, zum betrieblichen Gesundheitsmanagement. BGM nutzt den Betrieb nicht ausschließlich als Kommunikationsplattform für die Verhaltensmodifikation, sondern analysiert die Arbeit und deren Bedingungen und reagiert auch mit Maßnahmen der Organisationsentwicklung.

Merke

In Betrieben divergieren die Interessen der Stakeholder. Gesundheit ist nicht das prioritäre Ziel der Unternehmensführung. Gesundheitszirkel taugen dazu, sich auf gemeinsame Interessen zu verständigen. Betriebliches Gesundheitsmanagement ist eine dauerhafte strategische Führungsaufgabe.

Fragen

- Was ist ein Setting, durch was zeichnet es sich aus?
- Wodurch unterscheidet sich Gesundheitsförderung in einer Kommune von einer gesundheitsfördernden Kommune?
- Was ist Empowerment und welcher Art des Interventionsvorgehens in der gesundheitsfördernden Praxis ordnen Sie das Konstrukt zu?
- Wann spricht man davon, dass eine Kommune eine Capacity hat – was bedeutet das und wie ordnen Sie das der Gesundheitsförderung zu? Ist das Gesundheitsförderung in oder mit der Kommune?
- Wie begründen Sie, dass Sozialkapital in einer gesunden Kommune mindestens gleichbedeutend zum Finanzkapital ist?
- Über welche Schritte lässt sich im gemeindezentrierten Rahmenmodell das Ziel einer gesunden Kommune erreichen?
- Worin besteht der Unterschied zwischen betrieblichem Gesundheitsmanagement (BGM) und betrieblicher Gesundheitsförderung (BGF)?

- Partizipation von Mitarbeitern spielt bei der Planung von Vorhaben zur Gesundheitsförderung eine wichtige Rolle. Welche Möglichkeiten der Partizipation haben sich bewährt?
- Welche Argumente können Sie anführen, um eine BGF-Maßnahme in einem Betrieb zu implementieren?

Literatur

Bamberg, E., Ducki, A., & Metz, A.-M. (Hrsg.). (2011). *Gesundheitsförderung und Gesundeitsmanagement in der Arbeitswelt. Ein Handbuch.* Göttingen: Hogrefe.

Bödeker, W., & Hüsing, T. (2008). *IGA Barometer 2. Welle. Einschätzungen der Erwerbsbevölkerung zum Stellenwert der Arbeit, zur Verbreitung und Akzeptanz betrieblicher Prävention und zur krankheitsbedingten Beeinträchtigung der Arbeit – 2007* Bd. 12. Essen: IGA.

Boutillier, M., Cleverly, S., & Labonte, R. (2000). Community as a setting for health promotion. In B. D. Poland, L. W. Green, & I. Rootman (Hrsg.), *Settings for health promotion: Linking theory and practice* (S. 251–307). Thousand Oakes, CA: Sage.

Bracht, N., Kingsbury, L., & Rissel, C. (1999). A five stage community organization model for health promotion. In N. Bracht (Hrsg.), *Health promotion at the community level: New advances* (S. 83–104). Thousand Oakes: Sage.

Breyer, F., Zweifel, P., & Kifmann, M. (2005). *Gesundheitsökonomik* (5. Aufl.). Heidelberg: Springer.

Buffel, T., Philipson, C., & Scharf, T. (2012). Ageing in urban environments: Developing age friendly cities. *Critical Scocial Policy, 32*, 597–616.

Coleman, J. S. (1988). Social capital in creation of human capital. *American Journal of Sociology, 94*(Suppl.), 95–120.

Damschoder, L. J., Aron, D. C., Keith, R. E., Kirsh, S. R., Alexander, J. A., & Lowery, J. C. (2009). Fostering implementation of health services research findings into practice: a consolidated framework for advancing implementation science. *Implementation Science, 4*, 50. doi:10.1186/1748-5908-4-50.

Faller, G. (Hrsg.). (2010). *Lehrbuch. Betriebliche Gesundheitsförderung.* Bern: Huber.

Gloede, D. (2011). Betriebswirtschaftliche Evaluationsmethoden. In E. Bamberg, A. Ducki, & A.-M. Metz (Hrsg.), *Gesundheitsförderung und Gesundheitsmanagement in der Arbeitswelt. Ein Handbuch.* (S. 235–255). Göttingen: Hogrefe.

Greenhalgh, T., Robert, G., Bate, P., MacFarlane, F., & Kyriakidou, O. (2005). *Diffusion of innovations in health service organisations. A systematic review.* Oxford: Blackwell.

Grossmann, R., & Scala, K. (1996). *Gesundheit durch Projekte fördern: Ein Konzept zur Gesundheitsförderung durch Organisationsentwicklung und Projektmanagement* (2. Aufl.). Weinheim: Juventa.

Hancock, T. (1993). Health, human development and the community ecosystem: three ecological models. *Health Promotion International, 8*, 41–47.

Hancock, T. (1999). People, partnerships and human progress: building community capycity. *Health Promotion International, 16*, 275–280.

Hawe, P., King, L., Noort, M., Jordgens, C., & Lloyd, B. (1999). *Indicators to help with capacity building in health promotion.* Australia: NSW Health Department.

Hollederer, A. (2007). Betriebliche Gesundheitsförderung in Deutschland – Ergebnisse des IAB Betriebspanels 2002 und 2004. *Gesundheitswesen, 69*, 63–76.

Horvath, P., Gamm, N., & Isensee, J. (2009a). Einsatz der Balanced Scorecard bei der Strategieumsetzung im betrieblichen Gesundheitsmanagement. In B. Badura, H. Schröder, & C. Vetter (Hrsg.), *Fehlzeitenreport 2008. Betriebliches Gesundheitsmanagement: Kosten und Nutzen* (S. 127–138). Berlin: Springer.

Horvath, P., Gamm, N., Möller, K., Kastner, M., Schmidt, B., & Iserloh, B. et al. (2009b). *Betriebliches Gesundheitsmanagment mit Hilfe der Balanced Scorecard.* Dortmund: Bundesanstalt für Arbeitsschutz und Arbeitsmedizin.

Isreal, B. A., Schulz, A. J., Parker, E. A., & Becker, A. B. (1998). Review of community-based research: Assessing partnership approaches to improve public health. *Annual Review of Public Health, 19*, 173–202.

Kaplan, R. S., & Norton, D. P. (1997). *Balanced Scorecard: Strategien erfolgreich umsetzen.* Stuttgart: Schäffer-Poeschel.

Kickbusch, I. (2010). *Triggering debate, white paper: The food system – a prism of present and future challenges for health promotion and sustainable development.* Genf: WHO.

Lui, C.-W., Everingham, J.-A., Warburton, J., Cuthill, M., & Bartlett, H. (2009). What makes a community age-friendly: A review of international literature. *Australasian Journal of Ageing, 28*, 116–121.

NICE (2008). *Community engagement to improve health.* NICE Public Health Guidance, Bd. 9. London: NICE.

Putnam, R. (1993). *Making demogracy work. Civic traditions in modern italy.* Princeton: University Press.

Rütten, A., & Gelius, P. (2013). Building policy capacities: an interactive approach for linking knowledge to action in health promotion. *Health Promotion International, 29*, 569–582.

Siegrist, J. (2009). Unfair exchange and health. *Social Theory and Health, 7*, 305–317.

Wandersman, A., Duffy, J., Flashpohler, P., Noonan, R., Lubell, K., Stillman, L., & Saul, J. (2008). Bridging the gap between prevention research and practice: The interactive system framework for dissemination and implementation. *American Journal of Community Psychology, 41*, 171–181.

WHO (1986). *Ottawa Charta für Gesundheitsförderung.* http:http://www.euro.who.int/__data/assets/pdf_file/0006/129534/Ottawa_Charter_G.pdf?ua=1

Westermayer, G., & Bähr, B. (Hrsg.). (1994). *Betriebliche Gesundheitszirkel.* Göttingen: Verlag für Angewandte Psychologie.

Planungsmodelle

Wolfgang Schlicht, Marcus Zinsmeister

W. Schlicht, M. Zinsmeister, *Gesundheitsförderung systematisch planen und effektiv intervenieren*,
DOI 10.1007/978-3-662-46989-7_8, © Springer-Verlag Berlin Heidelberg 2015

Im achten Kapitel referieren wir gängige Planungsmodelle der systematischen Intervention zur Prävention und zur Förderung der Gesundheit. Wir stellen insbesondere PRECEDE/PROCEED und das Intervention Mapping vor, die sich beide ergänzen und die derzeit elaboriertesten Modelle für Interventionsplanungen liefern. Vorgestellt und an einem Beispiel erläutert wird auch das Logic Modelling, das dabei hilft, die Interventionsabsicht für eine definierte Zielgruppe mit den dazu passenden und geeigneten Maßnahmen zu verknüpfen.

8.1   Modelle unterstützen das Planen

In den Gesundheitswissenschaften werden verschiedene Klassen von theoretischen Modellen unterschieden: **Gesundheitsmodelle** definieren, was Gesundheit bedeutet. Dazu gehört der WHO-Klassiker „Gesundheit ist vollkommenes körperliches, seelisches und soziales Wohlbefinden".

> **Gesundheitsmodelle**
>
> Gesundheitsmodelle definieren Gesundheit und benennen, wie sie erhalten, verbessert oder wiederhergestellt werden kann.

Gesundheitsverhaltensmodelle wie der Health Action Process Approach erklären, welche Determinanten ein gesundes Verhalten wahrscheinlicher machen, und **Planungsmodelle** der Gesundheitsförderung helfen, den Prozess der Programmplanung, -umsetzung und -evaluation zu systematisieren.

> **Verhaltensmodelle**
>
> Verhaltensmodelle benennen Determinanten, die Motivierung, Volition und Aufrechterhalten des Verhaltens mitbedingen.

> **Planungsmodelle**
>
> Planungsmodelle orientieren sich an einem Planungszyklus. Sie beginnen mit der Statusanalyse und enden mit der Evaluation. Sie legen das beabsichtigte operative Vorgehen detailliert dar. Die Modelle enthalten Checklisten, stellen Werkzeuge und Techniken zur Verfügung.

Planungsmodelle postulieren, dass Programme der Gesundheitsförderung und zugeordnete Interventionen erfolgreich sind, wenn sie vier grundlegende Fragen beantworten, ihr Vorgehen systematisieren und iterieren. Die vier Fragen lauten:

- Wo stehen wir derzeit?
- Wo wollen wir mit unserer Gesundheitsförderung hin?
- Wie, mit welchem Programm und welchen Maßnahmen, kommen wir dahin?
- Woher wissen wir, ob wir dort angekommen sind, wo wir hin wollten?

Der Prozess der Interventionsplanung beginnt also mit der Einschätzung des vorhandenen Bedarfs und der Bedürfnisse. Er endet mit der Bewertung der Wirkungen einer Intervention, deren Ergebnisse dann möglicherweise eine Korrektur des weiteren oder zukünftigen Vorgehens bedingen. Die Modelle nutzen sämtlich einen der bereits im ersten Kapitel des Buches vorgestellten Planungszyklen: Public Health Action Cycle, PDCA-Zyklus oder OODA-Loop (◘ Abb. 8.1 zeigt eine vereinfachte Darstellung).

In der einschlägigen Literatur und im World Wide Web werden diverse Planungsmodelle vorgestellt. Sie nennen Methoden, Techniken und Werkzeuge, die den Planungszyklus inhaltlich ausgestalten helfen und jeweils spezifisch, je nach Zielgruppe und Absicht, akzentuieren. Auf diese Weise soll die systematische Planung einer Intervention unterstützt werden.

In ◘ Tab. 8.1 haben wir zunächst die in den Modellen häufig – manchmal auch unscharf – verwendeten Begriffe geklärt. Um die Zuordnung zu den Begriffen in der englischsprachigen Literatur zu erleichtern, enthält die Tabelle auch die englischsprachigen Termini in Klammern.

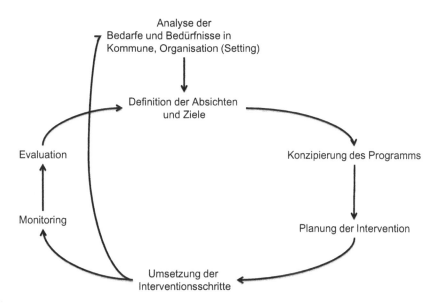

■ **Abb. 8.1** Planungs-
schritte von Gesund-
heitsförderprogram-
men

■ **Tab. 8.1** Begriffe und deren Bedeutung im Kontext von Planungsmodellen

Programm („programme")	Gesamtheit aller Maßnahmen, mit denen in einem gegebenen Kontext ein bestimmter Zweck verfolgt wird (zum Beispiel ein Ernährungsprogramm für Schulkinder, ein Safer-Sex-Programm für Jugendliche, ein Diabetespräventionsprogramm für Übergewichtige).
Intervention („intervention")	Eingriff in eine Organisation oder Einflussnahme auf das Denken und Verhalten einer Person als Teil eines Programms (zum Beispiel Angebot von „gesunden" Pausensnacks in der Schulkantine, Erhöhung der positiven Einstellung zum Gebrauch von Kondomen, Nahrungskunde und Kochen).
Strategie („strategy")	Spezifische Art und Weise, mit der eine Absicht verfolgt und ein Ziel angestrebt wird.
Plan („plan")	Im Idealfall schriftlich ausgearbeiteter Entwurf oder Richtlinie, die beantwortet, wie die Absicht und das Ziel mit welchen Mitteln von wem, wann und wo verfolgt werden.
Absicht/Zweck („objective")	Aussage darüber, wozu ein Programm durchgeführt werden soll (zum Beispiel Verhinderung von Schwangerschaften bei Teenagern).
Ziel („aim")	Festlegung, was sich ändern soll, damit die Absicht/der Zweck erreicht wird (zum Beispiel: Teenager sollen den Gebrauch eines Kondoms erlernen).
Methode („method/component")	Spezifische Art der systematischen Vorgehensweise, die verfolgt wird, um die Ziele zu erreichen (zum Beispiel Edukation, massenmediale Aufklärung, Training, Übung).
Technik oder Werkzeug („technique/tool")	Mittel, die in der Methode verwendet werden, um die Ziele zu erreichen (zum Beispiel die Technik des Mental Contrasting in der Verhaltensmodifikation).
Zielgruppe („target")	Personen, denen das Interesse des Programms gilt (zum Beispiel Teenager, Prädiabetiker, sozial Benachteiligte).

Die Arbeitsgruppe um Heather Colquhoun (Colquhoun et al. 2014) hat sich über mehrere Schritte darauf verständigt, die vorhandenen Begrifflichkeiten vier Komponenten zuzuordnen und damit das Nebeneinander verschiedener, unscharf definierter Begriffe zu beseitigen. Sie schlagen vor, aktive oder handlungsbezogene Bestandteile einer Intervention (Strategien und Techniken), kausale Mechanismen (die eine Wirkung bedingen), Interventionsmodi (Art, wie interveniert wird) und Absichten/Ziele (was mit der Intervention angestrebt wird) zu unterscheiden.

◘ **Tab. 8.2** Planungsmodelle

Modell	Quelle (Website oder Referenz)	Erläuterung
Getting to Outcomes 2004 (GTO) [a]	► www.rand.org/pubs/technical_reports/TR101.html; Wandersman et al. 2000	Komplettes System der Analyse und Programmumsetzung mit dazu passenden Werkzeugen, die helfen, die Absichten einer Intervention zu realisieren.
Intervention Mapping[a]	► www.interventionmapping.com	Das derzeit elaborierteste Konzept der Programmplanung mit vielen Werkzeugen und Beispielen, um Interventionen zu systematisieren.
PRECEDE-PROCEED[a]	► http://igreen.net/precede.htm	Umfassendes Konzept, das sowohl die Planung als auch die Evaluation leitet; es geht von der Lebenszufriedenheit als Endpunkt aus und unterstützt vor allem dabei, jene Determinanten zu identifizieren, die sich in einer Intervention ändern lassen.
Preffi 2.0 – Health Promotion Effect Management Instrument[a]	Molleman et al. 2003, siehe auch Molleman et al. 2006	Instrument, das der Qualitätssicherung von Programmen der Gesundheitsförderung dient, indem es den Kontext analysiert, die Problemlage definiert und die Umsetzung über dezidierte Fragen leitet.
Program Management Guidelines for Health Promotion	Central Sydney Area of Health & NSW Health Service 1994	Modell, das detailliert die Programmplanung, Umsetzung, Evaluation beschreibt und die Nachhaltigkeit einer Intervention sichern will.
Integrated Health Promotion Research Kit	► www.health.vic.gov.au/health-promotion/integrated/kit.htm	Es enthält Werkzeuge, Checklisten und Falldarstellungen, die als praktische Hilfe Agenturen und Organisationen dabei unterstützen, Gesundheitsförderung effektiv zu planen und durchzuführen.
Public Health Bush Book (Vol. 2, 2007)	► www.healthinfonet.ecu.edu.au/key-resources/promotion-resources?lid=14795	Es enthält Methoden, Strategien und Werkzeuge für drei Domänen: Alkohol- und Drogenmissbrauch, gesunde Umwelt und Ernährung.

[a] Modelle, auf die im folgenden Text näher eingegangen wird.

In ◘ Tab. 8.2 haben wir ausgewählte Planungsmodelle gelistet und die Quelle genannt, wo sie zu finden sind. In der dritten Spalte deuten Stichworte an, was das Planungsmodell jeweils bezweckt und was es enthält.

An sämtlichen Modellen der Interventionsplanung wird eine identische, prinzipielle Kritik geübt. Der Vorwurf lautet, die Modelle transportierten eine monodirektionale, lineare und rigide Planungsvorgabe. Linearität aber stimme mit der Realität der Gesundheitsförderung wenig bis gar nicht überein, und Rigidität verkenne die täglichen Hindernisse der Praxis, so die Kritiker. In der täglichen Praxis laufe vielmehr – und das sei ja gerade das Kennzeichen einer komplexen Intervention – alles nicht linear ab, vieles sei nur beherrschbar mit einem Höchstmaß an Flexibilität und Kreativität, und man müsse permanent auf die zum Teil widerstrebenden Interessen der primären (Zielgruppe), sekundären (Beteiligte) und entscheidenden Stakeholder (die politischen Akteure und Geldgeber) reagieren. Statt wie im Planungszirkel (◘ Abb. 8.1), verlaufe Programmplanung eher wie von French und Milner (1993) skizziert (◘ Abb. 8.2) und somit chaotisch.

Wir stimmen der Analyse zu, nicht aber der Kritik. Stakeholder definieren eine kritische Gruppe, und Programmplanung ist ein dynami-

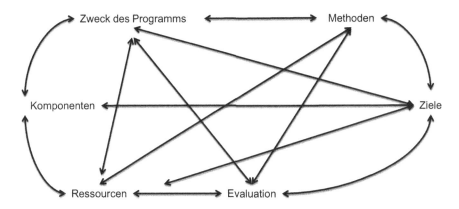

● **Abb. 8.2** Chaotische, nicht lineare Bezüge einer Intervention (Adaptiert nach French und Milner 1993)

sches und kein statisches Geschehen. Die Dynamik zwingt immer wieder zu Änderungen und Anpassungen des Plans. Die Autoren der Planungsmodelle bestreiten das nicht. Dementsprechend bekunden sie stets, dass eine Beteiligung möglichst aller Stakeholder unerlässlich für den Erfolg eines Programms ist und dass jeder Programmplanung eine Analyse der Stakeholderinteressen vorausgehen muss.

Dass die Wirklichkeit nicht linearen Pfaden folgt und Realität multipel determiniert ist, stimmt ebenfalls, dies bestreiten die Autoren der Programmtheorien aber auch nicht. Vielmehr heben sie hervor, dass der Planungsprozess nicht notwendigerweise eine strikte Abfolge der einmal festgelegten Planungsschritte beinhaltet, sondern dass er an jedem x-beliebigen Punkt des Zyklus beginnen kann, sofern die vorausgehenden und nachfolgenden Schritte in einer logischen Ordnung miteinander verknüpft werden.

Die Modelle verstehen sich in diesem Sinne eher als funktionelle „Gehhilfen", die nicht nur das Stolpern verhindern, sondern auch navigieren helfen. Zudem unterstützen sie dabei, alle Variablen im Blick zu behalten, die unter komplexen Bedingungen den Zweck und das Ziel eines Programms beeinflussen. Sie sind aber keine straffen Zügel, mit denen eine kreative Programmplanung im Zaum gehalten werden soll.

8.2 Tun oder lassen: PABCAR hilft entscheiden

In einer jeglichen Programmplanung werden an verschiedenen Stellen des Planungsprozesses Entscheidungen getroffen, die auch die folgenden Fragen betreffen: Soll man überhaupt intervenieren? Wenn ja, wie soll man intervenieren? Wen muss man beteiligen, bevor man interveniert? Was ist der beste Weg, der zum Ziel führt?

Ordnet man die Fragen hierarchisch, dann ist als Erstes die grundlegende Frage zu beantworten: Soll man eine gesundheitlich bedeutsame Auffälligkeit in einer Gemeinde, einem Betrieb oder einer Personengruppe überhaupt adressieren – soll man also intervenieren und damit Zeit, Geld und Ressourcen investieren? Oder soll man es besser lassen – „lohnt" es sich denn überhaupt, ist es gar dringlich? Erst wenn darüber Einvernehmen herrscht, stellen sich die weiteren Fragen: mit welcher Absicht man interveniert, wie die Zielgruppe definiert ist, welche Strategie geeignet und welche Methoden zielführend sind.

Ein Beispiel, das illustriert, dass Irrelevanzzuschreibungen oder Fehleinschätzungen zu verheerenden Folgen führen können, erlebten wir, während wir dieses Buch schrieben. Ebola, eine virusbedingte Infektionskrankheit, die vermutlich durch Flughunde übertragen wird, hat sich von einem einzelnen Fall flächenbrandartig über mehrere afrikanische Staaten verbreitet. Sie rafft etwa 60 % der Infizierten nach qualvollem Leiden dahin und zerstört die ökonomische und politisch-administ-

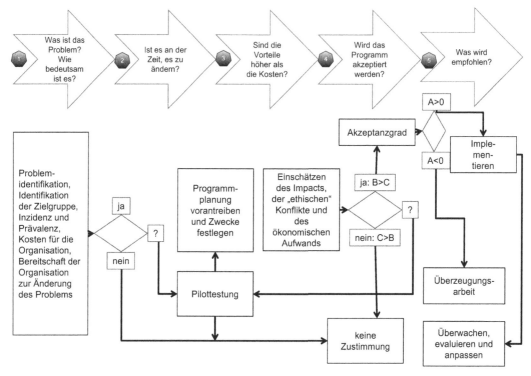

◘ **Abb. 8.3** PABCAR (Adaptiert nach Maycock et al. 2001)

rative Struktur der betroffenen Länder. „Der reiche Westen" schaute bis zum Oktober 2014 lange zu, reagierte zwar früh mit öffentlich bekundeter Betroffenheit und Anteilnahme für die hilflosen Staaten und deren notleidende Bevölkerung, unternahm aber nicht wirklich etwas Substanzielles, um vor Ort zu helfen und sich damit zugleich gegen eine pandemische Ausbreitung der Erkrankung zu wappnen.

Ebola wurde als nicht relevant für die eigene Bevölkerung deklariert: Afrika ist weit weg. Das stimmt, gilt aber nur, wenn man außer Acht lässt, dass Ebola-Viren im Körper einer infizierten, aber noch nicht erkrankten Person binnen einiger Flugstunden den Weg von Afrika nach Europa oder in die USA zurücklegen können. Die damit einhergehende Bedrohung ist der Preis der globalen Geschäfts- und Tourismusreisen. Im Oktober 2014 gab es dann die ersten Ebola-Fälle in den USA und in Spanien. In beiden Ländern wurde das Virus zunächst unerkannt (Texas), dann erkannt (Spanien) eingeschleppt und schließlich vom Patienten auf das pflegende Personal übertragen. Jetzt war das Problem offenbar, wurde schlagartig auch für die eigene

Bevölkerung signifikant und erforderte ein Handeln mit höchster Dringlichkeit.

Wir wissen nicht, ob die politische Administration für ihre Entscheidung eine systematische Vorgehensweise gewählt hat – Verantwortlichen in der Gesundheitsförderung legen wir sie aber nahe. **PABCAR** ist eine Systematik, die im Modus des rationalen Entscheidens Argumente sammeln hilft, die für oder gegen die Durchführung eines Programms sprechen (◘ Abb. 8.3). Die Systematik stammt von Maycock et al. (2001). Das Akronym PABCAR steht für:

- **P:** Problemidentifikation und -relevanz
- **A:** Einschätzung, ob das Problem dringlich (Amenable) geändert werden sollte
- **BC:** Analyse der Vorteile (Benefits) und der Kosten (Costs), die mit der Änderung verbunden sind
- **A:** Einschätzung der Akzeptanz der intendierten Veränderungen/Maßnahmen in der Zielgruppe, der Organisation und unter den Stakeholdern
- **R:** Empfehlung (Recommendation), bei hoher Akzeptanz ohne weitere Umschweife tätig

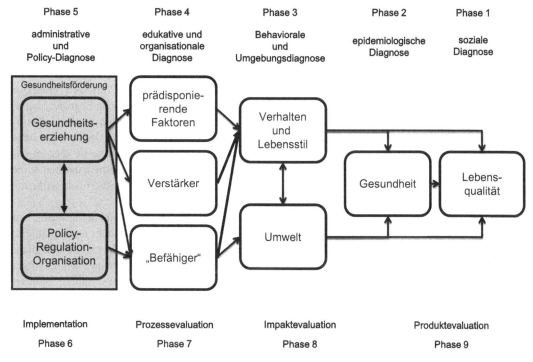

Phase 5	Phase 4	Phase 3	Phase 2	Phase 1
administrative und Policy-Diagnose	edukative und organisationale Diagnose	Behaviorale und Umgebungsdiagnose	epidemiologische Diagnose	soziale Diagnose

Implementation	Prozessevaluation	Impaktevaluation	Produktevaluation
Phase 6	Phase 7	Phase 8	Phase 9

☐ **Abb. 8.4** PRECEDE/PROCEED

zu werden und bei niedriger Akzeptanz die Stakeholder zunächst von den Vorteilen des Programms zu überzeugen.

Die Autoren haben ihr Modell entwickelt, als eine politische und administrative Entscheidung in einer australischen Region anstand, bei der man nicht sicher war, was sie bewirken und ob sie von der Bevölkerung akzeptiert werden würde. Man wollte wissen, ob es aufgrund zunehmender, durch Trunkenheit am Steuer verursachter Unfälle im Straßenverkehr angemessen und akzeptabel erschien, gehäuft zufällige Alkoholkontrollen durchzuführen, um die Fahrtüchtigkeit zu überwachen. Für die verstärkten Kontrollen gab es unter den Verantwortlichen je nach Interesse Fürsprecher, Zweifler und Gegner. Letztlich sprachen die analytischen Fakten und die Argumente, die anhand von PABCAR herausgearbeitet wurden, für gehäufte Alkoholkontrollen. Die Argumente führten vor allem zu einer deutlichen Fürsprache der Bürger/innen, dem sich dann auch die Abgeordneten des Regionalparlaments anschlossen, um schließlich

passend und rechtlich bindend Vorgaben zu beschließen.

Wenn mit PABCAR auf der grundlegenden Ebene die Frage positiv beschieden wird, ein gesundheitsförderndes Programm zu initiieren, dann unterstützen die folgenden Modelle das weitere systematische Vorgehen der Interventionsplanung. Sie helfen das passende Programm zu definieren, es zu strukturieren und in seiner Abfolge von Maßnahmen logisch mit den Absichten und Zielen zu verknüpfen.

8.3 Sich Klarheit verschaffen: PRECEDE/PROCEED

Eines der ersten und nach wie vor der am weitesten verbreiteten Planungsmodelle basiert wie auch die meisten anderen Planungsmodelle auf einem sozial-ökologischen Ansatz. Das als PRECEDE/PROCEED bezeichnete Modell wurde von Green und Kreuter (1991) entwickelt, das Akronym steht für:
- **P**redisposing,
- **R**einforcing and

- Enabling
- Constructs in
- Educational/Ecological
- Diagnosis and
- Evaluation/
- Policy,
- Regulatory and
- Organizational
- Constructs in
- Educational and
- Environmental
- Development

In ◘ Abb. 8.4 sind die Planungsschritte des Modells dargestellt und von uns in das Deutsche übersetzt.

PRECEDE/PROCEED hilft, die Glieder einer Kausalkette zu definieren und logisch zu verknüpfen. Das Vorgehen ist scheinbar linear angelegt, verlangt aber einen kontinuierlichen Abgleich jeder einzelnen Phase mit der vorhergehenden und das Antizipieren der kommenden Phase. Die Planung startet mit der Bewertung der Lebensqualität einer Population oder einer ausgewählten Zielgruppe. Zum Beispiel könnte die Frage in einer Kommune lauten: Wie schätzen wir die Lebensqualität unserer älteren Mitbürger ein und wie schätzen die älteren Mitbürger diese selbst ein?

Mit Lebensqualität ist im Modell nicht nur die subjektive Beurteilung der Lebenszufriedenheit durch die Zielgruppenmitglieder gemeint, sondern es sind auch soziale Aspekte wie die Möglichkeit der Partizipation oder die Selbstbestimmtheit angesprochen. Das Ausmaß der Lebensqualität definiert den Bedarf eines Gesundheitsförderprogramms. Wird die Lebensqualität – zum Beispiel der älteren Mitbürger einer Gemeinde – als „hoch" bewertet, besteht kein weiterer Handlungsbedarf; wird sie als „unzureichend" eingeschätzt, dann wird in der zweiten Phase des Modells nach den verursachenden Einflüssen der Abweichungen vom erwünschten Zustand gefragt. Wodurch ist die unzureichende Lebensqualität bedingt? Sind es gesundheitliche Einflüsse oder sind Einflüsse anderer Art verantwortlich für den Zustand? Sind die Einflüsse möglicherweise finanzieller, sind sie umweltbedingter oder ganz anderer Natur?

Für die Art der Beeinflussung wird meist nur ein korrelativer Zusammenhang angenommen, seltener dagegen ein kausaler Zusammenhang, bei dem Ursache und Wirkung eindeutig sind. In den Gesundheitswissenschaften stehen für die Zusammenhänge zwischen zwei Variablen (Prädiktor und Kriterium) unterschiedliche Begriffe: Mediator, Moderator und Confounder, die alle als **Determinanten** bezeichnet werden (Definitionen siehe unten; Bauman et al. 2002), ohne sie aber im naturwissenschaftlichen oder mathematischen Sinne zu begreifen. Sie sind wahrscheinlich wirkende Einflussfaktoren.

Die detektierten Determinanten werden im PRECEDE-Abschnitt des Modells zweckmäßigerweise hinsichtlich ihrer Wichtigkeit und Dringlichkeit geordnet, um sich im weiteren Planungsvorgehen nicht auf Nebenstraßen zu verfahren. Mindert beispielsweise eine gesundheitliche Determinante das Ausmaß an Lebensqualität, zum Beispiel ein Diabetes Typ 2, dann sind auch dieser Erkrankung wiederum Ereignisse vorausgegangen, die erklären, warum es zum Diabetes kam. Neben einer genetischen Disposition kann Diabetes einerseits durch das Verhalten (im Beispiel des Diabetes Typ 2 wäre das etwa ein sitzender und inaktiver Lebensstil) und andererseits durch die Umwelt (beispielsweise die Obesogenic Environment mit ihr stetigen Verfügbarkeit von energiereicher Nahrung) der Zielgruppe bedingt oder mitbedingt sein. Im Sinne des sozial-ökologischen Paradigmas wird meist eine Interaktion aus beiden Verursachungsquellen, die in ◘ Abb. 8.4 als doppelte Pfeile zwischen den beiden Kästen „Verhalten und Lebensstil" und „Umwelt" markiert sind, angenommen. Die Analyse dieser dritten Phase von PRECEDE/PROCEED liefert – aufgrund der Person-Umwelt-Interaktion – nur einen Anhaltspunkt, ob „Änderungsabsichten" eines Gesundheitsförderprogramms vorrangig das Verhalten der Personen oder prioritär die Umwelt der Personen adressieren sollten. Prinzipiell kann ein konkretes Programm immer auch beide Determinanten adressieren.

◻ Tab. 8.3 Eisenhower-Matrix, adaptiert an gesundheitsfördernde Interventionen		
	Dringlichkeit	
	dringend	**nicht dringend**
Wichtigkeit **wichtig**	bevorzugt adressieren, sofort bearbeiten	später adressieren, terminieren
unwichtig	nebenher behandeln	ignorieren

┌─ **Determinanten** ─────────────────

Determinanten sind Konstrukte (Ursache, Prädiktor), die ein anderes Konstrukt (Wirkung, Kriterium) beeinflussen. Hier werden unterschieden:

- **Moderatoren:** erhöhen oder erniedrigen die Stärke des Einflusses zwischen der Ursache und der Wirkung.
- **Mediatoren:** stehen als Drittvariable zwischen der Ursache und der Wirkung und lassen eine Wirkung nur entstehen, wenn sie in ausreichender Stärke vorhanden sind.
- **Confounder:** sind sowohl mit der Ursache als auch mit der Wirkung assoziiert.

In der vierten Phase des Modells werden die möglichen Determinanten des riskanten Verhaltens und der schädlichen Umweltbedingungen bestimmt. Hier unterscheiden die Autoren drei Faktorengruppen, die dann später die Programmziele definieren:

- **Prädisponierende Faktoren** sind Einstellungen, Wissen, Werthaltungen (zum Beispiel: „Veganes Essen ist moralisch geboten") und andere Personenmerkmale, die eine Änderung des Verhaltens erschweren oder behindern.
- **Verstärkende Faktoren** („Verstärker") sind sämtliche Rückmeldungen, die aus der Verhaltensänderung resultieren. Das können positive Rückmeldungen sein, wenn beispielsweise körperliche Aktivität das Gefühl von Vitalität erhöht. Das können aber auch negative Rückmeldungen sein, wenn beispielsweise körperliche Aktivität zu Beginn zu Muskelschmerzen und Atemnot führt.
- **Befähigende Faktoren** („Befähiger") sind sämtliche Ressourcen (zum Beispiel finanzielle Ressourcen, um hochwertige Nahrungspro-

dukte zu kaufen), Fertigkeiten (zum Beispiel Kochfertigkeiten, um Nahrung schonend zu garen und gesund zuzubereiten), aber auch Barrieren (zum Beispiel ein Überangebot an Softdrinks), die Verhaltensänderungen erleichtern oder sie behindern.

Prädisponierende und verstärkende Faktoren beeinflussen das Verhalten, befähigende Faktoren beeinflussen die Umwelt und das Verhalten. Welche der Faktoren in der Intervention überhaupt und welche vordringlich adressiert werden, hängt zum einen von ihrer relativen Bedeutung und der Dringlichkeit ab, mit der sie das Problem bedingen respektive beeinflussen und zum anderen von den Ressourcen (Wissen, Können, materielle Voraussetzungen), die investiert werden können, um sie zu verändern.

Man schreibt dem US-General und Präsidenten Dwight D. Eisenhower zu, dass er Vorgänge, die zu entscheiden und zu bearbeiten waren, in dringliche und wichtige unterschied. Die **Eisenhower-Matrix** ist eine komplexere Weiterentwicklung der **Triage**, die in der Notfall- und Katastrophenmedizin Fälle, die sofort behandelt werden müssen, von solchen, die auf eine Behandlung warten können, unterscheidet. Die Matrix haben wir in ◻ Tab. 8.3 dargestellt und an die Planung von Interventionen der Gesundheitsförderung adaptiert.

Das Prinzip, nach der Eisenhower-Matrix Probleme in dringlich und wichtig zu unterteilen, wurde in der Betriebswirtschaftslehre kritisiert, was aber für unseren Kontext belanglos ist. Dort gilt, nur um es der Vollständigkeit halber zu nennen, dass ein effektives **Zeitmanagement** die Wichtigkeit zum Maßstab nimmt, weil dringende Aufgaben selten wichtig sind und wichtige Aufgaben sich selten dringend erledigen lassen.

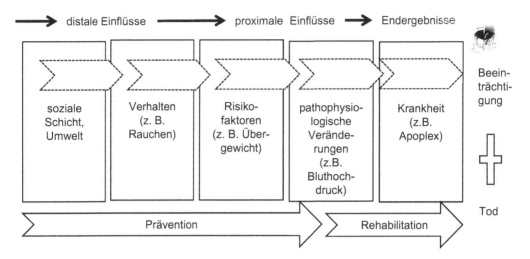

■ Abb. 8.5 Verursachungskette

Auf die Festlegung der Absichten eines Programms folgt in der fünften Phase von PRECEDE/PROCEED die Auswahl der Programmkomponenten. Green und Kreuter (1991) unterschieden edukative (informieren, Wissen und Fertigkeiten vermitteln) von organisationalen (Policy, Regularien, Organisation) Komponenten. Die Verursachungskette von Erkrankungen, die wir in ■ Abb. 8.5 skizzieren, hilft, die Zusammenhänge, die auch im Modell von Green und Kreuter aufscheinen, besser zu verstehen.

Die Verursachungskette deutet mit Verweis auf die soziale Schicht auch die Erkenntnisse der Gesundheitsforschung an, dass Krankheit und vorzeitiges Versterben einem sozialen Gradienten folgen: Wer in schlechteren Lebenslagen lebt, der wird eher krank und stirbt vorzeitig.

Die sechste Phase des PRECEDE-Abschnitts des Modells beginnt mit der Umsetzung des Programms, der sich dann die Evaluation (PROCEED) mit ihren einzelnen Absichten anschließt.

Ein Programm, das in der Logik von PRECEDE/PROCEED konzipiert wird, schafft die Voraussetzung für ein systematisches Vorgehen der Interventionsplanung und Umsetzung. Das Modell ist mit seinem Schwerpunkt auf der Analyse der Determinanten in den PRECEDE-Abschnitten des Modells aber noch kein umfassendes Planungsmodell. PRECEDE bereitet die Programmplanung und

PROCEED die Evaluation vor. Weitere wesentliche Elemente einer systematischen Programmplanung, zu denen die Absichtsdefinition, die Zielsetzung, die Zeitplanung, das operative Management, der Ressourceneinsatz und weitere Elemente gehören, werden vereinzelt in anderen Modellen hervorgehoben. Im Intervention Mapping, dem Planungsprotokoll von Bartholemew et al. (2011), sind sie umfassend Gegenstand des systematischen Vorgehens (▶ Abschn. 8.4.2).

8.4   Umfassende Planungsmodelle

8.4.1   GTO, PREFFI, PMG

Gesundheitsförderung beansprucht Personal, Sachmittel und Zeit. Dementsprechend fordern politisch und administrativ verantwortliche Personen eine Begründung für die geplanten und Rechenschaft über die getätigten Investitionen. Mit **Getting to Outcomes** haben Wandersman et al. (2000) einen Ansatz vorgestellt, der den Planungsprozess entlang von zehn Schlüsselfragen begleitet. Die **Research and Development Cooperation** (RAND), eine Denkfabrik in den USA, die nach dem Zweiten Weltkrieg gegründet wurde, um die amerikanischen Streitkräfte zu beraten, stellt GTO in einer umfangreichen Dokumentation und mit zusätzlichem

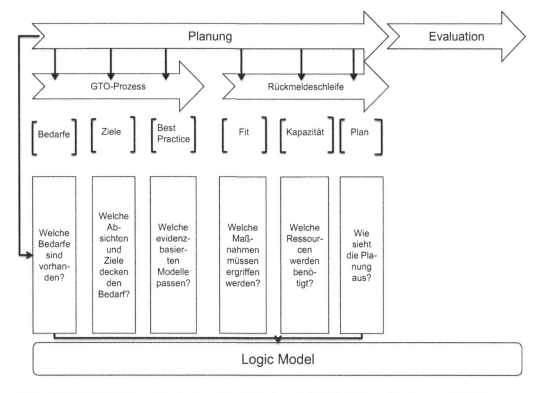

■ **Abb. 8.6** Getting to Outcomes: Ausschnitt aus dem vollständigen Modell (Adaptiert nach Wandersman et al. 2000)

Material im World Wide Web für Nutzer zur Verfügung (▶ www.rand.org/pubs/technical_reports/TR101.html).

Die zehn Fragen von GTO orientieren sich an einem logischen Modell, das – typisch für solche Modelle – festhält, welche Zielgruppe mit welcher Absicht und welchen Zielen mit welchen Maßnahmen behandelt werden soll. Wir werden auf die logische Modellierung weiter unten näher eingehen (▶ Abschn. 8.5, CAT-SoLo). Zunächst aber zu GTO und den sechs Fragen des Planungsabschnitts (■ Abb. 8.6).

Wie in sämtlichen anderen Modellen lautet die ersten Fragen auch in GTO, ob überhaupt ein Handlungsbedarf besteht, was den Bedarf verursacht hat und durch welche Faktoren er aufrechterhalten wird. Nur wenn ein Bedarf vorhanden ist, rechtfertigt das auch einen Ressourceneinsatz. Anders als bei Marketingstrategien geht es bei der Bedarfsermittlung aber nicht darum, die Nachfrage nach einem Produkt zu erhöhen, indem man den Bedarf weckt. Dem legendären Gründer der Firma Apple, Steve

Jobs, wird nachgesagt, dass er die Bedarfsweckung als Credo seines Unternehmens vertreten habe. Seine Firma agiere vor allem wegen der damit einhergehenden Marketingstrategien so erfolgreich und viel weniger, weil Apple-Produkte eine geniale Lösung parat hielten: „A lot of times people don't know what they want until you show it to them." (▶ http://heidicohen.com/steve-jobs-marketing-lesson/). Apple scheint das nach wie vor ganz gut zu gelingen, denn die Ankündigung neuer Produkte (iPhone, iPad etc.) löst regelmäßig einen nahezu hysterischen Run der Nutzer auf die Apple-Stores aus.

In der Gesundheitsförderung ist stets der bereits vorhandene Bedarf der Ausgangspunkt aller folgenden Bemühungen. An die Bedarfsermittlung anknüpfend werden im GTO passende Absichten, Ziele und mögliche Programme gesucht, die sich bereits an anderer Stelle und in vergleichbaren Fällen als geeignet erwiesen haben (Best Practice). Sie sollen evidenzbasiert und theoriegetrieben sein und einen ähnlichen wie den festgestellten Bedarf gedeckt haben. Hat man ein vergleichbares und als geeignet erkanntes Programm gefunden, dann wird im GTO im nächsten Schritt beantwortet, wie das Programm adaptiert werden muss, damit es zu den aktuell gegebenen Umständen passt. Gefragt wird auch, ob und, wenn ja, welche Kapazitäten vorhanden sind, um das Programm wirksam umzusetzen, und wie der vollständige Interventionsplan beschaffen sein muss.

Die siebte bis zehnte Frage betreffen im GTO Evaluationsabschnitte. Bei der Evaluation fällt ins Auge, dass sie in allen Planungsmodellen – wie bereits in ▶ Kap. 6 dargestellt – nicht alleine als summative Evaluation geplant wird, sondern immer auch der Prozess, der Nutzen und die Nachhaltigkeit eines Programms beurteilt werden sollen.

Wandersman et al. (2000) betonen, wie es die Autoren anderer Modelle auch tun, dass ihr Modell entgegen der sequenziellen Darstellung kein lineares Vorgehen erzwingt, sondern dass man mit jeder Frage beginnen kann, sofern man einen Bedarf identifiziert hat und bei der Antwort die kommenden und nachfolgenden Fragen bedenkt.

Auf die bestmögliche Vorgehensweise, um den Effekt eines Gesundheitsförderprogramms zu sichern, hebt auch das in den Niederlanden entwickelte **Prevention Effect Instrument** (PREFFI 2.0) ab, das von einer Arbeitsgruppe um Molleman entwickelt wurde (Molleman et al. 2003, 2006). PREFFI leitet den Planungsprozess ebenfalls über Fragen und ordnet das weitere Vorgehen anhand der vier Cluster a) Analyse, b) Auswahl und Entwicklung geeigneter Methoden, c) Implementierung und d) Evaluation. Zu jeder Bearbeitung eines der vier Cluster stellen passende Indikatoren die Qualität des Vorgehens sicher. Zu Beginn der Bearbeitung eines jeden Clusters wird die Absicht formuliert, die im betreffenden Cluster am Ende der PREFFI-Beurteilung realisiert werden soll. Beispielsweise steht zu Beginn des Fragenkatalogs im Analysecluster die Absicht: „Am Ende der Analysephase wollen wir den Bedarf und die Bedürfnisse der Zielgruppe und die Determinanten des Bedarfs und der Bedürfnisse zuverlässig beschrieben haben." PRECEDE/PROCEED hilft auch in PREFFI, die relevanten Determinanten zu identifizieren.

In Australien entwickelte die staatliche Gesundheitsbehörde bereits im Jahr 1994 eine Handreichung, die als **Program Management Guidelines** (PMG) firmiert. Sie unterstützt detailreich die Planung eines Gesundheitsförderprogramms. Die Vorgehensweise wurde dort als Puzzle („jigsaw puzzle") skizziert, dessen einzelne Stücke ineinandergreifen. So will man dem Vorwurf realitätsferner Linearität begegnen. Die vier großen Stücke Planung, Implementierung, Evaluation und Nachhaltigkeit werden in weitere kleinere Puzzleteile zergliedert. Man kann sich die Aufgabe eines Planers in der Logik des PMG so denken, dass er das gesamte Bild des Interventionsvorhabens bereits kennt, es aber mit einer Stichsäge („jigsaw") zunächst in einzelne Teile zersägt, die beim späteren Zusammenfügen nahtlos ineinandergreifen. Auch die PMG versteht sich als Handreichung und nicht als Handlungsvorschrift, der strikt zu folgen ist.

Auch in der PMG werden für jedes Puzzleteil zunächst Absichten und dazu passende, wesentliche Ziele formuliert. Danach werden Schlüsselelemente benannt, die geeignet erscheinen, das Puzzleteil so zuzuschneiden, dass es zum vorhergehenden und zum nachfolgenden Teil passt und sich homogen und logisch in das Gesamtbild fügt. Ausführlicher als in anderen Modellen fällt in der PMG die Beschäftigung mit der Nachhaltigkeit eines Programms aus. Der nachhaltigen Wirkung und Verwertung sind drei Puzzleteile gewidmet. Zuerst wird beurteilt, ob das Programm wert ist, fortgesetzt zu werden. Dann wird festgelegt, welche Organisationsstrukturen gegeben sein müssten, um es auch in anderen Kontexten erfolgreich zu nutzen. Schließlich wird definiert, wie das Programm vermarktet werden müsste, damit es andere Gruppen oder Organisationen nutzen können.

8.4.2 Intervention Mapping: das derzeit elaborierteste Planungsprotokoll

Intervention Mapping (IM) ist zurzeit das elaborierteste Werkzeug der Programmplanung. Es ist in einem stattlichen Werk beschrieben (Bartholemew et al. 2011), die Autoren unterhalten eine eigene Website (▶ www.interventionmapping.com) und bieten Trainings für Wissenschaftler und Praktiker an. Schließlich existiert eine rege Publikationstätigkeit rund um dieses evidenzbasierte und theoriegetriebene Planungsmodell. IM ist eine Art Protokoll, dem Programmplaner/innen folgen können. Wir beschränken uns auf einige wenige Andeutungen zum Vorgehen der Programmplanung mit IM.

Auch im IM beginnt die Planung mit der Bedarfsanalyse. Sie folgt der Logik des PRECEDE/PROCEED-Modells und fragt: Wer sind die vulnerablen Personen, wie ist deren Lebensqualität beschaffen, was sind ihre gesundheitlichen Auffälligkeiten? Wie in PRECEDE/PROCEED folgt auch im IM die Suche nach der „Verursachungskette". Die Determinanten des gesundheitlichen Problems werden im Verhalten und in der Umwelt der Person vermutet. Die Resultate der ersten Analyseschritte werden in einem schriftlichen Bericht niedergelegt. Die konkrete Intervention wird erst nach der Analyse des Bedarfs und seiner Determination kartiert (Intervention Mapping).

Fünf Interventionserzeugnissen (Products) werden insgesamt 21 Aufgaben (Tasks) zugewiesen. Das Bearbeiten der Aufgaben führt zum Programmplan. In ◘ Tab. 8.4 sind die Erzeugnisse gelistet. Die Aufgaben sind in Frageform zugeordnet. Im zweiten Schritt haben wir Fragen ergänzt, die im IM so nicht formuliert werden, die uns aber wesentlich erscheinen und die mit den bisherigen Darlegungen des Buches korrespondieren (theoriegetriebenes Vorgehen).

Das erste Erzeugnis wird von den Autoren als **Proximal Program Objective Matrices** bezeichnet. In Matrixanordnungen werden die Erfolgsabsichten, die Änderungs- und Lernziele sowie die Einflussfaktoren auf die Lebensqualität der vulnerablen Zielgruppe benannt und miteinander verknüpft. Das auf dieser Matrix aufbauende zweite Produkt besteht aus den theoretisch fundierten und bewährten Methoden und passenden Techniken und Werkzeugen, mit denen die Handlungsabsichten und Änderungsziele verfolgt werden sollen (Theory Based Methods And Practical Strategies). Das dritte Produkt ist der Programmplan (Program Plan). In ihm wird das strategische Vorgehen definiert und detailliert ausgeführt, mit welchen Komponenten die Absicht verfolgt werden soll. Idealerweise wurden die Elemente des Plans zunächst an einer kleinen Stichprobe von Personen getestet, um sicherzugehen, dass sie sich vor der Umsetzung des Programms als praxistauglich erwiesen haben.

Die Umsetzungsplanung (Adoption and Evaluation) wird durch operative Instrumente des Projektmanagements wie Gantt-Diagramme oder andere vergleichbare Werkzeuge gestützt. In der Umsetzungsplanung werden Zeiten, Meilensteine, Aufgaben und zugeordnete Verantwortlichkeiten festgeschrieben. Im abschließenden Produkt wird das Evaluationsmodell beschrieben und die korrespondierenden Evaluationsdesigns und -methoden werden erläutert (Evaluation Plan).

Nach vollständig geplanter Intervention folgen die Umsetzung und die Evaluation. Der Kreis auf der Interventionslandkarte (IM) schließt sich mit der Feststellung, ob das gesundheitliche Problem beseitigt werden konnte, der Bedarf also gedeckt wurde und die Bedürfnisse in einer angemessenen Weise befriedigt wurden.

IM plädiert für ein evidenzbasiertes und theoriegetriebenes Vorgehen. IM gründet wie die bereits referierten Modelle auf einem sozial-ökologischen Ansatz und empfiehlt, alle Stakeholder in den Planungsprozess einzubeziehen. Auch IM erscheint linear strukturiert, ist aber ebenfalls iterativ angelegt, indem sich die einzelnen Arbeitsschritte so lange wiederholen, bis ein optimierter Interventionsplan steht.

8.5 Logic Modelling

Logische Verknüpfungen zwischen den Programmabsichten, den Zielen, Maßnahmen und Methoden garantieren ein systematisches Vorgehen. Logic Modelling ist eine Technik, die Brüche in der logischen Verknüpfung der Programmelemente grafisch deutlich macht.

Logic Model

Ein Logic Model bereitet die Verknüpfungen zwischen Ressourcen, Strategien, Absichten und Zielgruppen eines Programms (meist) grafisch auf und macht auf diese Weise Brüche in Wenn-dann-Beziehungen deutlich. Solche Wenn-dann-Beziehungen sagen beispielsweise aus: „Wenn wir aufgrund der vorhandenen Ressourcen R die Komponenten K_{x1} bis K_{xn} in der Intervention anwenden und ihnen die Maßnahmen M_{y1} bis M_{yn} zuordnen, dann erreichen wir bei Zielgruppe Z das Ergebnis E."

⬛ **Tab. 8.4** Intervention Mapping: Produkte und Aufgaben

Schritt	Produkt	Aufgabe	Bemerkungen
1	proximale Matrizen der Programmabsichten	Was soll sich in der Umwelt und was im Verhalten ändern?	
		Was soll am Ende der Intervention bei der Zielgruppe oder der Organisation vorhanden sein, um sich gesund zu verhalten?	Im IM Leistungs- oder Erfolgsziele der Intervention (Performance Objectives) genannt und von den Lern- und Änderungszielen zu unterscheiden.
		Welches sind die wichtigen und beeinflussbaren Einflussgrößen für diese Erfolgsziele?	
		Welches ist die Zielgruppe?	
		Wie lassen sich die proximalen Programmabsichten, Lern- und Änderungsziele ordnen?	Lern- und Änderungsziele sind jene Fertigkeiten und/oder Fähigkeiten, die sich eine Person oder Organisation aneignen muss, um die Erfolgsziele zu erreichen.
2	theoriegetriebene Methoden und Handlungsstrategien	Welches nomopragmatische Wissen ist für die Zielstellung bereits vorhanden?	Hier ist eine intensive Recherche der einschlägigen Literatur von Nutzen
		Auf welche Weise lässt sich das Wissen in technologische Regeln übersetzen und mit passenden Methoden in der Praxis verwerten?	
		Wie sind die Regeln, die darauf gründenden Strategien und Methoden den Elementen eines ökologischen Modells zugeordnet?	
3	Programmplanung	Wie lassen sich die Strategien bei den vorhandenen Ressourcen (personell und materiell) in operationale Pläne überführen?	
		Wie sehen die Unterlagen aus, die alle Beteiligten in die Lage versetzen, den Programmvorgaben zu folgen?	Im IM Design Documents genannt; in anderen Kontexten ist hier auch der Begriff der Operating Procedures oder Protocols gebräuchlich.
		Haben sich die Materialien, die das Programm verwendet, an anderer Stelle bewährt? Sind sie verständlich und werden sie von der Zielgruppe als nützlich beurteilt?	Wenn keine Erfahrungen vorliegen, sollte sich hier eine Nutzer-(Usability-)Analyse an einer Pilotstichprobe anschließen.
4	Adoptions- und Implementierungsplan	Wie sind die Erfolgsziele, die Lern- und Änderungsziele mit den Methoden verknüpft?	Im IM wird dazu eine Matrixstruktur vorgeschlagen.
		Wie lauten die Adoptions- und Implementationsziele?	
		Welche Determinanten werden adressiert?	
		Wie sieht der Plan aus?	Schriftliche Fassung des Plans als Matrix oder in einer anderen geeigneten Form.

Schritt	Produkt	Aufgabe	Bemerkungen
5	Evaluations-planung	Welches Evaluationsmodell ist ange-messen?	
		Welche Fragen leiten die Prozessevalua-tion?	
		Welche Indikatoren und welche Messoperationen informieren über den Erfolg?	
		Welches Messdesign ist passend?	
		Wie sieht der Evaluationsplan konkret aus?	Wer macht was mit wem und wann?

◻ **Tab. 8.4** (*Fortsetzung*) Intervention Mapping: Produkte und Aufgaben

Die einfachste Variante des logischen Modellierens ist das von Jayne Weavers vorgestellte Dreieck (▶ www.effectiveness.nidos.org.uk/Weavers_Triangle_Guidance). Weitere Techniken finden sich bei Taylor-Powel et al. (2002) und sehr umfassend auf der Website der **Kellogg-Stiftung** (W. K. Kellogg Foundation Logic Model Development Guide auf ▶ www.wkkf.org).

Den Zeitpunkt, ab dem das logische Modellieren in der Gesundheitsförderung bekannt wurde, markiert der Artikel von Rush und Ogborne (1991). Weitere Beiträge, die sich des Themas angenommen haben, stammen unter anderem von McLaughlin und Jordan (1999) oder Millar et al. (2001). Als eine sprudelnde Quelle für weitere und auch vertiefte Auseinandersetzungen mit dem Logic Modelling stellt die Zeitschrift Evaluation and Program Planning dar.

In Logic Models wird plausibilisiert, wie unter definierten Bedingungen mit einem Gesundheitsförderprogramm Absichten verfolgt und Ziele erreicht werden sollen. Im einfachsten Fall eines logischen Modells werden die Maßnahmen des Programms mit den Absichten und den Zielen grafisch verknüpft. Das bereits genannte Weaver'sche Triangle wird zu diesem Zweck in drei Abschnitte geteilt. Auf dem Boden des Dreiecks werden die geplanten Aktivitäten eingetragen, im mittleren Abschnitt folgen die Absichten (Objectives), die das Programm verfolgt, und an der Spitze des Dreiecks stehen die Ziele. Ist das Dreieck logisch konstruiert, müssen die jeweiligen Komponenten eine stimmige

Ordnung ergeben, und es dürfen keine Brüche entstehen.

In anderen Modellen wird eine Matrixstruktur mit den Elementen (von oben nach unten) Ziele, Absichten, Resultate und Aktivitäten als Zeilenvorschübe und Indikatoren, Messungen und Annahmen als Spaltenköpfe bevorzugt. ◻ Tab. 8.5 zeigt eine solche Matrix am Beispiel eines fiktiven Programms, mit dem verhindert werden soll, dass Altenheimbewohner zu wenig trinken und sich durch die dadurch entstehende Exsikkose ernsthaft gesundheitlich gefährden. Alte Menschen haben weniger Durstempfinden und versäumen daher regelmäßig zu trinken.

Beim Füllen der Zellen der Matrix sind vier Fragen hilfreich:

- Warum macht man das (Ziel)?
- Was ist die damit verbundene Absicht (Absicht)?
- Was wird am Ende erreicht sein? (Resultat)?
- Wie kommen wir dahin (Aktivitäten)?

Aus einem Dreieck oder einer Matrix kann sich ein grafisches Modell entwickeln, wie es beispielhaft in ◻ Abb. 8.7 gezeigt ist. Dieses Modell basiert auf einer Variante des logischen Modellierens, die als **CAT-SoLo** bekannt ist. Dabei bezeichnen Component, Activities und Targets den Input und Short Objectives und Long Objectives den Output eines Programms.

Bereits die Arbeit am Modell macht auf mögliche Defizite in einem Programm, der Absichten,

◘ **Tab. 8.5** Beispiel einer Matrix im logischen Modellieren

	Beschreibung	Indikatoren	Messoperationen	Annahmen
Ziel	ältere Heimbewohner sollen regelmäßig trinken	Durchschnittsmenge des täglichen Wasserkonsums ist gestiegen	Menge der geleerten Wasserportionen pro Kopf	60 % der Heimbewohner erreichen das Soll von mind. 2 l Wasser täglich
Absicht	Verhinderung von Exsikkose	Rückgang von fatalen Ereignissen und Befindlichkeitsstörungen	Inzidenz von kardialen Ereignissen und Harnwegsinfektionen	Rückgang der Inzidenz um 40 %
Resultat	Rückgang von fatalen Herz-Kreislauf-Ereignissen	unauffällige Stoffwechsel-, Herz-Kreislauf- und Befindlichkeitszustände	Blutdruck, Stoffwechselparameter, Befragung	Surrogatparameter im Durchschnitt unauffällig
Aktivitäten	Informationsvermittlung, Bereitstellung von Getränken, Trinkplan	mehr Wissen, erhöhter Wasserkonsum	Testfragen, geleerte Getränkeportionen	80 % wissen um das Problem, 60 % haben sich regelmäßigen Konsum angewöhnt

den Zielen und dem zugeordneten Vorgehen aufmerksam. Das fertige Modell offenbart schließlich logische Irrtümer und macht deutlich, an welcher Stelle die wesentlichen Programmelemente nicht zusammenpassen. Einmal erstellt und verbalisiert, sind die Schlüsselelemente des Programms benannt. Dann wurden die theoretischen Annahmen einer Programmtheorie expliziert und die Mittel-Zweck-Zielgruppen-Verknüpfungen sind offenbar geworden.

Das Modellieren hat einen weiteren wesentlichen Vorteil, wenn es darum geht, Stakeholder für ein Programm zu gewinnen. In Kombination etwa

mit **Getting To Outcomes** gewährt ihnen das logische Modell anschaulich Einblick in das Vorhaben. So lässt sich für die Unterstützung eines Gesundheitsförderprogramms werben. Im Idealfall werden die Stakeholder sogar in die Modellierung einbezogen. Am Ende steht dann ein Modell, dem bereits alle Beteiligten zugestimmt haben, und es muss nicht erst mit dem fertiggestellten Modellentwurf Zustimmung erbeten werden.

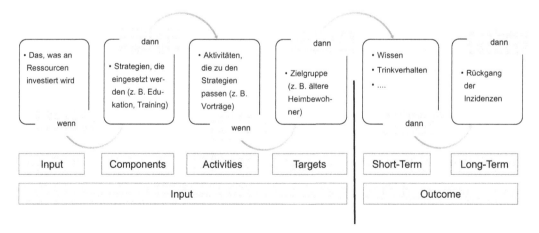

◘ **Abb. 8.7** Grafisch aufbereitetes Logic Model (CAT-SoLo)

Tab. 8.6 Stakeholder-Analyse nach Interessen							
Stakeholder (Personen)	finanzielles Interesse	gesundheitspolitisches Interesse	unternehmenspolitisches Interesse	Reputation der Firma	Gesundheit	Arbeitskrafterhalt	...
Beschäftigte					√	√	
Personalvorstand		√		√	√	√	
Unternehmensvorstand	√		√	√	√	√	
Krankenkassen	√	√			√		
Kommunalpolitiker		√		√			
Vertreter der Rentenkasse	√					√	
...							

8.6 Stakeholder-Analyse

Wir haben an verschiedenen Stellen dieses und auch der vorangegangenen Kapitel bereits die Bedeutung der **Stakeholder** für das effektive Vorgehen von Programmen der Gesundheitsförderung hervorgehoben. Stakeholder lassen sich in einer spezifisch für diesen Zweck entwickelten Analyse identifizieren und nach Wichtigkeit klassifizieren. Auch dazu existieren Analysewerkzeuge und passende Software. Eine Stakeholder-Analyse unterstützt die Kommunikationsstrategie des Programms, und sie verdeutlicht, welche Stakeholder in die Programmentwicklung und in den Prozess des logischen Modellierens einbezogen werden sollten. Wir beschränken uns im Folgenden auf die wesentlichen Aspekte, die bei der Stakeholder-Analyse zu bedenken sind.

> **Stakeholder**
>
> Stakeholder sind jene Personen oder Personengruppen, die potenziell dazu in der Lage sind, ein Programm in seiner strategischen Ausrichtung zu verändern oder es in irgendeiner Weise zu beeinflussen, sowie solche Personen und Personengruppen, die auf das Programm reagieren, weil sie von den Aktivitäten des Programms betroffen oder davon in irgendeiner Weise mitbetroffen sein könnten.

Dieses an Freeman (1984) angelehnte weite Verständnis von Stakeholdern beeinflusst die Analyse. Die Analyse der für ein Programm relevanten Stakeholder beginnt mit einer Sammlung der potenziellen Stakeholder und führt – entsprechend der weiten Definition – meistens zu einer langen Liste von Personen und/oder Personengruppen. Techniken wie Brainstorming oder Mind Mapping helfen, die relevanten Personen zu sammeln und anschließend zu ordnen. In ◘ Tab. 8.6 ist ein Analyseausschnitt gezeigt. Die Stakeholder wurden dort nach der Art ihres Interesses geordnet, das sie an einem

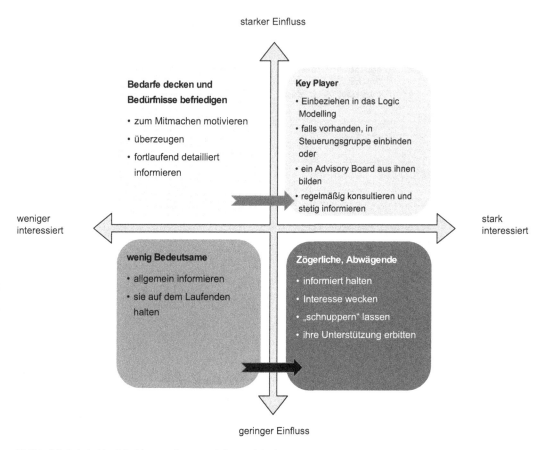

starker Einfluss

Bedarfe decken und
Bedürfnisse befriedigen

- zum Mitmachen motivieren
- überzeugen
- fortlaufend detailliert
  informieren

Key Player

- Einbeziehen in das Logic
  Modelling
- falls vorhanden, in
  Steuerungsgruppe einbinden
  oder
- ein Advisory Board aus ihnen
  bilden
- regelmäßig konsultieren und
  stetig informieren

weniger
interessiert

stark
interessiert

wenig Bedeutsame

- allgemein informieren
- sie auf dem Laufenden
  halten

Zögerliche, Abwägende

- informiert halten
- Interesse wecken
- „schnuppern" lassen
- ihre Unterstützung erbitten

geringer Einfluss

◙ Abb. 8.8 Stakeholder-Priorisierungs-Raster nach Bryson (1995)

Programm der betrieblichen Gesundheitsförderung haben könnten. Die Spaltenvorschübe in der Tabelle sind unvollständig; sie dienen hier lediglich der Illustration.

Im Beispiel der Tabelle wird sicher zurecht unterstellt, dass die Beschäftigten der Firma vom Programm unmittelbar betroffen sind. Sie erhoffen sich einen Gewinn an Gesundheit und den Erhalt ihrer Arbeitskraft und damit mindestens die Sicherung ihrer wirtschaftlichen Existenz. Erhalt der Gesundheit und Arbeitskrafterhalt interessieren auch die Unternehmensvertreter, wenngleich die Motive andere sind als jene der Beschäftigten. Ein finanzielles Interesse am BGF-Programm unterstellen wir in diesem fiktiven Beispiel dem Unternehmensvorstand, der einen Nutzen erwartet, etwa indem die Arbeitsunfähigkeitsquote (AU-Quote) sinkt. Eine geringe AU-Quote interessiert auch den Personalvorstand, ebenso die Krankenkassenver-

treter, die an gesunden Versicherten interessiert sind. Der gute Ruf des Unternehmens, der durch das Signal, man kümmere sich um die Gesundheit der Beschäftigten, gefestigt wird, macht die Personalrekrutierung einfacher, und das interessiert wiederum die Unternehmensvertreter. Schließlich interessiert dies auch die Kommunalpolitiker, die das Unternehmen gerne am Standort halten möchten und den Verbleib gefährdet sehen, wenn das Unternehmen seinen Personalbedarf nicht mehr decken kann.

Im nächsten Schritt der Stakeholder-Analyse werden die Stakeholder (im einfachsten Fall) entlang der beiden Kriterien „Macht oder Einfluss" und „Interesse" in eine Rangfolge gebracht (Bryson 1995). ◙ Abbildung 8.8 zeigt ein dazu taugliches Priorisierungs-Raster und deutet den Umfang und die Kommunikationsstrategie für jede der vier Gruppen an. Damit ein Gesundheitsförderprogramm maximale Zustimmung erfährt, sollten die Personen oder Personengruppen, die den beiden linken Quadranten in ◨ Abb. 8.8 zugeordnet wurden, so beeinflusst und mit Informationen versorgt werden, dass sie in die beiden rechten Quadranten migrieren.

Für den Erfolg des Programms ist eine sorgfältige Abwägung der **Schlüsselfiguren** (Key Player) entscheidend. Dies sind jene Stakeholder, die so mächtig sind, dass sie ein Programm entscheidend, beispielsweise durch Ressourcenzuweisung, fördern, behindern oder gar gänzlich verhindern können. Üblicherweise befinden sich in diesem Quadranten der Schlüsselfiguren Einzelpersonen oder Vertreter/innen der folgenden Gruppen: politisch Verantwortliche, Geldgeber, Vertreter des Managements, Personalräte, Kommunalvertreter und je nach Programm auch einflussreiche Meinungsgeber, welche die Öffentlichkeit gegen oder für das Programm einnehmen können.

8.7 PREMIT: Beispiel einer Matrixstruktur zur Intervention in das Aktivitäts- und Ernährungsverhalten

In einem Forschungsprojekt (PREVIEW), das aus Mitteln der EU gefördert wird, haben wir (Kahlert und Kollegen; noch unveröffentlicht) eine Matrix entwickelt, die als **PREVIEW Modification Intervention Toolbox** (PREMIT) firmiert und die wir im Folgenden in ihrem Aufbau andeuten.

PREMIT ist ein elementarer Teil einer von 2014 bis 2018 laufenden randomisierten Multicenter-Studie, die Personen an sechs europäischen (Bulgarien, Dänemark, Finnland, England, Niederlande, Spanien) und zwei Überseestandorten (Australien und Neuseeland) betreut. Die Probanden sind aufgrund ihres Übergewichts und erster Stoffwechselabweichungen (Prädiabetes) gefährdet, einen Diabetes vom Typ 2 zu entwickeln. Die Teilnehmer/innen am Experiment praktizieren zunächst eine achtwöchige kalorienreduzierte Diät. Probanden, die mindestens 8 % ihres Ausgangskörpergewichts verloren haben, beginnen anschließend eine dreijährige Phase, in der sie sich ein neues Verhalten aneignen und es dauerhaft stabilisieren sollen. Sie sollen sich anders ernähren, als sie das bislang taten, und sie sollen

körperlich aktiver werden. PREMIT liefert den Experimentatoren in den Zentren das Handwerkszeug, um die Probanden zur Verhaltensänderung zu motivieren und sie beim Aufrechterhalten des neuen Verhaltens zu unterstützen.

PREMIT ist evidenzbasiert, sozial-ökologisch fundiert und nutzt bewährte Konzepte, Methoden und Techniken diverser Verhaltensmodifikationstheorien (zu den Theorien, Methoden und Techniken siehe ▶ Kap. 5 und 9). Das Programm ist transtheoretisch konzipiert, weil es auf mehr als nur eine Theorie zurückzuführen ist. Mit PREMIT soll keine Theorie geprüft werden, sondern es wird eine Programmtheorie für die Programmabsicht von PREVIEW genutzt (theory-driven). Die Absicht des Programms ist es, eine Diabeteserkrankung in der vulnerablen Personengruppe zu verhindern. Handlungsziele der Intervention sind eine Erfolg versprechende Ernährungsweise und ein gesteigertes Volumen der körperlichen Aktivität. Beide Verhaltensweisen sollen von den Teilnehmern/innen nachhaltig beibehalten werden. Mit dem reduzierten Körpergewicht, das auf diese Weise gehalten werden kann, soll die Absicht des Programms erreicht werden.

Das Feldexperiment hat eine definierte Dauer und gibt eine für alle Zentren geltende Interventionsstruktur vor. Das Protokoll der Studie sieht vor, dass die Probanden in wiederkehrenden Gruppensitzungen, deren zeitliche Abstände im Verlauf des Experiments immer mehr zunehmen („fading out"), in ihrem Bemühen unterstützt werden, ihr Verhalten zu ändern. Die Sitzungen werden von Diätassistenten/innen geleitet, die selbst zunächst in den Methoden und Techniken der Verhaltensmodifikation trainiert werden mussten. Das sind die Rahmenbedingungen, denen sich PREMIT stellen musste. In ◨ Abb. 8.9 ist die Logik der Verhaltensänderungsmatrix ausschnittsweise illustriert.

In der ersten Spalte der Matrix ist die Interventionsphase benannt, die sich am Studienprotokoll des Experiments orientiert. Dann folgt in den weiteren Spalten die Absicht (Objective), die verfolgt wird, schließlich die Gruppensitzungen, die dazu genutzt werden, dann die Techniken und Werkzeuge, mit denen das Ziel verfolgt werden soll.

Die weiteren Spalten der Matrix verweisen auf die theoretische Orientierung des Vorgehens, be-

Interventions-phase	Absicht(en)	Gruppen-sitzung (GS)	Interventions-technik(en)	Werk-zeug(e)	Hinweis	Referenz(e n) für Evidenzen	Wer ist verantwort-lich?	Assess-mentme-thode	Messzeit-punkt
Woche 1 bis 8 (Phase der Ge-wichtsreduktion) GS 1 bis GS 6	• Die Pbn überzeu-gen, ihr bisheri-ges Verhalten zu ändern • Selbst-wirksam-keit stärken • …	• 3 • 3, 4 • ….	• Furcht-induktion • vergangene Erfolge heraus-heben • ….	• Edukation: Vortrag • motivie-render Zuspruch • …		• Witte et al. • Williams et al. • ….	Site Instruktoren	• Intention (Skala) • Action self efficacy (Skala) • …	• Baseline, Woche 8 • Baseline, Woche 8 • ….
Woche 8 bis 12 (Vorbereitungs-phase der Ver-haltensände-rung)	• Den Pbn helfen, SMART-Ziele zu formulie-ren • …	• 6 • …	• Goal-setting • …	• Template zur Zieldefini-tion • …		• Greaves et al. • …	Site Instruktoren	• Intentions-stärke (Skala) • …	• Woche 8 • …

 Abb. 8.9 PREMIT (Andeutung der prinzipiellen Logik)

nennen die Verantwortlichen, die Maßnahmen durchführen, verweisen auf Assessmentverfahren, die Indikatoren abbilden, anhand derer über den Erfolg der Intervention entschieden wird, und auf die Messzeitpunkte, zu denen der Erfolg gemessen und beurteilt werden soll. Die Zellen der Matrix wurden mit den logisch zugeordneten Informationen gefüllt. Die Methoden und Werkzeuge, wie beispielsweise das Stärken der Handlungsselbstwirksamkeit wurden außerdem in einem gesonderten Manual erläutert, und der Gebrauch der Techniken und Werkzeuge wurde mit den Instruktoren in spezifischen Trainings am PREVIEW-Standort Stuttgart und über Videokonferenzen (für die Instruktoren in Australien und Neuseeland) eingeübt. In wiederkehrenden Telefonkonferenzen beraten sich die vor Ort in den Zentren tätigen Instruktoren regelmäßig mit den Entwicklern von PREMIT.

PREMIT definiert in PREVIEW keine rigide Vorgabe. Die Matrix dient vielmehr als eine Handreichung, die den Instruktoren vor Ort ermöglicht, die Absichten mit den Zielen, Interventionszeitpunkten und Maßnahmen logisch zu verknüpfen und so die Qualität ihrer Intervention zu sichern.

Fazit

Im achten Kapitel haben wir Planungsmodelle referiert. Die Modelle tragen entscheidend dazu bei, die Qualität einer Intervention zu sichern. Sie lassen sich in verschiedenen Abschnitten der Interventionsplanung ge-

winnbringend einsetzen: bei der Entscheidung, ob man überhaupt intervenieren sollte, bei der Rechtfertigung, ob man für ein Gesundheitsförderprogramm Ressourcen einsetzen sollte, bei der Planung der Intervention selbst und auch zur Vorbereitung der Evaluation.

Unter den Modellen macht PRECEDE/PROCEED die fundamentale Logik der Herangehensweise deutlich. Intervention Mapping ist das derzeit elaborierteste Modell zur Planung einer Intervention und ihrer Evaluation. Sämtlichen Modellen ist die sozial-ökologische Basis gemein, und alle verstehen sich als Handreichungen, nicht aber als rigide Handlungsanweisungen. Sie sind zwar linear dargestellt, in der Handhabung aber iterativ angelegt. Sie folgen dem Vorgehen der Planungszyklen. Sie starten bei der Statusanalyse und halten fest, dass ein fehlender Bedarf keine Intervention rechtfertigt. Sämtliche Modelle fordern die Partizipation der Stakeholder, die Prozess- und die Ergebnisevaluation.

Merke

Planungsmodelle helfen entscheiden, ob interveniert werden sollte, informieren über Programmabsichten, -ziele und -maßnahmen und leiten die strategische und operative Planung. Logic Models offenbaren, ob Programmabsichten und -komponenten passend verknüpft sind. Eine Stakeholder-Analyse ist essenziell.

Fragen

— Worin unterscheiden sich die Gesundheits-, Gesundheitsverhaltens- und Planungsmodelle?

- Wenn Sie entscheiden wollen, ob eine Intervention gerechtfertigt ist und von politischen Entscheidern mitgetragen wird, welches Planungsmodell könnten Sie verwenden?
- PRECEDE/PROCEED hat zwei Abschnitte, die durch das Akronym ausgedrückt werden. Welcher Abschnitt dient welcher Planungsaufgabe?
- Wie lauten die Faktoren, die PRECEDE/PROCEED benennt, um die Determinanten eines gesundheitlich riskanten Verhaltens zu identifizieren?
- Was ist ein Moderator, was ein Mediator und was ein Confounder?
- Unterscheiden Sie Absicht, Ziel, Komponente und Maßnahme im Sinne des IM.
- Was wird in einem logischen Modell verknüpft?
- Warum können Sie PRECEDE/PROCEDE nicht durch IM ersetzen und umgekehrt?
- Was sind Stakeholder und nach welchen Kriterien lassen sie sich ordnen?

McLaughlin, J. A., & Jordan, G. (1999). Logic models: a tool for telling you program's performance story. *Evaluation and Programm Planning, 22,* 65–72.

Millar, A., Simeone, R. S., & Carnevale, J. T. (2001). Logic models: a systems tool for performance management. *Evaluation and Programm Planning, 24,* 73–81.

Molleman, G. R. M., Peters, L. H. M., Hommels, L. H., & Ploeg, M. A. (2003). *Assessment Package. Health Promotion Effect Instrument Preffi 2.0.* Woerden (NL): NIGZ.

Molleman, G. R. M., Ploeg, M. A., Hosman, C. M. H., & Peters, L. H. M. (2006). Preffi 2.0 - a quality assessment tool. *Promotion and Education, 13,* 9–14.

Rush, B., & Ogborne, A. (1991). Program logic models: expanding their role and structure for program planning and evaluation. *The Canadian Journal of Program Evaluation, 12,* 167–174.

Taylor-Powel, I. E., Steele, S., & Douglah, M. (2002). *Planning a program evaluation.* http://www.uwex.edu/ces/pdande/evaluation/evallogicmodel.html

Wandersman, A., Imm, P., Chinman, M., & Kaftarian, S. (2000). Getting to outcomes: a results-based approach to accountability. *Evaluation and Programm Planning, 23,* 389–395.

Literatur

Bartholemew, L. K., Parcel, G. S., Kok, G., Gottlieb, N. H., & Fernandez, M. E. (2011). *Planning health promotion programs* (3. Aufl.). San Francisco, CA: Jossey Bass.

Bauman, A. E., Sallis, J. F., Dzewaltowski, D. A., & Owen, N. (2002). Toward a better understanding of the influences on physical activity: the role of determinants, correlates, causal variables, mediators, moderators, and confounders. *American Journal of Preventive Medicine, 23*(2), 5–14.

Bryson, J. (1995). *Strategic planning for public and nonprofit organizations.* San Francisco, CA: Jossey Bass.

CAHS NSW Health Department (1994). *Program Management Guidelines for Health Promotion.* Sydney: Central Sydney Area of Health Service & NSW Health.

Colquhoun, H., Leeman, J., Michie, S., Lokker, C., Bragge, P., Hempel, S., McKibbon, K. A., Peters, G.-J. Y., Stevens, K. R., Wilson, M. G., & Grimshaw, J. (2014). Towards a common terminology: a simplified framework of interventions to promote and integrate evidence into health practices, systems, and policies. *Implementation Science, 9,* 51.

Freeman, R. E. (1984). *Strategic management. A stakeholder approach.* Boston: Pittman.

French, J., & Milner, S. (1993). Should we accept the status quo? *Health Education Journal, 52,* 98–101.

Green, L. W., & Kreuter, M. W. (1991). *Health promotion planning: An educational and environmental approach.* Mountain View, CA: Mayfield.

Maycock, B., Howat, P., & Slevin, T. (2001). A decision making model for health promotion advocacy: the case for advocacy of drunk driving control measures. *Promotion and Education, 8,* 59–64.

Verhalten ändern: Techniken und Werkzeuge

Wolfgang Schlicht, Marcus Zinsmeister

W. Schlicht, M. Zinsmeister, *Gesundheitsförderung systematisch planen und effektiv intervenieren*,
DOI 10.1007/978-3-662-46989-7_9, © Springer-Verlag Berlin Heidelberg 2015

Im neunten Kapitel wiederholen wir die Kernaussagen von Theorien und Modellen, die das Gesundheitsverhalten beschreiben und erklären, und nehmen damit Bezug auf das fünfte Kapitel. Im Folgenden streifen wir noch einmal die Determinanten des Verhaltens in Stichworten. Dann konzentrieren wir uns auf Techniken und Werkzeuge, die für die operative Umsetzung verhaltensorientierter Interventionen geeignet sind. Vor allem die fortdauernden Bemühungen der Arbeitsgruppe um Susan Michie (London, UK) werden referiert, die eine einheitliche Nomenklatur und Terminologie von Verhaltensänderungstechniken entwickelte.

9.1   Verhalten und Verhaltensdetermination

Die einen rauchen, die anderen konsumieren zu viele alkoholische Getränke, die nächsten essen zu viel Zucker und Fett und wieder andere bewegen sich zu wenig. Die meisten wissen um die Risiken für ihre Gesundheit, ändern aber dennoch nichts an ihrem Verhalten. Mal hindert sie die psychische und körperliche Abhängigkeit, die mit dem Konsum von Suchtstoffen verbunden ist, mal sind es die langjährigen Gewohnheiten, die eine Änderung erschweren.

Gewohnheiten sind mit typischen Situationen verknüpft und automatisiert (Thurn und Schlicht 2012). Ein gewohntes und stoffgebundenes (zum Beispiel Nikotin, Alkohol) Verhalten zu ändern, ist offenbar schwierig. Verhaltensänderung ist oft nur für wenige Wochen stabil, bevor dann der Rückfall in das gewohnte Verhalten folgt. Über 90 % der Raucher rauchen wieder, über 80 % der ehemals Übergewichtigen essen wieder zu viel und über 60 % der Beginner von Aktivitätsprogrammen sind nach sechs Monaten wieder inaktiv. Trotz der hohen Rückfallquoten und der nahezu aussichtslos erscheinenden Bemühungen beabsichtigt nahezu jedes Programm der Gesundheitsförderung mittelbar oder unmittelbar, ein riskantes Verhalten dauerhaft zu ändern oder **Gesundheitsverhalten** anzustoßen.

> **Gesundheitsverhalten**
>
> Gesundheitsverhalten ist ein Tun, das als wirkungsvoll betrachtet wird und in der Absicht erfolgt, die Gesundheit zu erhalten oder zu verbessern.

Gesundheitsverhalten, seine Motivierung und Aufrechterhaltung (Ziegelmann 2002) sind ein zentraler Gegenstand der Gesundheitspsychologie. Es wird vom Krankheitsverhalten (Myrtek 1998) unterschieden. Wird Ersteres in der Absicht verfolgt, die Gesundheit zu erhalten und zu verbessern, verfolgt Letzteres die Absicht, mit Krankheit umzugehen und sie – wenn möglich – zu überwinden.

> **Krankheitsverhalten**
>
> Krankheitsverhalten ist die Art und Weise, wie Personen psychische und körperliche Krankheitssymptome wahrnehmen, bewerten und darauf reagieren.

Psychologen/innen, die sich mit Fragen des Lernens und des Gesundheitsverhaltens befassen, haben sich intensiv auch damit befasst, welche Determinanten eine Verhaltensmodifikation erleichtern. Eine Fülle von Theorien, Modellen und Ansätzen haben sich in unzähligen Studien empirisch bewährt. Die psychologischen Grundlagen der Theorien, Modelle und Ansätze bilden Lerntheorien (Assoziations- und sozial-kognitives Lernen) sowie die Einstellungs- oder Motivations- und die Volitionsforschung.

Allgemein kann Verhalten als das Resultat des Zusammenwirkens verschiedener Determinanten verstanden werden, die aus der Person und der Umwelt gespeist werden (interaktionistisches Paradigma). Eine allgemeine Verhaltensgleichung drückt die Interaktion der Determinanten so aus: Verhalten (V) ist eine Funktion (f) der Interaktion (x) der Person (P) mit ihrer biologischen ($_{bio}$) Konstitution und ihren psychischen Dispositionen und Zuständen ($_{psych}$) sowie der natürlichen ($_n$), gebauten ($_g$), sozialen ($_s$) und technischen ($_t$) Umwelt (U):

$$V = f(P_{bio,psych} \times U_{n,g,s,t}).$$

Der Begriff der **Determination**, der hier verwendet wird, unterscheidet sich im Kontext der Gesundheitsverhaltensmodelle deutlich vom streng naturwissenschaftlichen Gebrauch des Begriffes. Mit einer Determinante ist nicht wie in den Naturwissenschaften eine Determiniertheit im Sinne einer kausalen Beeinflussung einer Variablen durch eine ihr zeitlich vorauseilende andere Variable gemeint, sondern eine nicht immer näher zu beschreibende Form der Bedingtheit oder Konditionalität, Assoziation oder Wahrscheinlichkeit. Mit Verweis auf Bauman et al. (2002) wurde dies bereits in ▶ Kap. 8 angesprochen.

Die Theorien und theoretischen Ansätze, auf die wir im Folgenden Bezug nehmen, konzentrieren sich in der Determination des Verhaltens auf den psychischen Anteil des P in der oben gezeigten Verhaltensgleichung und streifen im U die soziale Umwelt als eine Variable, von der das P beeinflusst wird. Mit Bezug auf die Psyche der Person thematisieren die Ansätze vor allem Erwartungen, Motive und Selbstregulationsmechanismen.

Der gemeinsame Annahmekern der Theorien geht davon aus – wie bereits in ▶ Kap. 5 ausgeführt – dass Menschen rationale Entscheidungen treffen, sie also ein riskantes Verhalten wahrscheinlich aufgeben, wenn sie sich für eine ernsthafte Erkrankung (**Ernsthaftigkeit**) anfällig fühlen (**Vulnerabilität** oder **Verletzlichkeit**). Das daraus resultierende Gefühl von **Bedrohung** versuchen sie durch ein Verhalten abzuwenden, das Erfolg verspricht (**Konsequenzerwartung**) und von dem sie überzeugt sind, dass sie selbst sich wirksam verhalten können (**Selbstwirksamkeit**). Alle vier oder aber auch nur einzelne dieser Verhaltensdeterminanten finden sich im Health Belief Model, in der Social Cognitive Theory, in der Protection Motivation Theory, im Health Action Process Approach und in der Theory of Planned Behaviour. Die beiden letztgenannten Theorien, Ansätze haben wir in ▶ Kap. 5 referiert.

Erläutert haben wir auch eine andere Gruppe von Theorien, die als Stadientheorien den Prozess von der Bewusstwerdung, dass das eigene Verhalten riskant sein könnte, bis zur nachhaltigen Stabilisierung des gesundheitlich protektiven Verhaltens betrachten. Diese Modelle unterteilen den Prozess in Phasen oder Stufen (vier oder sechs) und weisen den Stufen typische psychische Prozesse zu. Zu dieser Theoriegruppe zählen prominent das transtheoretische Modell der Verhaltensänderung und das Precaution Adoption Process Model (▶ Kap. 5).

Im Folgenden konzentrieren wir uns auf die Übersetzung der theoretischen Konstrukte in Methoden und Techniken der Verhaltensmodifikation. Dazu ist zunächst eine Gesamtschau der möglichen Einflussfaktoren auf die Absicht, das Leben zukünftig anders führen zu wollen, und auf die entsprechenden Verhaltensweisen hilfreich. Im Modell, das in ◘ Abb. 9.1 dargestellt ist, verfahren wir eklektisch oder transtheoretisch und bedienen uns der Konstrukte, die sich in den oben genannten Theorien bewährt haben. Wir lehnen uns dabei an frühere Modelle von Schlicht (2000) und Tones (1981) an. Das Modell kann als Startpunkt einer Programmtheorie verwendet werden. Wir gebrauchen den Begriff der **Lebens-** und **Verhaltensweisen** im Sinne des in der Public-Health-Forschung und dort vor allem in der Prävention verwendeten Begriffs des **Lebensstils**. Lebensstile sind im soziologischen Verständnis mehr als das beobachtbare Verhalten (siehe Schlicht und Kahlert 2013). Der Begriff sollte nur dann gebraucht werden, wenn das Verhalten mit Aspekten der sozialen Inklusion und Segregation verknüpft wird.

Zwei große Systeme, in ◘ Abb. 9.1 als **Umwelt** und **Person**, bezeichnet, interagieren wie bereits in der Verhaltensgleichung oben skizziert. Diese Interaktion ist das grundlegende Postulat eines jeglichen sozial-ökologischen Ansatzes. In den beiden Systemen wirken wiederum Teilsysteme, von denen wir in diesem Kapitel die „Person" näher betrachten.

Menschen lernen und sammeln während ihrer Entwicklung Erfahrungen aus der sozialen Interaktion mit anderen. Dabei werden sie in ihren Erwartungen bestärkt oder zurückgewiesen. Sie werden sozialisiert, verinnerlichen das Werte- und Normensystem ihrer Herkunftsfamilie, ihrer Peers und der Gemeinschaft, der sie angehören, sie akkumulieren Wissen, bilden Überzeugungen und entwickeln Neigungen und Motive. Das alles kumuliert im Verhalten und zeigt sich in einer für die jeweilige Person typischen Lebensweise und – verbunden mit der sozialen Identität und damit der Zugehörigkeit zu einer sozialen Schicht oder einem Sozialmilieu – auch im Lebensstil.

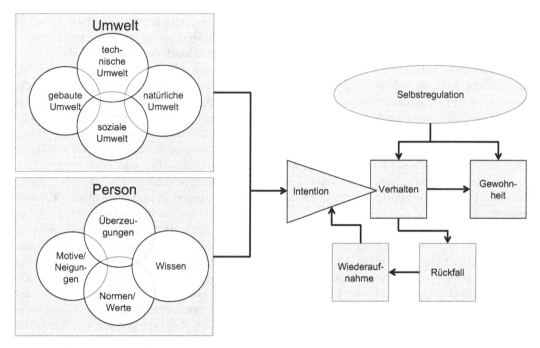

■ **Abb. 9.1** Sozial-ökologisches Modell der Verhaltensänderung

9.2 Zentrale Konstrukte des Verhaltens

9.2.1 Motive

Motive, Neigungen und Bedürfnisse sind in endlicher Zahl vorhanden. In der Psychologie werden je nach Systematik etwa 20 disjunkte Motive unterschieden, unter denen drei insofern als grundlegend gelten, als sie alters- und geschlechtsunabhängig darauf drängen, befriedigt zu werden: **sozialer Anschluss**, **positiver Selbstwert** und **Kontrolle** (zum Beispiel Grawe 1998; Deci und Ryan 2000). Werden die Bedürfnisse befriedigt, dann führen sie zu einem stabilen und positiven Wohlbefinden (das Grawe als ein eigenständiges psychisches Grundbedürfnis angesehen hat). Ein Gesundheitsmotiv kennt man in der Psychologie im Übrigen nicht, demgegenüber aber das Bedürfnis nach Sicherheit und Unverletzlichkeit der eigenen Person. Diese beiden Motive wiederum wirken als **Schutzmotive** und motivieren damit zu einem Verhalten, mit dem eine Person ihre Gesundheit vor Schaden bewahren will. Die **Health Protection Motivation Theory** legt ihren Annahmen diesen Sachverhalt zugrunde.

9.2.2 Überzeugungen

Unter den Überzeugungen oder Meinungen, die das Verhalten beeinflussen, ragt die **Selbstwirksamkeit** ganz besonders heraus. Dieses Konstrukt wurde in seiner ursprünglichen Fassung von Albert Bandura (unter anderem Bandura 1982) vorgeschlagen und validiert. In vielen Studien wurde nachgewiesen, dass Selbstwirksamkeit die Absichtsbildung, die Ausdauer, mit der sich jemand einer Aufgabe widmet, und die Leistung in einer Aufgabe maßgeblich beeinflusst. Selbstwirksamkeit ist die Überzeugung, sich aufgrund des eigenen Vermögens (Fähigkeiten, Fertigkeiten, Rückgriff auf Ressourcen) sachgerecht verhalten zu können, selbst dann, wenn widrige Umstände dem entgegenstehen. Überzeugungen sind subjektiver Natur. Sie müssen sich also nicht mit den objektiven Gegebenheiten decken. Für den Effekt auf das Verhalten reicht es, wenn jemand davon überzeugt ist, etwas zu können. Dann wird derjenige es versuchen, und nach mehreren Versuchen (hoffentlich) auch erfolgreich sein. Der Sänger Jimmy Cliff hat das in einer Liedzeile so ausgedrückt: „You can get it, if you really want. Try and try, you'll succeed at last."

Selbstwirksamkeit erwirbt eine Person auf mehreren Wegen. Zum einen erwirbt sie Selbstwirksamkeit, wenn eine andere Person sie zu einem Verhalten ermuntert und sie darin bestärkt, dass sie kann, was sie sich vorgenommen hat. Zum anderen erwirbt sie Selbstwirksamkeit aus der Erfahrung mit einem Verhalten, das sie gemeistert hat. Dann erwirbt sie Selbstwirksamkeit, in dem sie andere, ihr ähnliche Personen bei dem infrage stehenden Verhalten beobachtet und aus der Beobachtung schließt, dass auch sie das hinkriegt, was die andere Person tut. Schließlich erwirbt sie Selbstwirksamkeit, wenn ihr affektive Reaktionen angesichts eines Verhaltens signalisieren, dass sie sich zutrauen kann, es zu versuchen (▶ Abschn. 2.1, somatische Marker nach Damasio).

In der Einstellungsforschung tauchen Überzeugungen als Meinungen auf, die eine von drei Dimensionen einer **Einstellung** ausmachen. Die beiden anderen Dimensionen sind die affektive (etwas mögen oder etwas unangenehm finden) und die konative Dimension (sich zu etwas hingezogen oder von etwas abgestoßen fühlen). In der **Theorie des geplanten Verhaltens** von Ajzen (1985) beeinflussen Einstellungen die Absicht zu einem Verhalten. Wenn eine Person etwa der Meinung ist, dass täglicher Fleischkonsum der Gesundheit schadet, dann wird sie wahrscheinlich weniger Fleisch konsumieren. Wenn die Person nun auch noch annimmt, dass wichtige andere Personen von ihr erwarten, dass sie sich fleischarm ernährt, dann wird das die Absichtsbildung stärken. Die letztgenannte Erwartung, die anderen Personen unterstellt wird, ist die **subjektive Norm**.

Je nach Änderungsmöglichkeit werden in der sozialpsychologischen Forschung verschiedene Meinungen unterschieden. Die Meinung etwa, dass man so heißt, wie man von allen täglich genannt wird, ist eine **ursprüngliche Meinung**. Sie lässt sich nur sehr schwer oder überhaupt nicht ändern. Einfacher geht es mit **erworbenen Meinungen**. Diese repräsentieren, was eine Autoritätsperson vertreten hat, oder sie speisen sich aus Hypothesen. Der Nachweis, dass die Autorität irrt oder der Eindruck zugeschriebener Expertise trügt, kann die Meinung korrigieren. Schließlich gibt es noch **unwesentliche Meinungen**. Diese lassen sich bereits korrigieren, indem man Menschen lediglich mit dem Einstellungsobjekt konfrontiert (Mere Exposure).

Gegenstand sozialpsychologischer Einstellungsforschung ist häufig die Frage, auf welchen Wegen sich Einstellungen ändern lassen (Eysenck 2009; Stroebe und Jonas 1992). Die Konfrontation mit dem Objekt, die Erzeugung von kognitiver Dissonanz, Assoziationslernen und die persuasive Kommunikation sind Wege, um Einstellungen zu ändern. Der Weg der Überzeugung oder persuasiven Kommunikation wird am elaboriertesten im sogenannten Yale-Ansatz ausformuliert (▶ Kap. 10).

Das Konstrukt der **kognitiven Dissonanz** geht auf Leon Festinger zurück. Festinger war Sohn russischstämmiger Einwanderer in die USA und lehrte an verschiedenen Universitäten. Um die kognitive Dissonanz zu erläutern, nehmen wir die fiktive Einstellung, dass Fett in der Nahrung zwar als unverzichtbarer Geschmacksträger fungiert, aber auch gravierend gesundheitsschädlich ist. Weder die eine, noch die andere Überzeugung ist in ihrer Schlichtheit zutreffend. Aber wir haben bereits gesehen, dass es um die subjektive Überzeugung geht, nicht um objektive Wahrheiten. Gemäß der Einstellung spräche zum einen einiges dafür, fettreiche Produkte zu essen, weil sie einfach besser schmecken, zum anderen aber sollte man sie unbedingt meiden, weil man sich damit schädigen könnte. Wenn eine fiktive Person nun vor allem zur Einstellung neigt, dass Fett ein Gesundheitsrisiko sei, aber leidenschaftlich gerne Vollfettkäse isst, dann sind Einstellung und Verhalten dissonant. Wären sie nicht dissonant, dann wären sie entweder konsonant oder gegenseitig irrelevant. Festinger ging davon aus, dass dissonante Überzeugungen eine Person motivieren, die Dissonanz zu beseitigen, weil sie als unangenehm empfunden wird. Um Dissonanz zu beseitigen, kann die Person ihre Meinung ändern und somit fortan überzeugt sein, dass fettreiche Produkte nicht schaden, oder sie kann sich der eigenen Einstellung anschließen und nur noch fettreduzierten Käse essen.

Kognitive Dissonanz entsteht, wenn das eigene Verhalten und die eigene Einstellung als widersprüchlich empfunden werden, wenn die Person sich freiwillig verhält, dabei eine physiologische Erregung entsteht und man diese Erregung dem Verhalten ursächlich zuschreibt. Beabsichtigen Gesundheitsförderer, das Verhalten zu ändern, dann resultiert aus den Erkenntnissen zur kognitiven Dissonanz die mögliche (wirksame) Methode, den

„Spieß umzudrehen", indem man eine dissonante Meinung zu einem unerwünschten Verhalten erzeugt. Ein Beispiel ist die Assoziation des Rauchens, das junge Menschen häufig als Ausdruck des Erwachsenseins und der Coolness empfinden, mit dem damit im Widerspruch stehenden Hinweis, dass kalter Rauch stinkt und die Annäherung an das andere Geschlecht behindert. Den meisten jungen Menschen wird der soziale, intime Anschluss wichtiger sein, als der fortgesetzte Nikotinkonsum. Vielleicht transportieren wir als Gesundheitswissenschaftler aber hier auch mehr einen Wunsch, dem die Realität nicht unbedingt folgen muss.

9.2.3   Normen und Werte

Normen und Werte sind, anders als die eben genannten „sozialen Normen" in der Theorie des geplanten Verhaltens, weltanschaulich-politischen oder religiösen Ursprungs. Auch sie beeinflussen das Verhalten. Normen und Werte werden erlernt. Sie sind nicht immer bewusst, manche sind implizit, also unbewusst, und wurden quasi nebenbei erworben. Einige davon wurden bereits in früher Kindheit in den eigenen Wertekanon übernommen und sind damit ein Teil der **personalen Identität**.

Beim Spielen, im Familienleben, im Kindergarten und in der Schule finden stetige Interaktionsprozesse mit Sozialpartnern statt, die explizit oder implizit signalisieren, was als angemessen und was als unangemessen gelten soll. Zuschreibung und Grad von Angemessenheit versus Unangemessenheit variieren je nach Ethnie, Schicht, Milieu oder Peer Group. Rauchen und Rauschtrinken von Jugendlichen beispielsweise sind Verhaltensweisen, die in typischer Weise durch die Mitgliedschaft in Sozialgruppen motiviert und stabilisiert werden. Das ästhetische Frauenbild vieler türkischer Migranten der älteren Generation scheint eher Übergewicht zu fördern, als es zu verhindern. Im strengen Pietismus sind ausschweifende öffentliche Vergnügungen unerwünschte Verhaltensweisen.

Andere Normen sind emergenter Art. **Emergenz** bedeutet, dass in undurchsichtigen Situationen richtiges oder falsches Verhalten aus der Beobachtung von anderen Personen abgeleitet wird: „Wenn hier heute alle heftig trinken, dann erscheint es hier und heute also angemessen, exzessiv zu trinken." Die beobachtende Person beugt sich dieser (vermeintlichen) Norm. Emergente Normen sind nicht selten bei deviantem, also sozial abweichendem und aggressivem Verhalten das entscheidende motivationale Agens.

9.2.4   Wissen

„Wissen ist Macht", ein geflügeltes Wort, das auf den englischen Philosophen Francis Bacon (1597) zurückgeht („Nam et ipsa scientia potestas est."). Wissen reicht aber offenbar nicht aus, um ein riskantes Verhalten zu ändern. Ohne Wissen werden riskante Verhaltensweisen aber auch nicht korrekt eingeschätzt. Wer nicht weiß, dass Brokkoli und Pampelmusen die Wirksamkeit von einigen Medikamenten beeinflussen, der wird auch keinen Anlass sehen, auf Brokkoli und Pampelmusen zu verzichten, wenn er die betreffenden Medikamente zu sich nimmt oder nehmen muss. Wer nicht weiß, dass AIDS auf dem Weg der Kontaktinfektion beim Geschlechtsverkehr übertragen werden kann, der wird sich nicht durch Kondomgebrauch davor schützen.

Ein Großteil von Gesundheitskampagnen, wie die der Bundeszentrale für Gesundheitliche Aufklärung oder der Krankenkassen, mit denen nichtansteckende Erkrankungen wie Schlaganfälle, Herz-Kreislauf-Erkrankungen oder Diabetes Typ 2 verhindert werden sollen, setzen auf Wissensvermittlung. Sie ist ein erster Schritt, um die Aufmerksamkeit auf die Schädlichkeit eines Verhaltens zu richten. Auch die Warnhinweise auf Zigarettenschachteln sollen zum einen informieren und zum anderen drohen und damit die wahrgenommene Vulnerabilität beeinflussen.

9.2.5   Absicht und Verhalten

Eine einmal gefasste Absicht mündet noch nicht unbedingt in das erwünschte Verhalten. Da kann noch manches dazwischen stehen, etwa konkurrierende Motive, fehlende Gelegenheiten oder fehlende Ressourcen. Aus psychologischer Perspektive tut sich eine Schlucht zwischen Motivation und Verhalten (**Intention-Behaviour Gap**) auf, die umso wahrscheinlicher überwunden wird, als Entschlüsse gefasst werden, die Gollwitzer (1999) **Implementation Intentions** nannte. Solche „Umsetzungsabsichten" sind ein Plan, in dem formuliert wird, was wann getan wird. Der Plan erleichtert die Selbstregulation des Verhaltens, indem er die Absicht an Ereignisse bindet und dadurch das Gedächtnis entlastet. Das neue Verhalten wird damit eher zur Gewohnheit.

Eine Arbeitsgruppe um Gollwitzer und Oettingen hat wiederholt zeigen können, dass eine spezifische Technik, von den Autoren als **mentales Kontrastieren** bezeichnet, den Plan wirkungsvoll unterstützt (Adriaanse et al. 2010). Bei dieser Technik werden mögliche Barrieren für die Absichtsrealisierung und deren Überwindung in Gedanken vorweggenommen. Damit werden Selbstregulationsstrategien und -fertigkeiten aktiviert, die immer auch die Selbstbeobachtung (Wie reagiere ich angesichts bestimmter Hindernisse?), die bewusste Steuerung (Wie schaffe ich die Barriere aus dem Weg?) und die automatische Kontrolle (Welche Reize meide ich zukünftig, die mich hindern könnten, mich gesund zu verhalten?) des Verhaltens betreffen (zur Selbstregulation siehe Carver und Scheier 1998).

Das gesundheitsfördernde Verhalten ist in ◼ Abb. 9.1 als Absicht formuliert. Absichten oder **Ziele** wiederum sind in der Verhaltensmodifikation nicht einfach nur Ziele. Sie lassen sich gliedern und zudem auch noch hierarchisch ordnen. Bei Carver und Scheier beispielsweise gibt es *Sequenzen*, die das unterste Zielniveau bilden (zum Beispiel: „Heute will ich einen Apfel essen,"). Auf der nächsten Ebene folgen Programme (zum Beispiel: „Ich will regelmäßig Gemüse und Obst essen."), denen Prinzipien folgen (zum Beispiel: „Ich werde vegetarisch essen."). Auf der obersten Ebene stehen Zielsysteme, die als abstrakte Ziele auf Wertvorstellungen gründen (zum Beispiel: „Vegetarisch zu essen ist moralisch geboten, weil es einem Menschen nicht gestattet ist, Tiere zu töten, um den eigenen Hunger in einer Überflussgesellschaft zu stillen.").

Unterschieden werden können auch **Verhaltensziele** und **Ergebnisziele**. Wie die Etiketten vermuten lassen drücken erstgenannte Ziele ein angestrebtes Verhalten aus (zum Beispiel: „Ich will jeden Tag eine Portion Gemüse und Obst essen.") und die zweitgenannten Ziele nennen das Ergebnis (zum Beispiel: „Ich will fünf Kilogramm leichter

werden."). Für den Erfolg der Verhaltensmodifikation sind realistische und ehrgeizige Verhaltensziele, die unter eigener Kontrolle stehen, besser geeignet als Ergebnisziele. Besser geeignet sind auch **Annäherungsziele** („Ich will erreichen, dass …"), während **Vermeidungsziele** weniger gut geeignet sind („Ich will vermeiden, dass …").

Ziele sind nach einer einflussreichen Theorie von Kuglanski et al. (2002) mit Bedeutung versehene Wissensstrukturen, die im Gedächtnis von Personen repräsentiert sind. Wenn beispielsweise eine übergewichtige Person beabsichtigt abzunehmen, um die Gefahr einer Diabeteserkrankung abzuwenden, dann ist ihr das Ziel in Gedanken zugänglich oder kognitiv präsent. Neben dem Zielzustand sind dann auch die Mittel präsent, die notwendig sind, um das Ziel zu erreichen (zum Beispiel Kalorien reduzieren, im Alltag aktiver werden etc.). So entsteht ein System, in dem das Ziel und die Mittel koaktiviert werden. Je häufiger die Mittel dann mit dem Ziel assoziiert werden, desto stärker werden beide miteinander verknüpft. Auch Gefühle werden im Zielsystem in typischer Weise mit Zielen koaktiviert. Vermeidungsziele sind mit Erleichterung und Dankbarkeit verknüpft; Annäherungsziele mit den Gefühlen von Stolz oder beim Misslingen auch von Enttäuschung.

9.2.6 Gewohnheiten

Im Idealfall wird ein gesundheitlich protektives Verhalten nach einer Zeit zur Gewohnheit, die immer zugleich das „Böse" und das „Gute" verkörpert. Wilhelm Busch reimt in der Geschichte von der frommen Helene:

》 Das Gute, das steht fest, ist stets das Böse, das man lässt.

Ganz so einfach scheint es beim Gesundheitsverhalten denn doch nicht zu sein. Bei jeglichem stoffgebundenen Suchtverhalten wie dem Rauchen oder dem Alkoholismus passt der Spruch, bei den meisten anderen gesundheitsschützenden und -fördernden Verhaltensweisen geht es aber nicht nur um das Lassen, sondern gleichzeitig um das Aneignen eines neuen Verhaltens.

Bei der Selbstregulation haben wir bereits zwischen „steuern" und „kontrollieren" unterschieden und damit schon einen wesentlichen Aspekt des gewohnten Tuns vorweggenommen. **Steuern** erfordert aufmerksames, bewusstes Überwachen. **Kontrollieren** geschieht automatisch und unbewusst. Gewohnheiten werden durch für sie typische situative Hinweisreize kontrolliert: die Zigarette nach dem Essen, der Konsum von Nüssen, Keksen oder Kartoffelchips während des Fernsehens. Mit Hinweis auf Implementierungsintentionen haben wir bereits angedeutet, dass man sich genau diese Verknüpfung zwischen Situation und gewolltem Verhalten zunutze machen kann, wenn man das neue Verhalten konsequent mit geeigneten Situationen verknüpft (zum Beispiel nach dem Essen eine Runde um den Büroblock gehen oder eine Station vor dem Ziel aussteigen und den Rest des Wegs zu Fuß zurücklegen etc.).

9.2.7   Fehltritte und Rückfälle

Fehltritte sind in jeder Aneignung eines neuen Verhaltens wahrscheinlich und werden zu Rückfällen, wenn sich eine Person Fehltritte als **Abstinenzverletzung** zuschreibt und mit Hoffnungslosigkeit verbindet („Dieser Ausrutscher zeigt, dass ich das sowieso nicht schaffe."). Fehltritte werden unter Stress und angesichts gewohnheitsauslösender Bedingungen wahrscheinlicher. Beides zu meiden (Reizkontrolle) oder sich Fehltritte zu erlauben sind ebenso erfolgreiche Schritte wie die Anpassung eines allzu ehrgeizigen Ziels an sich verändernde Bedingungen (Goal Adjustment).

9.3   Von der Theorie zur Praxis

Gesundheitsförderprogramme sollen theoriegetrieben und evidenzbasiert sein. Das zieht sich als unsere Forderung durch das gesamte Buch. Wenn es also um die Änderung des Verhaltens geht, dann sind die oben angedeuteten theoretischen Bezüge eine passende und tragfähige Grundlage für eine Intervention. Denkbar wäre auch, sich auf eine der vorgestellten Theorien zu stützen und deren Konstrukte als Stellschrauben der Intervention zu

verwenden. Man könnte beispielsweise die Intervention auf die **Theorie des geplanten Verhaltens** gründen und müsste dann die Einstellungen, die soziale Norm und die Verhaltenskontrolle (ein Konstrukt, das dem der Selbstwirksamkeit stark ähnelt) adressieren, um die Intention und schließlich das gewünschte Verhalten zu beeinflussen.

Wie auch immer man sich entscheidet, zunächst ist es erforderlich, die Konstrukte in Methoden und Techniken zu überführen. Hier hat eine Arbeitsgruppe um Susan Michie vom University College in London bahnbrechende Arbeit geleistet (Michie et al. 2005, 2008, 2011a, b, 2013). Die Arbeitsgruppe hat in mehreren Beiträgen in den vergangenen zehn Jahren darauf hingewirkt, theoretische Konstrukte in Techniken zu übersetzen, sie zu systematisieren und zu gruppieren. Motiviert wird die Arbeitsgruppe zum einen durch das Bemühen, zu einer einheitlichen Nomenklatur zu gelangen, und zum anderen durch den Willen, die Praxis der Intervention dabei zu unterstützen, theoriegeleitet vorzugehen.

9.3.1   Techniken und Methoden

In der **CALO-RE-Taxonomie** (Coventry Aberdeen London Refined Taxonomy) des Jahres 2011 werden 40 Techniken benannt und beschrieben. In einem weiteren Beitrag aus dem Jahr 2013 werden 93 Techniken in 16 Clustern zusammengeführt. Wir verweisen auf die angegebene Literatur und greifen nur ein Beispiel der CALO-RE-Taxonomie heraus. Das Beispiel bezieht sich auf das Konstrukt der **Konsequenzerwartungen**. Als Techniken der Verhaltensmodifikation formuliert lauten die Anweisungen (Michie et al. 2011a, 2013):

1. „Provide information on consequences of behaviour in general: information about the relationship between the behaviour and its possible or likely consequences in the general case, usually based on epidemiological data, and not personalized for the individual (contrast with technique 2)
2. Provide information on consequences of behaviour to the individual"

Mit diesen beiden Techniken sollen Personen davon überzeugt werden, dass eine Verhaltensänderung prinzipiell nutzt. In der ersten Technik wird der Nutzen an epidemiologischen Daten festgemacht, die beispielsweise belegen, dass täglich 15 Minuten körperliche Aktivität in einer niedrigen Intensität (zum Beispiel ein Spaziergang) das Risiko erwachsener Personen, vorzeitig zu versterben, um 14 % gegenüber einem inaktiven Alltag senkt (Wen et al. 2011). Die zweite Technik bezieht solche Daten dann auf eine bestimmte Personengruppe oder eine bestimmte Person. Das Lebensalter, die körperliche Konstitution, Vorerkrankungen etc. sind dann zu bedenken.

Die beiden Techniken finden sich im Artikel des Jahres 2013 im Cluster 13: „Comparison of outcomes". Dem wiederum wurden dort die Techniken „persuasive argument", „pros and cons" und „comparative imagining of future outcomes" zugeordnet.

Seit einiger Zeit existiert eine App für iPone, iPod und iPad, welche die genannten Techniken im Cluster 9 führt und detailliert beschreibt. Die App wurde von David Crane programmiert. Sie gründet auf dem Artikel der Autorengruppe um Susan Michie aus dem Jahr 2013 (▶ https://itunes.apple.com/de/app/bct-taxonomy/id871193535?mt=8).

9.3.2 Behaviour Change Wheel

Das Behaviour Change Wheel (BCW), von Michie und Kollegen im Jahr 2011 vorgestellt, will die Antwort auf die Frage leiten, welche Bedingungen bei einer Person und in der Umwelt vorliegen müssen und wie zu beeinflussen wären, damit ein spezifisches Verhaltensziel erreicht wird. Im Intervention Mapping wird ähnlich gefragt. Dort gilt das Interesse aber eher jenen Faktoren in der adressierten Zielgruppe, die zu einem definierten Zeitpunkt eine Variation der identifizierten Verhaltensparameter bedingen. Beide Modelle sind sozial-ökologisch fundiert.

Das Rad besteht aus drei konzentrischen Kreisen. Im mittleren Kreis wird das Verhalten über drei wesentliche Einflussgrößen beschrieben, die Michie und Kollegen als COM-B-System bezeichnen. Hinter COM-B verbergen sich die Konstrukte Capabilities, Opportunities und Motivation. Das B steht für Behaviour.

Der Begriff **Capabilities** wird in der wissenschaftlichen Literatur nicht eindeutig gebraucht. Im BCW steht er für die physischen und psychischen Kapazitäten einer Person, sich so zu verhalten, wie sie es wünscht oder fordert. Zu diesen Kapazitäten zählen Fähigkeiten, Fertigkeiten und Wissen. **Motivation** ist definiert als jener psychische Prozess, der ein Verhalten initiiert und es zielbezogen aufrechterhält. Dazu zählen Michie und Kollegen das Setzen von Zielen, das Treffen von Entscheidungen (heuristisch und analytisch) und begleitende emotionale Reaktionen. **Opportunies** schließlich sind die sich bietenden Gelegenheiten in der sozialen und physikalischen Umwelt, die es einer Person erleichtern oder die sie daran hindern, sich gesundheitsschützend oder -fördernd zu verhalten.

Im zweiten Kreis des BCW sind neun Interventionskomponenten (Components) angesiedelt, mit denen die Einflussgrößen des inneren Kreises beeinflusst werden können. Edukation, Persuasion, Anreizmotivierung, Zwang, Training, Restriktion, Umweltrestrukturierung, Modellierung und Befähigung. Im äußeren Kreis befinden sich schließlich sieben Strategien (dort Policies genannt), die von außen die Methoden unterstützen können: Marketing, Leitlinien, fiskalische Maßnahmen, Regulation, Gesetze, Umwelt- und Sozialplanung und Angebot von Diensten. In ◼ Tab. 9.1 sind die Methoden und Strategien definiert und beispielhaft erläutert.

Nicht alle Methoden und Strategien sind geeignet, sämtliche COM-B-Einflussgrößen in der erwünschten Weise zu verändern. Edukation beispielsweise ist gut geeignet, um motivierend zu wirken, schafft aber noch keine Gelegenheiten für ein erwünschtes Verhalten. Zwangsmaßnahmen wirken ebenfalls auf die Motivation, sind aber ungeeignet, die Capabilities zu stärken. Die in ▶ Kap. 8 vorgestellten Matrizen und das logische Modellieren helfen, die Interventionsplanung mit geeigneten Zuordnungen zu versehen.

Wir haben in der ◼ Abb. 9.2 einen Baukasten gefüllt, der die Idee des BCW aufgreift und den Kasten in die vier fiktiven „Fächer" Interventionskomponenten, Aktivitäten, Zielbezüge und Regulationsebenen unterteilt. Neben den im BCW genannten Opportunities, die im Baukasten als Chancen erscheinen, sind dort auch Barrieren als Zielbezug einer Intervention aufgeführt. Gerade für ältere Menschen bildet die bauliche oder auch technische Umwelt häufig eine nur mühsam zu überwindende Barriere (▶ Abschn. 9.4). Je nach Zielbezug kann

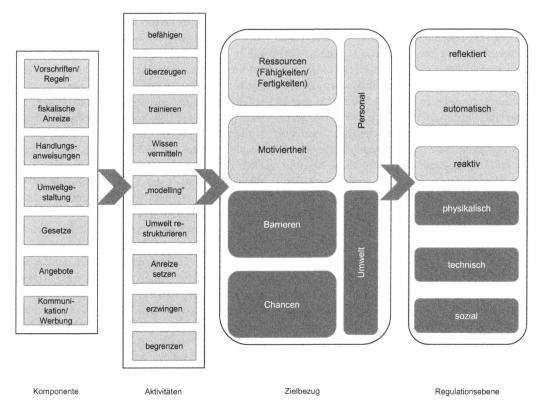

Komponente   **Aktivitäten**   **Zielbezug**   **Regulationsebene**

◪ **Abb. 9.2** Verhaltensänderungs-Baukasten

man sich aus dem Baukasten die notwendigen Komponenten und Aktivitäten zusammenstellen, um damit die Regulationsebenen zu adressieren.

9.4   Umwelt ermöglicht, Umwelt behindert

Verhaltensänderung ist kein Unterfangen, das alleine in das Wünschen und Wollen der Betroffenen delegiert werden kann, die dann mit passenden Maßnahmen überredet werden, ihr riskantes Tun zu lassen. Das zeigen die einfache Verhaltensformel zu Beginn des Kapitels und ◪ Abb. 9.1. Umstände hindern, Umstände erleichtern, und unter Umständen werden Umstände auch zu unüberwindlichen Barrieren. Das haben wir in diesem Buch durchgängig mit Verweis auf die sozial-ökologischen Theorien und Modelle und die WHO-Ottawa-Charta für Gesundheitsförderung bekundet.

Auf den Einfluss von Normen und Werte haben wir bereits hingewiesen. Andere Umweltdeterminanten sind die gebaute Umwelt oder die Verfügbarkeit von Produkten, die zur Gesundheit beitragen. Nach vielen Misserfolgen in der Übergewichtsprävention hat vor allem der Verweis auf die **Obesogenic Environment** Konjunktur (zum Beispiel schon früh bei Swinburn et al. 1999 oder jüngst bei Ding und Gebel 2012 und fundamental bei Bauman et al. 2012). Die ständige Verfügbarkeit von Softdrinks, ein überreiches Angebot an fettreicher und zuckerhaltiger Nahrung, der Verlust an Ernährungs- und auch an Küchenkompetenz erklären einen beträchtlichen Anteil der Übergewichtsprävalenz und der Verhaltensvarianz. Sie beantworten unter anderem die von Bauman et al. (2012) formulierte Frage, warum einige Menschen körperlich aktiv sind und andere nicht.

Die gebaute Umgebung moderner Städte ist meist automobilfreundlich und damit oftmals zugleich fußgängerfeindlich, zumindest lädt sie

◻ **Tab. 9.1** Interventionskomponenten und -strategien (adaptiert nach Michie et al. 2011b)

Interventionskomponente	Definition	Beispiel
Edukation	Wissensvermittlung	Informieren, wie sich eine ausgewogene Ernährung zusammensetzen sollte.
Persuasion	Kommunikation, um die Vorteile des gewünschten Verhaltens zu verdeutlichen und die Meinung der Zielgruppe zu beeinflussen.	An Fakten und Beispielen deutlich machen, dass Gewichtsreduktion das Risiko senkt, an Diabetes Typ 2 zu erkranken.
Anreizmotivierung	Belohnungen aussetzen	Prämien gewähren für den Nachweis des erwünschten Verhaltens.
Zwang	Strafen androhen	Bestrafen, wenn ein Fahrzeugführer ohne Gurt angetroffen wird.
Training	Fertigkeiten einüben	Die Zubereitung von Speisen einüben.
Restriktion	Implizite und explizite Regeln verwenden, die das erwünschte Verhalten begünstigen (bzw. das unerwünschte erschweren).	Softdrinks aus der Schulkantine verbannen, stattdessen Wasser und zuckerfreie Getränke anbieten.
Umweltrestrukturierung	Kontext umordnen	Die Zielperson aus einer Gruppe herausnehmen, die den exzessiven Alkoholkonsum als Gruppennorm einfordert.
Modellierung	Vorbild anpreisen und als Modell nutzen.	Den Boxer Klitschko für Darmvorsorgeuntersuchungen werben lassen.
Befähigung	Barrieren reduzieren und Erleichterungen schaffen.	Fahrräder zur Verfügung stellen, um kurze Wege aktiv zurücklegen zu können.
Interventionsstrategien	**Definition**	**Beispiel**
Marketing	Kommunikationsmedien nutzen	Plakataktionen der BZGA für den Gebrauch von Kondomen.
Leitfaden	Handlungsempfehlungen erstellen und verbreiten.	Diätpläne und Kochrezepte in der Übergewichtsprävention.
Fiskalische Maßnahmen	Steuern oder Gebühren erheben.	Steuern auf Zigaretten
Regulation	Regeln oder Prinzipien erlassen.	Eine Firma beschließt, E-Mail-Nachrichten nur noch werktags bis 20 Uhr zuzustellen.
Gesetze/Verordnungen	Rechtlich bindende Regularien erlassen.	Rauchverbot auf öffentlichen Plätzen und in öffentlichen Räumen.
Umwelt-/Sozialplanung	Umwelt gesundheitsförderlich gestalten.	Fahrradspuren anlegen
Dienste	Angebot für Beratung und Unterstützung schaffen.	Pro Familia oder ähnliche Beratungsstellen.

Menschen nicht zum Gehen und Verweilen im öffentlichen Raum ein. Das Konzept der **Walkability** beschreibt die „Gehfreundlichkeit" von städtischen Quartieren und erklärt einen Teil der Verhaltensvarianz der Quartiersbewohner (Reyer et al. 2014). Aktuell scheint sich eine dringliche Umkehr in Richtung einer Stadtgestaltung zu vollziehen, die sich am menschlichen Maßstab orientiert und die – aus gesundheitswissenschaftlicher Sicht – auf Umwelten hoffen lässt, die zu Bewegung und Begegnung motivieren (Gehl 2011). Der menschliche Maßstab zeigt sich nach Gehl in einer Orientierung am Fußgänger (5 km/h) und Radfahrer (15 km/h) und weniger am Auto (50 km/h).

Ganz besonders sind ältere Menschen mit ihrer nahen Umwelt verbunden. In der Umweltgerontologie (zum Beispiel Wahl und Oswald 2008) wird seit den wichtigen Arbeiten von Lawton (1983) darauf verwiesen, dass die Umwelt mit abnehmender physiopsychischer Funktionstüchtigkeit zu einem unüberwindlichen Hindernis für ältere und hier vor allem hochaltrige Menschen (jenseits des 85. Lebensjahres) werden kann. Aber auch Kinder sind umweltabhängig, weil ihre physiopsychischen Funktionen noch nicht vollständig ausgereift sind.

Das alles konzedierend, ist Verhaltensänderung nicht nur eine Aufgabe der Verhaltensprävention. Sie profitiert oft mindestens in gleichem Maße und manches Mal auch noch stärker von einer Verhältnisprävention.

Fazit

Gesundheitspsychologisch fundierte Verhaltensänderungstheorien befassen sich im Kern mit kognitiven Konstrukten (Erwartungen, Meinungen). Die sozial-kognitiven Theorien des Gesundheitsverhaltens sind eine Fundgrube für Interventionsmaßnahmen. Auf der Basis ihrer Konstrukte lassen sich Techniken und Methoden formulieren, die einen unmittelbar praktischen Nutzen haben. Stufenmodelle weisen einen darauf hin, zu welchem Zeitpunkt im Prozess der Verhaltensänderung welche Technik und welche Methode zielführend ist. Taxonomien und Klassifikationssysteme unterstützen die Auswahl geeigneter Techniken und Methoden.

Merke

Selbstwirksamkeit bedingt Verhaltensmotivierung. Ernsthaftigkeit und Vulnerabilität erzeugen ein Bedrohungsgefühl. Gesundheitsverhalten soll dies abwenden. Motivierung mündet in eine Absicht. Die Umsetzung profitiert von Wenn-dann-Plänen. Umwelt kann Gesundheitsverhalten behindern oder erleichtern.

Fragen

 Einstellungen haben mehrere Dimensionen. Welche sind das?

 Wie unterscheiden sich Motivation und Volition?

 Wie lassen sich Ziele ordnen und welche Ziele sind verhaltenswirksamer?

 Was sind Implementierungsintentionen?

 In welcher Weise könnte das Erzeugen kognitiver Dissonanz zu einer Verhaltensänderung genutzt werden? Konstruieren Sie einen Fall.

 Selbstwirksamkeit ist der Schlüssel zur Verhaltensänderung. Wie lässt sie sich steigern?

 Im Behaviour Change Wheel wird das Akronym COM-B verwendet. Was verbirgt sich hinter dem Akronym und was bedeuten die Elemente COM?

 Welche Bevölkerungsgruppe ist besonders „umweltvulnerabel" und warum?

Literatur

Adriaanse, M. A., Oettingen, G., Gollwitzer, P. M., Hennes, E. P., de Ridder, D. T. D., & de Wit, J. B. F. (2010). When planning is not enough: Fighting unhealthy snacking habits by mental contrasting with implementation intentions (MCII. *European Journal of Social Psychology, 40*, 1277–1293.

Ajzen, I. (1985). From intentions to actions: A theory of planned behavior. In J. Kuhl, & J. Beckmann (Hrsg.), *Action-control: From cognition to behavior* (S. 11–39). Heidelberg: Springer.

Bandura, A. (1982). Self efficacy mechanism in human agency. *American Psychologist, 37*, 122–147.

Bauman, A. E., Reis, R. S., Sallis, J. F., Wells, J. C., Loos, R. J., & Martin, B. W. (2012). Correlates of physical activity: why are some people physically active and others are not? *Lancet, 380*, 258–271.

Bauman, A. E., Sallis, J. F., Dzewaltowski, D. A., & Owen, N. (2002). Toward a better understanding of the influences on physical activity: the role of determinants, correlates, causal variables, mediators, moderators, and confounders. *American Journal of Preventive Medicine, 23*(2 Supplement), 5–14.

Carver, C. S., & Scheier, M. F. (1998). *On the self regulation of behavior*. Cambridge: Cambridge University Press.

Deci, E. L., & Ryan, R. M. (2000). The „what" and „why" of goal pursuits: human needs and the self-determination of behavior. *Psychological Inquiry, 11*, 227–268.

Ding, D., & Gebel, K. (2012). Built environment, physical activity, and obesity: What have we learned from reviewing the literature? *Health and Place, 18*, 100–105.

Eysenck, M. (2009). *Fundamentals in psychology*. East Sussex: Psychology Press and Taylor and Francis.

Gehl, J. (2011). *Leben zwischen Häusern – Konzepte für den öffentlichen Raum*. Berlin: Jovis.

Gollwitzer, P. M. (1999). Implementation intentions: strong effects of simple plans. *American Psychologist, 54*, 493–503.

Grawe, K. (1998). *Psychologische Therapie*. Göttingen: Hogrefe.

Kuglanski, A. W., Shah, J. Y., Fischbach, A., Freidman, R., Chun, W., & Sleeth-Keppler, D. (2002). A theory of goal-systems. In P. Zanna (Hrsg.), *Advances in Experimental Social Psychology* (Bd. 34, S. 331–376). New York: Academic Press.

Lawton, M. P. (1983). Environment and other determinants of well-being in older people. *The Gerontologist, 23*, 349–357.

Michie, S., Ashford, S., Sniehotta, F., Dombrowski, U., Bishop, A., & French, D. P. (2011a). A redefined taxonomy of behaviour change techniques to help people change their physical activity and healthy eating behaviours: the CALO-RE taxonomy. *Psychology and Health, 26*, 1479–1498.

Michie, S., Johnston, M., Abraham, C., Lawton, R., Parker, D., Walker, A., et al. (2005). Making psychological theory useful for implementing evidence based practice: a consensus approach. *Quality Safety in Health Care, 14*, 26–33.

Michie, S., Johnston, M., Francis, J. J., Hardeman, W., & Eccles, M. (2008). From theory to intervention: mapping theoretically derived behavioural determinants to behaviour change techniques. *Applied Psychology An International Review, 57*, 660–680.

Michie, S., Richardson, M., Johnston, M., Abraham, C., Francis, J., Hardeman, W., & Wood, C. E. (2013). The behavior change technique taxonomy (v1) of 93 hierarchically clustered techniques: building an international consensus for the reporting of behavior change interventions. *Annual of Behavioral Medicine, 46*, 81–95.

Michie, S., van Stralen, M. M., & West, R. (2011b). The behaviour change wheel: a new method for characterising and designing behaviour change interventions. *Implementation Science, 6*, 42–53.

Myrtek, M. (1998). *Gesunde Kranke – kranke Gesunde: Psychologie des Krankheitsverhaltens*. Bern: Huber.

Reyer, M., Fina, S., Siedentop, S., & Schlicht, W. (2014). Walkability is only part of the story: Walking for transportation in Stuttgart, Germany. *International Journal of Environmental Research and Public Health, 11*, 5849. doi:10.3390/ijerph110x0000x.

Schlicht, W. (2000). Gesundheitsverhalten im Alltag: Auf der Suche nach einem neuen Paradigma. *Zeitschrift für Gesundheitspsychologie, 8*, 49–60.

Schlicht, W., & Kahlert, D. (2013). Lebensstil. In M. A. Wirtz (Hrsg.), *Lexikon der Psychologie* (16. vollst. überarbeitete Aufl.. Aufl. S. 927). Bern: Huber.

Schwarzer, R. (2004). *Psychologie des Gesundheitsverhaltens* (3. Aufl.). Göttingen: Hogrefe.

Stroebe, W., & Jonas, K. (1992). Einstellungen II: Strategien der Einstellungsänderung. In W. Stroebe, M. Hewstone, J.-P. Codol, & G. M. Stephenson (Hrsg.), *Sozialpsychologie. Eine Einführung* (S. 171–208). Heidelberg: Springer.

Swinburn, B., Egger, G., & Raza, F. (1999). Dissection obesogenic environments: The develeopment and application of a framework for indentifying and prioritizing environmental interventions in obesity. *Preventive Medicine, 29*, 563–570.

Thurn, J., & Schlicht, W. (2012). Die Fesseln der Gewohnheit als Chance und Risiko am Beispiel der körperlichen Aktivität. *InMind, 3*(1).

Tones, J. (1981). Affective education and health. In J. Cowley, K. David, & T. Williams (Hrsg.), *Health education in schools*. London: Harper & Row.

Wahl, H.-W., & Oswald, F. (2008). Ökologische Bedingungen der Gesundheitserhaltung älterer Menschen. In A. Kuhlmey, & B. Schaeffer (Hrsg.), *Alter, Gesundheit und Krankheit* (S. 207–224). Bern: Huber.

Wen, C. P., Wai, J. P. M., Tsai, M.-K., Yang, Y. C., Cheng, T. Y. D., Lee, M.-C., & Wu, X. (2011). Minimum amount of physical activity for reduced mortality and extended life expectancy: A prospective cohort study. *The Lancet, 378*, 1244. published online, August 2012

Ziegelmann, J. P. (2002). Gesundheits- und Risikoverhalten. In R. Schwarzer, M. Jerusalem, & H. Weber (Hrsg.), *Gesundheitspsychologie von A bis Z. Ein Handwörterbuch* (S. 152–155). Göttingen: Hogrefe.

Kommunizieren: Social Marketing

Wolfgang Schlicht, Marcus Zinsmeister

W. Schlicht, M. Zinsmeister, *Gesundheitsförderung systematisch planen und effektiv intervenieren*,
DOI 10.1007/978-3-662-46989-7_10, © Springer-Verlag Berlin Heidelberg 2015

Im zehnten Kapitel stehen die Prinzipien des Social Marketings im Zentrum der Erörterung. Innovationen, ob sie nun darauf ausgerichtet sind, das Gesundheitsverhalten zu ändern oder Organisationsprozesse und/ oder Strukturen „umzukrempeln", müssen kommuniziert werden. Wie im Produktgütermarketing müssen die potenziellen „Kunden" zunächst wissen, dass es ein neues „Produkt" gibt und welche Vorteile es hat, wo und zu welchem Preis sie es beschaffen können. Vor allem müssen sie auch erfahren, warum es gut wäre, das Produkt zu besitzen beziehungsweise – im Fall der Gesundheitsförderung – sich so zu verhalten, wie empfohlen. Die Besonderheiten des Social Marketings gegenüber dem kommerziellen Marketing werden dargelegt. Abschließend wird der Nutzen von Gesundheitsverhaltenstheorien für die Promotion von Produkt, Platzierung und Preis angedeutet.

10.1 Rede drüber!

„Jetzt haben wir uns solche Mühe gegeben. Wir haben ein passendes und attraktives Programm der Gesundheitsförderung und Prävention ausgearbeitet, und wieder nehmen nur jene es wahr, die sich eh schon gesund verhalten. Die aber, für die wir uns das alles ausgedacht haben, haben wir nicht erreicht." So oder ähnlich, wie in diesem fiktiven Zitat, klagen nahezu alle Initiativen und Initiatoren von gesundheitsfördernden Programmen und Interventionen. Vielleicht liegt es an der Kommunikation, am Marketing, dass die „richtigen Personen" nicht erreicht werden? Für das Marketing einer Gesundheitskampagne sind Werke einschlägig, die sich mit dem Social Marketing befassen (zum Beispiel Kotler und Roberto 1990). Kommunikation ist im Social Marketing ein elementarer Bestandteil aller Maßnahmen. Wir verwenden im Folgenden den Begriff des Social Marketings, weil mit der scheinbar bloßen Übersetzung in die deutsche Sprache – Sozialmarketing – ein anderer Sachverhalt gemeint ist. Sozialmarketing befasst sich mit immateriellen Kampagnen, die eine helfende (zum Beispiel Spenden für die Welthungerhilfe) oder soziale Absicht verfolgen (zum Beispiel Unterstützung von politischen Manifesten).

10.1.1 Kernseife und Brüderlichkeit

Die konsequente Anwendung der Prinzipien des Social Marketing könnte vielleicht weiterhelfen, wenngleich auch damit sicher das beschriebene und allgegenwärtige Problem, dass meist die „Falschen" erreicht werden, nicht vollständig gelöst wird. Social Marketing hat seinen Ursprung in einem Artikel von Kotler und Zaltman (1971). Was in diesem Artikel an Themen behandelt wurde, geht wiederum auf einen Beitrag von Wiebe (1951) zurück, der fragte:

» Wieso kann man Brüderlichkeit nicht genau so verkaufen, wie ein Stück Seife?

Man kann Brüderlichkeit wie Seife verkaufen, wenn auch mit anderen Absichten und Argumenten. Das Verkaufen nutzt die bekannten Konzepte und Strategien des Konsumgütermarketings. Während Profitmarketing durch die Aussicht auf kommerziellen Gewinn motiviert ist, konzentriert sich Social Marketing auf einen sozial unbefriedigenden Sachverhalt und möchte diesen korrigieren. Wer mehr zum kommerziellen Marketing wissen möchte, dem empfehlen wir die beiden Einführungswerke von Fill (2001) und Walsh et al. (2009) und für das Social Marketing insbesondere Andreasen (2006). Wir beschränken uns im Folgenden auf die Grundlagen des Social Marketings.

> **Social Marketing**
>
> Social Marketing ist in der Prävention und Gesundheitsförderung ein strategisches Kommunikationskonzept, das Programme bekannt macht und anpreist, das Organisationen dazu motiviert, Strukturen und Prozesse zu ändern, und Personen, sich gesundheitsschützend zu verhalten. Die risikomindernden oder gesundheitsförderlichen Ziele und Inhalte werden wie Produkte des Profit- oder kommerziellen Marketings kommuniziert.

10.1.2 Kommunikation

Marketing ist (auch) im Kontext der Gesundheitsförderung in erster Linie **Kommunikation**. Kommuniziert wird in der Absicht, Menschen oder Organisationen davon zu überzeugen, sich zu ändern. Personen sollen nicht mehr rauchen, mehr Sport machen, gesünder essen. Organisationen und ihrer Akteure sollen an ihrer Unternehmenskultur arbeiten. Sie sollen ihre Gewohnheiten aufgeben und sich gegebenenfalls von schädlichen Einflüssen fernhalten. Sie sollen insgesamt sehr viel vernünftiger werden. Letztlich möchte man in der Gesundheitsförderung Menschen davon überzeugen, sich ein neues Verhalten anzueignen, oder man möchte die Verantwortlichen und Mitglieder einer Organisation veranlassen, Strukturen und Prozesse zu verändern.

Das alles kann nur zu einem Bruchteil gelingen, und es wird gar nicht gelingen, wenn die Kommunikation top down erfolgt, wenn Botschaften also paternalistisch als Anweisungen („Du musst!" oder „Du darfst nicht!") kommuniziert werden, wenn sie zensierend und mit moralischem Gestus vorgetragen werden, statt als Angebot („Du könntest!"). Verbote und Vorschriften schränken autonome Entscheidungen der Betroffenen ein und werden als Bevormundung gesehen. Sie führen daher nicht selten zu **reaktantem Verhalten** und damit zum Gegenteil dessen, was beabsichtigt war.

Reaktanz

Reaktanz wird in der psychologischen Forschung als Motivierung oder Einstellung zu einer Abwehrreaktion verstanden, die sich gegen äußere oder innere Einschränkungen autonomer Entscheidungen richtet. Reaktanz wird durch sozialen Druck (zum Beispiel Nötigung, Drohungen, moralische Argumentführung) oder durch die Einschränkung von Autonomie (zum Beispiel Verbote, Zensur) bedingt.

Kommunikation nimmt seinen Ausgang bei einem Sender. Der übermittelt eine Botschaft über ein geeignetes Medium. Die Botschaft erscheint ihm geeignet, einen Empfänger in der von ihm gewünschten Richtung zu beeinflussen (informieren, Zustimmung erhalten etc.). Dass auf dem Weg vom Sender zum Empfänger jede Menge schiefgehen kann, lehrt das Kinderspiel „Stille Post" oder „Flüsterpost". Schon zwischen den ersten beiden

„Sender-Empfänger-Dyaden" des Spiels entsteht Rauschen. Die Botschaft wird durch das Rauschen und durch subjektive Deutung bei jeder weiteren Dyade stetig mehr verändert, manchmal bis zur Unkenntlichkeit ihres ursprünglichen Kerns.

Kommunikation

Kommunikation dient der Absicht, einem Empfänger Information und Wissen zu übermitteln und ihn zu einer Reaktion auf die Botschaft zu veranlassen.

10.1.3 Kommunizieren

Der Erfolg, beispielsweise eines Programms zur Reduktion psychischer Belastungen und Beanspruchungen in einem Unternehmen, wird auch von der Kommunikation innerhalb des Programms bedingt. Ein prominenter Ansatz zur Kommunikation und ihrer Wirkungen ist der Ansatz der **Yale-Gruppe** um Petty und Cacioppo (1986) und Eagly und Chaiken (1993). Deren Positionen haben sich wiederholt empirisch bewährt.

Persuasive Kommunikation

Der Yale-Ansatz der persuasiven Kommunikation nennt die Bedingungen, die Menschen überzeugen, ihre Einstellungen zu ändern. Der Ansatz wurde in den 1950er-Jahren von einer Gruppe um Carl Hovland entwickelt. Eine Aussage ist, dass Merkmale des Kommunikators (Sender) und der Zuhörer wechselwirken. Der Kommunikator sollte glaubwürdig und attraktiv wirken. Argumente führen nur zur Einstellungsänderung bei einem aufmerksamen und involvierten Publikum, das den vorgetragenen Argumenten folgen kann.

Beim Yale-Ansatz der persuasiven Kommunikation ging es in den 1950er-Jahren in den USA um die Änderung von Einstellungen zu gesundem Verhalten (vor allem Nichtrauchen und Übergewichtsprävention). Für diesen Ansatz sind zwei sogenannte **Zweifaktorenmodelle** grundlegend. Das Modell

der heuristisch-systematischen Informationsverarbeitung von Eagly und Chaiken unterscheidet
zwei Informationsverarbeitungsmodi. Der Elabo-
ration-Likelihood-Ansatz von Petty und Cacioppo
differenziert zwei Kommunikationswege. Beide Modelle korrespondieren, indem das erste mehr den
Empfänger und das zweite mehr den Kommunikati-
onsweg betrachtet. Die Absicht der beiden Modelle
war, jene Kommunikationsweise zu entdecken, die
mit einer hohen Wahrscheinlichkeit zu einer Änderung von Einstellungen führt.

Einstellungen werden als maßgeblich angesehen, um Verhalten zu ändern. Das haben wir bereits in ▶ Kap. 5 unter Verweis auf die Theorie des
geplanten Verhaltens erläutert. Beide Modelle des
Yale-Ansatzes orientieren sich am **Informationsparadigma** von McGuire (1968). Demnach steigt die
Wahrscheinlichkeit, dass die Botschaft eines Senders von einem Empfänger ausführlich abgewogen
(elaboriert) wird, wenn der Empfänger aufmerksam
zuhört und versteht, was der Sender sagt (Rezeption). Wenn er die Inhalte schließlich akzeptiert und
die daraus gezogenen Schlussfolgerungen mitträgt,
ändert er seine Einstellungen und infolge davon
auch sein Verhalten.

Nach Auffassung von Eagly und Chaiken im **Modell der heuristisch-systematischen Verarbeitung**
von Informationen werden Personen, die nicht motiviert sind zuzuhören oder die wenig Kenntnis über
die Inhalte des Vorgetragenen haben, Informationen
heuristisch verarbeiten. Sie nehmen Hinweisreize
(zum Beispiel die Attraktivität des Senders oder dessen Glaubwürdigkeit) in der Kommunikation wahr
und assoziieren sie mit bereits bekannten Sachverhalten oder Meinungen (zum Beispiel: „Wenn das
alle so sehen und wenn diese fachlich ausgewiesene
Person das vorträgt, dann muss das wohl stimmen.").
Sie verharren im System-1-Denkmodus. Möglicherweise ändern sie ihre Einstellungen kurzfristig. Die
Wahrscheinlichkeit aber, dass sie ihre Einstellungen
dauerhaft ändern oder gar ein neues Verhalten zeigen, ist gering. Sind die Empfänger von Botschaften
dagegen motiviert zuzuhören und auch sachverstän-
dig, dann verarbeiten sie Informationen systematisch
(also im System-2-Modus). Sie prüfen die Stichhaltigkeit vorgetragener Argumente und vergleichen sie
mit ihrem Vorwissen. Erachten sie die Argumente als
überzeugend, ändern sie ihre Einstellungen.

Das **Elaboration Likelihood Model** von Petty
und Cacioppo nennt zwei Wege der Kommunikation, die mit den beiden genannten Verarbei-
tungsmodi des Modells von Eagly und Chaiken
korrespondieren. Auf der peripheren Route der
Kommunikation sind Argumente nachrangig. Die
Eigenschaften des Senders sind dagegen bedeutsam:
Ist der Sender attraktiv, ist die Senderin sachver-
ständig, wirkt sie authentisch? Die periphere Route
provoziert heuristische Informationsverarbeitungen
und ist dort angezeigt, wo ein unaufmerksames,
nicht informiertes und unmotiviertes Publikum
den vorgetragenen Argumenten nicht folgen will
oder ihnen mangels Kenntnis nicht folgen kann.
Anders ist es bei einem aufmerksamen, motivier-
ten, informierten und gegebenenfalls gar kritischen
Publikum. Hier führt nur die zentrale Route zum
Erfolg: Die Stichhaltigkeit der Argumente steht im
Vordergrund. Die Eigenschaften des Senders sind
zwar auch hier nicht unbedeutend, sie sind aber
nachrangig für Einstellungsänderungen.

> ❯ Kommunikation ist im gesamten Prozess der
> Intervention unerlässlich, und die Überzeu-
> gungskraft der Kommunikation hängt von der
> Wechselwirkung von Sender- (Authentizität
> und Attraktivität) und Empfängermerkmalen
> (Involviertheit und Sachverstand) ab.

10.1.4 Was und wie kommunizieren?

Gesundheitsfördernde Innovationen vollziehen sich
häufig innerhalb von Organisationen: Ein betriebliches Gesundheitsmanagement wird implementiert,
die Kantine stellt ihr Speisenangebot auf gesunde
Kost um oder in einer Gemeinde wird ein Programm vorgestellt, mit dem man den Lebensalltag
älterer Menschen aktiver gestalten will. Die Aneignung von Innovationen in Organisationen kann
kollektiv gewollt sein oder von Verantwortlichen
der Leitungsebene angeordnet werden. Hier sind
Widerstände gegen Innovationen höher als bei kollektiv getragenen Entscheidungen. In jedem Fall
aber muss für eine Innovation intensiv geworben
werden.

Dass Kommunikation für die Vermarktung
von innovativen Produkten unerlässlich ist, ist eine

Binsenweisheit. Werbeabteilungen machen das Produkt bekannt, preisen es an, und Verkaufsabteilungen machen es verfügbar. Für Maßnahmen, die das Gemeinwohl oder die Gesundheit des Einzelnen adressieren, ist „Produktkommunikation" weniger selbstverständlich, aber nicht minder entscheidend.

Social Marketing befasst sich mit der Kommunikation und mit strategischen Maßnahmen, um Einstellungen einer Gruppe zu verändern und sie für eine innovative Maßnahme zu gewinnen – im hier behandelten Kontext für eine Maßnahme der Gesundheitsförderung (Storey et al. 2008). Social Marketing lehnt sich an das klassische Marketing an, es arbeitet ebenfalls mit den vier großen P – **Produkt, Promotion, Preis** und **Platzierung** – und nutzt sämtliche Kommunikationsstrategien und Methoden des Produktgütermarketings.

Im pathogenetischen Ansatz der Risikoprävention ist beispielsweise der Angstappell ein verbreiteter und wirksamer Zugang, um vulnerable Zielgruppen davon zu überzeugen, sich weniger riskant zu verhalten. Ein anschauliches Beispiel für diese Art der Kommunikation sind Aufdrucke auf Zigarettenpackungen. Im salutogenetischen Zugang sind eher Verheißungen auf mehr Wohlbefinden, auf größere Autonomie und zunehmende Gestaltungsfähigkeit die bevorzugten kommunikativen Inhalte des Marketings. Das Produkt muss attraktiv sein, der Preis muss stimmen (die Opportunitätskosten müssen gering sein), es muss erreichbar sein und angepriesen werden.

In der Praxis der Gesundheitsförderung wird – wie bereits erwähnt – spätestens seit der Ottawa-Charta für Gesundheitsförderung für eine **bottom-up** oder **partizipative Strategie** geworben (siehe dazu den Schwerpunkt von Heft 3 der Zeitschrift Prävention und Gesundheitsförderung, den Wright et al. 2013 editorisch betreut haben). Konkretisiert wurde das Plädoyer für eine partizipative Strategie in der **Bangkok-Charta** des sechsten Weltkongresses der WHO, die im August 2005 verabschiedet wurde. Als Ziele der Gesundheitsförderung in einer globalisierten Welt werden dort Chancengleichheit und die Befriedigung grundlegender körperlicher und psychischer Bedürfnisse benannt. Mit der Hinwendung auf die Bedürfnisse, statt der von oben durch Experten auf der Grundlage fachlicher Urteile benannten Bedarfe, rückt die subjektive Sicht der Betroffenen in den Mittelpunkt einer Entscheidung. Die Betroffenen sollen befähigt werden, ihre Gesundheit selbstständig zu fördern, indem sie angemessen handeln und – wenn erforderlich – auch auf die Umwelt oder auf politische Entscheidungsträger einwirken, um diese zu veranlassen, das individuelle Handeln erst möglich zu machen.

Experten unterstützen, helfen bei der Bedürfnisermittlung, konzipieren und befähigen durch Kenntnisvermittlung und informieren zu Maßnahmen, denen man Good Practice attestieren kann. Gute Praxis ist gegeben, wenn die Maßnahmen evidenzbasiert und theorieorientiert sind. Idealerweise folgen sie zusätzlich einem salutogenetischen Ansatz, der die Ressourcen für Gesundheit und Wohlbefinden betont, statt die Risiken zu adressieren, wie es im biomedizinisch pathogenetischen Ansatz der Risikoprävention geschieht. Allianzen unter verschiedenen Sektoren sollen geschmiedet und Programme und Maßnahmen gemeinsam mit den Betroffenen entwickelt und verbessert werden. Angstappelle sind da keine passende kommunikative Strategie.

McGuire (1968) hat im **Informationsparadigma** genauer hingeschaut und die Komplexität des Kommunikationsvorgangs beschrieben. Mindestens fünf Bedingungen müssen dem Paradigma zufolge erfüllt sein, um Menschen von einer Sache zu überzeugen:
- Der Empfänger muss aufmerksam sein.
- Er muss die Botschaft verstehen.
- Er muss die Argumente abwägen und akzeptieren.
- Er muss an ihnen festhalten.
- Er muss sich den neu gewonnenen Überzeugungen entsprechend verhalten.

Wenn nur eine der Bedingungen nicht erfüllt ist, dann scheitert der Überzeugungsprozess. Das wird im McGuire'schen Informationsparadigma durch eine multiplikative Verknüpfung der fünf Bedingungen betont. Die ersten drei Bedingungen werden auch als **Rezeption** einer Botschaft zusammengefasst (◘ Abb. 10.1).

Was kann alles passieren, dass es schiefgeht? Alles, würde man im ingenieurswissenschaftlichen und technischen Kontext mit Hinweis auf Murphys

```
┌─────────────┐
│  Rezeption  │
└─────────────┘
```

| Aufmerksamkeit | X | Verstehen | X | Akzeptieren | X | Beibehalten | X | Verhalten |

Law sagen. Wir bleiben bei den Erkenntnissen des Informationsparadigmas. Schiefgeht es, wenn die Person nicht willens ist zuzuhören, weil sie sich vom Inhalt der Botschaft nicht angesprochen („Das Thema betrifft/interessiert mich nicht.") oder vom Sender nicht angezogen fühlt („Dem will ich nicht zuhören, er ist mir nicht sympathisch." Oder: „Er ist nicht glaubwürdig."). Schiefgeht es auch, wenn der Empfänger den Inhalt nicht versteht („Das war mir zu viel Fachsprache.") oder wenn er den Inhalt ablehnt, ihn nicht akzeptiert („Jeder sagt etwas anderes, und was hier gesagt wurde, überzeugt mich nicht."). Dann kann es schiefgehen, wenn die Person zwar vom Inhalt der Botschaft überzeugt, aber wankelmütig ist und nicht am Inhalt festhält, weil andere sie daran hindern oder ihre Gefühle dem entgegenstehen („Stimmt schon, aber mein Mann ist dagegen." Oder: „Stimmt schon, aber ich mag das nicht."). Schließlich geht es schief, wenn zwischen dem Wissen, das die Botschaft vermittelt hat, und dem Verhalten, das darauf folgen sollte, eine mehr oder minder tiefe Kluft klafft, wie wir in ▶ Kap. 9 dargelegt haben.

Neben dem von McGuire beschriebenen **linearen Modell der Kommunikation** sind auch relationale, kontextuelle und Netzwerkmodelle geläufig. Diese heben sich von der dyadischen, unidirektionalen Beziehung zwischen Sender hier und Empfänger dort ab. Sie betrachten zusätzlich den Kontext der Kommunikation (Beziehungen zwischen den Beteiligten) und die Relationen der Beteiligten (kooperativ oder konflikthaft). Sie gehen außerdem von einer multiplen Verknüpfung mehrerer Beteiligter aus (Sender, Organisation, Empfänger, signifikante Andere). Das macht Kommunikation nicht leichter. Wir reduzieren den Sachverhalt deshalb für den Zweck dieses Buches auf einige zentrale Aspekte des Social Marketings.

10.2 Merkmale des Social Marketings

10.2.1 Verhalten ändern – mehr als verkaufen

Zwischen dem Marketing eines Programms, das gesundes Verhalten anpreist, und der Vermarktung eines Konsumguts gibt es einen wesentlichen Unterschied. Wenn etwa ein Hersteller eines neuartigen Elektrogeräts Kunden gewonnen hat, kann es ihm letztlich egal sein, was der Kunde damit macht. Wie oft er das Gerät – nehmen wir einen Mixer – nutzt, ob er es dem eigentlichen Zweck entsprechend nutzt oder damit Gips anrührt, ob er es mit anderen teilt oder es nur aus Statusgründen beschafft hat (etwa eine Kitchenaid oder eine Kenwood Küchenmaschine), um das Gerät ansonsten unberührt, aber für alle sichtbar stehen zu lassen. Das alles kann dem Verkäufer letztlich gleichgültig sein. Solange Kunden kaufen und wieder kaufen, ist das Marketing gelungen. Die Art der Nutzung oder Nichtnutzung darf die zukünftige Kaufentscheidung allerdings nicht negativ beeinflussen.

Gesundheitsförderprogramme dagegen sollen nicht nur „verkauft" werden. Sie sollen ihrem Zweck entsprechend genutzt werden. Wenn Raucher zur Kenntnis nehmen, dass es ein Nichtraucherkonzept gibt, dieses „erwerben" und es dann aber nicht für die Raucherentwöhnung nutzen, ist das noch kein erstrebenswertes Marketingziel. Kondome, die unter Jugendlichen verteilt, dann aber während des Geschlechtsverkehrs nicht benutzt werden, verhüten keine ungewollte Schwangerschaft und keine durch Geschlechtsverkehr übertragbare Erkrankung. Ziel des Social Marketings ist also nicht der Verkauf, sondern der nachhaltige Gebrauch des „Produkts". In vielen, wenn nicht in den meisten Gesundheitsförderprogrammen ist der Gebrauch also die Änderung oder Aneignung eines gesundheitsschützenden oder -mehrenden Verhaltens. Social Marketing ist am Gebrauch orientiert, da dieser mit der Absicht und den Zielen eines Programms untrennbar verbunden ist. Ohne den Gebrauch des Produkts werden weder die Absicht, noch die Ziele der Gesundheitsförderung erreicht.

10.2.2 Das Wohl der „Konsumenten" im Auge haben

Kommerziell organisierte Unternehmen sind am Profit interessiert. Zu diesem Zweck wurden sie gegründet, und in dieser Absicht agieren sie auf dem Markt. Spätestens seit der Bankenkrise 2008 weiß jeder, dass Bankprodukte nicht zweifelsfrei auch dem Wohl der Bankkunden gedient haben oder dienen. Das Marketing der Finanzprodukte war aus Unternehmenssicht aber dennoch sehr erfolgreich, bescherte es doch den Banken über Jahre hinweg satte Gewinne und den Verkäufern der Produkte entsprechend üppige Bonuszahlungen. Auch der Verkauf von SUV (geländegängigen Fahrzeugen) an Stadtbewohner dient nicht dem Wohl des Kunden, sondern in erster Linie dem Profit des Unternehmens. Der Erwerb und Gebrauch der SUV im Stadtverkehr schadet sogar der Umwelt und damit einem Gemeingut. Shareholder- statt Stakeholder-value steht im Fokus des Profitmarketings.

Das ist in der Gesundheitsförderung, wie wir sie in diesem Buch einfordern, anders. Systematische Intervention in das Gesundheitsverhalten und/oder die -verhältnisse beabsichtigt explizit, die individuelle und/oder organisationale Gesundheit zum Besseren zu beeinflussen. Das Ziel ist dort nicht, ein Produkt unabhängig von seinem Gebrauch und seiner Wirkung zu „verkaufen", sondern mit dem Produkt etwas zu verbessern, was als riskant, beschädigt oder unbefriedigend identifiziert wurde. Eine Organisation, eine Kommune oder ein Betrieb soll seine Strukturen und Prozesse verändern, um die Gesundheit seiner Mitarbeiter/innen zu erhalten oder gar zu steigern; der Einzelne soll sein Verhalten ändern, um das Risiko einer ansteckenden oder nicht ansteckenden Erkrankung zu minimieren oder um Ressourcen zu gewinnen, die ihm ein möglichst langes und selbstbestimmtes Leben gestatten.

Social Marketing will also das Wohl von Personen und Organisationen mehren und dadurch eher Sozialkapital, denn Finanzkapital anhäufen. Dieser Anspruch korrespondiert mit unserer Forderung nach „professionellem Handeln", das neben dem evidenzbasierten und theorieorientierten Handeln auch die ethische Legitimierbarkeit von Interventionen fordert (▶ Kap. 4).

10.2.3 Markt und Wettbewerb

Die Begriffe **Produkt, Marketing** und **Preis** sind dem kommerziellen oder Profitmarketing entlehnt. Dieses agiert in einer Umgebung, in der ein marktverdrängender Wettbewerb herrscht. Der Markt ist aus der Sicht eines Unternehmens ein Absatzgebiet für Konsum- oder Investitionsgüter. Auf dem Markt treten Anbieter und Kunden in eine wechselseitige Beziehung. Der eine hat ein Produkt, der andere benötigt eines oder man redet ihm ein, dass er eines benötigt (siehe die Philosophie von Apple). Das angebotene Produkt ist aber selten als einzig mögliches Produkt auf dem Markt verfügbar (es sei denn, es herrscht ein Monopol). Der Kunde kann sich auch für ein alternatives Produkt entscheiden, das für den ähnlichen oder gar für einen geringeren Preis die ähnlichen, manchmal auch umfangreicheren und passenderen Funktionen bietet. Das stärkt die Marktposition des einen und schwächt zugleich die Position eines anderen Anbieters.

Im Social Marketing sind die Alternativen in aller Regel nicht alternative konkurrierende Produkte oder Programme. Selten konkurrieren beispielsweise in einem Setting zwei Gesundheitsprogramme und werben um die Gunst der „Kunden". Schon der Begriff „Kunde" ist im Kontext der Gesundheitsförderung zweifelhaft, wenn er nicht gar im Widerspruch zur geforderten partizipativen Vorgehensweise der Gesundheitsförderung steht. Betroffene sind Beteiligte, und zwar nicht alleine im Sinne des Konsums, sondern bereits in der adressatengerechten Produktentwicklung – sie sind Ko-Produzenten.

Dennoch herrscht auch in der Gesundheitsförderung Wettbewerb. Gesundheitsförderung konkurriert nämlich mit dem bewährten „Produkt", also mit den Gewohnheiten der Adressaten. Das

Festhalten am Bisherigen, an den „lieb gewonnenen" Gewohnheiten ist häufig um einiges attraktiver, als sich neu zu orientieren und sich ein neues Verhalten anzueignen. Das Abwägen der Kosten und des Nutzens entscheidet, ob eine Person oder Organisation sich dem Programm gemäß verhalten wird.

10.3 Strategien und Determinanten

Andreasen (2006) unterschied in seinem einführenden Werk zum Social Marketing eine **flussaufwärts** von einer **flussabwärts** gerichteten Kommunikation. Mit flussaufwärts sind Kommunikationen gemeint, die sich Regeln, Gesetzen oder Anreizen bedienen und so ein bestimmtes Verhalten erzwingen oder erleichtern wollen (zum Beispiel rauchfreie Gaststätten, Boni für präventives Verhalten). Flussabwärts richtet sich Kommunikation an eine Person oder Organisation und deren individuelles Verhalten. Flussabwärts werden Wissen, Können, Praktiken vermittelt und angepriesen, um Werthaltungen, Einstellungen und Verhalten zu verändern. Im Kontext des Straßenverkehrs, beim Gebrauch von Maschinen oder auch beim Rauchen sehen wir eine Kombination aus flussabwärtigen und -aufwärtigen Varianten: Einerseits wird reguliert oder Anreize werden gesetzt (zum Beispiel Bonuszahlungen für präventives Verhalten), andererseits wird um Einsicht geworben und Wissen vermittelt.

Um beispielsweise Boni wirksam zu platzieren, ist sozialpsychologisches Wissen von Vorteil. Nach einer älteren, nichtsdestotrotz bis heute akzeptierten Theorie der **Selbstwahrnehmung** von Bem (1967) erfahren Menschen etwas über ihre Einstellungen und Werthaltungen, indem sie ihr vergangenes Verhalten betrachten. Sie beobachten sich selbst so, wie eine andere Person sie beobachten würde, und schließen daraus auf die eigenen Charaktereigenschaften. Wenn man in der Gesundheitsförderung Personen mit einer positiven Einstellung zum riskanten Verhalten (zum Beispiel zur sitzenden Lebensweise) überzeugen möchte, sich weniger riskant zu verhalten, dann könnte man sie dazu motivieren, indem man sie für das beabsichtigte Verhalten belohnt. Die interessante Frage ist die nach der Höhe der Belohnung. Wie sollte sie ausfallen: hoch oder niedrig? Die Selbstwahrnehmungstheorie plädiert für eine niedrige Belohnung. Einen hohen Anreiz könnte die Person nämlich als Hinweis deuten, dass sie sich aufgrund der hohen Belohnung gar nicht anders hätte verhalten können, eigentlich aber im Inneren immer noch gegen dieses Verhalten eingestellt sei. Eine niedrige Belohnung erzeugt dagegen eine kognitive Dissonanz (▶ Kap. 9), und die Person kann ihr Verhalten nicht mehr der Belohnung zuschreiben. Da bleibt nur, die Einstellung zu ändern und sie dem Verhalten anzupassen.

Anreize sind aber nur eine Möglichkeit, um für Gesundheitsprogramme zu werben. Andere Maßnahmen folgen dem Marketingmix des kommerziellen Marketings und bedenken die vier P: Produkt, Preis, Platzierung und Promotion.

Das **Produkt** der Gesundheitsförderung sind die Gesundheit und alle damit assoziierten Aspekte: Vitalität, Wohlbefinden, Attraktivität und viele andere mehr. Gesundheitsverhalten soll ein Verhalten ersetzen, das aber den Betroffenen in aller Regel leicht fällt und ihnen Spaß bereitet. Also wird Social Marketing versuchen, auch solche Attribute für das Gesundheitsprodukt zu finden, die Gefühle ansprechen. Sie wird tunlichst nicht alleine an die Vernunft appellieren oder mit negativen Konsequenzen drohen, wenn das bisherige Verhalten beibehalten wird. Droht sie doch mit negativen Konsequenzen, spricht also an die Furcht an, dann muss sie immer zugleich auch die Selbstwirksamkeit stärken. Versäumt sie das, resultiert Verzweiflung statt Verhaltensänderung.

Der **Preis** bezieht sich bei der Gesundheitsförderung vor allem auf die **Opportunitätskosten**. Das sind jene Kosten, die den Nutzen des neuen Verhaltens schmälern, weil sie durch Verzicht von Nutzen an anderer Stelle entstehen. Wer jeden Tag 30 Minuten flott spazieren geht, der kann zu dieser Zeit nicht gleichzeitig einer sitzenden Tätigkeit nachgehen, die er genießt. Wer sich für eine eiweißhaltigere Kost entscheidet, der wird mehr Geld dafür aufwenden müssen, als es ihm eine dominant kohlenhydrathaltige Kost abverlangt, und er kann das Geld nicht für andere Güter ausgeben, an denen er Gefallen hat. Wer sich für das Nichtrauchen entscheidet, der verliert möglicherweise die Anerkennung seiner jugendlichen Peers, die ihm viel bedeutet. Social Marketing muss diese Opportunitätskosten kalkulieren und vor allem den Nutzen eines Programms als gewichtiger herausstellen als die Kosten, die immer auch mit einer Verhaltensänderung entstehen. Der Nutzen ist idealerweise nicht alleine physischer, sondern auch sozialer und psychischer Natur.

Die **Platzierung** von Praktiken der Gesundheitsförderung sind dann gut, wenn ihre Aneignung leicht und bequem von der Hand geht, wenn also keine hohen Schwellen zu überwinden sind, um sich in der empfohlenen und schließlich gewünschten Weise zu verhalten. Gesundheitsförderung im Setting ist leichter zu „verkaufen" als ein Programm, zu dessen Gebrauch man eine spezialisierte Einrichtung aufsuchen muss, die dafür auch noch ein Eintrittsgeld oder einen dauerhaften Mitgliedsbeitrag erhebt. Platzierung ist nicht nur eine geographische Kategorie, sondern auch eine, die auf die Mentalitäten, Kulturen, Werthaltungen und Schamschwellen der angesprochenen Personen Rücksicht nehmen sollte. So werden beispielsweise übergewichtige junge Frauen, die in der Schwangerschaft zu viel an Körpergewicht zugelegt haben (Übergewicht postpartum) und nun abnehmen wollen, ungern oder gar nicht in einer Gruppe aktiv werden, die von jungen Frauen mit einer vermeintlichen Idealfigur mit den Maßen 90/60/90 dominiert wird. Für die Mütter braucht es stattdessen „geschützte" Plätze. Und weibliche Angehörige einer traditionellen Glaubensgemeinschaft wird man nicht dafür gewinnen, in einem öffentlichen Schwimmbad unter den Augen männlicher Besucher zur besten Besuchszeit Wassergymnastik zu treiben.

Die Umwelt so zu verändern, dass Personen sich in ihr quasi automatisch motiviert fühlen, sich gesundheitsprotektiv zu verhalten, ist eine Form der Gesundheitsförderung, die als **Stealth Health Promotion** oder **Nudging** bezeichnet wird. Hier treffen sich unter anderem Architektur, Stadtplanung und Gesundheitswissenschaften, wenn sie gemeinsam daran arbeiten, ein Quartier gehfreundlich („walkable") zu gestalten. Sie erhöhen damit das Gesamtvolumen der täglichen körperlichen Aktivität, wodurch sich nachweislich das Erkrankungsrisiko der aktiven Personen reduziert (für ein Beispiel zur Stealth Health Promotion siehe Brockmann und Fox 2011).

Bleibt als letztes der vier P noch die **Promotion**. Damit sind Art und Inhalt der Kommunikation über die vorangegangenen drei P angesprochen: Texte, Bilder, Videos, Humor, Fakten, individualisiert oder massenorientiert, all das und vieles mehr macht die Promotion des Programms aus. Kommunikation und Empfänger müssen zusammenpassen. Eine Sprache, die nicht jener der Adressaten entspricht, wird nicht verstanden, und Inhalte, die über ein Medium oder einen Sender kommuniziert werden, der von der betroffenen Gruppe typischerweise nicht genutzt wird, wird nicht rezipiert. Wer sich einen schnellen und amüsant zu lesenden Überblick über Strategien und Methoden der Promotion verschaffen möchte, den verweisen wir auf Cialdini (1997). Für eine umfängliche Darlegung der Markt- und Werbepsychologie siehe beispielsweise von Rosenstiel und Neuman (2002).

Für Inhalte einer Kampagne, die auf die Änderung des Verhaltens zielen, bieten die einschlägigen Verhaltensänderungstheorien eine Orientierung. Wird beispielsweise die **Theorie des geplanten Verhaltens** als Grundlage gewählt, dann stehen Meinungen (Konsequenzerwartungen) im Zentrum der Kampagne, begleitet von Erwartungen zur sozialen Norm und zur wahrgenommenen Verhaltenskontrolle. Die **sozialkognitive Theorie** von Bandura setzt einen inhaltlichen Schwerpunkt auf die Selbstwirksamkeit und der **Health Action Process Approach** wird zusätzlich das Barrieremanagement und Implementierungsabsichten kommunizieren. Theorien in der Furchtappelltradition (unter anderem die **Protection Motivation Theory**) werden Bedrohungen der Unversehrtheit in das Zentrum einer Kampagne rücken. Wie oben bereits angedeutet, sollten diese prinzipiell damit einhergehen, die Selbstwirksamkeit zu stärken.

Theorien helfen also auch im Marketing eines Gesundheitsförderprogramms. Das unterstreicht die durchgängig im Buch erhobene Forderung nach einem theorieorientierten Vorgehen in der systematischen Gesundheitsförderung.

Fazit

Gesundheitsförderung kann wie ein Produkt vermarktet werden. Ein Produkt hat seinen Preis, wird an einem typischen Platz angeboten und muss beworben werden, damit Betroffene nicht nur nach ihm greifen, es „erwerben", sondern es auch intensiv und nachhaltig gebrauchen. Social Marketing befasst sich mit den vier

P und macht sich die Erkenntnisse des Gütermarketings zum Wohl der Betroffenen zunutze. Neben einigen Gemeinsamkeiten weist das Social Marketing auch Unterschiede zum Gütermarketing auf. Diese zeigen sich vor allem darin, dass ein Produkt nicht nur verkauft, sondern vor allem gebraucht werden soll. Auch Social Marketing agiert in einem wettbewerblichen Umfeld. Statt alternativer Produkte sind beim Gesundheitsverhalten aber die alten Gewohnheiten und die Opportunitätskosten jene Momente, gegen die eine Kampagne sich durchzusetzen versucht. Für die konkrete Promotion des Programms sind zunächst einmal alle Strategien und Methoden geeignet, die auch die Werbe- und Marktpsychologie kennt. Darüber hinaus geben Gesundheitsverhaltenstheorien oder die Diffusion of Innovation Theory hilfreiche Orientierungen.

Merke

Gesundheitsprogramme benötigen eine aktive Marketingkommunikation. Social Marketing nutzt sämtliche Elemente des Gütermarketings, beispielsweise die vier P: Produkt, Preis, Platzierung und Promotion. Marketing zielt nicht nur auf den Verkauf, sondern auf den Gebrauch des gesundheitsfördernden Programms.

Fragen

– Kann man Brüderlichkeit wie Kernseife verkaufen und wenn ja, warum funktioniert das?
– Was sind Opportunitätskosten?
– Wie sind die vier P des kommerziellen Marketings im Social Marketing und hier in der Gesundheitsförderung inhaltlich definiert?
– Worin unterscheiden sich kommerzielles und Produktgütermarketing in ihrer Absicht?
– Welche sind die beiden Zweifaktorenmodelle des Yale-Ansatzes und was wird mit ihnen wie erklärt?
– Welches sind die fünf Komponenten des Informationsparadigmas und wie sind diese verknüpft?

Literatur

Andreasen, A. (2006). *Social marketing in the 21ˢᵗ century*. Thousand Oaks, CA.: Sage.

Bem, D. J. (1967). Self-perception: an alternative interpretation of cognitive disonance phenomena. *Psychological Review, 74*, 183–200.

Brockmann, R., & Fox, K. R. (2011). Physical activity by stealth? The potential health benefits of a workplace transport plan. *Public Health, 125*, 210–216.

Cialdini, R. B. (1997). *Die Psychologie des Überzeugens*. Bern: Huber.

Eagly, A. H., & Chaiken, S. (1993). *The psychology of attitudes*. Fort Worth: Hartcourt Brace Jovanovich.

Fill, C. (2001). *Marketing Kommunikation*. München: Pearson.

Kotler, P., & Zaltman, G. (1971). Social marketing: an aproach to planned social change. *Journal of Marketing, 35*, 3–12.

Kotler, P., & Roberto, E. (1990). *Social marketing*. Düsseldorf: Econ.

McGuire, W. J. (1968). Personality and attitude change: An information processing theory. In G. Greenwood, T. C. Brock, & T. M. Ostrom (Hrsg.), *Psychological foundations of attitudes* (S. 171–196). New York: Academic Press.

McGuire, W. J. (1983). A contextualist theory of knowledge: its implications for innovation and reform in psychological research. *Advances in Experimental Social Psychology, 16*, 1–47.

Petty, R. E., & Cacioppo, J. T. (1986). *Communication and persuasion: Central and peripheral routes to attitude change*. New York: Springer.

von Rosenstiel, L., & Neuman, P. (2002). *Marktpsychologie*. Darmstadt: Wissenschaftliche Buchgesellschaft.

Storey, J. D., Saffitz, G. B., & Rimón, J. G. (2008). Social Marketing. In K. Glanz, B. K. Rimer, & K. Viswanath (Hrsg.), *Health behavior and health education. Theory, research and practice* (4. Aufl. S. 435–464). San Francisco, CA: Jossey Bass.

Walsh, G., Desenius, A., & Klilian, T. (2009). *Marketing. Eine Einführung auf der Grundlage von Case Studies* (2. Aufl.). Berlin: Springer.

Wiebe, G. D. (1951). Merchandising commodities and citizenship on television. *Public Opinion Quarterly, 15*, 679–691.

Wright, M. T., Nöcker, G., Pawils, U., & Walter, U. (2013). Partizipative Gesundheitsforschung – *ein neuer Ansatz für die Präventionsforschung. Prävention und Gesundheitsförderung, 8*, 119–121.

Lageorientierung

Wolfgang Schlicht, Marcus Zinsmeister

W. Schlicht, M. Zinsmeister, *Gesundheitsförderung systematisch planen und effektiv intervenieren*,
DOI 10.1007/978-3-662-46989-7_11, © Springer-Verlag Berlin Heidelberg 2015

Die Analyse von Gesundheitsdaten ist Thema des elf-
ten und abschließenden Kapitels. Die Analyse der Lage
ist der zweite Schritt im Planungszyklus einer systematischen Intervention. Zunächst setzen wir uns kurz mit
der Unterscheidung von Bedarf und Bedürfnissen aus-
einander. Wir referieren dann die wesentlichen Varianten und statistischen Kennziffern epidemiologischer
Studien. Abschließend nennen wir einige Assessments
zur Einschätzung subjektiver Gesundheitsdimensionen (Wohlbefinden und Lebenszufriedenheit) und
gehen kurz auf gesundheitsrelevante Umweltaspekte
ein (Hitze und Gehfreundlichkeit).

11.1   Bedarf und Bedürfnisse

Bevor man sich auf den Weg macht, sollte man wissen, wo man gerade steht, oder anders formuliert:
Bevor man Aktionen startet, Maßnahmen ergreift
und Ressourcen für ein Programm der Gesundheitsförderung einsetzt, sollte man sich einen Überblick über den Status, die Lage verschaffen. Wenn
man das zu Beginn tun sollte, warum behandeln wir
dann das Thema am Ende des Buches?

Die Sozialpsychologie kennt den Primacy-
Recency-Effekt. Demnach werden Informationen,
die zuerst oder als letztes geliefert werden, besser
erinnert als solche, die zwischendurch gegeben wurden. Mit dem Planen als dem einen Eckpfeiler der
systematischen Intervention haben wir das Buch begonnen (Primacy), mit der Feststellung des Bedarfs
und der Bedürfnisse als zweitem Eckpfeiler enden
wir (Recency). Der Primacy-Recency-Effekt – so
groß ist unser Vertrauen in Wissenschaft – wird uns
helfen, dass diese beiden Eckpfeiler sich tief in das
Gedächtnis der Leser/innen „eingraben".

Den **Bedarf** und die **Bedürfnisse** zu erfassen ist
der zweite Schritt im Planungszyklus, den wir im
ersten Kapitel vorgestellt haben.

Bedarf

Bedarf ist eine skalierbare Größe, die von
einem als normal deklarierten gesundheitsrelevanten Zustand oder Prozess abweicht und
somit Experten/innen Anlass zum Handeln
gibt.

Bedürfnisse

Bedürfnisse sind das subjektive Verlangen
oder das Begehren einer Person, einen als unangenehm oder defizitär empfundenen oder
einen bedrohten Gesundheitszustand ändern
zu wollen.

Bedarf und Bedürfnisse sind keine Synonyma. In
den Gesundheitswissenschaften (auch in den Wirt-
schaftswissenschaften, wo ein Bedarf die mit Kauf-
kraft versehenen Bedürfnisse spiegelt, die auf dem
Markt eine Nachfrage erzeugen) benennen beide
Termini unterschiedliche Sachverhalte. Sie werden
dennoch nicht immer eindeutig und abgrenzend
gebraucht. Wer sich intensiver mit der Unterscheidung der beiden Begriffe auseinandersetzen möchte,
der sei auf das fünfte Kapitel im Buch „Health Promotion – Planning and Strategies" von Green und
Tones (2010) verwiesen. Für uns reicht die Feststellung: Ein Bedarf ist objektiv bestimmt, und Bedürfnisse sind subjektiv erfasste Sachverhalte.

Der **Bedarf** einer Intervention ergibt sich aus der
Beobachtung, dass gesundheitlich relevante Werte,
wie etwa eine auffällige Anzahl von bestimmten Erkrankungen in einer Bevölkerungsgruppe, festgestellt werden, ein Verhalten von der Norm abweicht
oder die Lebensqualität nicht dem entspricht, was
man erwarten sollte. So besteht beispielsweise ein
Bedarf, mehr Eltern in Deutschland davon zu überzeugen, ihre Kleinkinder gegen Masern impfen zu
lassen, da sich wieder mehr Maserninfektionen
zeigen, die darauf hindeuten, dass die Bevölkerung
nicht in einem ausreichenden Maß durchgeimpft ist.

Bei den betroffenen Eltern besteht dagegen nicht
notwendigerweise auch das **Bedürfnis**, ihre Kinder
impfen zu lassen; sei es, weil sie Impfschäden be-
fürchten, den Impftermin vergessen (was aber heute
wegen der gesetzlich gegebenen Pflicht zu Vorsorgeuntersuchungen U1 bis J2 nicht mehr der Fall sein
dürfte) oder generell der Auffassung zuneigen, Kinder müssten Kinderkrankheiten durchstehen, um
ihr Immunsystem zu stärken.

Im Sinne des Impf- oder Masernbeispiels sehen
wir den Bedarf als eine skalierbare Größe eines vorhandenen gesundheitsrelevanten Problems. Der festgestellte Bedarf veranlasst Gesundheitsexperten, eine

Intervention als geboten anzusehen, um das Problem zu beseitigen. Der festgestellte Bedarf ist so die Conditio sine qua non, ohne die eine Intervention und der Einsatz der dazu erforderlichen Ressourcen nicht ohne Weiteres zu rechtfertigen ist. Das widerspricht nur scheinbar der von der WHO vertretenen Auffassung, den Bedürfnissen einen prominenten Platz in der Gesundheitsförderung einzuräumen.

Bedürfnisse ergeben sich hier auf der Grundlage eines festgestellten Bedarfs. Wenn die Lebensqualität gemindert ist, besteht ein Handlungsbedarf. Die Maßnahmen, die daraufhin vorgeschlagen werden, sollten sich mit den Bedürfnissen der Betroffenen decken. Bedürfnisse drücken das Bestreben oder die Motivierung eines Individuums aus, ein als subjektiv bedeutsam deklariertes und objektiv festgestelltes Problem zu beseitigen. Der Begriff Bedürfnis ist in diesem Verständnis den Begriffen **Motiv** und **Ziel** in der Motivationspsychologie ähnlich.

Für eine Intervention ist die zuverlässige Einschätzung beider Sachverhalte relevant. Einen Bedarf festzustellen ist nicht gleichbedeutend mit dem Wecken eines Bedürfnisses. So besteht der dringende Bedarf, Raucher dazu zu veranlassen, ihr riskantes Verhalten aufzugeben. Die betreffenden Personen fühlen sich aber nicht notwendigerweise als Betroffene, und ihr Bedürfnis, Nikotin zu inhalieren, ist meistens weit stärker als das Bedürfnis, sich dem gesundheitsökonomisch kalkulierten und epidemiologisch festgestellten Bedarf zu unterwerfen, indem sie mit dem Rauchen aufhören.

11.2 Den Bedarf einschätzen

Wiederholt haben wir in den vorangegangenen Kapiteln des Buches beklagt, dass unsystematische Interventionen nicht erkennen lassen, worauf sie zielen und wen sie mit ihren Maßnahmen adressieren. Sie erachten das Tun selbst bereits als wesentlich, statt darauf hinzuwirken, eine eindeutige Absicht und dazu passende Ziele zu erreichen. Zu Beginn einer systematischen Intervention und deren Planung stehen vier Fragen:

- Gibt es gesundheitlich relevante Auffälligkeiten (in einer Kommune, in einer Organisation, bei einer Gruppe)?
- Welche Auffälligkeiten sind dringlich, welche wichtig zu adressieren?
- Wer hat die Probleme?
- Woher rühren die Probleme und was hält sie aufrecht?

Die Fragen definieren die damit verknüpften Aufgaben, sich die erforderlichen Daten zu beschaffen, um die Fragen reliabel zu beantworten. Sie zielen nicht auf das einzelne Individuum und dessen Bedürfnisse, sondern auf den Interventionsbedarf einer Gruppe von Individuen oder eines Settings. Den Bedarf in der Bevölkerung oder einer Teilgruppe zu erfassen und einzuschätzen ist einfacher, wenn man der Einschätzung eine negative Bestimmung von Gesundheit zugrunde legt und den Bedarf so aus krankheitsbezogenen Merkmalen ermittelt. Das geschieht in der Epidemiologie mit ausreichender Zuverlässigkeit. Weit weniger zuverlässig gelingt die Einschätzung, wenn man dem in ▶ Kap. 3 erläuterten positiven und weiten Verständnis von Gesundheit folgt. Das Wohlbefinden und die Lebenszufriedenheit der Population oder auch andere subjektive Beurteilungen sind zwar denkbare Beurteilungskriterien. Als subjektive Zuschreibungen sind sie aber in mancherlei Hinsicht dem Risiko von Verzerrungen ausgesetzt. Die Trennung von Bedarf und Bedürfnis ist ob der subjektiven Beurteilung der Merkmale dann nicht immer zweifelsfrei zu trennen.

Zwar sind auch die vermeintlich „harten" Daten der Epidemiologie nicht frei von Verzerrungen. Sie sind aber von der Einschätzung durch die Betroffenen, deren momentaner Stimmung oder von ähnlichen situativ bedingten Einflüsse weitgehend unabhängig und daher weniger anfällig für Verzerrungen. Wenn man aber einem partizipativen Ansatz der Gesundheitsförderung das Wort redet – wie wir es in diesem Buch getan haben – und sich dabei auf die WHO beruft, dann wird man diesen „Fleck auf der Weste" akzeptieren müssen.

Im internationalen Kontext finden sich unter dem Stichwort **Community Assessment** diverse Analyseinstrumente, die darauf aus sind, ein Profil einer Gemeinde zu erstellen, um daran orientiert den Bedarf zu bestimmen und Interventionen zu planen. Beispiele hierfür sind die sehr umfassende **Community Toolbox** der University of Kansas, USA

(► www.ctb.ku.edu), oder der Werkzeugkasten der Centers for Disease Control and Prevention der USA (► www.cdc.gov). Daten, die mit den dort vorgestellten Werkzeugen erfasst werden, betreffen demographische Merkmale (zum Beispiel Alter, Geschlecht, Ethnie), gesundheitliche Auffälligkeiten (zum Beispiel die Anzahl von Personen mit chronischer Erkrankung oder Pflegebedürftigkeit) und vorhandene Ressourcen (zum Beispiel die Anzahl der Arztpraxen, Apotheken, Beratungsstellen in einer Kommune). Das Erfassen und Beurteilen gesundheitlicher Auffälligkeiten ist der Schwerpunkt der **Epidemiologie**.

11.2.1 Epidemiologische Daten

Die Epidemiologie ist eine Disziplin, die mit statistischen Verfahren darüber informiert, welche Merkmale in einer Population wie verteilt sind und durch was sie wahrscheinlich verursacht werden. Die Aussagen epidemiologischer Studien beziehen sich also immer auf eine Gruppe von Personen. Sie gestatten dagegen keine Vorhersage des zukünftigen Zustands einer bestimmten Person. Aus dem gut bewährten epidemiologischen Befund beispielsweise, dass Rauchen die Wahrscheinlichkeit erhöht, vorzeitig an einem Herzinfarkt zu versterben, ist weder der Schluss zu ziehen, dass jeder Raucher vorzeitig am Herzinfarkt sterben wird, noch ist die Annahme gestattet, dass Nichtraucher davon verschont bleiben.

> **Epidemiologie**
>
> Epidemiologie ist eine wissenschaftliche Disziplin, die nach der Verbreitung (deskriptive Epidemiologie) sowie den Ursachen und Folgen (erklärende Epidemiologie) von Krankheit und krankheitsassoziierten Merkmalen und Ereignissen in der Bevölkerung oder in Bevölkerungsgruppen fragt.

Epidemiologische Daten sind in verschiedenen Datenbanken niedergelegt, die mehr oder minder einfach zugänglich sind. Die Datenbanken des Statistischen Bundesamts, der Statistischen Landesämter, die Gesundheitsberichterstattung des Bundes, die Krankheits- und Fehlzeitenberichte von Krankenkassen, das Sozio-Ökonomische Panel (SOEP) oder der Deutsche Alterssurvey sind Beispiele, in denen sich gesundheits- respektive krankheitsrelevante Daten finden lassen. Man muss die Daten aber lesen können. Zu diesem Zweck stellen wir im Folgenden kurzgefasst die wesentlichen epidemiologischen Kennziffern vor. Für eine vertiefende Lektüre empfehlen wir Kreienbrock et al. (2012).

Morbidität und Mortalität

Krankheiten kommen, viele davon vergehen wieder, einige aber bleiben, und wieder andere führen zu einer Behinderung, beeinträchtigen die Lebensqualität, führen zu einem ökonomischen Verlust oder gar zum vorzeitigen Versterben. Für sämtliche Phänomene hat die **beschreibende Epidemiologie** spezifische Kennziffern parat, die meist mit lateinischen Begriffen belegt werden. Die grundlegenden Termini sind die **Morbidität** (Erkrankung) und die **Mortalität** (Sterblichkeit). Wir beginnen mit den gebräuchlichen **Morbiditätskennziffern**.

- **Inzidenz**

Die Inzidenz ist die Anzahl der Neuerkrankungen in einer Population zu einem gegebenen Zeitpunkt. Sie wird in **Kohortenstudien** ermittelt, die eine Gruppe von Personen in die Zukunft begleiten und registrieren, wie viele der Beobachteten im Beobachtungszeitraum (meist fünf bis acht Jahre) erkranken. Meistens wird die **Inzidenzrate** mitgeteilt, also die Anzahl der Neuerkrankungen pro Anzahl der Beobachteten. Zur besseren Vergleichbarkeit wird die Rate auch auf 100.000 Mitglieder einer Population bezogen. In Deutschland treten beispielsweise pro Jahr etwa 300 Herzinfarkte pro 100.000 Einwohner auf; absolut sind das pro Jahr über 280.000 neue Herzinfarkte.

- **Prävalenz**

Ist eine Erkrankung neu aufgetreten, dann trägt sie zur Prävalenz bei. Diese Maßzahl gibt an, wie viele Personen einer Population an der Erkrankung leiden. Auch die Prävalenz wird oft als Rate ausgedrückt, also auf die Anzahl der Personen einer Population bezogen, für die man die Verbreitung einer Erkrankung angeben möchte. Bei dieser Maßzahl finden sich in den Statistiken auch Angaben, die sich auf den aktuellen Zeitpunkt der Beobachtung

Tab. 11.1 PSA-Screening und vorzeitige Sterblichkeit in einem elfjährigen Beobachtungszeitraum (Daten übernommen vom Harding-Zentrum für Risikokompetenz)

	1000 Männer ohne Früherkennung	1000 Männer mit Früherkennung[a]
Nutzen der Früherkennung		
an Prostatakrebs verstorben	7	7
insgesamt verstorben	210	210
Schaden durch die Früherkennung		
falsch-positives Testergebnis (Krebs fälschlicherweise diagnostiziert)	–	160
falsch-positives Testergebnis und unnötige Behandlung (Entfernung der Prostata, Strahlentherapie)	–	20

[a] PSA-Test und Tastuntersuchung

beziehen (**Punktprävalenz**), auf eine Periode (**Periodenprävalenz**) oder auf die Lebenszeit (**Gesamtlebenszeitprävalenz**).

- **Letalität**

Nicht immer sind Krankheiten harmlos. Manchmal führen sie zum vorzeitigen Versterben, und manchmal tun sie das sogar sehr bald. Die „Tödlichkeit" einer Erkrankung ist die **Letalität.** Diese drückt aus, wie viele Erkrankte in einem bestimmten Zeitraum an der betreffenden Erkrankung versterben. Die Bezugszahl ist hier also nicht die Population, sondern die Anzahl der Neuerkrankten in diesem Zeitraum. Beispielsweise könnte die Zahl lauten: Von zwölf Neuerkrankten verstirbt in einem Jahr einer der Erkrankten. Relativ sind das also gut 8 %, was gewichtiger klingt, aber mehr vortäuscht. Das Max-Planck-Institut für Bildungsforschung gründete und betreibt das vom Investment-Unternehmer David Harding gestiftete **Harding-Zentrum für Risikokompetenz** (► www.harding-center.mpg.de/de). Es informiert auf eine auch für Laien verständliche Form (in den sogenannten Faktenboxen) über das Risiko von Erkrankungen und vermeidet es, mit Prozenten (oder auch absoluten Zahlen) zu „zaubern".

Hier nur ein kurzes, aber eindrückliches Beispiel, das sich auf der Website des Harding-Zentrums findet. Wir haben uns auf der Website umgesehen, was denn eigentlich vom PSA-Test und der Früherkennung des Prostatakrebses zu halten ist. In urologischen Praxen wird der Test Männern über 50 Jahren als sogenannte IGEL-Leistung dringend nahegelegt, und es wird ihnen erklärt, dass sich mit der Früherkennung das altersassoziierte Risiko eines vorzeitigen Versterbens an einem Prostatakarzinom reduzieren ließe. ◘ Tabelle 11.1 enthält die Daten des Faktenblattes des Harding-Zentrums.

Entscheiden Sie ob dieser Datenlage selbst, ob es für einen 50-jährigen Mann riskanter erscheint, sich ohne Beschwerden einer Früherkennung zu unterziehen, oder ob es besser ist, diesen Test zu unterlassen. Auch Frauen werden beim Harding-Zentrum fündig, wenn sie beispielsweise mehr zum Nutzen des Brustkrebsscreenings wissen wollen oder zur Impfung gegen das humane Papillomvirus.

- **Mortalität**

Für die Mortalität werden ebenfalls verschiedene Kennziffern oder Größenordnungen berechnet. Die **Gesamtmortalität** informiert über die Anzahl der Verstorbenen während einer Zeitperiode in einer Population. Interessanter für die Intervention ist der Tod, der auf eine bestimmte Ursache zurückgeführt werden kann (Todesursache). Man findet auch Zahlen, die sich auf eine bestimmte Altersgruppe beziehen (**altersspezifische Mortalität**), oder standardisierte Varianten, bei denen beispielsweise die Todesfälle auf eine Population bezogen werden, die einer Referenzpopulation (beispielsweise Weltbe-

◻ **Tab. 11.2** Ausgangsmatrix zur Berechnung des relativen Risikos (RR), in Klammern ein fiktives Beispiel mit 1000 beobachteten Personen und 25 % Exponierten

	Anzahl der exponierten Personen	Anzahl der nicht exponierten Personen
Verstorbene	a (120)	b (70)
Überlebende	c (2380)	d (7430)

völkerung) entspricht. Raten über 100 indizieren dann eine Sterberate, die höher ist als die in der Vergleichspopulation.

Mit diesen grundlegenden Kennziffern tragen die Füße schon weit im Assessment des Bedarfs. Nimmt man nun noch statistische Schätzgrößen der erklärenden Epidemiologie hinzu, erhält man ein Bild von den Risikofaktoren, die mit ihrem Einfluss auf die Morbidität und Mortalität wirken. Die Epidemiologie versteht unter einem **Risiko** die Wahrscheinlichkeit zu erkranken oder vorzeitig zu versterben. Sie drückt dieses Risiko mit verschiedenen Schätzern aus.

Risikoschätzer

▪ **Relatives Risiko**

Ein weit verbreiteter Risikoschätzer resultiert aus dem Vergleich von Personen, die sich einer vermeintlichen Gefahr aussetzen, mit jenen, die sich dem Risiko nicht aussetzen oder ausgesetzt haben. Man spricht auch von **Exponierten** und **Nichtexponierten**. Das Risiko könnte beispielsweise die sitzende Lebensweise sein, die körperliche Inaktivität oder das Rauchen. Aus dem Vergleich der Exponierten und Nichtexponierten resultiert das relative Risiko (RR) für die Mortalität oder Morbidität. Meistens wird das RR in Prozent oder in Wahrscheinlichkeiten ausgedrückt. Ist das RR 1, dann ist das Risiko durch die Exposition weder erhöht, noch ist es gemindert. Ist das RR kleiner 1, dann schützt die Exposition. Ist das RR größer 1, wirkt die Exposition krankheitserhöhend oder bedeutet eine Zunahme des vorzeitigen Sterberisikos. In ◻ Tab. 11.2 ist die Berechnung veranschaulicht.

Das relative Risiko berechnet sich nach der Formel:

$$RR = \frac{a}{a+c} : \frac{b}{b+d}$$

Oder in bedingten Wahrscheinlichkeiten: RR = p (Erkrankung / exponiert) : p (Erkrankung / nicht exponiert)

Im fiktiven Beispiel (◻ Tab. 11.2) errechnet sich das RR wie folgt:

$$RR = \frac{120}{120 + 2380} : \frac{70}{70 + 7430} = 5,3$$

Damit ist das Risiko der Exponierten, durch die Exposition vorzeitig zu versterben, 5,3-fach höher als das der Nichtexponierten.

▪ **Attributables Risiko**

Das Leben ist nicht immer gerecht. So erkranken und versterben auch Menschen vorzeitig, die sich ein Leben lang um ihre Gesundheit gesorgt und stets darauf geachtet haben, sich keinem der bekannten Krankheitsrisiken auszusetzen. Sie waren körperlich aktiv, haben nicht geraucht, wenig Fleisch, dagegen viel Gemüse und Obst gegessen und Alkohol nur in homöopathischen Dosen genossen. Was jetzt interessiert, das ist der Anteil der Erkrankten oder Verstorbenen, die man dem Risiko zuschreiben (attribuieren) kann. Oder anders formuliert: Man beantwortet die Frage, was denn geschähe, schaltete man das Risiko vollständig aus. Im Gegensatz zum RR, das wir gerade referiert haben, berücksichtigt das attributable Risiko (AR), das auch als **Risikodifferenz** bezeichnet wird, auch die Häufigkeit, mit der eine Erkrankung auftritt. Die einfachste Variante des AR berechnet sich nach der folgenden Formel:

$$AR = \frac{a}{a+c} - \frac{b}{b+d}$$

Wenn wir auf das in ◻ Tab. 11.2 verwendete fiktive Beispiel zurückgreifen, dann erhalten wir eine Schätzung für das AR in Höhe von 0,0387. Das bedeutet, dass man das Risiko der vorzeitigen Sterblichkeit um knapp 4 % senken könnte (0,0387 × 100), beseitigte man die Exposition. Das AR multipliziert mit dem Anteil der Bevölkerung, der dem Risiko ausgesetzt ist, ergibt das **populationsattributable Risiko**.

- **Datenprobleme**

Die genannten Schätzgrößen mögen reichen, um sich einen Lageüberblick zu verschaffen. Die notwendigen Daten zu beschaffen ist für die Mortalität noch am einfachsten, weil in Gemeinden oder Regionen Sterberegister geführt werden, die den Todestag und die Todesursache der verstorbenen Personen festhalten. Allerdings sollte man sich darüber im Klaren sein, dass Totenscheine nicht immer mit der Sorgfalt ausgefüllt werden, die man sich aus wissenschaftlicher und epidemiologischer Sicht wünscht.

Schwieriger sind Daten zur Morbidität zu beschaffen. Nicht alle Krankheiten sind meldepflichtig und werden daher – wenn überhaupt – nur beim behandelnden Arzt und der kostenerstattenden Kasse geführt. Alle selbstbehandelten Erkrankungen und auch alle Befindlichkeitsstörungen werden überhaupt nicht erfasst. Will man sich über deren Größenordnung informieren, dann muss man sich die Mühe machen, die interessierenden Personengruppen selbst zu befragen.

Lebenserwartung, HALE, DALY und QALY

Vor allem die WHO (2006) hat den Anstoß gegeben, Kennziffern zu entwickeln, mit denen sich der Gesundheitsstatus der Bevölkerung bewerten lässt.

- **Maße der Lebenserwartung**

Die eine Kennzahl betrifft die Lebenserwartung, über die in den statistischen Materialien der zuständigen Bundes- und Landesämter verlässliche Schätzungen vorliegen. Sie informiert bis hinunter auf Länder- und Regionalebene darüber, wie lange ein heute geborener Junge oder ein heute geborenes Mädchen erwarten kann zu leben. Im Jahr 2010 waren das für Jungen 77 Jahre und 4 Monate und für Mädchen 82 Jahre und 6 Monate. Die Lebenserwartung in Deutschland steigt kontinuierlich. Für das Jahr 2020 lauten die Vorhersagen bereits 79 Jahre und 4 Monate für Jungen und 84 Jahre und 3 Monate für Mädchen.

Für Menschen, die bereits vor Jahrzehnten geboren wurden, lässt sich die **fernere Lebenserwartung** berechnen. Im Jahr 2011 beispielsweise hatten die in Deutschland geborenen 60-Jährigen noch eine Lebenserwartung von 21,31 Jahren (Männer)

respektive 24,96 Jahren (Frauen). Auch diese Zeitspanne steigt in den kommenden Jahren kontinuierlich an – vorausgesetzt, es herrscht Frieden und größere Naturkatastrophen bleiben aus.

- **Weitere Indikatoren**

Weitere Gesundheitsindikatoren sind für kommunale oder regionale Gesundheitsförderer schon deutlich schwieriger bis gar nicht zu ermitteln. Daher deuten wir sie hier nur an. Informationen finden interessierte Leser auf der Seite der WHO (▶ www.who.int) unter dem Suchstichwort „Health Life Expectancy". An allen folgenden Größen ist mehr oder minder heftig Kritik geübt worden. Wir nennen die Kennwerte daher nur der Vollständigkeit halber.

Healthy Life Expectancy (HALE) steht für die erwartete Lebenszeit, die in Gesundheit und ohne körperlich-psychische Beeinträchtigung und Behinderung gelebt werden kann. HALE folgt dem Grundsatz: „Dem Leben mehr Leben geben, statt es nur zu verlängern." Für Deutschland liegen die Schätzungen des Jahres 2012 bei 70 Jahren für Männer und bei 73 Jahren für Frauen. Auf der Basis der Überlegungen und Szenarien von Fries et al. (2011) darf man davon ausgehen, dass präventive Interventionen den Zeitraum der gesunden Lebensjahre strecken werden, weil der Zeitraum der krankheitsbelasteten Lebensjahre zugleich komprimiert wird. Das Szenario wird auch unter dem Stichwort der **Morbiditätskompression** (Compression of Morbidity) behandelt.

Disability Adjusted Life Years (DALY) sind jene Lebensjahre, die ein Mensch krank oder beeinträchtigt verbringen wird. Hier lauten die Zahlen für Deutschland 19.224 DALY (altersstandardisiert und auf 100.000 Einwohnerjahre bezogen). Der Grad der Behinderung oder Erkrankung wird in der Berechnung mit 0 für die perfekte Gesundheit bis 1 für den Tod kalkuliert. In die Berechnung der DALY gehen die Jahre ein, die durch vorzeitiges Versterben (**Years Life Lost**, YLL) und die durch Behinderung (**Years Lost by Disease**, YLD) verloren gehen.

Die andere Seite der Medaille wird mit den QUALY ausgedrückt. Sie informieren über das Ausmaß, mit dem es durch eine Intervention gelänge, Lebenszeit zu gewinnen. **Quality Adjusted Life Years** (QALY) sind ein ökonomisches Maß, um verschiedene Interventionen in ihrer Wirkung zu vergleichen.

11.2.2 Subjektive Daten

Werden Betroffene als Experten ihrer eigenen Gesundheit verstanden, was sie unzweifelhaft bis zu einem bestimmten Grad auch sind, dann informieren Introspektionsmethoden über ihren Zustand. Befragungen mit standardisierten und validierten Verfahren bieten sich dazu an. Die Lebenszufriedenheit oder -qualität kann beispielsweise über den **SF-36** oder den **WHO Quality of Life Qestionnaire** (WHOQoL) beurteilt werden. Der SF-36 ist eher am pathogenen Ansatz der Prävention orientiert und der WHOQoL stärker am salutogenen Ansatz der Gesundheitsförderung. Für das Wohlbefinden gibt es ebenfalls valide und reliable deutschsprachige Instrumente zur Selbstbeurteilung. Dazu zählen der **Mehrdimensionale Befindlichkeitsfragebogen** (MDBF) von Steyer et al. (1997) und der **Positive-Negative-Affect-Schedule** (PANAS) von Krohne et al. (1996). Wir stellen auch diese Verfahren im Folgenden kurz vor.

■ **Lebenszufriedenheit**
Der **SF-36** enthält acht Skalen, mit denen der Befragte verschiedene Domänen seines Lebens bewertet (Hays et al. 1993). Die acht Domänen sind:
– Vitalität
– körperliche Funktionsfähigkeit
– körperliche Schmerzen
– allgemeine Gesundheitswahrnehmung
– körperliche Rollenfunktion
– emotionale Rollenfunktion
– soziale Funktionsfähigkeit
– psychisches Wohlbefinden

Häufig wird der SF-36 zur Therapiekontrolle eingesetzt und damit zur Evaluation von Behandlungen in klinischen Settings. Eine deutschsprachige Version haben Ellert und Bellach (1999) im Gesundheitsbericht des Bundes verwendet und auf diese Weise Normdaten zur Lebenszufriedenheit der Bevölkerung zur Verfügung gestellt.

Der **WHOQoL-BREF** ist eine Kurzversion des WHOQoL. Die Kurzversion enthält 26 Items, mit denen die selbsteingeschätzte Lebensqualität in vier Domänen beurteilt wird:
– körperliche Gesundheit
– psychische Gesundheit

– soziale Beziehungen
– Umwelt

Eine deutschsprachige Version haben Angermeyer et al. (2000) entwickelt und geprüft.

■ **Subjektives Wohlbefinden**
Die WHO hat in ihrer bekannten Definition der Gesundheit drei Facetten des Wohlbefindens herausgehoben: körperliches, seelisches und soziales Wohlbefinden. Vor allem zum seelischen oder psychischen Wohlbefinden ist in der Psychologie umfänglich gearbeitet worden (zum Beispiel Diener 1984). In den einschlägigen Arbeiten erscheint diese Facette als **subjektives Wohlbefinden** und wird auch dort mehrdimensional konstruiert (Eid und Lischetzke 2006): affektiv und kognitiv. Die affektive Dimension weist eine positive und negative Richtung auf und hat als basale Komponenten Empfindungen, die als **Potenz, Aktivierung** und **Valenz** schon zu Beginn des vorigen Jahrhunderts von Wilhelm Wundt benannt wurden (Wundt 1905; für weitere Informationen siehe unter anderem Schlicht und Reicherz 2012).

Deutschsprachige Fragebögen, die der Mehrdimensionalität des Konstrukts Rechnung tragen und die sich für einen Einsatz in der Praxis der Gesundheitsförderung eignen, sind der MDBF von Steyer et al. (1997) und der PANAS von Krohne et al. (1996). Welche Verfahren man letztlich wählt und vor Ort einsetzt – zu Bedenken gilt stets, dass affektive Reaktionen auf der Zeitskala eine akute Momentaufnahme oder eine chronische Ausdehnung repräsentieren. So kommt es also entschieden auf die Fragestellung an, ob man eine Antwort erhält, die darüber informiert, wie sich eine Person gerade jetzt fühlt oder wie sie sich im Allgemeinen oder in typischer Weise fühlt. Festzuhalten ist auch, dass Fragen nach dem Wohlbefinden einen positiven Bias erzeugen. Menschen ordnen sich in der Regel eher auf der positiven Seite einer Wohlbefindensskala zu, wähnen aber andere Menschen als jene, die sich auf der negativen Seite befinden. Man spricht hier vom **Wohlbefindensparadox** (Staudinger 2000).

11.2.3 Objektive Umweltdaten

Neben objektiven und subjektiven Daten einer Person, ist auch die Umwelt, in der sie lebt, eine Quelle für gesundheitsrelevante Daten. Aus der Vielfalt der Daten, die nichtansteckende, chronische Erkrankungen mit bedingen, greifen wir zwei Datenbündel beispielhaft heraus: die Klima- respektive Wetterbedingungen und die Gehfreundlichkeit der Umgebung.

▪ **Klimatische Einflüsse**
Auch wenn es immer noch Zweifler gibt, die eine drohende Veränderung des Klimas bestreiten, ist nach allen vorliegenden Prognosen nicht mehr abzustreiten, dass in den kommenden Jahren eine Zunahme von extremen Wetterereignissen droht (extreme Hitze, heftige Stürme und extreme Niederschläge). Von diesen Wetterereignissen werden bestimmte Gruppen der Bevölkerung in ihrem gesundheitlichen Zustand stärker betroffen sein als andere. Gegenüber Hitze, um nur eine Auswirkung der Klimaveränderungen zu nehmen, sind vor allem alte Menschen verletzlich. Während der Hitzesommer der 1990er-Jahre und auch im Hitzesommer 2003 gingen in Europa 23.000 Lebensjahre verloren. Vorzeitig und aufgrund des Hitzestresses starben meist Menschen, die älter als 85 Jahre alt waren (Hochaltrige). Bei den Berechnungen der verlorenen Lebensjahre wurden „Ernteeffekte" herausgerechnet (Baccini et al. 2014). Unberücksichtigt blieben also die Gebrechlichen, bei denen die Hitzeperiode das bevorstehende Ableben um einige Tage beschleunigte. Es trifft also die altersgerecht Gesunden oder zumindest jene, die noch hätten leben können. Die Temperaturentwicklung und vor allem die Anzahl der Tage, an denen Hitze herrscht ($> 30\,°C$), kann regional in Szenarien prognostiziert werden, und Alarmpläne können als eine Form der Intervention darauf abgestimmt werden (siehe dazu die Website des **International Panel of Climate Change** [IPCC]: ▶ www.ipcc.ch/).

▪ **Gehfreundlichkeit**
Mobilität generell und vor allem körperliche Aktivität ist ein Schlüssel für eine gesunde Entwicklung und ein gelingendes Altern der Bevölkerung (Schlicht und Schott 2013). Umwelt, vor allem gebaute Umwelt, kann Mobilität behindern oder sie befördern. Veränderungen in der Umwelt können gar als Stealth Health Promotion oder Nudging wirken, wenn sie beispielsweise durch geeignete Maßnahmen die Gehfreundlichkeit erhöhen und dadurch zum Gehen motivieren.

Gehfreundlichkeit wird international unter dem Stichwort **Walkability** behandelt und ist ein deskriptives Merkmal, das sich unter anderem an der Erreichbarkeit von Einrichtungen der Versorgung und der Konnektivität von Gehwegen orientiert. Die Walkability nimmt Einfluss auf das Aktivitätsvolumen (Reyer et al. 2014). Beurteilen lässt sie sich mit Audits (zum Beispiel Pedestrian Environment Review System), mit Smartphone-Apps (zum Beispiel Walkability App), über Schätzverfahren (zum Beispiel Walkscore) oder über Google Maps, das Crowdsourcing nutzt.

Eine internationale Forschungsinitiative, die unter der Flagge **Active Living Research** segelt (▶ http://activelivingresearch.org, Suchstichwort „Neighborhood Environment Walkability Survey") hat unter der Leitung von Brian E. Saelens und James F. Sallis den **Neighbourhood Environment Walkability Survey** (NEWS) entwickelt, den es auch in einer deutschsprachigen Fassung gibt. In dieser Fassung werden die für Städte in Deutschland typischen Besonderheiten berücksichtigt (Bödeker und Bucksch 2011).

Fazit
Mit der zuverlässigen Beurteilung des Bedarfs und der Bedürfnisse startet der Planungszyklus einer systematischen Intervention. Die Beurteilungen des Bedarfs schließen objektive epidemiologische und subjektive Maße ein, die sich auf Personengruppen oder Personen beziehen. Objektive Beschreibungsgrößen über die Umwelt sind weitere relevante Kennzahlen. Ziel ist, ein Statusprofil der Gemeinde, der Organisation oder einer Personengruppe zu beschreiben.

Welche Verfahren dazu genutzt werden, bedingt die generelle Leitlinie der Intervention. So gibt es beispielsweise die Beobachtung, dass ältere Menschen häufiger stürzen, sich dabei Verletzungen zuziehen oder sich eine ängstlich-defensive Haltung aneignen und daher ihre Aktivität reduzieren. Will man nun Veränderungen in der Sturzhäufigkeit oder der Sturzangst erreichen, dann helfen keine Daten und Fakten zur ferneren Lebenserwartung bei der Entscheidung, ob vornehmlich in das Verhalten der Alten oder in die Umwelt interveniert werden sollte oder beides gleichzeitig zielführender sein wird. Daten über die Sturzhäufigkeit der Personengruppe oder die subjektive Einschätzung des Angstempfindens sind dann bedeutsamer.

Merke

Bedarf ist ein objektiver Anlass zu intervenieren. Bedürfnisse sind subjektive Erwartungen, Probleme zu beseitigen, die als persönlich relevant beurteilt wurden. Für den Bedarf sind epidemiologische Risikoschätzer relevant, die über die Determination von Morbidität und Mortalität informieren.

Fragen

- Worin unterscheiden sich Bedarf und Bedürfnisse?
- Welches sind typische Beschreibungsgrößen der Morbidität? Was sagen diese aus?
- Was ist ein attributables Risiko?
- Was bedeutet „fernere Lebenserwartung"?
- Wie definiert die psychologische Forschung psychisches Wohlbefinden?
- Was ist der Unterschied zwischen einer deskriptiven und erklärenden Epidemiologie?

Literatur

Angermeyer, M. C., Kilian, R., & Matschinger, H. (2000). *WHO-QOL-100 und WHOQOL-Bref. Handbuch für die deutschsprachige Versionen der WHO Intrumente zur Erfassung der Lebensqualität.* Göttingen: Hogrefe.

Baccini, M., Kosatsky, T., & Biggeri, A. (2014). Impact of summer heat on urban population mortality in Europe during the 1990 s: An evaluation of years of life lost adjusted for harvesting. *PLOS one, 8*(7), 1. doi:10.1371/journal.pone.0069638.

Bödeker, W., & Bucksch, J. (2011). Deutschsprachige Fassung der Neighborhood Environmental Walkability Scale (NEWS) – Entwicklung und erste Hinweise zur Testgüte. *Das Gesundheitswesen, 08/09,* A82, 73.

Diener, E. (1984). Subjective wellbeing. *Psychological Bulletin, 95,* 542–575.

Eid, M., & Lischetzke, T. (2006). Wohlbefindensdiagnostik. In F. Petermann, & M. Eid (Hrsg.), *Handbuch der psychologischen Diagnostik* (S. 550–557). Göttingen: Hogrefe.

Ellert, U., & Bellach, B.-M. (1999). Der SF-36 im Bundes-Gesundheitssurvey – Beschreibung einer aktuellen Normstichprobe. *Gesundheitswesen, 61*(2), 184–S190.

Fries, J. F., Bruce, B., & Chakravarty, E. (2011). Compression of morbidity 1980–2011: a focused review of paradigms and progress. *Journal of Aging Research, 26,* 1–10.

Green, J., & Tones, J. (2010). *Health promotion. Planning and strategies.* (2. Aufl.). Los Angeles, CA: Sage.

Hays, R. D., Sherbourne, C. D., & Mazel, R. M. (1993). The Rand 36-item health survey 1.0. *Health Economics, 2,* 217–227.

Kreienbrock, L., Pigeot, I., & Ahrens, W. (2012). *Epidemiologische Methoden* (5., neu bearb. Aufl.. Aufl.). München: Springer.

Krohne, H., Egloff, B., Kohlmann, C., & Tausch, A. (1996). Untersuchungen mit der deutschen Version der „Positive and Negative Affect Schedule". *Diagnostica, 42,* 139–156.

Reyer, M., Fina, S., Siedentop, S., & Schlicht, W. (2014). Walkability is only part of the story: Walking for transportation in Stuttgart, Germany. *International Journal of Environmental Research and Public Health, 11,* 5849. doi:10.3390/ijerph110x0000x.

Schlicht, W., & Reicherz, A. (2012). Sportliche Aktivität und affektive Reaktionen. In R. Fuchs, & W. Schlicht (Hrsg.), *Seelische Gesundheit und sportliche Aktivität* (S. 12–33). Göttingen: Hogrefe.

Schlicht, W., & Schott, N. (2013). *Körperlich aktiv altern.* Weinheim: BeltzJuventa.

Staudinger, U. (2000). Viele Gründe sprechen dagegen und trotzdem geht es vielen Menschen gut: Das Paradox des subjektiven Wohlbefindens. *Psychologische Rundschau, 51,* 185–197.

Steyer, R., Schwenkmezger, P., Notz, P., & Eid, M. (1997). *Mehrdimensionale Befindlichkeitsfragebogen.* Göttingen: Hogrefe.

WHO (2006). *Core Health indicators.* Genf: WHO.

Wundt, W. (1905). *Grundzüge der physiologischen Psychologie.* Leipzig: Engelmann.

Anhang

Wolfgang Schlicht, Marcus Zinsmeister

W. Schlicht, M. Zinsmeister, *Gesundheitsförderung systematisch planen und effektiv intervenieren*,
DOI 10.1007/978-3-662-46989-7_12, © Springer-Verlag Berlin Heidelberg 2015

12.1   Websites zur systematischen Intervention

Im World Wide Web findet sich eine Fülle von Angeboten, die dabei unterstützen können, Interventionen zu planen und die Qualität der Durchführung zu sichern. Auf einige haben wir bereits in den einzelnen Kapiteln verwiesen. Auf den folgenden Seiten haben wir noch vier weitere – nach unserer Auffassung – „bestgeeignete" Seiten für Gesundheitsförderer gelistet und kommentieren deren Inhalte mit einigen Stichworten. Der Zugriff auf die Seiten erfolgte im Januar 2015.

12.1.1   Center for Theory of Change (► www.theoryofchange.org)

Das Center for Theory of Change ist eine Non-Profit-Organisation, die Qualitätsstandards für Interventionen entwickelt, die soziale Veränderungsprozesse intendieren. Das Center sammelt praktische Beispiele zur Planung und Umsetzung von Interventionen und ermöglicht Interventionsplanern, sich auszutauschen. Mit dem Begriff **Theory of Change** verbindet die Einrichtung nicht ausschließlich eine Interventionsplanung, die sich an bewährten Theorien orientiert, sondern auch eine Integration des Erfahrungswissens der Betroffenen und auch der Interventionsplaner. Von der Interventionsabsicht ausgehend werden sechs Entwicklungsschritte angeführt, die in einer logischen Folge stehen. Interventionsplaner sind dazu angehalten, ihre Annahmen zu spezifizieren, mögliche Interventionsalternativen zu durchdenken und konkrete Indikatoren für den Interventionserfolg zu benennen.

Das Center for Theory of Change hat eine kostenlose, cloudbasierte Software mit dem Namen **Theory of Change Online** (TOCO) entwickelt, mit der registrierte Benutzer den Interventionsprozess logisch modellieren können. Durch die Arbeit mit TOCO können geplante Veränderungsprozesse transparent und überprüfbar abgebildet werden. Da die Anwendung cloudbasiert ist, können auch externe Partner in die Entwicklung der jeweiligen Theory of Change eingebunden werden. Des Weiteren bietet das Center for Theory of Change sowohl kostenlose als auch kostenpflichtige Webinare zur Arbeit mit TOCO an.

12.1.2   Quint-Essenz (► www.quint-essenz.ch)

Quint-Essenz ist ein kostenfreies, qualitätsgesichertes und onlinebasiertes Projektmanagementtool der Stiftung **Gesundheitsförderung Schweiz**. Die Stiftung initiiert, koordiniert und evaluiert in der Schweiz mit einem gesetzlichen Auftrag und unter Kontrolle des Bundes Maßnahmen zur Förderung der öffentlichen Gesundheit (Public Health). Nach einer kostenlosen Registrierung können sowohl Privatpersonen als auch Unternehmen online auf das Projektmanagementwerkzeug zugreifen. Quint-Essenz führt die Nutzer über Fragen und Vorgaben von der Planung eines Projekts bis hin zu dessen Evaluation. Dabei werden die Nutzer angehalten, jeden einzelnen Planungsschritt schriftlich zu begründen.

Im ersten Schritt werden Programmplaner angeleitet, ihre Interventionsplanung an grundlegenden Leitprinzipien der Gesundheitsförderung wie der Salutogenese oder dem Empowerment auszurichten. Gefragt wird etwa, welche persönlichen und/oder sozialen Ressourcen mit einem gesundheitsfördernden Projekt adressiert werden sollen. Fünf weitere Planungsstufen behandeln die Projektbegründung, -planung, -organisation, -steuerung und die Evaluation. Durch die geforderte Verschriftlichung der Vorhaben „zwingt" Quint-Essenz zu einer Projektskizze, die dann in ein Konzept, in Zeitpläne, Meilensteinberichte sowie einen Projektabschlussbericht mündet. Quint-Essenz bietet mehrere Schulungsvideos an, die Grundzüge des Projektmanagements anschaulich darstellen. Auch Quint-Essenz bietet vor Ort Schulungen an.

12.1.3   Centers for Disease Control and Prevention (► www.cdc.gov)

Die Centers for Disease Control and Prevention (CDC) übernehmen in den Vereinigten Staaten staatliche Aufgaben wie das Gesundheitsmonitoring und initiieren und führen landesweite Gesundheitskampagnen durch. Innerhalb der CDC gibt es verschiedene Abteilungen, die zu unterschiedlichen Themen kostenlos Werkzeuge für die Interventionsplanung zur Verfügung stellen.

Die **Healthier Worksite Initiative** (▶ www.cdc. gov/nccdphp/dnpao/hwi/) liefert umfassende Planungshilfen für Interventionen im betrieblichen Setting zu den Themen körperliche Aktivität, Raucherentwöhnung, zu diversen Screeningverfahren (zum Beispiel Hautkrebsscreening) und zur gesunden Ernährung.

Die **Division of Nutrition, Physical Activity and Obesity** im CDC (▶ www.cdc.gov/nccdphp/dnpao/) stellt Informations- und Arbeitsmaterial für Interventionen zur Verfügung, die für unterschiedliche Settings wie Familien, Schulen und Kommunen und für verschiedene Zielgruppen wie Kinder, Jugendliche, Erwachsene und ältere Personen verwendet werden können.

CDCynergy Lite (▶ www.orau.gov/cdcynergy/ soc2web/) ist ein hilfreiches und kostenfreies Planungswerkzeug zur Vermarktung von gesundheitsbezogenen Kampagnen und Interventionen der Gesundheitsförderung. Die Nutzer werden anhand grundlegender Kriterien des Social Marketings über sechs Schritte (Problem Description, Market Research, Market Strategy, Interventions, Implementation) durch Fragen angeleitet, ihre Vermarktungsstrategie zu entwickeln. Begleitend sind für jeden einzelnen Schritt Videosequenzen hinterlegt, die Praktikern ohne größere Vorkenntnisse helfen, die einzelnen Planungsschritte vollständig zu bewältigen. Des Weiteren stehen in einer Mediendatenbank praktische Beispiele zur Verfügung.

12.1.4 National Institute for Health and Care Excellence (▶ www.nice.org.uk)

Das National Institute for Health and Care Excellence in Großbritannien (NICE) hat unter anderem für chronische Krankheiten Behandlungspfade entwickelt und unter ▶ http://pathways.nice.org.uk/ der Öffentlichkeit zur Verfügung gestellt. Unter diesen Behandlungspfaden finden sich auch Anleitungen zur Planung von Interventionen mit differenten Absichten (Verhaltensänderung in der Ernährung, der körperlichen Aktivität etc.). Die Behandlungspfade orientieren sich an den nachgewiesenen Evidenzen und geben dem Nutzer so entlang wissenschaftli-cher und empirisch bewährter Standards einen roten Faden für die eigenen Planungen vor. Innerhalb der interaktiv aufbereiteten Behandlungspfade stellt NICE weitere nützliche Informations- und Planungsmaterialien zur Verfügung.

Serviceteil

W. Schlicht, M. Zinsmeister, *Gesundheitsförderung systematisch planen und effektiv intervenieren,*
DOI 10.1007/978-3-662-46989-7, © Springer-Verlag Berlin Heidelberg 2015

Stichwortverzeichnis